普通高等教育"十二五"系列教材

能源动力类专业

工程流体力学

（第二版）

U0643273

主　编　周　欣

副主编　林　强

编　写　王　娟

主　审　郑书琛

中国电力出版社
CHINA ELECTRIC POWER PRESS

内 容 提 要

本书主要内容包括流体的基本物理性质、流体静力学、流体动力学基础、相似原理及量纲分析、管内不可压缩流体的流动、理想流体的流动、黏性流体动力学基础、气体动力学基础。各章均编选一定数量的例题、思考题及习题，注重培养学生运用基本理论分析和解决实际问题的能力。

本书可作为高等学校本科、高职高专及成人教育热能动力、建筑环境与设备工程等专业工程流体力学课程的教材，也可供有关工程技术人员参考。

图书在版编目(CIP)数据

工程流体力学/周欣主编. —2 版. —北京：中国电力出版社，2014.2 (2024.2重印)

普通高等教育"十二五"规划教材

ISBN 978-7-5123-5434-0

Ⅰ. ①工… Ⅱ. ①周… Ⅲ. ①工程力学-流体力学-高等学校-教材 Ⅳ. ①TB126

中国版本图书馆 CIP 数据核字(2014)第 003141 号

中国电力出版社出版、发行

(北京市东城区北京站西街 19 号　100005　http://www.cepp.sgcc.com.cn)

北京九州迅驰传媒文化有限公司印刷

各地新华书店经售

*

2007 年 9 月第一版

2014 年 2 月第二版　　2024 年 2 月北京第九次印刷

787 毫米×1092 毫米　16 开本　14.75 印张　357 千字

定价 **42.00** 元

前　言

　　流体力学研究在各种力的作用下，流体（液体、气体）处于平衡状态和流动状态时的运动规律，是一门基础性很强和应用性很广的学科，是力学的一个重要分支。本书自 2007 年 9 月出版以来，得到广大师生和社会各界的普遍认可。经过几年的教学实践，不断地修改及完善，并考虑目前加强理论基础、拓宽基础知识面的教改思想，已达到修订和再版的要求。

　　本书的修订，仍按照认识发展基本规律，先易后难、从一维到三维、从理想到实际、从不可压缩到可压缩流体逐渐深入。力求做到突出物理概念和力学原理，阐释明确，论证严谨，围绕工程应用叙述深入浅出。同时为满足不同专业的需要，丰富了绕流升力与自由射流的内容，增加了部分章节的例题。各章仍保留一定数量的思考题及习题，并根据新增内容进行了补充与修改，使学生能巩固理论，并培养学生的分析计算能力。

　　本书由南京工程学院周欣任主编，林强任副主编。具体编写分工如下：第一章、第五章及第六章由王娟编写；第二章、第三章及第八章由周欣编写；第四章、第七章由林强编写。

　　本书由郑叔琛教授负责审稿，并对书稿提出了宝贵的意见和建议。

编　者

2013 年 12 月于南京工程学院

第一版前言

　　本书是以热能动力类专业的教学需要为主线，同时兼顾其他相近专业的教学需要而编写的，按照认识发展规律，先易后难，从一维到三维、从理想到实际、从不可压缩流体到可压缩流体逐渐深入。在加强理论的基础上，更注重实际应用能力的培养。教材编写力求改革，寻求创新，使教、学、用三者紧密结合。本教材的主要内容包括流体的基本物理性质、流体静力学、流体动力学基础、相似原理及量纲分析、管内不可压缩流体的流动、理想流体的流动、黏性流体动力学基础、气体动力学基础。各章均编选一定数量的例题、思考题及习题，注重加强对学生运用基本理论分析和解决实际问题能力的培养。

　　本书可作为高等学校本科、高职高专及成人教育热能动力、建筑环境与设备工程等专业的"工程流体力学"课程教材，也可供有关工程技术人员参考。

　　本书第一章、第五章及第六章由王娟老师编写，第二章、第三章及第八章由周欣老师编写；第四章、第七章由林强老师编写。周欣老师担任全书主编。郑叔琛教授负责审稿，并对文稿提出了许多宝贵意见和建议，对提高本教材的编写质量大有裨益。

　　由于编者水平所限，再加上时间仓促，书中不当及谬误之处在所难免，恳请专家及读者不吝指正，以便编者及时修正。

编　者

2007 年 4 月于南京工程学院

主 要 符 号 表

A	面积(m^2)	N	某种物理量
a	加速度(m/s^2)	P	功率(W)
B	宽度(m)	p	压强(单位面积上的压力)(N/m^2)
Ca	柯西数	p_a	大气压强(N/m^2)
CV	控制体体积(m^3)	p_f	压力损失(N/m^2)
CS	控制面面积(m^2)	p_g	表压力(N/m^2)
c_p	压差阻力系数(/)，比定压热容	p_p	风机压头(N/m^2)
	$[\text{J/(kg·K)}]$	p_v	饱和蒸汽压(N/m^2)，真空压强(N/m^2)
c_V	比定容热容$[\text{J/(kg·K)}]$		
C_f	摩擦阻力系数	p_0	驻点处压强(N/m^2)
C_D	绕流阻力系数	q_V	体积流量(m^3/s)
C_L	升力系数	q_m	质量流量(kg/s)
c	声速(m/s)，压力波传播速度(m/s)	q	换热量
D	直径(m)	R	气体常数$[\text{J/(kg·K)}]$，射流断面半径(m)
d	直径(m) 、相对密度		
d_e	当量直径(m)	R_h	水力半径(m)
F	力(N)	r	半径(m)
F_D	绕流阻力(N)	s	熵、射流长度(m)
F_f	摩擦阻力(N)	St	斯特劳哈尔数
F_L	绕流升力(N)	T	绝对温度(K)、周期、温度的量纲
f	单位质量力(N/kg)，旋涡脱离频率、振动频率(1/s)	t	时间(s)
		U,u	流速(m/s)
g	重力加速度(=9.807m/s^2)	u	热力学能
H,h	高度(m)	u_∞	来流速度(m/s)
h	焓(kJ/kg)	V	体积(m^3)
h_0	滞止焓(kJ/kg)	V_p	压力体体积(m^3)
h_f	沿程阻力损失(m)	v	比体积；速度(m/s)
h_j	局部阻力损失(m)	w	相对速度(m/s)
h_w	阻力损失(m)	W_s	机械功
J	水力坡度、旋涡强度	α	夹角(°)
K	微压计系数、弹性模量(N/m^2)	β	夹角(°)
κ	比例系数，绝热指数	Γ	环流量(速度环量)(m^2/s)
L,l	管长(m)	δ	平板间距(m)，壁面厚度(m)，边界层厚度(m)
L_e,l_e	入口段长度(m)，当量管长(m)		
n	转速(r/min)	δ_v	黏性底层厚度(mm)

ε	壁面粗糙度(mm)	Ma	马赫(Mach)数
θ	角度(°)	We	韦伯(Weber)数
λ	沿程损失系数(/)		
η	动力黏度(N·s/m²)	下标	
ν	运动黏度(m²/s)	C	形心处
γ	角变形速度	0	滞止参数
π	势函数	max	最大值
ζ	局部损失系数(/)	cr	临界参数
ρ	密度(kg/m³)	n	法向
σ	表面张力(N/m)	τ	切向
τ	应力(N/m²)	K	弹性力
τ_0	壁面切应力(N/m²)	I	惯性力
φ	势函数	l	长度
ψ	流函数	is	迁移惯性力
Ω	旋涡量	m	平均、模型
ω	旋转角速度(1/s)	p	压力、原型
		v	速度
		w	壁面
特征数		x	x 轴方向
Sr	斯特劳哈系数	y	y 轴方向
Eu	欧拉(Euler)数	z	z 轴方向
Fr	弗劳德(Froude)数	∞	无穷远处
Re	雷诺(Reynolds)数		

目　　录

绪　　论

　　自然界中存在着液体、气体和固体，通常把液体和气体统称为流体。流体力学是力学的一个分支，它主要研究流体处于静止状态和运动状态时的规律、流体和与其相接触的固体壁面间相互作用力及其在工程技术领域应用。

　　流体力学在工程技术中有着广泛的应用。例如，在电力工业中的火电站、核电站、水电站等，工作介质均为流体，而作为带动发电机发电的汽轮机、水轮机、燃气轮机以及输送流体的泵与风机都属于流体机械，这些流体机械的设计必须服从流体流动的规律；在机械行业中润滑、冷却、液压传动、气力输送以及液压和气动控制问题的解决都必须依靠流体力学的理论；在造船工业、航空工业、冶金工业、石油工业以及土木建筑中的给水排水、采暖通风等各工业部门中也都有大量的流体力学问题；海洋中的波浪、环流、潮汐以及大气中的气旋、季风等也都是流体力学问题。此外，血液也是一种特殊的流体，血液在血管中的流动，心、肺、肾中的生理流体运动规律，人工心脏、心肺机及助呼吸器的设计都要依赖于流体力学的基本原理。由此可见，流体力学是一门重要的学科。

　　流体力学的研究可以分为理论分析、实验研究、数值计算三个方面。

　　理论分析是根据流体运动的普遍规律，如质量守恒、动量守恒、能量守恒等，利用数学分析的手段，研究流体的运动，解释已知的现象，预测可能发生的结果。但是由于数学分析和计算方法的局限性，许多实际流动问题还难以用理论分析的方法精确求解。

　　实验研究在流体力学中占有重要地位。实验模型一般是分析影响实际流体力学问题的因素，分清主次，抓住主要因素，根据相似原理建立模型，再根据模型实验所得的数据求出原型的数据。

　　数学的发展、计算机的不断进步及流体力学各种计算方法的发明，使许多原来无法用理论知识分析求解的复杂流体力学问题有了求得数值解的可能。数值计算方法一般是按照理论分析方法确定数学模型，再在此基础上合理选用计算方法，通过编制计算程序在计算机上计算，最后求得数值解。

　　流体力学是在人类同自然界的斗争和生产实践中逐渐发展起来的。古时的大禹治水疏通江河，说明我国古代已有大规模的治河工程；秦朝李冰父子带领劳动人民修建的都江堰，至今还在发挥着作用；另外，我国古代劳动人民还利用定水头下孔口出流的原理发明了刻漏和铜壶滴漏，随后又发明了水磨、水碾等。大约与此同时，古罗马人建成了大规模的供水管道系统等等。

　　对流体力学学科的形成作出贡献的第一人是古希腊的阿基米德（Archimedes）。公元前250年，他建立了浮力定律，奠定了流体静力学的基础，其《论浮体》是人类最早的流体力学专著。但是由于奴隶制、神权和宗教观念的束缚，在此后千余年间，流体力学并没有重大发展。

　　直到15世纪，在意大利著名的物理学家和艺术家列奥纳德·达·芬奇（Leonardo da Vinci）的著作中才谈到水波、管流、水力机械、鸟的飞翔原理等问题，促进了这一时期水力学和流体力学的发展。

17世纪，帕斯卡(Pascal)阐明了静止流体中压力的概念。但流体力学，尤其是流体动力学，作为一门严密的学科，却是在经典力学建立了速度、加速度、力、流场等概念，奠定了质量、动量、能量三个守恒定律之后才逐渐形成的。

17世纪，力学奠基人牛顿(Newton)研究了在流体中运动的物体所受到的阻力，得到阻力与流体密度、物体迎流截面积以及运动速度的平方成正比的关系。他针对黏性流体运动时的内摩擦力也提出了牛顿内摩擦定律。但是，牛顿并没有建立起流体动力学的理论基础，他提出的许多力学模型和结论同实际情形还有较大的差别。在牛顿之后，又有许多科学家把注意力转向了流体动力学，并且获得了一定的进展：皮托(Pitot)发明了测量流速的皮托管；达朗伯(d'Alembert)对运河中船只的阻力进行了许多实验工作，证实了阻力同物体运动速度之间的平方关系；瑞士的欧拉(Euler)采用了连续介质的概念，把静力学中压力的概念推广到运动流体中，建立了欧拉方程，正确地用微分方程组描述了无黏流体的运动；伯努利(Bernoulli)从经典力学的能量守恒出发，研究供水管道中水的流动，精心地安排了实验并加以分析，得到了流体定常运动下的流速、压力、管道高程之间关系的伯努利方程。

欧拉方程和伯努利方程的建立，是流体动力学作为一个分支学科建立的标志，开始了用微分方程和实验测量进行流体运动定量研究的阶段。从18世纪起，位势流理论有了很大进展，在水波、潮汐、涡旋运动、声学等方面都取得了一定的研究成果。其中，拉格朗日(Lagrange)对无旋运动，亥姆霍兹(Helmholtz)对旋涡运动都做了不少研究。在上述的研究中，流体的黏性并不起重要作用，即所考虑的是无黏流体。当然，这种理论还不能阐明流体中黏性的效应。

到了19世纪，工程师们为了解决诸多工程问题，尤其是要解决带有黏性影响的流体问题，采取部分地运用流体力学，部分地采用归纳实验结果的半经验公式的方法进行研究，由此形成了水力学。至今，水力学仍与流体力学并行发展。1822年，纳维(Navier)建立了黏性流体的基本运动方程；1845年，斯托克斯(Stokes)又以更合理的基础导出了这个方程，并对其所涉及的宏观力学基本概念进行了更为严谨并更让人信服的论证。这组方程就是沿用至今的纳维—斯托克斯方程(简称N-S方程)，它是流体动力学的理论基础。上面说到的欧拉方程正是纳维—斯托克斯方程在黏度为零时的特例。雷诺(Reynolds)用实验证实了黏性流体的两种流动状态——层流与紊流的客观存在，并找到了判断层流与紊流的准则数——雷诺数，为流动阻力和损失的研究奠定了基础。

普朗特(Prandtl)学派从1904年到1921年逐步将纳维—斯托克斯方程做了简化，从推理、数学论证和实验测量等各个角度，建立了边界层理论。该理论能够实际计算简单情形下的边界层内流动状态和流体同固体间的黏性力。

20世纪初，飞机的出现极大地促进了空气动力学的发展。随着航空事业的发展，人们期望能够揭示飞行器周围的压力分布，以及飞行器的受力状况和阻力等问题，这就促进了流体力学在实验和理论分析方面进一步的发展。以儒柯夫斯基(Joukowsiki)等为代表的科学家，开创了以无黏不可压缩流体位势流理论为基础的机翼理论，阐明了机翼如何受到空气的升力，从而使很重的机体飞上天空。机翼理论的正确性，使人们重新认识了无黏流体的理论，奠定了空气动力学的基础。近年来，我国科学家钱学森在空气动力学方面的新理论、周培元的紊流理论、吴仲华关于翼栅的三元流动理论等，在相关流体力学问题上都做出了杰出贡献。

　　机翼理论和边界层理论的建立和发展是流体力学的一次重大进展，它使无黏流体理论同黏性流体的边界层理论很好地结合起来。随着汽轮机的完善和飞机飞行速度提高，又迅速扩展了从 19 世纪就开始的对空气密度变化效应的实验和理论研究，为高速飞行提供了理论指导。20 世纪 40 年代以后，由于喷气推进和火箭技术的应用，飞行器速度超过声速，进而实现了航天飞行。20 世纪 50 年代开始的航天飞行，使人类的活动范围扩展到了其他星球和银河系。

　　综上所述，流体力学既包含自然科学的基础理论，又涉及工程技术科学方面的应用。

　　随着科学技术的不断发展，流体力学研究的问题更加深入，与其他学科相互结合，派生出许多分支，形成众多边缘学科，如电磁流体力学、化学流体力学、生物流体力学、地球流体力学、非牛顿流体力学、稀薄气体力学、计算流体力学等。这些新兴学科的出现和发展，充实了流体力学的研究内容，扩大了研究领域，使流体力学这一古老的学科焕发出新的生机和活力。

第一章　流体的基本物理性质

流体力学是研究流体平衡和运动规律的一门学科，流体的平衡和运动规律不仅与外界因素的影响有关，而且还取决于流体自身的物理性质。本章主要介绍与流体运动密切相关的基本物理性质。

第一节　流体的定义及特征

自然界的物质可分为两大类，即固体和流体。通俗地讲，能够流动的物体称为流体。从力学特征上讲，在任何微小的剪切力作用下都能够发生连续变形的物体称为流体。流体这种连续变形的性质就是流动性。

我们知道，固体可以承受一定的剪切力，静止流体不能承受剪切力。静止流体在承受剪切力时，会产生变形，剪切力不变，变形仍在继续；剪切力停止，变形才会停止。而固体在承受剪切力时，产生一定程度的变形，剪切力不变，变形不再变化。由此可见，流体与固体在承受剪切力时所表现的力学特征是不一样的。流动性是流体最基本的特征。

流体可进一步细分为气体和液体。气体比液体更易变形和流动。在一定条件下，气体和液体的分子大小并无明显差异，但气体的分子间距离要比液体大得多。气体分子间距离大，引力小，分子可以自由运动，极易变形，能够充满所能达到的全部空间。液体的分子间距离小，引力大，分子可做无一定周期和方向的不规则振动，也可在其他分子间移动，但不能像气体分子那样自由移动，因此，液体的流动性不如气体。在一定条件下，一定质量的液体有一定的体积，并取决于容器的形状，但不像气体那样能够充满所能达到的全部空间。

第二节　流体的"连续介质"假定

根据分子物理学说，自然界的一切物质都是由分子构成的，分子间存在着间隙，且永不停息地做不规则的热运动。例如，水是由水分子构成的，水分子之间是有间隙的，水分子永不停息地作不规则的热运动。因此，从微观上看流体是不连续的。但是，如果从分子运动论着手来研究流体的运动，显然十分困难，甚至是不可能的。

1755 年，瑞士数学家欧拉提出流体的"连续介质"假定：在流体力学的研究中，可以不考虑分子间的间隙，将流体视为由无限多、连续分布的流体质点构成。将流体视为连续的介质似乎与分子学说矛盾，但这种假设是合理的。首先，流体力学并不是研究个别流体分子的微观运动，而是研究众多流体分子的宏观机械运动，描述流体宏观运动状态的物理量，都是众多流体分子运动的平均效果。其次，通常情况下，流体分子间距离很小，一般在工程实际中，流体流动所涉及的物体特征尺寸比分子间的距离大得多。例如在标准状态（0℃，101 325Pa）下，1mm³空气中包含 2.7×10^{16} 个分子，1mm³水中包含 3.4×10^{19} 个分子，可见流体分子间距离是非常小的。再者，在流体的"连续介质"假定中，认为构成流体的基本单位是流体质点而不是流体分子。这里所谓的流体质点是包含有足够多流体分子的微团。在宏观上，流体微团的尺寸与流体流动所涉及的物体特征尺寸相比足够小，小到在数学上可以作为一个点来处理。而在微观上，流体微团的尺寸与流体分子的平均自由行程相比又足够大，大到流体微团以致能够包含有足够多的分子，使得这些分子的共同物理属性的统计平均值具有意义。因此，欧拉提出的流体"连续介质"假定是成立的。

后面的章节中所讨论流体中的点都是指流体质点或流体微团。

根据流体的"连续介质"假定，表征流体宏观运动状态的物理量，如速度、压强、密度等在空间和时间上都是连续分布的，是空间和时间的连续函数。这样就可以用连续函数的解析方法来研究流体的平衡和运动规律，为流体力学的研究提供了很大的方便。

显然，流体的"连续介质"假定是有适用条件的，这就是研究所涉及的物体特征尺寸比分子平均自由行程大得多。在一般工程实际问题中，把流体视为连续的介质都是正确的，但是当物体的特征尺寸与分子平均自由行程相比具有同一数量级时（如在高空稀薄空气中运动的飞行器），"连续介质"假定便不再适用了，必须借助气体分子运动论来解决有关问题。

第三节　流 体 的 密 度

一、流体的密度

物体维持原有运动状态的属性称为惯性。任何物体都有惯性，流体也不例外。惯性的大小可以通过质量来表征。流体的密度反映流体在空间某点的质量密集程度，是流体重要的物理属性参数。

如流体中围绕某点的微元体积为 ΔV，质量为 Δm，则比值 $\Delta m/\Delta V$ 为该微元体的平均密度。令 $\Delta V \to 0$，则 $\Delta m/\Delta V$ 比值的极限为该点的密度，即

$$\rho = \lim_{\Delta V \to 0} \frac{\Delta m}{\Delta V} = \frac{\mathrm{d}m}{\mathrm{d}V} \tag{1-1}$$

式中　ρ——流体的密度，kg/m^3。

$\Delta V \to 0$ 并不是数学意义上的趋向于一个点，而是趋向于一个流体质点。

若流体为均质流体，流体的密度为

$$\rho = \frac{m}{V} \tag{1-2}$$

表 1-1 给出了常见流体的密度。

表 1-1　　　　　　　　常 见 流 体 的 密 度

流体名称	温度（℃）	密度（kg/m³）	流体名称	温度（℃）	密度（kg/m³）
水	4	1000	重油	15	900
海水	20	1025	水蒸气	—	0.804
空气	0	1.293	氮气	0	1.251
水银	0	13 600	氧气	0	1.429
酒精	15	790	二氧化碳	0	1.976
汽油	15	750	一氧化碳	0	1.250
甘油	0	1260	二氧化硫	0	2.927

根据流体密度的定义可知，对于一定质量的流体，密度的大小与体积有关，而体积又与温度、压强有关。所以，流体的密度是温度、压强的函数。表 1-2 给出了标准大气压下，水、空气和水银的密度随温度变化的数值。

表 1-2　　　　　　　标准大气压不同温度下水、空气、水银的密度　　　　　　　kg/m³

流体名称	温　度（℃）						
	0	10	20	40	60	80	100
水	999.87	999.73	998.23	992.24	983.24	971.83	958.38
空气	1.29	1.24	1.20	1.12	1.06	0.99	0.94
水银	13 600	13 570	13 550	13 500	13 450	13 400	13 350

二、流体的相对密度

流体的相对密度通常指流体的密度与标准大气压、4℃时水的密度（1000kg/m³）的比值，即

$$d = \frac{\rho_f}{\rho_w} \tag{1-3}$$

式中　d——相对密度；

ρ_f——流体的密度，kg/m³；

ρ_w——标准大气压、4℃时水的密度，kg/m³。

三、流体的比体积

单位质量的流体所占有的体积称为比体积，用 v 来表示，单位为 m³/kg，即流体密度的倒数：

$$v = \frac{1}{\rho} \tag{1-4}$$

四、混合气体的密度

根据质量守恒定理可知，混合气体的质量等于各组分气体的质量和，即

$$m = m_1 + m_2 + \cdots + m_n = \sum_{i=1}^{n} m_i$$

若各组分气体的密度为 ρ_1、ρ_2、$\cdots$、ρ_n，体积为 V_1、V_2、$\cdots$、V_n；混合气体的密度为 ρ，总体积为 V，则

$$\rho V = \rho_1 V_1 + \rho_2 V_2 + \cdots + \rho_n V_n = \sum_{i=1}^{n} \rho_i V_i$$

$$\rho = \rho_1 \frac{V_1}{V} + \rho_2 \frac{V_2}{V} + \cdots + \rho_n \frac{V_n}{V} = \sum_{i=1}^{n} \rho_i \frac{V_i}{V}$$

$$\rho = \rho_1 \alpha_1 + \rho_2 \alpha_2 + \cdots + \rho_n \alpha_n = \sum_{i=1}^{n} \rho_i \alpha_i \tag{1-5}$$

式中　α_1、α_2、$\cdots$、α_n——混合气体中各组分气体所占的体积百分比。

【例 1-1】　某流体密度为 800kg/m³，求其相对密度。

解　　　　　　　　　$$d = \frac{\rho_f}{\rho_w} = \frac{800}{1000} = 0.8$$

即相对密度为 0.8。

【例 1-2】 某容器内含有氧气、氮气、二氧化碳的混合气体，其中，氧气、氮气、二氧化碳的密度分别为 1.43、1.98、1.25kg/m³，体积百分比分别为 30%、65%、5%，求混合气体的密度。

解
$$\rho = \rho_1 \alpha_1 + \rho_2 \alpha_2 + \rho_3 \alpha_3$$
$$= 1.43 \times 0.3 + 1.98 \times 0.65 + 1.25 \times 0.05$$
$$= 1.78(\text{kg/m}^3)$$

即混合气体的密度为 1.78kg/m³。

第四节 流体的压缩性和膨胀性

流体在一定的温度下，压强增大，密度变大；在一定的压强下，温度变化，密度也要发生相应的变化。这就是流体的压缩性和膨胀性，所有流体都具有这种属性。

一、流体的压缩性

在一定的温度下，流体的压强增大、密度变大的属性称为流体的压缩性。任何流体都具有压缩性，但不同的流体，压缩性是不同的。如常温常压下，空气比水容易压缩。在一定的温度下，把单位压强变化引起的密度变化率定义为流体的压缩系数，用 β 来表示，即

$$\beta = \left(\frac{\partial \rho}{\partial p}\right)_T \frac{1}{\rho} \tag{1-6}$$

式中　　β——流体的压缩系数，m²/N；

ρ——流体的密度，kg/m³；

p——流体的压强，Pa；

$\left(\dfrac{\partial \rho}{\partial p}\right)_T$——温度不变的情况下，压强变化引起的密度变化。

若流体压强变化时质量保持不变，则压缩系数还可表示为

$$\beta = \left(-\frac{\partial V}{\partial p}\right)_T \frac{1}{V} \tag{1-7}$$

式中　　V——流体的体积，m³；

$\left(\dfrac{\partial V}{\partial p}\right)_T$——温度不变的情况下，压强变化引起的体积变化。

由于压强增大，体积减小，为了保证压缩系数为正值，在式（1-7）的右端冠以负号。

由上述定义式可以看出，在同样的压强增量之下，β 值大的流体密度变化率大，容易压缩；β 值小的流体密度变化率小，不容易压缩。由此可见，压缩性系数 β 反映了流体的可压缩能力。

工程中往往还涉及压缩性系数的倒数，定义为体积弹性模量，用 K 表示，单位为 Pa，即

$$K = 1/\beta \tag{1-8}$$

式（1-8）表明，K 值大的流体压缩性小，K 值小的流体压缩性大。体积弹性模量 K 反映了流体的抗压缩能力。

流体的压缩系数与流体的种类有关，不同流体的压缩系数不同。同种流体在相同的温度下，所处压强不同，其压缩系数也不同。一般用一定压强变化范围内的平均压缩系数来代替压缩系数，即

$$\beta = \frac{\Delta \rho / \rho}{\Delta p} \tag{1-9}$$

若流体压强变化时质量保持不变，平均压缩系数还可表示为

$$\beta = -\frac{\Delta V / V}{\Delta p} \tag{1-10}$$

同种流体在相同压强下，所处温度不同，其压缩系数也是不同的。

流体的压缩系数与流体所处的温度、压强有关，水在不同的温度、压强下的压缩系数见表 1-3。

表 1-3　　　　　　　　　　　　水的压缩系数 β　　　　　　　　　　　$\times 10^{-9}$ 1/Pa

温度(℃) ＼ 压强(×10⁵Pa)	4.904	9.807	19.614	39.28	78.456
0	0.539	0.537	0.531	0.523	0.515
5	0.529	0.524	0.518	0.508	0.493
10	0.524	0.518	0.508	0.498	0.481
15	0.518	0.510	0.503	0.488	0.469
20	0.515	0.505	0.495	0.481	0.461

二、流体的膨胀性

在一定的压强下，流体的密度随温度变化的属性称为流体的膨胀性。任何流体都具有膨胀性，但不同的流体，膨胀性是不同的。在一定的压强下，把单位温度变化引起的密度变化率定义为流体的膨胀系数，用 α 表示，即

$$\alpha = \left(-\frac{\partial \rho}{\partial T} \right)_p \frac{1}{\rho} \tag{1-11}$$

式中　　α——流体的膨胀系数，1/K 或 1/℃；

ρ——流体的密度，kg/m³；

$\left(\dfrac{\partial \rho}{\partial T} \right)_p$——压强不变的情况下，温度变化引起的密度变化。

由于温度增高，流体的密度一般要减小，为了保证膨胀系数为正值，在式（1-11）的右端冠以负号。

若流体温度变化时质量保持不变，则膨胀系数还可表示为

$$\alpha = \left(\frac{\partial V}{\partial T} \right)_p \frac{1}{V} \tag{1-12}$$

式中　　V——流体的体积，m³；

$\left(\dfrac{\partial V}{\partial T} \right)_p$——压强不变的情况下，温度变化引起的体积变化。

流体的膨胀系数与流体的种类有关，不同的流体膨胀系数不同。同种流体在相同压强下，所处温度不同，其膨胀系数也不同。一般用一定温度变化范围内的平均膨胀系数来代替膨胀系数，即

$$\alpha = -\frac{\Delta\rho/\rho}{\Delta T} \tag{1-13}$$

若流体温度变化时质量保持不变，则平均膨胀系数还可表示为

$$\alpha = \frac{\Delta V/V}{\Delta T} \tag{1-14}$$

同种流体在相同的温度下，所处压强不同，其膨胀系数也是不同的。

流体的膨胀系数与流体所处的温度、压强有关，水在不同的温度、压强下的膨胀系数见表 1-4。

表 1-4　　　　　　　　　　　　　　　　**水的膨胀系数 α**　　　　　　　　　　　　　$\times 10^{-6}\ 1/℃$

压强（$\times 10^5$ Pa）＼温度（℃）	1～10	10～20	40～50	60～70	90～100
0.98	14	150	422	556	719
98	43	165	422	548	704
196	72	183	426	539	—
490	149	236	429	523	661
882	229	289	437	514	621

由表 1-4 可知，水的膨胀系数与压强之间的关系在 50℃ 附近发生转变。当温度小于 50℃，膨胀系数随压强的增大而增大；当温度大于 50℃，膨胀系数随压强的增大而减小。

三、气体的压缩性与膨胀性

气体的密度随压强、温度变化较大，热力学中的完全气体的密度随压强、温度变化关系可由完全气体状态方程反映，即

$$\frac{p}{\rho} = RT \tag{1-15}$$

或

$$pv = RT \tag{1-16}$$

式中　p ——气体绝对压强，Pa；

　　　ρ ——气体的密度，kg/m³；

　　　v ——气体的比体积，m³/kg；

　　　R ——气体常数，J/(kg·K)；

　　　T ——气体的绝对温度，K。

四、不可压缩流体

流体的压缩性是流体的基本物理属性，任何流体都具有压缩性。流体压缩性的大小与所处的温度、压强有关，在计算中若考虑流体压缩性的变化，问题将很复杂。忽略流体压缩性的变化将有助于问题的简化，流体力学中将压缩性很小、密度可视为常量的流体称为不可压缩流体。在工程实际中，一般液体可视为不可压缩流体，流速不高，温度、压强变化不大的气体也可视为不可压缩流体。

　　可压缩流体和不可压缩流体都是相对而言的，工程实际中是否要考虑流体的压缩性，要视具体情况而定。例如，在研究水下爆炸、管道中的水击等问题时，由于压强变化比较大，而且过程变化非常迅速，必须考虑液体的压缩性；用管道输送煤气时，由于在流动过程中煤气的压强和温度变化很小，其密度变化也很小，可以不考虑气体的压缩性；在对电厂中的汽、水、风、烟等管道进行水力计算时，若将其视为不可压缩流体来处理，其结果的相对误差一般在允许范围之内；在研究气体在叶栅中流动、飞机在大气中飞行等气体高速流动的问题，必须考虑压缩性的影响，有关内容将在以后章节中专门论述。

　　另外，在流体力学中，将密度只随压强变化的流体称为正压性流体。

【例 1-3】　某液体压强增加 5000Pa 时，密度增加了 0.02%，求该液体的平均压缩系数。

解
$$\beta = \frac{\Delta\rho/\rho}{\Delta p} = \frac{0.02\%}{5000} = 4 \times 10^{-8}(1/\text{Pa})$$

即该液体的平均压缩系数为 $4 \times 10^{-8} 1/\text{Pa}$。

【例 1-4】　海水的平均深度 h 为 3800m，平均膨胀系数为 $1.6 \times 10^{-4} 1/℃$，计算海水温度升高 1℃时海平面上升的高度。

解　设海水平均面积 A 为定值，有
$$\alpha = \frac{\Delta V/V}{\Delta T} = \frac{A\Delta h/Ah}{\Delta T} = \frac{\Delta h/h}{\Delta T}$$

$$\Delta h = \alpha\Delta Th = 1.6 \times 10^{-4} \times 1 \times 3800 = 0.608(\text{m})$$

即海水温度升高 1℃时海平面上升 0.608m。

【例 1-5】　若某活塞可自由、无摩擦地在气缸内移动，气缸内气体可视为完全气体，温度为 20℃。若缸内气体压强不变，气体温度升高到 60℃，气缸容积相对变化了多少？

解　根据题意可知，气缸内气体质量不变，容积相对变化率等于比体积相对变化率，即
$$\frac{V_2 - V}{V_1} = \frac{v_2 - v_1}{v_1} = \frac{v_2}{v_1} - 1 = \frac{RT_2}{p_2}\frac{p_1}{RT_1} - 1$$

由于压强不变
$$p_2 = p_1$$

则
$$\frac{v_2 - v_1}{v_1} = \frac{T_2}{T_1} - 1 = \frac{273 + 60}{273 + 20} - 1 = 0.14$$

即汽缸容积相对增加了 0.14 倍。

第五节　流 体 的 黏 性

一、流体的黏性

　　在日常生活中我们有这样的经验，一盆静止的水，用一根棒子在中间搅动，结果四周的水也会旋转起来。四周的水从静止到运动必然是受到了力的作用，这种力就是流体内部的摩擦力。当流体内部存在相对运动时，流体内就会产生内摩擦力阻碍相对运动，这种属性就是黏性。

　　黏性是流体固有的物理属性，不论流体处于静止还是运动状态，不论是何种流体，都具有黏性。流体内部无相对运动时，黏性表现不出来；有相对运动时，黏性才能表现出来。

二、牛顿内摩擦定律

当流体内部存在相对运动时，流体内就会产生内摩擦力阻碍相对运动，那么流体的内摩擦力如何计算？

将两块相隔很近、距离为 h、面积为 A 的平行平板水平放置，其间充满某种液体，下板固定不动，上板在力 F 的作用下，以速度 u 沿 x 方向匀速直线运动，如图 1-1 所示。

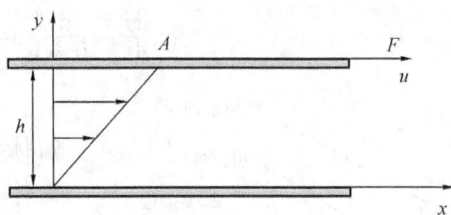

实验表明：黏附于上平板的流体以速度 u 随上平板匀速直线运动，黏附于下平板的流体随下平板保持静止，中间流体在黏性内摩擦力的作用

图 1-1　流体的内摩擦力

下，以一定速度匀速直线运动，且内摩擦力的大小与外力 F 一致。实验测得力 F 的大小与两块平板间的距离 h 成反比，与平板的面积 A、平板的运动速度 u 成正比，即

$$F = \eta A \frac{u}{h} \tag{1-17}$$

式中　η——比例系数，其大小与流体的种类、温度和压强有关。

英国科学家牛顿在 1686 年根据大量实验结果总结出：大多数流体，当层流（流体分层流动，层与层之间没有混合）流动时，作用在流层间的切向内摩擦力与作用面积、速度梯度成正比，其比例系数为流体的黏度，即

$$T = A \eta \frac{\mathrm{d}u}{\mathrm{d}y} \tag{1-18}$$

式中　T——流体的内摩擦力，N；

　　　A——流层间的作用面积，m^2；

　　　η——流体的黏度，$\mathrm{Pa \cdot s}$；

$\dfrac{\mathrm{d}u}{\mathrm{d}y}$——速度梯度，$1/\mathrm{s}$。

称式（1-18）为牛顿内摩擦定律。

若考虑单位面积上的内摩擦力即内摩擦切应力 τ，式（1-18）变为

$$\tau = \eta \frac{\mathrm{d}u}{\mathrm{d}y} \tag{1-19}$$

其中，τ 的单位为 Pa。

由式（1-19）可知，当 $\dfrac{\mathrm{d}u}{\mathrm{d}y} = 1$ 时，$\eta = \tau$，η 反映了黏性的动力学特性，所以也称为流体的动力黏度。

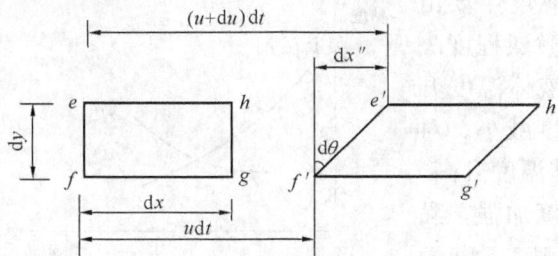

图 1-2　流体微元的角变形

速度梯度的大小反映流速在其法线方向上的变化率，也可反映流体微团的角变形速度。

证明：在流动的流体中取一截面为 $\mathrm{d}x \times \mathrm{d}y$ 的矩形微元平面，如图 1-2 所示。微元下流层速度为 u，上流层速度为 $u + \mathrm{d}u$，经过微小时间间隔 $\mathrm{d}t$ 后，原来的微元平面

$efgh$ 变成平面 $e'f'g'h'$。原来的直角 $\angle efg$ 变成锐角 $\angle e'f'g'$，角度减小 $d\theta$，由于 $d\theta$ 很小，可以认为 $d\theta=\dfrac{dx''}{dy}$。角变形速度为

$$\frac{d\theta}{dt}=\frac{dx''}{dydt}=\frac{(u+du)dt-udt}{dydt}=\frac{du}{dy}$$

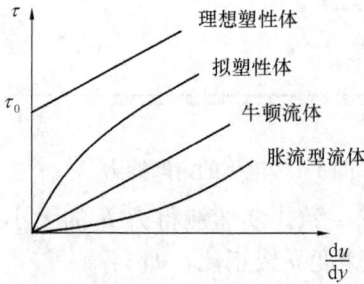

图 1-3　流体切应力与速度梯度的关系

牛顿内摩擦定律不是对所有流体都是适用的，有些流体的内摩擦切应力与速度梯度不是成正比关系。不同流体的内摩擦切应力与速度梯度的关系如图 1-3 所示。流体的内摩擦切应力与速度梯度成正比例关系或满足牛顿内摩擦定律的流体称为牛顿流体，如工程中分子间作用力小的气体、液体是牛顿流体。流体的内摩擦切应力与速度梯度不是成正比例关系或不满足牛顿内摩擦定律的流体称为非牛顿流体。非牛顿流体分为理想塑性体、拟塑性体、胀流型流体等类型。理想塑性体（如牙膏、油漆等），在产生连续变形前有一屈服应力 τ_0，在屈服应力后，切应力与速度梯度呈线性关系；拟塑性体（如纸浆、血液、牛奶等），流体的黏度随速度梯度增加而减小；胀流型流体（如面粉悬浮物），黏度随速度梯度的增加而增大。所以，牛顿内摩擦定律仅适用于牛顿流体。

三、流体的黏度

任何流体都有黏性，但不同的流体，黏性大小不同。流体黏性的大小用黏度来表示。流体的黏度是流体的重要物理属性参数。在流体力学中，除了动力黏度 η 外，经常出现 η/ρ 的比值，定义为 ν，称为运动黏度，即

$$\nu=\frac{\eta}{\rho}\tag{1-20}$$

式中　　ν——流体的运动黏度，m^2/s；

　　　　η——流体的黏度或动力黏度（有时也称绝对黏度），$Pa\cdot s$；

　　　　ρ——流体的密度，kg/m^3。

流体的黏度与流体的种类、温度、压强等因素有关。

不同的流体黏度不同。例如，常温常压下水的黏度为 $1.0\times10^{-3}Pa\cdot s$，空气的黏度为 $1.82\times10^{-5}Pa\cdot s$。

流体的黏度随温度变化较大。液体的黏度随温度的升高而减小，气体的黏度随温度的升高而增大，如图 1-4 所示。这是因为流体的黏度主要由流体分子间引力大小和分子热运动动量交换激烈程度决定。对液体而言，分子间引力是主导因素。液体温度升高，分子间距离增加，分子间引力减小，黏度减小。对气体而言，分子热运动动量交换是主导。气体温度升高，分子热运动加强，分子间动量交换的激烈程度加强，黏度增大。水、空气的黏度随温度的变化值见表 1-5 和表 1-6。

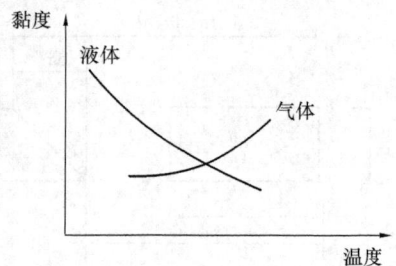

图 1-4　流体黏度随温度变化关系

表 1-5 　　　　　　　　　　　　　　　　水的黏度与温度的关系

温度（℃）	$\eta \times 10^3$ （Pa·s）	$\nu \times 10^6$ （m²/s）	温度（℃）	$\eta \times 10^3$ （Pa·s）	$\nu \times 10^6$ （m²/s）
0	1.792	1.792	40	0.656	0.661
5	1.519	1.519	45	0.599	0.605
10	1.308	1.308	50	0.549	0.556
15	1.140	1.141	60	0.469	0.477
20	1.005	1.007	70	0.406	0.415
25	0.894	0.897	80	0.357	0.367
30	0.801	0.804	90	0.317	0.328
35	0.723	0.727	100	0.284	0.296

表 1-6 　　　　　　　　　　　　　　　　空气黏度与温度的关系

温度（℃）	$\eta \times 10^6$ （Pa·s）	$\nu \times 10^6$ （m²/s）	温度（℃）	$\eta \times 10^6$ （Pa·s）	$\nu \times 10^6$ （m²/s）
0	17.07	13.20	260	28.06	42.40
20	18.08	15.00	280	28.77	45.10
40	19.04	16.90	300	29.46	48.10
60	19.97	18.80	320	30.14	50.70
80	20.88	20.90	340	30.80	53.50
100	21.75	23.00	360	31.46	56.50
120	22.60	25.20	380	32.12	59.50
140	23.44	27.40	400	32.77	62.60
160	24.25	29.80	420	33.40	65.60
180	25.05	32.20	440	34.02	68.80
200	25.82	34.60	460	34.63	72.00
220	26.58	37.10	480	35.23	75.20
240	27.33	39.70	500	35.83	78.50

　　流体的黏度随压强变化较小，一般可以认为流体的黏度与压强无关。但是，在高压下，流体的黏度随压强的升高而增大。如水在 9.8×10^9 Pa 压强作用下，黏度可达常压下的两倍。

　　流体的黏度一般不能直接测量，要通过测量与其相关的其他物理量，再由有关方程计算得到。

四、理想流体和黏性流体

　　如前所述，实际流体都是有黏性的，只是黏性大小不同而已，没有黏性的流体称为理想流体。虽然理想流体是客观世界中并不存在的假想流体，但流体力学中引入理想流体的概念具有重要意义。

　　（1）当流体处于静止或相对静止状态，由于流体微团间没有相对运动、没有内摩擦力，流体的黏性表现不出来，完全可以把实际流体作为理想流体来处理。

　　（2）在黏性不起主要作用的场合，可忽略流体的黏性，当作理想流体处理，这样，问题不但大为简化而且仍然可以得到符合实际的结果；也可以先把实际流体当作理想流体来处理,然后再根据实验引入必要的修正。

（3）在黏性是主要影响因素不能忽略的场合,先研究不计黏性影响的理想流体流动,然后再在此基础上进一步研究,这也符合认识事物由简到繁的规律过程。

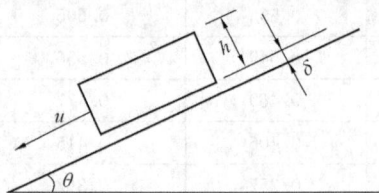

图 1-5　铁块沿斜面匀速下滑

【例 1-6】　有一高为 h,密度为 ρ 铁块,沿涂有润滑油的倾角为 θ 的斜面以速度 u 匀速下滑,铁块与斜面接触面积为 A,如图 1-5 所示。若斜面铁块间油层的厚度为 δ 非常小,求油的动力黏度 η。

解　铁块沿斜面匀速下滑,重力在运动方向上的分力等于铁块与斜面间流体的内摩擦力。即

$$\rho g A h \sin \theta = \eta A \frac{\mathrm{d}u}{\mathrm{d}y}$$

斜面与铁块间油层的厚度非常小,其间的速度分布可以认为是线性,即

$$\frac{\mathrm{d}u}{\mathrm{d}y} = \frac{u}{\delta}$$

$$\rho g A h \sin \theta = \eta A \frac{u}{\delta}$$

$$\eta = \rho g h \sin \theta \frac{\delta}{u}$$

即油的动力黏度 $\eta = \rho g h \sin \theta \dfrac{\delta}{u}$。

【例 1-7】　如图 1-6 所示,黏度 $\eta = 0.2 \mathrm{Pa \cdot s}$ 的油充满锥台形旋塞的间隙,若间隙的厚度 $\delta = 0.2 \mathrm{mm}$,锥角 $\alpha = 45°$,旋塞匀速转动的转速 $n = 90 \mathrm{r/min}$,旋塞高度 $H = 45 \mathrm{mm}$,旋塞的底面距锥顶点高度为 $H' = 60 \mathrm{mm}$,求转动旋塞转轴所需的力矩 M。

解　取一高度为 $\mathrm{d}h$,半径为 r 的微元锥台为研究对象,其顶面距锥顶点高度为 h,匀速转动时与油层的接触面积 $\mathrm{d}A$,内摩擦力矩为 $\mathrm{d}M$。

根据题意知

$$\mathrm{d}A = 2\pi r \frac{\mathrm{d}h}{\cos \alpha} = 2\pi h \tan \alpha \frac{\mathrm{d}h}{\cos \alpha}$$

由于锥台形旋塞的间隙很小,其间的速度分布可视为线性分布,即

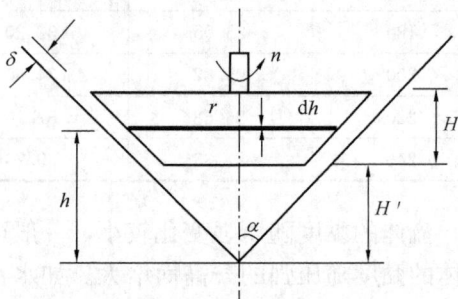

图 1-6　旋塞在锥中旋转

$$\frac{\mathrm{d}u}{\mathrm{d}y} = \frac{2\pi r n/60}{\delta}$$

$$\begin{aligned}
\mathrm{d}M &= \mathrm{d}A \, \eta \, \frac{\mathrm{d}u}{\mathrm{d}y} r = \mathrm{d}A \, \eta \, \frac{2\pi r n/60}{\delta} r \\
&= 2\pi h \tan \alpha \frac{\mathrm{d}h}{\cos \alpha} \eta \frac{2\pi h \tan \alpha \cdot n/60}{\delta} h \tan \alpha \\
&= \frac{4\pi^2 \eta n \tan^3 \alpha}{60 \delta \cos \alpha} h^3 \mathrm{d}h
\end{aligned}$$

$$M = \int_{H'}^{H'+H} \mathrm{d}M = \int_{H'}^{H'+H} \frac{4\pi^2 \eta n \tan^3 \alpha}{60 \delta \cos \alpha} h^3 \mathrm{d}h = 2.27 (\mathrm{N \cdot m})$$

即转动旋塞转轴所需的力矩为 2.27N·m。

【例 1-8】　有一流场流体黏度为 $\eta = 0.3$Pa·s，流体做层流流动，速度分布为 $u = 1 + 0.25y^{0.5}$，求 $y = 0.08$m 处的内摩擦切应力。

解　由牛顿内摩擦定律

$$\tau = \eta \frac{du}{dy} = \eta \times 0.25 \times 0.5 \times y^{-0.5} = 0.3 \times 0.25 \times 0.5 \times 0.08^{-0.5} = 0.133(\text{Pa})$$

即 $y = 0.08$m 处的内摩擦切应力为 0.133Pa。

第六节　液体的表面性质

一、表面张力

当液体与气体接触时会形成分界面，称自由表面。根据分子学说，液体分子间是有引力的，引力的作用范围很小，大约只有 3~4 倍的平均分子距离，该引力作用范围称为"影响球"。若液体分子距自由表面距离大于或等于"影响球"半径（见图 1-7 中的 A、B），则该分子受到影响球内液体分子对它各个方向的引力彼此抵消，合力为零。若液体分子距自由表面距离小于"影响球"半径（见图 1-7 中的 C、D），该分子受到引力则不能平衡，合力不为零，合力的方向指向液体的内部。自由表面下厚度小于"影响球"半径的薄层称表面层。表面层分子受到一个向内的吸引力，把表面层分子紧紧拉向液体的内部，从而使液体表面有自动缩小的趋势。简单地说，由于分子间的引力作用而使自由表面处于拉伸状态，单位长度上的这种拉力称为张力，用 σ 表示，单位为 N/m。

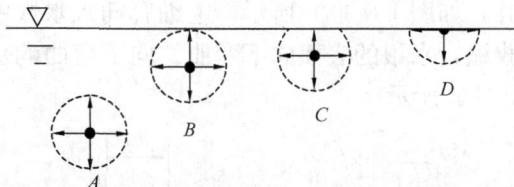

图 1-7　分子引力的作用范围

表面张力与作用线相互垂直。

表面张力主要与液体的种类、温度、分界面上的气体种类有关。常见液体在 20℃、常压下与空气接触时的表面张力见表 1-7。

表 1-7		液体的表面张力（20℃、常压下与空气接触）		N/m
液体名称	表面张力		液体名称	表面张力
水	0.073 1		乙醚	0.017
水银	0.513 7		润滑油	0.035 0~0.037 9
酒精	0.022 3		煤油	0.023 3~0.032 1
苯	0.028 9		原油	0.023 3~0.037 9
四氯化碳	0.026 7		肥皂水	0.02~0.039 9

液体的表面张力与温度有很大关系。所有液体的表面张力随温度的升高而下降。例如，水在 0℃ 时，表面张力为 0.075 5N/m；20℃ 时，表面张力为 0.073 1N/m；50℃ 时，表面张力为 0.067 8N/m。在液体中加有机溶剂或盐可以改变表面张力，例如，把洗衣粉加入水中，可以显著降低水的表面张力；把食盐加入水中，可以提高水的表面张力。液体的表面张

力与液面上气体的种类也有关。例如，水银在空气中，表面张力为 0.513 7N/m；在水中，表面张力为 0.392 6N/m；在真空中，表面张力为 0.485 7N/m。

两种不相溶液体的分界面上也有张力，称为交界面张力。

二、毛细现象

我们知道，液体分子间距离相对较小，分子间的吸引力较大，液体分子在吸引力的作用下聚成一团。液体分子间引力称为内聚力，当液体与固体壁面相接触时，液体分子与固体壁面分子间也存在吸引力。液体分子与固体壁面分子间的引力称为附着力。

当液体与固体壁面接触时，若附着力大于内聚力，液体就会沿接触点伸展，湿润该固体壁面，称为浸润，如水倒在玻璃上，水沿玻璃伸展开；若内聚力大于附着力，液体就会在接触点收缩成一团，不湿润该固体壁面，称为非浸润，如水银倒在玻璃上，水银收缩成一团。

当毛细管插入液体时，液体会沿毛细管上升或下降，这种现象称毛细现象。毛细现象可用内聚力、附着力、表面张力来解释。毛细管插入水中，水的内聚力小于水与玻璃的附着力，水沿玻璃管壁展开，水的表面向上弯曲。向上弯曲的水面，表面张力合力向上，使液体上升，如图 1-8 （a）所示。毛细管插入水银中，水银的内聚力大于水银与玻璃的附着力，水银收缩，水银的表面向下弯曲。向下弯曲的水银面，表面张力合力向下，使液体下降，如图 1-8 （b）所示。

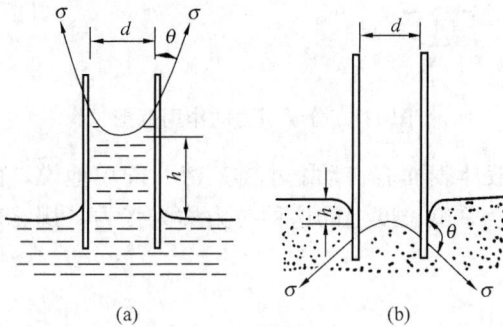

图 1-8　毛细现象
（a）水沿玻璃管壁上升；（b）水银沿玻璃管壁下降

液面与壁面间的夹角称为接触角，用 θ 表示。接触角的大小主要影响因素有壁面的类型与洁净度、液体的种类与温度、液体上气体的种类。例如，20℃水在空气中与洁净玻璃的接触角 $\theta = 0°$；20℃水在空气中与较洁净玻璃的接触角 $\theta = 10°$；20℃水银在空气中与洁净玻璃的接触角 $\theta = 139°$。

毛细管中液体上升或下降的高度称为毛细高度。毛细高度可通过表面张力求得。若毛细管直径为 d，液体的表面张力为 σ，液面与毛细管壁的接触角为 θ，如图 1-8 所示。根据表面张力的合力与液体上升或下降的高度 h 的液重相等，有

$$\pi d \sigma \cos \theta = \rho g h \frac{\pi d^2}{4}$$

$$h = \frac{4\sigma \cos \theta}{\rho g d} \tag{1-21}$$

由式（1-21）可知，毛细高度与管径成反比。同样条件下，管径越细，上升或下降的高度越大。在工程中，一般固体界面足够大，同其他作用力相比，表面张力可以忽略不计，毛细现象引起的液面高度变化忽略不计。对于液柱式测压计，毛细现象会引起测量误差。通常对于水，当玻璃管径大于 20mm 时，可忽略毛细现象的影响；对于水银，当玻璃管径大于 15mm 时，可忽略毛细现象的影响。在小尺寸的模型试验中，液膜沿壁面流动、液滴、气泡

的形成过程等问题，表面张力不可忽略。

本 章 小 结

1-1　通俗地讲，能够流动的物体称为流体。从力学特征上讲，在任何微小的剪切力作用下都能够发生连续变形的物体称为流体。流动性是流体最基本的特征。

1-2　"连续介质"假定：在流体力学的研究中，不考虑分子间的间隙，将流体视为由无限多、连续分布的流体质点构成。

1-3　流体的密度表征流体在空间某点的质量密集程度。流体中某点的密度 $\rho = \lim\limits_{\Delta V \to 0} \dfrac{\Delta m}{\Delta V}$ $= \dfrac{dm}{dV}$。若流体为均质流体，流体的密度 $\rho = \dfrac{m}{V}$，相对密度 $d = \dfrac{\rho_f}{\rho_w}$。混合气体的密度 $\rho = \rho_1 \alpha_1 + \rho_2 \alpha_2 + \cdots + \rho_n \alpha_n = \sum\limits_{i=1}^{n} \rho_i \alpha_i$。

1-4　在一定的温度下，流体压强增大密度变大的属性称为压缩性。任何流体都具有压缩性，压缩性大小用压缩系数 β 表示，即 $\beta = \left(\dfrac{\partial \rho}{\partial p}\right)_T \dfrac{1}{\rho}$ 或 $\beta = \left(-\dfrac{\partial V}{\partial p}\right)_T \dfrac{1}{V}$。在一定的压强下，流体的密度随温度变化的属性称为流体的膨胀性。任何流体都具有膨胀性，膨胀性大小用膨胀系数 α 表示，即 $\alpha = -\left(\dfrac{\partial \rho}{\partial T}\right)_p \dfrac{1}{\rho}$ 或 $\alpha = \left(\dfrac{\partial V}{\partial T}\right)_p \dfrac{1}{V}$。完全气体的密度（比体积）、温度和压强之间的关系可由完全气体的状态方程 $\dfrac{p}{\rho} = RT$ 或 $pv = RT$ 描述。压缩性很小、密度可视为常量的流体称为不可压缩流体。在工程中，一般液体可视为不可压缩流体，流速不高，温度、压强变化不大的气体也可视为不可压缩流体。

1-5　当流体内部存在相对运动时，流体内就会产生内摩擦力阻碍相对运动，这种属性就是流体黏性。任何流体都有黏性，黏性大小用黏度来表示。黏度分动力黏度 η 和运动黏度 ν，其中，$\nu = \dfrac{\eta}{\rho}$。牛顿内摩擦定律 $T = A\eta\dfrac{du}{dy}$ 或 $\tau = \eta\dfrac{du}{dy}$。符合牛顿内摩擦定律的流体称牛顿流体，否则称非牛顿流体。没有黏性的流体称为理想流体，这是客观世界并不存在的假想流体，流体力学中引入理想流体的概念具有重要意义。

1-6　液体与气体的分界面称自由表面。自由表面存在表面张力。表面张力的大小主要与液体的种类、温度、分界面上的气体种类等有关。毛细现象可用内聚力、附着力、表面张力来解释。毛细管上升或下降的高度 $h = \dfrac{4\sigma\cos\theta}{\rho g d}$。

思 考 题

1-1　流体的定义是什么？流体与固体有何区别？
1-2　试述流体的"连续介质"假定内容及其适用范围。
1-3　说明流体的"连续介质"假定成立的原因及其意义。

1-4 流体的基本物理属性有哪些？

1-5 什么是流体的压缩性？什么是流体的膨胀性？流体的压缩性与膨胀性的大小如何反映？

1-6 气体有无压缩系数、膨胀系数？完全气体状态方程表达式如何？

1-7 什么是流体的黏性？流体黏性的影响因素有哪些？

1-8 牛顿内摩擦定律的表达式如何？说明各项的物理意义。

1-9 什么是理想流体？引入理想流体有何意义？

1-10 什么是牛顿流体？什么是非牛顿流体？举例说明。

1-11 表面张力是如何产生的？其大小的影响因素有哪些？

习 题

1-1 某封闭容器内装满液体，液体的质量 $m=1.5\text{kg}$，容器的容积 $V=2\text{L}$，求该液体的密度。

1-2 某流体相对密度为 0.006，求该流体的密度。

1-3 某容器内混合气体各组分气体的密度分别为 $\rho_1=1.43\text{kg/m}^3$、$\rho_2=1.98\text{kg/m}^3$、$\rho_3=1.25\text{kg/m}^3$，体积百分比分别为 $\alpha_1=10\%$，$\alpha_2=25\%$，$\alpha_3=70\%$，求混合气体的密度。

1-4 某液体在温度不变的条件下，压强增加 $1\times10^5\text{Pa}$，体积减小了 0.01%，求其体积弹性模量。

1-5 体积为 3m^3 的液体，在温度不变的条件下，压强从 $1\times10^5\text{Pa}$ 升高到 $3\times10^5\text{Pa}$，体积减小了 0.0001m^3，求其压缩系数。

1-6 敞口水箱水温 10℃，水深 2m，如果水加热到 20℃，水箱水位上升多少？（水的膨胀系数取 $1.5\times10^{-4}\text{℃}^{-1}$）

1-7 采暖系统的顶部有一水箱，系统水温上升时水可自由进入水箱，如图 1-9 所示。若系统内水的体积为 9m^3，系统未运行时水温为 20℃。若采暖时水温升高到 50℃，若水的膨胀系数取 $2.9\times10^{-4}/\text{℃}$，水箱体积至少为多少？

1-8 证明完全气体在定温条件下，压缩系数的大小等于其绝对压强的倒数。

1-9 证明完全气体在定压条件下，膨胀系数的大小等于其绝对温度的倒数。

1-10 假设流体流过壁面速度分布为 $u=2.5\left(\dfrac{y}{6}\right)^{\frac{1}{7}}$，若流体的黏度 $\eta=0.001\text{Pa·s}$，求距离壁面 $y=2.5\text{m}$ 处的切应力。

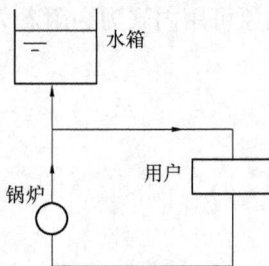

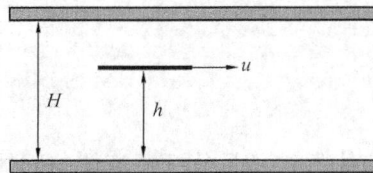

图 1-9 习题 1-7 图   图 1-10 习题 1-11 图

1-11　两平行大平板间距 $H=10\text{mm}$，水平静止放置，其间充满黏度 $\eta=0.03\text{Pa}\cdot\text{s}$ 的流体，如图 1-10 所示。在距下板 $h=7\text{mm}$ 处有一厚度可忽略不计、面积 $A=0.09\text{m}^2$ 的薄片。若要使薄片以 $u=0.5\text{m/s}$ 的速度在其间匀速直线运动，求施加在薄片上的力。

1-12　轴在卡座中做旋转运动，卡座长 $b=0.5\text{m}$，轴外径 $D=0.15\text{m}$，轴与管段的间隙 $\delta=0.25\text{mm}$，其间充满动力黏度 $\eta=0.8\text{Pa}\cdot\text{s}$ 的油，如图 1-11 所示。求轴以 $n=300\text{r/min}$ 的转速匀速旋转时所需的力矩。

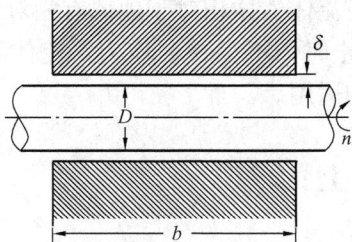

图 1-11　习题 1-12 图

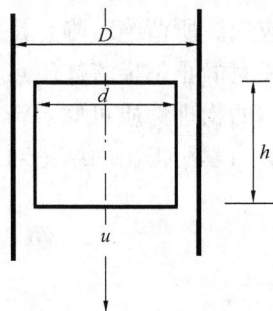

图 1-12　习题 1-13 图

1-13　一直径 $d=100\text{mm}$，高 $h=0.1\text{m}$ 的内管，在直径 $D=101\text{mm}$ 的外管中以 $u=0.3\text{m/s}$ 的速度匀速下滑，如图 1-12 所示。假设外管无限长，内外管壁间充满动力黏度为 $\eta=0.4\text{Pa}\cdot\text{s}$ 的流体，求内管的质量。

1-14　直径 $d=200\text{mm}$，长 $L=0.2\text{m}$ 的圆柱体，在直径 $D=204\text{mm}$ 的圆管中以 $u=1.2\text{m/s}$ 的速度匀速移动，如图 1-13 所示。假设外圆管无限长，其两壁间充满动力黏度为 $\eta=0.06\text{Pa}\cdot\text{s}$ 的流体，求所需的推力。

1-15　求 20℃ 的纯水在内径为 10mm 的干净玻璃管中上升的毛细高度。若玻璃管内径变为 3mm，上升的高度又为多少？

1-16　求 20℃ 的水银在内径为 5mm 的干净玻璃管中下降的毛细高度。

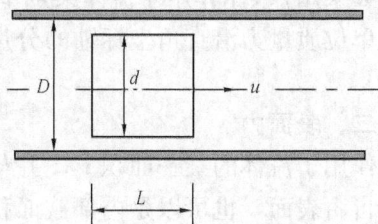

图 1-13　习题 1-14 图

第二章 流体静力学

　　流体静力学是研究流体在外力的作用下处于静止（绝对静止或相对静止）状态下的力学规律及其应用。所谓绝对静止是指流体质点之间没有相对运动，流体整体对于地球也没有相对运动。相对静止是指流体质点之间没有相对运动，但流体整体相对于地球有相对运动。

　　由流体的物理性质可知，流体处于静止或相对静止时，不存在切应力，流体不呈现黏性，流体静力学所得出的结论对理想流体和黏性流体均适用。

第一节 作用在流体上的力

　　为了研究流体平衡与宏观运动的规律，首先必须分析作用在流体上的力，力是使流体运动状态发生变化的原因。根据力作用方式的不同，力可以分为质量力和表面力。

一、质量力

　　作用于流体的每一质点上并与流体质量成正比的力称为质量力。例如，重力场中地球对流体全部质点的引力作用所产生的重力 mg、直线运动中的惯性力 ma、旋转运动中的离心惯性力 $mr\omega^2$ 等。此外，还有磁力场和电力场中对磁性物质和带电物质所产生的磁力、电场力等。

　　如果用 $\vec{f}$ 表示作用于流体某点单位质量流体的质量力，简称单位质量力，用 f_x、f_y、f_z 表示单位质量力沿直角坐标轴的分量，则

$$\vec{f}=f_x\vec{i}+f_y\vec{j}+f_z\vec{k}$$

二、表面力

　　作用于流体的某一面积上，并与受力面积成正比的力称为表面力。流体的面积可以是流体的自由表面，也可以是内部截面积（如图 2-1 所示的分离体面积 ΔA）。表面力可以分为垂直于表面的法向力和平行于表面的切向力。因为流体内部不能承受拉力，所以在流体内部不存在拉力和张力，只有在液体与异相物质接触的自由表面上能承受微小的表面张力。作用于流体的切向力即为流体内部的内摩擦力。

　　在连续介质中，表面力沿表面连续分布，通常用单位面积上的力来表示，称为表面应力。

第二节 流体静压强及其特性

一、流体静压强

　　在图 2-1 所示的静止液体中，任取一点 K，并在其周围取微小面积 ΔA，则相邻流体对它就有作用力，设为 ΔP。当所取微小面积趋于零时，K 点的应力为

$$p=\lim_{\Delta A\to 0}\frac{\Delta P}{\Delta A}=\frac{\mathrm{d}P}{\mathrm{d}A} \tag{2-1}$$

式中　p——静止流体中的应力，称为静压强，N/m^2 或 Pa。

二、流体静压强的特性

流体静压强有两个重要特性。

第一特性：流体静压强的方向沿作用面的内法线方向。

因为在静止液体中，切应力等于零，又因为流体不能承受拉力，只能承受压力，所以流体上的唯一的作用力便是指向作用面的内法线方向的压力。

第二特性：静止流体中任意一点流体静压强的大小与作用面的方位无关，即任一点上各方向的流体静压强均相同。

图 2-1 作用在静止流体上的表面力

为了证明这一特性，在静止流体中以 A 为直角顶点取一边长各为 dx、dy、dz 的微元直角四面体 $ABCD$，如图 2-2 所示。设作用在 $\triangle ABC$、$\triangle ABD$、$\triangle ACD$、$\triangle BCD$ 四个平面上的平均静压强分别以 p_x、p_y、p_z、p_n 表示，则作用在各面上的流体总压力应等于各微元面积与相应的静压强的乘积，即

$$dP_x = p_x \frac{1}{2} dydz$$

$$dP_y = p_y \frac{1}{2} dxdz$$

$$dP_z = p_z \frac{1}{2} dxdy$$

$$dP_n = p_n dA_n$$

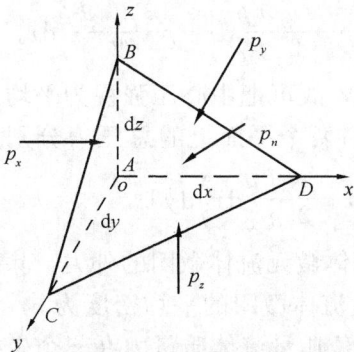

图 2-2 微元四面体

其中，dA_n 为 $\triangle BCD$ 的面积。

设流体的平均密度用 ρ 表示，用 f_x、f_y、f_z 表示单位质量流体的质量力的分力，而四面体的体积为 $\frac{1}{6} dxdydz$，则四面体的质量力沿坐标轴的分力分别为 $f_x\rho \times \frac{1}{6} dxdydz$、$f_y\rho \times \frac{1}{6} dxdydz$ 及 $f_z\rho \times \frac{1}{6} dxdydz$。微元四面体在上述总压力和质量力的作用下，处于平衡状态，在三个坐标轴方向分力的代数和应为零。x 轴方向微元四面体的受力平衡式为

$$p_x \times \frac{1}{2} dydz - p_n dA_n \cos(n,{}^\wedge x) + f_x\rho \times \frac{1}{6} dxdydz = 0$$

由于 $dA_n \cos(n,{}^\wedge x)$ 是 $\triangle BCD$ 在 yoz 平面上的投影面积，其值等于 $\frac{1}{2} dydz$。故上式变为

$$p_x \times \frac{1}{2} dydz - p_n \frac{1}{2} dydz + f_x\rho \times \frac{1}{6} dxdydz = 0$$

或

$$p_x - p_n + \frac{1}{3} f_x\rho \times dx = 0$$

当微元四面体以 A 点为极限，dx、dy、dz 趋于零时，上式为

$$p_x = p_n$$

同理可得

$$p_y = p_n, \quad p_z = p_n$$

所以

$$p_x = p_y = p_z = p_n \tag{2-2}$$

因为 n 的方向是任选的，所以证明了在静止流体中，作用在任一点上的流体静压强的大小与该点的作用面的方位无关，即任一点上各方向的流体静压强均相同。但空间不同点静压

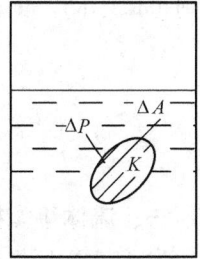

强则可以不同，即流体静压强应是空间坐标点的函数，有

$$p = f(x, y, z)$$

第三节　流体的平衡微分方程

一、流体平衡微分方程

为求在静止流体中的压强分布规律，取一边长分别为 dx、dy、dz 的平行六面体微元，如图 2-3 所示，其中心点为 A，该点的静压强为 p。由于静压强是空间点的连续函数，故在垂直于 x 轴的左右两个平面中心点 B、C 上的静压强按泰勒级数展开，并略去高于一阶的无穷小量后，分别等于 $p - \frac{1}{2}\frac{\partial p}{\partial x}dx$、$p + \frac{1}{2}\frac{\partial p}{\partial x}dx$。六面体的面积都是微元面积，故可把中心压强视为平均压强，则垂直于 x 轴的左右两个平面上的总压力分别为 $\left(p - \frac{1}{2}\frac{\partial p}{\partial x}dx\right)dydz$ 和 $\left(p + \frac{1}{2}\frac{\partial p}{\partial x}dx\right)dydz$。

作用在直角平行六面体微元流体微团的外力，除静压力外，还有质量力。设流体微团的平均密度为 ρ，则微元质量为 $\rho dxdydz$。单位质量流体质量力在三个坐标轴的分力分别为 f_x、f_y、f_z。

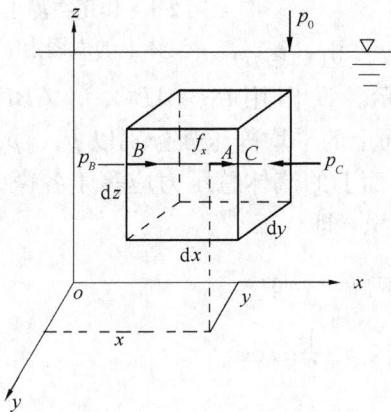

图 2-3　平行六面体微元

由于微元六面体处于平衡状态，故 x 轴方向的平衡方程为

$$\left(p - \frac{1}{2}\frac{\partial p}{\partial x}dx\right)dydz - \left(p + \frac{1}{2}\frac{\partial p}{\partial x}dx\right)dydz + f_x\rho dxdydz = 0$$

即

$$f_x\rho dxdydz - \frac{\partial p}{\partial x}dxdydz = 0$$

同理可得沿 y 轴和 z 轴的平衡方程为

$$f_y\rho dxdydz - \frac{\partial p}{\partial y}dxdydz = 0$$

$$f_z\rho dxdydz - \frac{\partial p}{\partial z}dxdydz = 0$$

用微元质量 $\rho dxdydz$ 除以上三式，即得

$$\left.\begin{array}{l} f_x - \frac{1}{\rho}\frac{\partial p}{\partial x} = 0 \\[2mm] f_y - \frac{1}{\rho}\frac{\partial p}{\partial y} = 0 \\[2mm] f_z - \frac{1}{\rho}\frac{\partial p}{\partial z} = 0 \end{array}\right\} \tag{2-3}$$

写成矢量形式为

$$\vec{f} - \frac{1}{\rho}\mathrm{grad}\,p = 0$$

这就是流体平衡微分方程式。它是欧拉在 1755 年首先提出的，故又称欧拉平衡微分方程式。

由于流体静压强是点的坐标的函数，它的全微分为

$$dp=\frac{\partial p}{\partial x}dx+\frac{\partial p}{\partial y}dy+\frac{\partial p}{\partial z}dz \qquad (2\text{-}3a)$$

将式（2-3）的三个式子依次乘以 dx、dy、dz，然后相加，得

$$\rho\,(f_x dx+f_y dy+f_z dz)=\frac{\partial p}{\partial x}dx+\frac{\partial p}{\partial y}dy+\frac{\partial p}{\partial z}dz \qquad (2\text{-}3b)$$

比较式（2-3a）和式（2-3b），得

$$dp=\rho\,(f_x dx+f_y dy+f_z dz) \qquad (2\text{-}4)$$

称式（2-4）为压强差公式。它表明当点的坐标增量为 dx、dy、dz 时，静压强的增量 dp 取决于质量力。

二、力的势函数和有势力

若将式（2-3）中的三个方程对坐标交错求导，得

$$\frac{\partial f_x}{\partial y}=\frac{\partial f_y}{\partial x},\ \frac{\partial f_y}{\partial z}=\frac{\partial f_z}{\partial y},\ \frac{\partial f_z}{\partial x}=\frac{\partial f_x}{\partial z}$$

即
$$\mathrm{rot}\,\vec{f}=0 \qquad (2\text{-}5)$$

由数学分析可知，式（2-5）是矢量 $\vec{f}$ 为有势力的充要条件。矢量 $\vec{f}$ 为有势力，此时存在一个势函数 $\pi\,(x,\,y,\,z)$，$\vec{f}$ 与 π 的关系为

$$\vec{f}=-\mathrm{grad}\pi \qquad (2\text{-}6)$$

$$f_x=-\frac{\partial \pi}{\partial x},\ f_y=-\frac{\partial \pi}{\partial y},\ f_z=-\frac{\partial \pi}{\partial z} \qquad (2\text{-}6a)$$

将式（2-6a）代入式（2-4），得

$$dp=-\rho d\pi$$

当 ρ 为常数时，积分上式得

$$p=-\rho\pi+C \qquad (2\text{-}7)$$

有势函数存在的力称为有势力。由以上讨论可知，质量力为有势力，单位质量流体的质量力等于势函数的负梯度。

由此可见，在有势力的作用下，流体中任何一点上的流体静压强可以由坐标唯一地确定，这样流体才能保持平衡状态，即只有在有势的质量力作用下，流体才能保持平衡。

三、等压面

在流场中，压强相等的点组成的面称为等压面。由式（2-7）可知，在有势力场中，当流体的密度为常数时，等压面也是等势面。因为有势力是势函数的负梯度，则有势的质量力必垂直于等压面，并指向压强增加（势函数减少）的方向。例如，当质量力只有重力时，由于重力的方向铅垂向下，静止液体中的等压面一定是水平面，而且压强将随深度的增加而增大。可以推论自由表面及两种不相溶的液体处于静止状态时的分界面也都是水平面，即等压面。当 $dp=0$，密度为常数时，由式（2-4）得等压面的微分方程

$$f_x dx+f_y dy+f_z dz=0 \qquad (2\text{-}8)$$

其矢量形式为 $\vec{f} \cdot \mathrm{d}\vec{r} = 0$，$\mathrm{d}\vec{r} = \mathrm{d}x\,\vec{i} + \mathrm{d}y\,\vec{j} + \mathrm{d}z\,\vec{k}$，质量力必垂直于通过该点的等压面。

第四节　重力场中流体的平衡

一、静力学基本方程式

工程上最常见的是作用在流体上的质量力只有重力的情况。作用在流体上的质量力只有重力的流体简称重力流体。

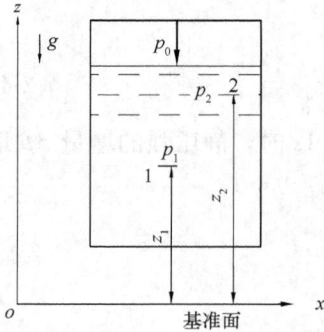

如图 2-4 所示的坐标系，则单位质量力的分力为

$$f_x = 0, \quad f_y = 0, \quad f_z = -g$$

代入式（2-4），得

$$\mathrm{d}p = -\rho g \mathrm{d}z$$

或

$$\mathrm{d}z + \frac{\mathrm{d}p}{\rho g} = 0$$

对于均质不可压缩流体，积分上式得

$$z + \frac{p}{\rho g} = C \tag{2-9}$$

图 2-4　重力作用下的平衡流体

式中　C——积分常数，由边界条件确定。

式（2-9）称为流体静力学的基本方程式，适用于静止状态下的不可压缩均质流体。

如图 2-4 所示的点 1 和 2 的静压强分别为 p_1 和 p_2，其垂直坐标分别为 z_1 和 z_2，则式（2-9）可写成另一种形式，即

$$z_1 + \frac{p_1}{\rho g} = z_2 + \frac{p_2}{\rho g} = C \tag{2-9a}$$

根据边界条件，确定式（2-9）中的积分常数 C。在图 2-4 中，设自由表面上任一质点位置高度为 z_0，表面压强为 p_0，代入式（2-9）可得积分常数为

$$C = z_0 + \frac{p_0}{\rho g}$$

再将积分常数代入式（2-9）可得

$$p = p_0 + \rho g\,(z_0 - z)$$

令 $z_0 - z = h$，表示该点的淹深，则上式写成

$$p = p_0 + \rho g h \tag{2-10}$$

式（2-10）是有自由表面的不可压缩重力流体中的压强分布规律，由此可得以下几点结论：

（1）在不可压缩均质重力流体中，静压强随深度 h 按线性规律变化。

（2）在不可压缩均质重力流体中，位于同一深度的各点的静压强相等，即任一水平面都是等压面，自由表面便是一个等压面。

（3）在重力流体中，任意一点的静压强由两部分组成：一部分是自由表面上的压强 p_0；另一部分是该点到自由表面的单位面积的流体重力 $\rho g h$。

（4）不可压缩重力流体中任意点都受到自由表面压强 p_0 的作用——帕斯卡原理，水压

机、液压传动装置的设计都是以此原理为基础的。

二、静力学基本方程式的物理意义与几何意义

下面讨论流体静力学基本方程式的物理意义和几何意义。

1. 物理意义

式（2-9）中第一项 z 代表单位重力作用下流体的位势能，第二项 $\dfrac{p}{\rho g}$ 代表单位重力作用下流体的压力势能。如图 2-5 所示，在容器距基准面 z 处接一已被抽成完全真空的闭口测压管，开口处的液体在静压强 p 的作用下，沿测压管上升了 h_p，

$$h_p = \frac{p}{\rho g}。$$

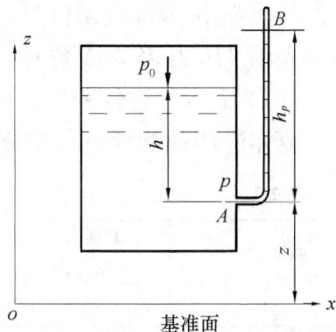

图 2-5　闭口测压管上升高度

位势能和压力势能的总和为单位重力作用下流体的总势能。流体静力学基本方程式的物理意义是：在重力作用下的连续均质不可压缩静止流体中，各点的单位重力作用下流体的总势能保持不变，但位势能和压力势能可以相互转换。这就是能量守恒与转换定律在静止液体中的表现。

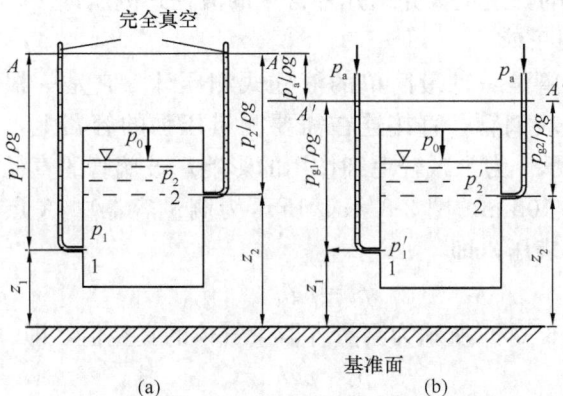

图 2-6　静止流体的静水头线

(a) 完全真空测压管；(b) 开口测压管

2. 几何意义

单位重力作用下流体所具有的能量也可以用柱高来表示，并称为水头。z 是流体质点距某基准面的高度，称为位置水头；$\dfrac{p}{\rho g}$ 表示流体在静压强作用下，沿闭口完全真空的测压管上升的高度，称为压力水头；位置水头和压力水头之和称为静水头，各点静水头的连线称为静水头线。式（2-9a）表明，静止流体中各点静水头相等。图 2-6 (a) 中，用封闭的完全真空测压管测得的静水头线 $A—A$，$A—A$ 为水平线。图 2-6 (b) 为用开口测压管测得的水平线 $A'—A'$。显然，两条水平线的高度相差一个大气压强水头 $\dfrac{p_a}{\rho g}$，故 $A'—A'$ 称为测压管水头线。流体静力学基本方程式的几何意义是：在重力作用下的连续均质不可压缩静止液体中，无论是静水头线还是测压管水头线，都是与基准面平行的水平线。

三、绝对压强　相对压强　真空

对静止流体内任一点静压强的测量有两种不同的基准。一种是以完全真空为基准来计量，称为绝对压强 p；另一种是以当

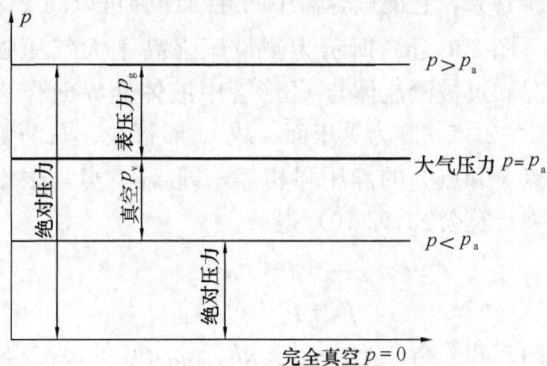

图 2-7　绝对压强、相对压强和真空间的关系

地大气压强 p_a 为基准来计量，称为相对压强。若压强比大气压强高，则大于大气压强的值称为表压（压力表的读数）；若比大气压强低，则小于大气压强的值称为真空（真空计读数）。图 2-7 所示为各种压强之间的关系。

流体静压强的计量单位有许多种，常用的压强及其换算见表 2-1。

表 2-1 　　　　　　　　　　　　　　　　压强单位换算表

帕斯卡 Pa	工程大气压 kgf/cm²	标准大气压 atm	巴 bar	米水柱 mH₂O	毫米汞柱 mmHg
1	$1.019\,72\times10^{-5}$	$9.869\,23\times10^{-6}$	10^{-5}	$1.019\,72\times10^{-4}$	$7.500\,64\times10^{-3}$
$9.806\,65\times10^{4}$	1	$9.678\,4\times10^{-1}$	$9.806\,65\times10^{-1}$	10	$7.355\,61\times10^{2}$
$1.013\,25\times10^{4}$	$1.033\,23$	1	$1.013\,25$	$1.033\,23\times10$	7.6×10^{2}
10^{5}	$1.019\,72$	$9.869\,23\times10^{-1}$	1	$1.019\,72\times10$	$7.500\,64\times10^{2}$

四、液柱式测压计

测量压强的仪表常见的有液柱式测压计、金属压力计、电测式仪表等。液柱式测压计的测压原理是以流体静力学基本方程式为依据的，这里只介绍几种常见的液柱式测压计。

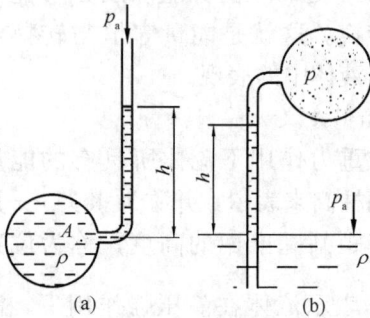

图 2-8　测压管

(a) $p>p_a$；(b) $p<p_a$

1. 测压管

测压管是一种最简单的液柱式测压计。它是一根直径均匀的玻璃管，直接连在需要测量压强的容器上，如图 2-8 所示。为了减轻毛细作用的影响，玻璃管的直径一般不小于 10mm。图 2-8 （a）所示为测量容器中 A 点处的液体的表压，即

$$p_g=\rho gh$$

图 2-8 （b）所示为测量容器中气体的真空值，即

$$p_v=\rho gh$$

这种测压管的优点是结构简单，测量准确；缺点是测量范围较小。

2. U 形管测压计

当被测流体的压强较大时，采用 U 形管测压计，如图 2-9 所示。它的一端连接到所要测量压强的点，另一端与大气相通。U 形管测压计的工作液体的密度较大，其测量范围比测压管大，它测量容器中的绝对压强可以高于大气压强，也可以低于大气压强。

图 2-9 （a）所示为测量压强高于大气压强的情况。过被测流体与 U 形管中液体交界面作水平面 1—2，1—2 为等压面。故 U 形管左、右两管中的点 1 和点 2 的静压强相等，即 $p_1=p_2$，根据静压强计算公式 （2-10） 得

$$p_1=p+\rho_1gh_1$$

$$p_2=p_a+\rho_2gh_2$$

由两式相等得　　$p=p_a+\rho_2gh_2-\rho_1gh_1$　　　　（2-11a）

表压为　　　　　$p_g=\rho_2gh_2-\rho_1gh_1$　　　　（2-11b）

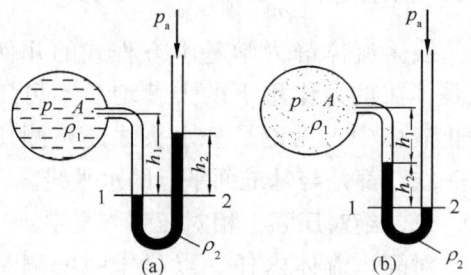

图 2-9　U 形管测压计

(a) $p>p_a$；(b) $p<p_a$

图 2-9（b）所示为测量压强低于大气压强的情况，即测量真空值。其计算方法与上述相似，求得绝对压强为

$$p = p_a - \rho_2 g h_2 - \rho_1 g h_1 \qquad (2\text{-}12a)$$

真空值为

$$p_v = p_a - p = \rho_2 g h_2 + \rho_1 g h_1 \qquad (2\text{-}12b)$$

当被测流体是气体时，由于气体密度小，可以忽略以上各式中的 $\rho_1 g h_1$ 一项。

3. U 形管差压计

差压计用来测量两处压强差值。如图 2-10 所示，为测定 A、B 两点的压强差，将 U 形管差压计分别与 A、B 点接通。在 U 形管中取等压面 1—2，即 $p_1 = p_2$，其中

$$p_1 = p_A + \rho_A g (h_1 + h)$$

$$p_2 = p_B + \rho_B g h_2 + \rho g h$$

则

$$p_A + \rho_A g (h_1 + h) = p_B + \rho_B g h_2 + \rho g h$$

图 2-10　U 形管差压计

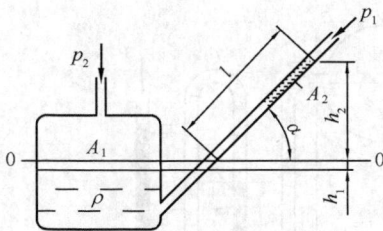

A、B 两点的压强差为

$$\Delta p = p_A - p_B = \rho_B g h_2 + \rho g h - \rho_A g (h_1 + h) \qquad (2\text{-}13a)$$

若两容器中都为气体，由于气体密度小，式(2-13a)可简化为

$$\Delta p = p_A - p_B = \rho g h \qquad (2\text{-}13b)$$

4. 倾斜微压计

当测量较小的流体压强时，为了提高测量精度，往往采用倾斜微压计。如图 2-11 所示，横断面积为 A_1 的容器内盛有密度为 ρ 的工作液体（工程上常采用纯度为 95% 的酒精，$\rho = 809.8 \text{ kg/m}^3$）。截面积为 A_2、倾斜角为 α 的可调玻璃管与之相连通。微压计在未测压之前，容器和斜管中的液面在同一水平面上。若微压计与被测点相连后，容器中的工作液面下降高度为 h_1，同时工作

图 2-11　倾斜微压计

液体沿斜管上升 l 长度，斜管中液面上升的高度为 $h_2 = l \sin\alpha$。由于容器中流体下降的体积与斜管中液体上升的体积相等，所以 $h_1 = l \dfrac{A_2}{A_1}$。微压计中工作液体液面的高度差为

$$h = h_1 + h_2 = l \left(\sin\alpha + \frac{A_2}{A_1} \right)$$

被测压强差为

$$\Delta p = p_2 - p_1 = \rho g h = \rho g l \left(\sin\alpha + \frac{A_2}{A_1} \right) = K l \qquad (2\text{-}14)$$

其中，$K = \rho g \left(\sin\alpha + \dfrac{A_2}{A_1} \right)$ 为微压计系数，不同的 α 角对应不同的 K 值。倾斜管微压计系数 K 一般有 0.2、0.3、0.4、0.6、0.8 五个数据，刻在微压计的弧形支架上。

当倾斜管开口通大气时，测得的 p_2 为表压；当容器开口通大气时，测得的 p_1 为真空值。

【例 2-1】 在一开口水箱侧壁 A 点装一块压力表，表离水箱底面的高度 $h_2 = 1\text{m}$，如图 2-12 所示。若压力表的读数为 39 228Pa，水的密度为 $\rho = 1000\text{kg/m}^3$，求水箱的充水高度 H

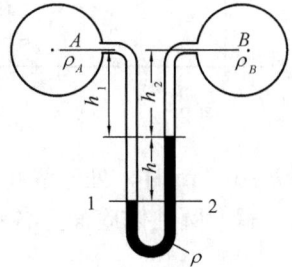

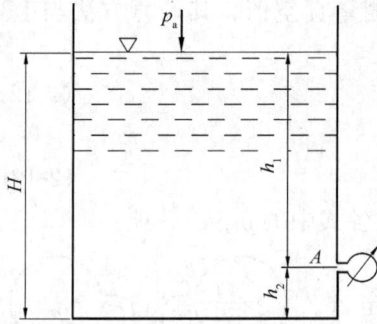

图 2-12　［例 2-1］图

为多少?

解　由式（2-10），A 点的绝对压强为

$$p = p_a + \rho g h_1$$

A 点的表压为

$$p_g = p - p_a = \rho g h_1 = 39\ 228\text{Pa}$$

则

$$h_1 = \frac{p_g}{\rho g} = \frac{39\ 228}{9807} = 4(\text{m})$$

$$H = h_1 + h_2 = 4 + 1 = 5(\text{m})$$

【例 2-2】　如图 2-13 所示，有一直径 $d = 12\text{cm}$ 的圆柱体，其质量 $m = 5\text{kg}$，在力 $F = 100\text{N}$ 的作用下，当淹深 $h = 0.5\text{m}$ 时，处于静止状态，求测压管中水柱的高度 H。

解　圆柱体底面上各点所受到的表压为

$$p_g = \frac{F + mg}{\pi d^2/4} = \frac{100 + 5 \times 9.807}{3.14 \times 0.12^2/4} = 13\ 184.3(\text{Pa})$$

由测压管可得

$$p_g = \rho g(H + h)$$

所以

$$H = \frac{p_g}{\rho g} - h = \frac{13\ 184.3}{1000 \times 9.807} - 0.5 = 0.84(\text{m})$$

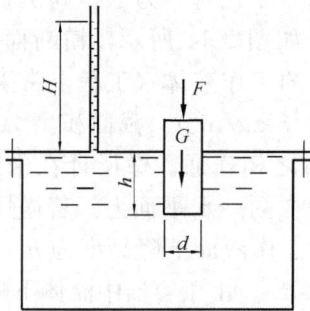

图 2-13　［例 2-2］图

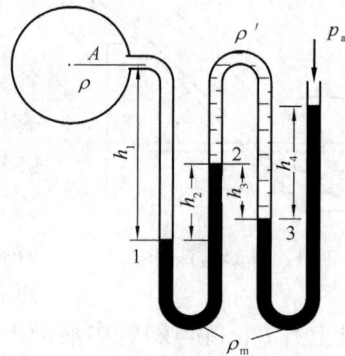

图 2-14　［例 2-3］图

【例 2-3】　如图 2-14 所示，用复式 U 形管差压计测量 A 点的压强。已知 $h_1 = 600\text{mm}$，$h_2 = 250\text{mm}$，$h_3 = 200\text{mm}$，$h_4 = 300\text{mm}$，$\rho = 1000\text{kg/m}^3$，$\rho_m = 13\ 600\text{kg/m}^3$，$\rho' = 800\text{kg/}$ m^3，当地大气压强为 $p_a = 10^5\text{Pa}$。

解　标出如图所示的分界面 1、2 和 3，根据等压面条件，1、2 和 3 均为等压面，则 3 点的压强为

$$p_3 = p_a + \rho_m g h_4$$

2 点的压强为

$$p_2 = p_3 - \rho' g h_3$$

1 点的压强为

$$p_1 = p_2 + \rho_m g h_2$$

A 点的压强为

$$p_A = p_1 - \rho g h_1 = p_2 + \rho_m g h_2 - \rho g h_1 = p_3 - \rho' g h_3 + \rho_m g h_2 - \rho g h_1$$
$$= p_a + \rho_m g h_4 - \rho' g h_3 + \rho_m g h_2 - \rho g h_1$$

将数据代入上式得

$$p_A = 10^5 + 13\,600 \times 9.807 \times (0.3 + 0.25) - 800 \times 9.807 \times 0.2 - 1000 \times 9.807 \times 0.6$$
$$= 165\,903.04 (\text{Pa})$$

表压强
$$p_{A,g} = 65\,903.4 (\text{Pa})$$

或者根据等压面关系,直接可得

$$p_A = p_a + \rho_m g h_4 - \rho' g h_3 + \rho_m g h_2 - \rho g h_1$$
$$= 10^5 + 13\,600 \times 9.807 \times (0.3 + 0.25) - 800 \times 9.807 \times 0.2 - 1000 \times 9.807 \times 0.6$$
$$= 165\,903.04 (\text{Pa})$$

第五节 液 体 的 相 对 平 衡

前面几节讨论了流体所受质量力只有重力时的平衡。下面分别讨论等加速水平直线运动容器中及等角速度旋转容器中液体的相对平衡。

一、等加速水平直线运动容器中液体的相对平衡

有一盛液体的容器以等加速度 a 向前水平运动,如图 2-15 所示,容器内的液体对容器来说处于相对平衡状态。容器等加速度前进,必然带动其中的液体也做等加速度前进,即液体实际上是处于等加速度运动状态。把坐标系建在容器上,坐标原点取在自由液面的中心,x 轴的方向与运动方向一致,z 轴垂直向上。利用达朗伯原理,此情形作为静止问题来处理,这时作用在液体质点上的质量力,除了重力以外,还要虚加一个大小等于液体质点的质量与加速度的乘积、方向与加速度方向相反的惯性力,则作用在单位质量液体上的质量力为

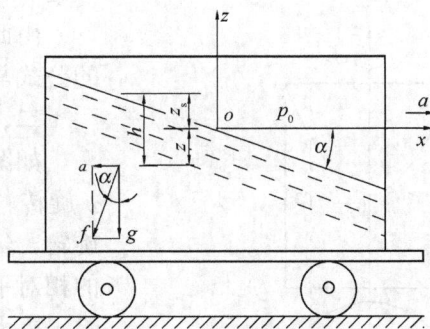

图 2-15 等加速直线运动容器中
液体的相对平衡

$$f_x = -a, \quad f_y = 0, \quad f_z = -g$$

下面分别导出等压面方程和流体静压强的分布规律。

1. 等压面方程

将单位质量力的分力代入等压面微分方程 (2-8),得

$$a\mathrm{d}x + g\mathrm{d}z = 0$$

积分得
$$ax + gz = C \tag{2-15}$$

式 (2-15) 即为等压面方程。等加速水平运动容器中液体的等压面已不是水平面,而是一簇平行的斜面。其与 x 方向的倾斜角为

$$\alpha = \arctan \frac{a}{g} \tag{2-16}$$

自由表面上,取坐标原点 $x=0$,$z=0$ 时,由式 (2-15) 得积分常数 $C=0$,故自由表面

方程为

$$ax+gz_S=0 \tag{2-17a}$$

或

$$z_S=-\frac{a}{g}x \tag{2-17b}$$

式中　z_S——自由表面上点的 z 坐标，称为超高。

2. 流体静压强的分布规律

将单位质量力的分力代入压强差公式（2-4），得

$$dp=\rho(-adx-gdz)$$

将上式积分得
$$p=\rho(-ax-gz)+C$$

利用边界条件确定积分常数 C：当 $x=0,z=0$ 时，$p=p_0$，得

$$C=p_0$$

代入上式得
$$p=p_0-\rho(ax+gz) \tag{2-18a}$$

式（2-18a）即为等加速水平直线运动容器中流体静压强分布规律的公式。式（2-18a）表明，压强 p 随坐标 x 和 z 的变化而变化。

利用式（2-17b）可将式（2-18a）写成

$$p=p_0-\rho g(\frac{a}{g}x+z)=p_0+\rho g(z_S-z)=p_0+\rho gh \tag{2-18b}$$

由此可以看出，等加速水平直线运动容器中液体静压强的公式与绝对静止流体中的静压强公式（2-10）完全相同。

二、等角速旋转容器中液体的相对平衡

如图 2-16 所示，盛有液体的容器绕垂直轴 z 以等角速度 ω 旋转。由于液体有黏性，紧靠容器壁的液体质点随着容器旋转，经过一定时间后，全部液体随着容器旋转，形成液体的相对平衡，根据达朗伯原理，作用在液体质点上的质量力除了重力以外，还要虚加一个大小等于流体质点的质量与向心加速度的乘积、方向与向心加速度相反的离心惯性力。于是作用在单位质量液体上的质量力的分力为

$$f_x=\omega^2 r\cos\alpha=\omega^2 x$$
$$f_y=\omega^2 r\sin\alpha=\omega^2 y$$
$$f_z=-g$$

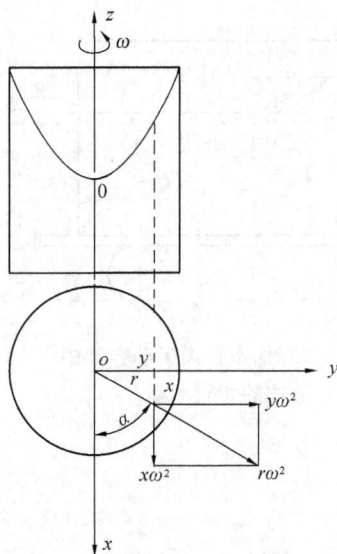

图 2-16　等角速旋转容器中
液体的相对平衡

式中　r——质点到旋转轴的距离，即质点所在的半径。

下面分别讨论等压面方程和流体静压强分布规律。

1. 等压面方程

将单位质量力的分力代入等压面微分方程式（2-8），得

$$\omega^2 xdx+\omega^2 ydy-gdz=0$$

积分得
$$\frac{\omega^2 x^2}{2}+\frac{\omega^2 y^2}{2}-gz=C$$

或
$$\frac{\omega^2 r^2}{2}-gz=C \tag{2-19}$$

式（2-19）为等压面方程。由该方程可知，绕垂直固定轴做等角速度旋转容器中液体的

等压面是一簇旋转抛物面。

在自由表面上，当 $r=0$，$z=0$ 时，式（2-19）中的积分常数 $C=0$，故自由表面方程为

$$\frac{\omega^2 r^2}{2} - g z_\text{S} = 0 \qquad (2\text{-}20\text{a})$$

或

$$z_\text{S} = \frac{\omega^2 r^2}{2g} \qquad (2\text{-}20\text{b})$$

2. 流体静压强分布规律

将单位质量力的分力代入压强差公式（2-4），得

$$\mathrm{d}p = \rho\left(\omega^2 x\mathrm{d}x + \omega^2 y\mathrm{d}y - g\mathrm{d}z\right)$$

积分得

$$p = \rho\left(\frac{\omega^2 x^2}{2} + \frac{\omega^2 y^2}{2} - gz\right) + C$$

或

$$p = \rho\left(\frac{\omega^2 r^2}{2} - gz\right) + C \qquad (2\text{-}21)$$

利用边界条件确定积分常数 C，当 $r=0$，$z=0$ 时，$p=p_0$，得 $C=p_0$

代入式（2-21），得

$$p = p_0 + \rho g\left(\frac{\omega^2 r^2}{2g} - z\right) \qquad (2\text{-}22\text{a})$$

式（2-22a）为等角速度旋转容器中液体静压强分布规律的公式。式（2-22a）说明，在同一纵坐标 z 处，流体静压强沿径向与半径 r 的平方成正比。

将式（2-20b）代入式（2-22a），得

$$p = p_0 + \rho g(z_\text{S} - z) = p_0 + \rho g h \qquad (2\text{-}22\text{b})$$

由此可以看出，绕垂直轴等角速度旋转运动容器中液体静压强的公式（2-22b）与绝对静止流体中的静压强公式（2-10）完全相同。

下面分析两个工程应用的实例：

（1）如图 2-17 所示，半径为 R、中心开口并通向大气的圆筒内装满液体。当圆筒绕铅直轴 z 以等角速度 ω 旋转时，由于容器顶盖的限制，液体并不能形成旋转抛物面，但仍按式（2-22a）来计算顶盖各点承受的压强，即

图 2-17 顶盖中心开口的圆筒

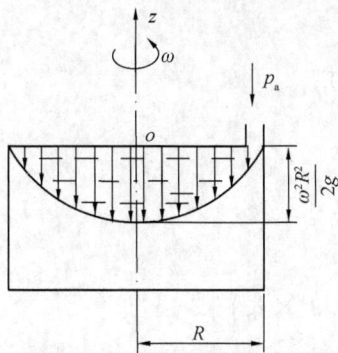

$$p = p_\text{a} + \rho g\left(\frac{\omega^2 r^2}{2g} - z\right)$$

作用在顶盖上各点的表压为抛物面规律分布，如图 2-17 中的箭头所示。可见，轴心压强最低，边缘压强最高。而压强与 ω^2 成正比，ω 越大，边缘处流体压强越高。离心铸造机和其他离心机械就是根据这一原理设计的。

（2）如图 2-18 所示，半径为 R、边缘开口并通向大气的圆筒内装满液体。当圆筒绕垂直轴 z 以等角速度 ω 旋转时，此时 $r=R$，$z=0$ 处 $p=p_\text{a}$，于是由式（2-21）得积分常数

$$C = p_\text{a} - \rho g\frac{\omega^2 R^2}{2g}$$

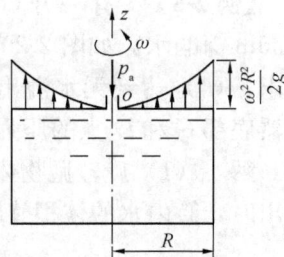

图 2-18 顶盖边缘开口的圆筒

代入式（2-21），得

$$p = p_a - \rho g \left[\frac{\omega^2 (R^2 - r^2)}{2g} + z \right]$$

作用在顶盖上各点的真空为抛物面规律分布,如图 2-18 中箭头所示。可见,ω 越大,中心处的真空越大。离心式泵与风机就是利用这一原理,使流体不断从叶轮中心吸入,再借助叶轮旋转所产生的惯性离心力增加能量,由出口输出。

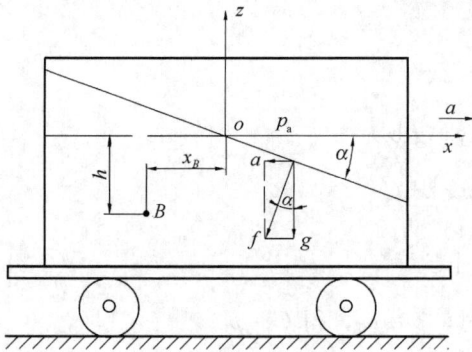

图 2-19 　[例 2-4] 图

【例 2-4】 一油罐车以等加速度 $a = 1.5 \text{m/s}^2$ 向前平驶,求油罐内自由表面与水平面间的夹角 α;若车尾部 B 点在运动前位于油面下深 $h = 1.0 \text{m}$,距中心为 $x_B = 1.5 \text{m}$,如图 2-19 所示,求油罐车加速运动后该点的压强。(油的密度 $\rho = 815 \text{kg/m}^3$)

解　建立如图 2-19 所示的坐标系,由式(2-16)得

$$\alpha = \arctan \frac{a}{g} = \arctan \frac{1.5}{9.807} = 8.7°$$

由式(2-18a)可知

$$p_B = p_0 - \rho (a x_B + g z_B)$$

B 点的相对压强为

$$p_B = -\rho (a x_B + g z_B) = -815 \times [1.5 \times (-1.5) + 9.807 \times (-1.0)] = 9826.46 (\text{Pa})$$

【例 2-5】 有一开口圆筒形容器,高 1.8m,直径 0.9m,盛有 1.35m 深的水,如图 2-20 所示。若容器绕其自身中心轴等角速旋转,试求:(1) 达到无水溢出时的最大转速是多少? (2) 当 $\omega = 6 \text{s}^{-1}$ 时,容器底部 C 和 D 点的压强各为多少?

解　(1) 旋转抛物体的体积等于同高圆柱体的体积的一半,无水溢出时,筒内水的体积旋转前、后相等,故

$$\frac{\pi}{4} \times 0.9^2 \times 1.35 = \frac{\pi}{4} \times 0.9^2 \times 1.8 - \frac{1}{2} \times \left(\frac{\pi}{4} \times 0.9^2 \times z_S \right)$$

$$z_S = 0.90 \ (\text{m})$$

由式(2-20b)得

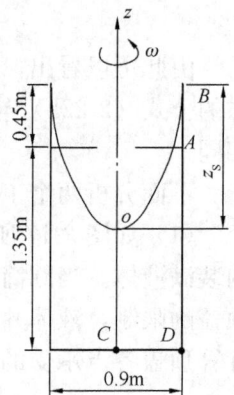

图 2-20 　[例 2-5]图

$$\omega = \frac{\sqrt{2 g z_S}}{r} = \frac{\sqrt{2 \times 9.807 \times 0.9}}{0.45} = 9.34 \ (\text{s}^{-1})$$

无水溢出时的最大转速为

$$n = \frac{30 \omega}{\pi} = \frac{30 \times 9.34}{3.14} = 89.24 \ (\text{r/min})$$

(2) 当 $\omega = 6 \text{ s}^{-1}$ 时,容器壁自由表面点的坐标为

$$z_S = \frac{\omega^2 r^2}{2g} = \frac{6^2 \times 0.45^2}{2 \times 9.807} = 0.37 \ (\text{m})$$

根据旋转前后水的体积相等,可求出 C 点的深度 h_C

$$\frac{\pi}{4} \times 0.9^2 \times 1.35 = \frac{\pi}{4} \times 0.9^2 \times h_C + \frac{1}{2} \left(\frac{\pi}{4} \times 0.9^2 \times z_S \right)$$

$$h_C = 1.35 - \frac{1}{2} z_S = 1.35 - \frac{1}{2} \times 0.37 = 1.165 \ (\text{m})$$

D 点的深度为

$$h_D=h_C+z_S=1.165+0.37=1.535\,(\mathrm{m})$$

由式（2-22b），得 C 点的表压为

$$p_{g,C}=\rho gh_C=9807\times1.165=11\,425\,(\mathrm{Pa})$$

D 点的表压为

$$p_{g,D}=\rho gh_D=9807\times1.535=15\,054\,(\mathrm{Pa})$$

【例 2-6】　如图 2-21 所示，一圆筒高 $H=0.7\mathrm{m}$，半径 $R=0.4\mathrm{m}$，内装 $V=0.25\mathrm{m}^3$ 的水，以等角速度 $\omega=10\mathrm{s}^{-1}$ 绕垂直轴旋转。圆筒中心开孔通大气，顶盖的质量 $m=5\mathrm{kg}$，试确定作用在顶盖上螺栓上的力。

解　圆筒以角速度 ω 旋转后，将形成如图 2-21 所示的抛物面的等压面。令 h 为抛物面顶点到顶盖的高度，r 为抛物面与顶盖相交的圆周半径。根据旋转前后水的体积相等，得

$$\pi R^2H-\frac{1}{2}\pi r^2h=V$$

$$3.14\times0.4^2\times0.7-0.5\times3.14\times r^2\times h=0.25\quad(\mathrm{a})$$

由式（2-20b）得　　$h=\dfrac{\omega^2r^2}{2g}=\dfrac{10^2r^2}{2\times9.807}\quad(\mathrm{b})$

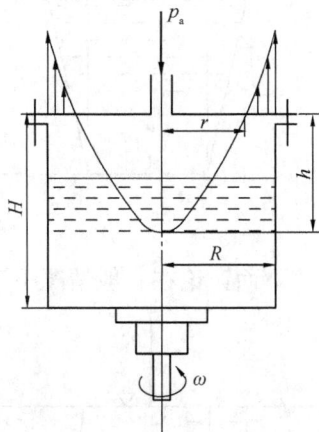

图 2-21　［例 2-6］图

联立求解式（a）和式（b），得 $h=0.573\mathrm{m}$，$r=0.335\,3\mathrm{m}$。

作用在顶盖上的压强按式（2-22a）计算，顶盖内外都受到大气压强的作用，则作用在顶盖上的总压力为

$$P=\int_r^R\rho g\left(\frac{\omega^2r^2}{2g}-h\right)2\pi r\mathrm{d}r$$

$$=\frac{\pi\rho\omega^2}{4}(R^4-r^4)-\pi\rho gh(R^2-r^2)$$

$$=\frac{3.14\times1000\times10^2}{4}(0.4^4-0.335\,3^4)-3.14\times1000$$

$$\times9.807\times0.573(0.4^2-0.335\,3^2)$$

$$=178(\mathrm{N})$$

故螺栓所受的力为

$$F=P-mg=178-49=129(\mathrm{N})$$

第六节　静止液体作用在平面上的总压力

工程中的水箱、闸门、油罐、水坝表面以及船体等的设计，常常需要计算静止流体作用在其表面上的总压力的大小、方向和位置。

最简单的情况就是液体作用在水平面上的总压力。如果容器的底面面积为 A，所盛流体的密度为 ρ，液深为 h，液面上的大气压强为 p_a，仅由液体产生的作用在底面上的总压力为

$$F=p_gA=\rho ghA$$

可见，仅由液体产生的作用在底面上的总压力，只与液体的密度、平面面积和液深有关。如图 2-22 所示的形状不同而底面面积均为 A 的四个容器，若装入同一种液体，其液深也相同，自由表面上均作用着大气压强，则液体作用在底面上的总压力必然相等，这一现象称为静水奇象。

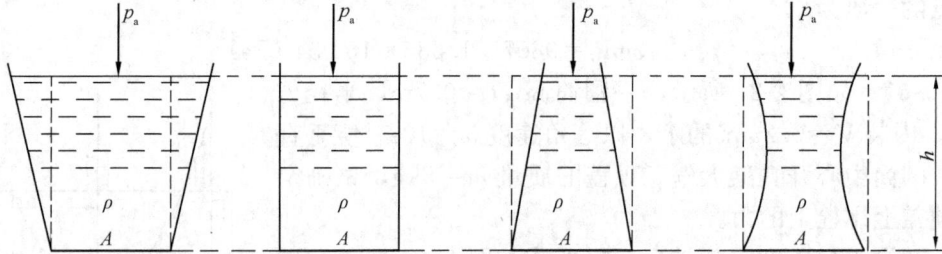

图 2-22   静水奇象

下面讨论在一般情况下液体作用在平面上的总压力。

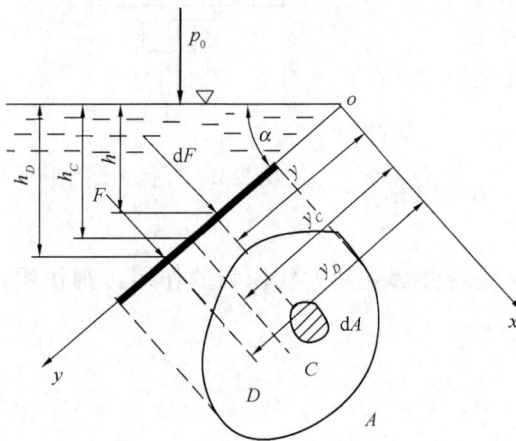

图 2-23   倾斜平面上的液体总压力

设在静止液体中有一与水平方向的倾斜角为 α、形状任意的平面，其面积为 A，液面上和斜面外侧均为大气压强。参考坐标系如图 2-23 所示，x、y 轴取在平面上，z 轴垂直于平面。由于平面上各点的水深各不相同，故各点的静压强也不相同。根据流体静压强第一特性，平面上各点的静压强均垂直并指向该平面，即为平面的内法线方向，组成一个平行力系。

一、总压力的大小

在平面上取一微元面积 $\mathrm{d}A$，液深为 h。设自由表面上的压强为 p_0，则作用在微元面积上的合力为

$$\mathrm{d}F = p\,\mathrm{d}A = (p_0 + \rho g h)\mathrm{d}A = (p_0 + \rho g y \sin\alpha)\mathrm{d}A$$

沿面积 A 积分，得作用在平面 A 上的总压力为

$$F = \iint\limits_A \mathrm{d}F = p_0 A + \rho g \sin\alpha \iint\limits_A y\,\mathrm{d}A$$

其中，$\iint\limits_A y\,\mathrm{d}A = y_C A$ 为整个平面面积 A 对 ox 轴的面积矩；y_C 为平面 A 的形心 C 到 ox 轴的距离。

如果 h_C 为形心 C 点的淹深，则

$$F = p_0 A + \rho g \sin\alpha\, y_C A = p_0 A + \rho g h_C A \tag{2-23}$$

若作用在液面上的压强只是大气压强，而平面外侧也作用着大气压强，在这种情况下，仅由液体产生的作用在平面上总压力为

$$F' = A\rho g \sin\alpha\, y_C = A\rho g h_C \tag{2-24}$$

即液体作用在平面上的总压力为一假想体积的液重。该假想体积是以平面面积为底，以平面形心淹深为高的柱体。或者说，平面上的平均压强为形心处的压强，总压力即为形心处的压强与面积的乘积。

二、总压力的作用点

总压力的作用线与平面的交点为总压力的作用点，也称为压力中心，如图 2-23 中的 D 点。由合力矩定理知，总压力对 x 轴之矩应等于各微元面积上的压力对 x 轴之矩的代数和，即

$$Fy_D = \iint\limits_A y(p_0 + \rho g y \sin\alpha)\mathrm{d}A$$

$$(p_0 + \rho g y_C \sin\alpha)Ay_D = p_0 \iint\limits_A y\mathrm{d}A + \rho g \sin\alpha \iint\limits_A y^2\mathrm{d}A$$

$$= p_0 y_C A + \rho g \sin\alpha J_x$$

其中，$J_x = \iint\limits_A y^2\mathrm{d}A$，是面积 A 对 ox 轴的惯性矩。

故压力中心的坐标值为

$$y_D = \frac{p_0 y_C A + \rho g J_x \sin\alpha}{(p_0 + \rho g y_C \sin\alpha)A} \tag{2-25}$$

若作用在液体自由表面的压强为大气压强，而平面外侧也作用着大气压强，则仅由液体产生的总压力作用点的坐标为

$$y'_D = \frac{\rho g J_x \sin\alpha}{\rho g y_C \sin\alpha A} = \frac{J_x}{y_C A} \tag{2-26}$$

根据惯性矩的平行移轴定理 $J_x = J_{Cx} + y_C^2 A$，J_{Cx} 为平面面积 A 对于通过其形心 C 且平行于 ox 轴的轴线的惯性矩。将此关系代入式 (2-26) 得

$$y'_D = y_C + \frac{J_{Cx}}{y_C A} \tag{2-26a}$$

因为 $\dfrac{J_{Cx}}{y_C A}$ 恒为正值，故 $y'_D > y_C$，即压力中心 D 必在平面形心 C 的下面，其间的距离为 $\dfrac{J_{Cx}}{y_C A}$。

若平面具有对称轴 $n-n$，则压力中心 D 及形心都处在 $n-n$ 轴上。如果平面无对称轴，则还需要确定压力中心 D 的 x 坐标值 x_D，可用与前面相同的方法对 oy 轴求合力矩及各分力的力矩之和，就可得出 x_D 的计算公式。工程上遇到的许多平面都是对称的，因而可以不计算 x_D，许多非完全对称的平面，常常也可以分成几个规则面积加以处理。

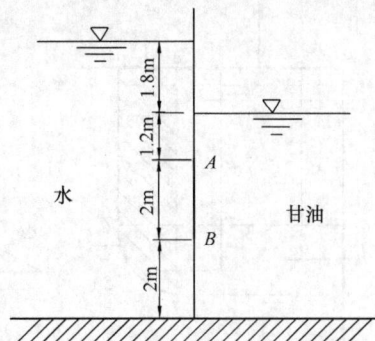

【例 2-7】 如图 2-24 所示的矩形闸门 AB，将水（$\rho_1 = 1000\ \mathrm{kg/m^3}$）和甘油（$\rho_2 = 1264\mathrm{kg/m^3}$）分隔，试求作用在单位宽度上的总压力及作用点。

解 左侧总压力为

$$F_1 = \rho_1 g h_{C1} A_1$$
$$= (1.8 + 1.2 + 2/2) \times 9807 \times 2 \times 1$$

图 2-24   [例 2-7] 图

$$=78\ 456\ (\text{N})$$

宽度为 b，高为 h 的矩形通过形心轴的惯性矩 $J_{Cx}=\frac{1}{12}bh^3$，作用点位置

$$y_{D1}=y_{C1}+\frac{J_{Cx1}}{y_{C1}A}=h_{C1}+\frac{J_{Cx1}}{h_{C1}A}=4+\frac{\frac{1}{12}bh^3}{4\times 2}=4+\frac{2^3}{12\times 8}=4.08\ (\text{m})$$

距 A 的高度为 $\qquad h_1=y_{D1}-(1.8+1.2)=4.08-3=1.08\ (\text{m})$

右侧总压力为

$$F_2=\rho_2 gh_{C2}A_1=1264\times 9.807\times(1.2+2/2)\times 2\times 1=54\ 542.6\ (\text{N})$$

作用点的位置

$$y_{D2}=y_{C2}+\frac{J_{Cx2}}{y_{C2}A}=h_{C2}+\frac{J_{Cx2}}{h_{C2}A}=2.2+\frac{\frac{1}{12}bh^3}{2.2\times 2}=2.2+\frac{2^3}{12\times 2.2\times 2}=2.35\ (\text{m})$$

距 A 的高度为 $\qquad h_2=y_{D2}-1.2=2.35-1.2=1.15\ (\text{m})$

每米宽闸门上所受的净总压力为

$$F=F_1-F_2=78\ 456-54\ 542.6=23\ 913.4\ (\text{N})$$

设净总压力作用点距 A 点的距离为 y，则

$$Fy=F_1h_1-F_2h_2$$

$$23\ 913.4y=78\ 456\times 1.08-54\ 542.6\times 1.15$$

$$y=0.92\ (\text{m})$$

故合力为 23 913.4N（向右），作用点于 A 点下方 0.92m 处。

第七节　静止液体作用在曲面上的总压力

在工程上常遇到各种受流体压力作用的曲面物体，如圆柱形储液罐、各种球形阀等。作用在曲面上各点的液体静压强都垂直于容器壁，这就形成了复杂的空间力系，求总压力的问题便成为空间力系的合成问题。工程上用得最多的是二向曲面，三向曲面与二向曲面的计算方法类似。下面讨论静止液体作用在二向曲面上的总压力的大小、方向和作用点位置。

一、总压力的大小和方向

如图 2-25 所示，设二向曲面受到液体的静压力，其面积为 A。若参考坐标系的 y 轴与此二曲面的母线平行，则曲面在 oxz 平面上的投影为 ab。若在曲面 ab 上任取一微元面积 dA，其淹深为 h，则仅考虑液体作用在其上面的总压力为

$$dF=\rho ghdA$$

将 dF 分解成水平和垂直方向的两个微元分力，然后在整个面积 A 上进行积分，便可求得作用在 ab 曲面上总压力的水平分力和垂直分力。

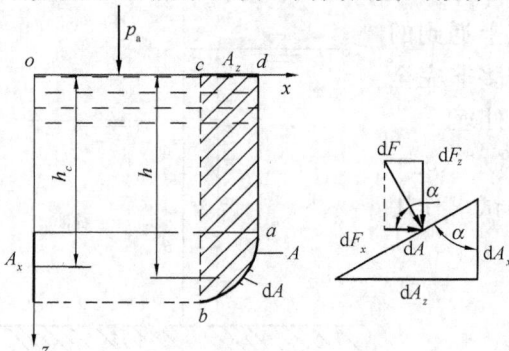

图 2-25　作用在二向曲面上的液体总压力

1. 总压力的水平分力

设微元面积 dA 在 yoz 平面上的投影为 dA_x，则

$$dA_x = dA\cos\alpha$$

式中　α——微元面积 dA 的法线与 x 轴间夹角。

由图 2-25 知，微元水平分力为

$$dF_x = dF\cos\alpha = \rho gh dA\cos\alpha = \rho gh dA_x$$

故总压力的水平分力为

$$F_x = \rho g \iint_{A_x} h\, dA_x$$

其中，$\iint_{A_x} h\, dA_x = h_C A_x$ 为面积 A_x 对 y 轴的面积矩，故上式变为

$$F_x = \rho g h_C A_x \tag{2-27}$$

式（2-27）说明液体作用在曲面上的总压力的水平分力等于流体作用在曲面的投影面积 A_x 上的总压力，这同液体作用在平面上的总压力一样，F_x 的作用点通过面积 A_x 的压力中心。

2. 总压力的垂直分力

设微元面积 dA 在 xoy 平面上的投影为 dA_z，则

$$dA_z = dA\sin\alpha$$

微元垂直分力为

$$dF_z = dF\sin\alpha = \rho gh dA\sin\alpha = \rho gh dA_z$$

故总压力的垂直分力为

$$F_z = \rho g \iint_{A_z} h\, dA_z$$

其中，$\iint_{A_z} h\, dA_z = V_p$ 为曲面 ab 上的液柱体积 $abcd$，这样一个体积常称为压力体，用压力体表示

上式变成

$$F_z = \rho g V_p \tag{2-28}$$

式（2-28）说明液体作用在曲面上的总压力的垂直分力等于压力体的液重，它的作用线通过压力体的重心。

3. 总压力的大小和方向

总压力的大小为

$$F = \sqrt{F_x^2 + F_z^2} \tag{2-29}$$

总压力与 z 轴之间的夹角可由式（2-30）确定，即

$$\tan\theta = \frac{F_x}{F_z} \tag{2-30}$$

二、总压力的作用点

因为总压力的垂直分力的作用线通过压力体的重心并指向受压面，水平分力的作用线通过 A_x 平面的压力中心而指向受压面，故总压力的作用线必通过这两条作用线的交点 D'，且与垂直线呈 θ 角，如图 2-26 所示。这条总压力的作用线与曲面的交点 D 就是总压力在曲面上的作用点。

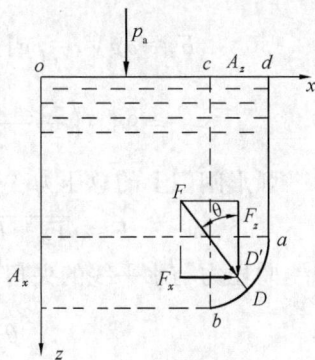

图 2-26　总压力在曲面上的作用点

三、压力体

压力体是从积分式 $\iint\limits_{A_z} h\,\mathrm{d}A_z$ 得到的体积，它是一个纯数学的假想体积。如图 2-27 所示，压力体是以曲面 ab 为底，以其在 xoy 坐标面上投影面 cd 为顶，曲面四周各点向上投影的垂直母线所包围的一个空间体积。

图 2-27 所示为两个形状、尺寸和各点淹深相同的 ab 和 $a'b'$，其中盛有同密度的液体。只是 ab 的凹面向着液体，而 $a'b'$ 凸面向着液体。那么，这两个压力体的体积是相等的，垂直分力的数值是相等的，但方向相反。图 2-27 (a) 中，压力体中充满液体，垂直分力向下，此时的压力体称为正压力体或实压力体；图 2-27 (b) 中，压力体中无液体，垂直分力向上，此时的压力体称为负压力体或虚压力体。

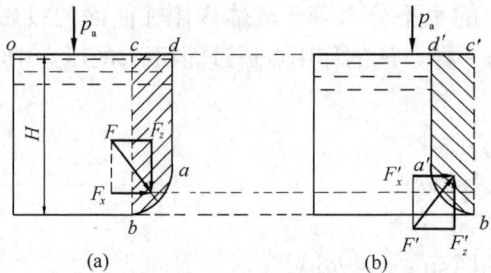

图 2-27　压力体

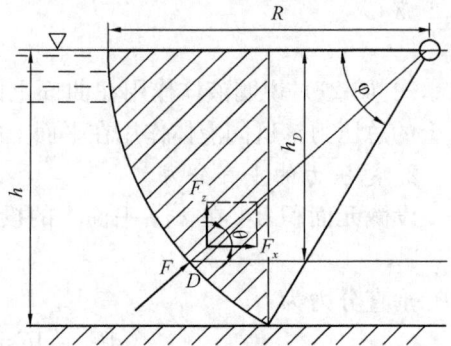

图 2-28　圆弧形闸门

【例 2-8】 圆弧形闸门长 $b=5\mathrm{m}$，圆心角 $\varphi=60°$，半径 $R=4\mathrm{m}$，如图 2-28 所示。若弧形闸门的转轴与水面齐平，求作用在弧形闸门上的总压力及其作用点的位置。

解　弧形闸门前的水深

$$h=R\sin\varphi=4\times\sin60°=4\times0.866=3.464 \quad(\mathrm{m})$$

弧形闸门上总压力的水平分力

$$F_x=\rho gh_cA_x=\rho g\frac{h}{2}hb=1000\times9.807\times0.5\times3.464^2\times5=294\ 192.7 \quad(\mathrm{N})$$

垂直分力

$$F_z=\rho gV_p=\rho g\left(\frac{\pi R^2\varphi}{360°}-\frac{1}{2}hR\cos\varphi\right)b$$

$$=9807\left(\frac{3.14\times4^2\times60°}{360°}-\frac{1}{2}\times3.464\times4\times\cos60°\right)\times5=240\ 729.2 \quad(\mathrm{N})$$

弧形闸门上的总压力

$$F=\sqrt{F_x^2+F_z^2}=\sqrt{294\ 192.7^2+240\ 729.2^2}=380\ 131.4 \quad(\mathrm{N})$$

总压力与水平线的夹角

$$\theta=\arctan\frac{F_z}{F_x}=\arctan\frac{240\ 729.2}{294\ 192.7}=39.29°$$

对圆弧形曲面，总压力的作用线一定通过圆心，由此可知总压力的作用点 D 距水面的距离 h_D 为

$$h_D = R\sin\theta = 4 \times \sin39.29° = 2.53(\text{m})$$

【例 2-9】 如图 2-29 所示的储水容器，其壁面上有三个半球的盖。设 $d=1\text{m}$，$h=1.5\text{m}$，$H=2.5\text{m}$，试求作用在每个盖上的液体总压力。

解 （1）底盖上所受到的力。

作用在底盖左半部分和右半部分的总压力的水平分力相等，而方向相反，故水平分力的合力为零。底盖上的总压力等于总压力的垂直分力

$$F_{z1} = \rho g V_1 = \rho g \left[\frac{\pi d^2}{4}\left(H + \frac{h}{2}\right) + \frac{\pi d^3}{12} \right]$$

$$= 9807 \times \left[\frac{\pi \times 1^2}{4}(2.5 + 0.75) + \frac{\pi \times 1^3}{12} \right]$$

$$= 27\ 586.3(\text{N})$$

图 2-29 储水容器

方向垂直向下。

（2）顶盖上总压力的水平分力也为零，总压力等于总压力的垂直分力

$$F_{z2} = \rho g V_2 = \rho g \left[\frac{\pi d^2}{4}\left(H - \frac{h}{2}\right) - \frac{\pi d^3}{12} \right]$$

$$= 9807 \times \left[\frac{\pi \times 1^2}{4}(2.5 - 0.75) - \frac{\pi \times 1^3}{12} \right] = 10\ 906.2(\text{N})$$

方向垂直向上。

（3）侧盖上总压力的水平分力为

$$F_{x3} = \rho g h_c A_x = \rho g H \frac{\pi d^2}{4} = 9807 \times 2.5 \times \frac{\pi \times 1^2}{4} = 19\ 246.2(\text{N})$$

方向水平向左。

垂直分力为

$$F_{z3} = \rho g \frac{\pi d^3}{12} = 9807 \times \frac{\pi \times 1^3}{12} = 2566.2(\text{N})$$

方向垂直向下。

故侧盖上总压力的大小与方向为

$$F_3 = \sqrt{F_{x3}^2 + F_{z3}^2} = \sqrt{19\ 246.2^2 + 2566.2^2} = 19\ 416.5(\text{N})$$

总压力的作用线一定通过球心，与垂直线夹角为

$$\alpha = \arctan\frac{F_{x3}}{F_{z3}} = \arctan\frac{19\ 246.2}{2566.2} = 82.4°$$

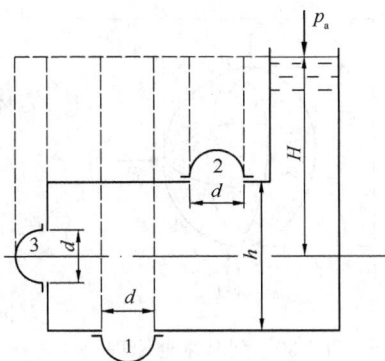

第八节 浮 力 原 理

浸没在液体中的物体受到垂直向上的力，这个力称为浮力。根据阿基米德原理，浮力的大小等于物体所排开的液重。现在用静止液体作用在曲面上的总压力来证明。设有一任意形状的物体 $ABCD$ 完全浸没在静止流体中，如图 2-30 所示。A 和 C 是物体侧面的末端点。由式（2-28）知，液体作用在上部分表面上的总压力 F_{z1} 等于压力体 $ABCFEA$ 液重，垂直向

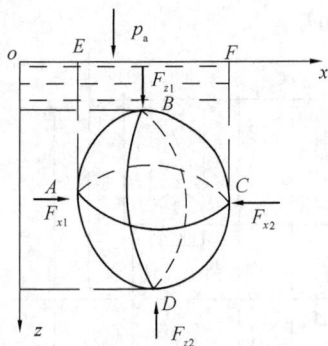

图 2-30　阿基米德原理

下，即

$$F_{z1} = \rho g V_{ABCFEA}$$

液体作用在下部分表面上的总压力的垂直分力 F_{z2} 等于压力体 AEFCDA 的液重，垂直向上，即

$$F_{z2} = \rho g V_{AEFCDA}$$

液体作用在整个物体上的总压力的垂直分力 F_z 是 F_{z1} 和 F_{z2} 的合力，即

$$F_z = \rho g (V_{AEFCDA} - V_{ABCFEA}) = \rho g V_{ABCDA}$$

方向垂直向上。

液体作用在物体上总压力的前后左右水平分力应等于零。这是因为若把物体分为左、右两部分，则这两部分在垂直方向的投影面积是同一面积，所以作用在左表面和右表面的总压力的水平分力大小相等、方向相反，互相抵消。同理，前后表面上的总压力也为零。

这就证明了，浸没在液体的物体所受的力只有垂直向上的力，大小等于物体所排开的液重。

以 G 表示物体的重力，V 表示它的体积，ρ 为液体的密度，物体在液体中的沉浮有三种情况：

(1) 当 $G < \rho g V$ 时，物体上浮，浮出液体表面，称为浮体。

(2) 当 $G = \rho g V$ 时，物体在液体中任何位置均处于平衡状态，称为潜体。

(3) 当 $G > \rho g V$ 时，物体下沉，直至液体底部，称为沉体。

阿基米德原理，对上述三种情况都是正确的。

【例 2-10】　设计自动泄水阀如图 2-31 所示，要求当水位 $h = 25cm$ 时，用沉没一半的圆柱形浮标将细杆所连接的堵塞提起。已知堵塞直径 $d = 6cm$，浮标长 $l = 20cm$，活动部件的重量 $G = 0.98N$，试求浮标直径 D。如果浮标改用圆球形，其半径 R 应为多少？

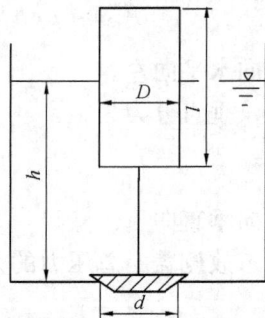

图 2-31　自动泄水阀

解　当堵塞提起时，堵塞上所受水的压强加上活动部件的重量应等于浮标所产生的浮力。则

$$G + \rho g h \frac{\pi d^2}{4} = \rho g \frac{l}{2} \frac{\pi D^2}{4}$$

$$D = \sqrt{\frac{8G}{\pi \rho g l} + \frac{2hd^2}{l}}$$

$$= \sqrt{\frac{8 \times 0.98}{3.14 \times 9807 \times 0.2} + \frac{2 \times 0.25 \times 0.06^2}{0.2}}$$

$$= 0.101 (m)$$

改用圆球形，则

$$G + \rho g h \frac{\pi d^2}{4} = \rho g \frac{1}{2} \frac{4\pi R^3}{3}$$

$$R = \sqrt[3]{\frac{3\left(G + \rho g h \frac{\pi d^2}{4}\right)}{2\rho g \pi}}$$

$$= \sqrt[3]{\frac{3 \times \left(0.98 + 9807 \times 0.25 \times \frac{3.14}{4} \times 0.06^2\right)}{2 \times 9807 \times 3.14}}$$

$$= 0.072\ 8(\text{m})$$

本 章 小 结

2-1 静压强为流体所受的法向应力，静压强有两个特性：①方向为内法线方向；②任意一点静压强的大小与作用面的方位无关。

2-2 流体平衡微分方程

$$\begin{cases} f_x - \dfrac{1}{\rho} \dfrac{\partial p}{\partial x} = 0 \\[2mm] f_y - \dfrac{1}{\rho} \dfrac{\partial p}{\partial y} = 0 \\[2mm] f_z - \dfrac{1}{\rho} \dfrac{\partial p}{\partial z} = 0 \end{cases}$$

2-3 静压强的增量取决于质量力，压差公式

$$\mathrm{d}p = \rho(f_x \mathrm{d}x + f_y \mathrm{d}y + f_z \mathrm{d}z)$$

2-4 在流场中，压强相等的点组成的面称为等压面。等压面微分方程

$$\rho(f_x \mathrm{d}x + f_y \mathrm{d}y + f_z \mathrm{d}z) = 0$$

等压面也是等势面，有势的质量力必垂直于等压面。

2-5 静力学基本方程式

$$z + \frac{p}{\rho g} = C$$

式中 z——位置水头，单位重力作用下流体的位势能；

$\dfrac{p}{\rho g}$——压力水头，单位重力作用下流体的压力势能。

2-6 以完全真空为基准来计量的压强，称为绝对压强；另一种是以当地大气压强为基准来计量的压强，称为相对压强。若压强比大气压强高，则其差值称为表压；若比大气压强低，其差值称为真空。

2-7 等加速直线运动容器中液体的相对平衡。

（1）等压面方程

$$a\,x + g\,z = C$$

是一簇平行的斜面。其与 x 方向的倾斜角为 $\alpha = \arctan \dfrac{a}{g}$。

（2）自由表面方程

$$a\,x + g\,z_{\mathrm{s}} = 0 \quad 或 \quad z_{\mathrm{s}} = -\frac{a}{g}x$$

（3）静压强分布规律

$$p = p_0 - \rho(a\,x + g\,z)$$

2-8　等角速旋转容器中液体的相对平衡。

（1）等压面方程

$$\frac{\omega^2 r^2}{2} - g\,z = C$$

等压面是一簇绕 z 轴的旋转抛物面。

（2）自由表面方程

$$\frac{\omega^2 r^2}{2} - g\,z_{\mathrm{s}} = 0 \quad 或 \quad z_{\mathrm{s}} = \frac{\omega^2 r^2}{2g}$$

（3）静压强分布规律

$$p = p_0 + \rho g\left(\frac{\omega^2 r^2}{2g} - z\right)$$

2-9　静止液体作用在平面上的总压力。

（1）作用在平面上总压力为

$$F = p_0 A + \rho g h_C A$$

仅由液体产生的作用在平面上总压力为

$$F' = \rho g\,h_C A$$

（2）总压力的作用点。仅由液体产生的总压力作用点坐标为

$$y'_D = y_C + \frac{J_{Cx}}{y_C A}$$

作用点永远在形心的下方。

2-10　静止液体作用在曲面上的总压力

（1）总压力的水平分力为　　　$F_x = \rho g h_C A_x$

（2）总压力的垂直分力为　　　$F_z = \rho g V_p$

（3）总压力的大小为　　　$F = \sqrt{F_x^2 + F_z^2}$

（4）总压力与 z 轴之间的夹角　　$\tan\theta = \dfrac{F_x}{F_z}$

（5）总压力的作用点。总压力的作用线是经 F_x 和 F_z 的交点并与 z 轴呈 θ 角的直线，该作用线的延长线与曲面的交点即为总压力的作用点。

（6）压力体是从积分式 $\iint\limits_{A_z} h\,\mathrm{d}A_z$ 得到的体积，它是一个纯数学的假想体积。其中，可以有液体，为实压力体；也可以无液体，为虚压力体。

2-11　浮力原理，浸没在液体中的物体受到垂直向上的力，这个力称为浮力。浮力的大小等于物体所排开的液重，即阿基米德原理。

思　考　题

2-1　举例说明作用在流体上的力按作用效果可分为几类。

2-2　流体静压强有哪些特性？

2-3　流体平衡微分方程是如何建立的？它的物理意义是什么？

2-4　什么是等压面？它与单位质量力有何关系？

2-5　流体静力学基本方程式有几种表达形式？说明该方程的几何意义及物理意义。

2-6　什么是绝对压强、相对压强？它们之间有何关系？

2-7　如图 2-32 所示的水平面 A—A、B—B、C—C、1—2、2—3、3—4 和 4—5 是否是等压面？比较 1、2、3、4、5 各点流体静压强的大小，并说明其理由。

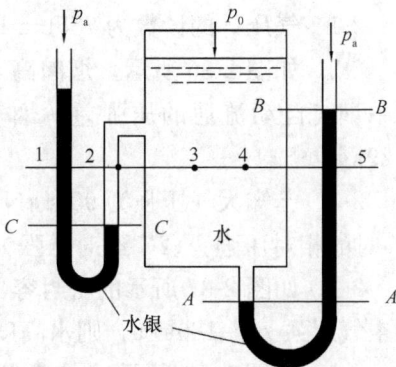

图 2-32　思考题 2-7 图

2-8　如图 2-33 所示，容器中盛有两种不同密度的液体，试判断测压管 1 及测压管 2 的液面是否和容器中液面 0—0 齐平？为什么？若 $\rho_1 < \rho_2$，则 1、2 测压管液面哪个高？为什么？

2-9　如图 2-34 所示，封闭水箱 2 中的水面与筒 1、管 3、管 4 的水面同高，筒 1 与水箱 2 用软管连接，可升降，以此调节水箱中水面压强。如果筒 1 下降或上升一定高度，试分析这两种情况下，各液面高度哪些最高？哪些最低？哪些同高？

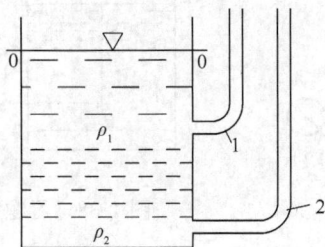

图 2-33　思考题 2-8 图

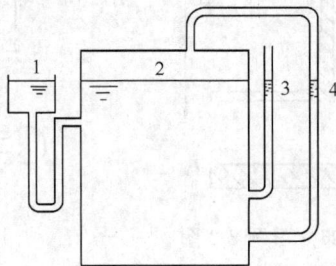

图 2-34　思考题 2-9 图

2-10　说明流体在等加速直线运动容器中相对平衡时，等压面形状和静压强的分布规律。

2-11　说明流体在等角速旋转运动容器中相对平衡时，等压面形状和静压强的分布规律。

2-12　画出如图 2-35 所示的曲面对应的压力体形状，并标出总压力的垂直分力的方向。

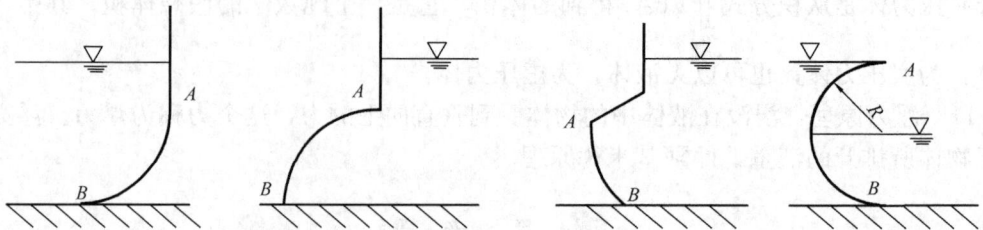

图 2-35　思考题 2-12 图

习　题

2-1　气压计的读数为 755mmHg，水面以下 7.6m 深处的绝对压强为多少？

2-2　如图 2-36 所示，烟囱高 $H=20$m，烟气温度 $t_S=300℃$，压强 p_S，试确定引起火炉中烟气自动流通的压强差。烟气密度 $\rho_S=(1.25-0.002\,7t_S)$ kg/m³，空气密度 $\rho_a=1.29$kg/m³。

2-3　已知大气压强为 98.1kN/m²。求以水柱高度表示的：（1）绝对压强为 117.72kN/m² 时的相对压强；（2）绝对压强为 68.5kN/m² 时的真空值各为多少？

2-4　如图 2-37 所示的密封容器中盛有水和水银，若 A 点的绝对压强为 300kPa，表面的空气压强 $p_0=180$kPa，则水高度 h 为多少？压强表 B 的读数是多少？

2-5　如图 2-38 所示，在盛有油和水的圆柱形容器的盖上加载 $F=5788$N，已知 $h_1=30$cm，$h_2=50$cm，$d=0.4$m，油的密度 $\rho_{oil}=800$kg/m³，水银的密度 $\rho_{Hg}=13\,600$kg/m³，求 U 形管中水银柱的高度差 H。

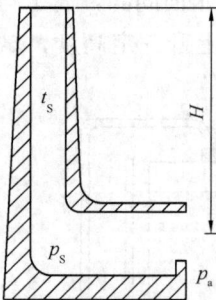

图 2-36　习题 2-2 图　　　　图 2-37　习题 2-4 图　　　　图 2-38　习题 2-5 图

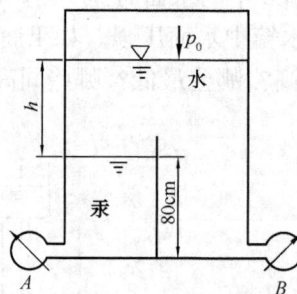

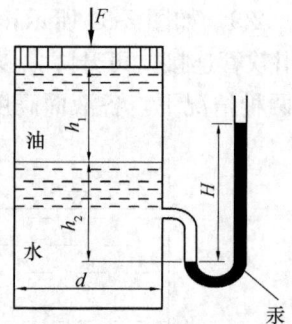

2-6　如图 2-39 所示的密闭水箱，当 U 形管测压计的读数为 12cm 时，试确定压力表的读数。

2-7 如图 2-40 所示，一密闭容器内盛有油和水，并装有水银测压管，已知油层厚 $h_1 =$ 30cm，$h_2 = 50$cm，$h = 40$cm，油的密度为 $\rho_{oil} = 800$kg/m³，水银的密度 $\rho_{Hg} = 13\,600$kg/m³，求油面上的相对压强。

2-8 如图 2-41 所示，容器 A 中液体的密度 $\rho_A = 856.6$kg/m³，容器 B 中液体的密度 $\rho_B = 1254.3$kg/m³，U 形差压计中的液体为水银。如果 B 中的压强为 200kPa，求 A 中的压强。

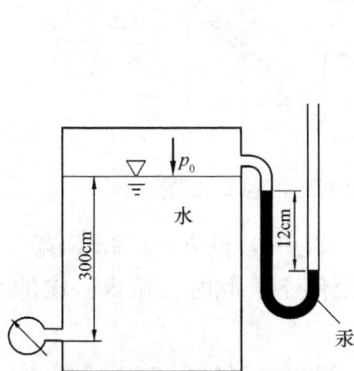

图 2-39 习题 2-6 图　　　　图 2-40 习题 2-7 图　　　　图 2-41 习题 2-8 图

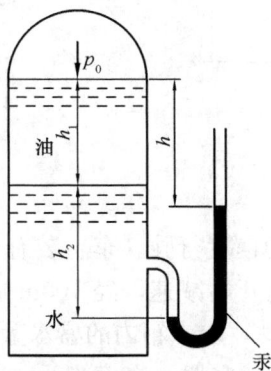

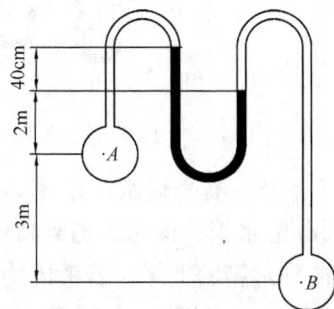

2-9 U 形管测压计与气体容器 K 相连，如图 2-42 所示，已知 $h = 500$mm，$H = 2$m，求 U 形管中水银面的高度差 Δh 为多少？

2-10 试按复式测压计（见图 2-43）的读数算出锅炉中水面上蒸汽的绝对压强 p。已知：$H = 3$m，$h_1 = 1.4$m，$h_2 = 2.5$m，$h_3 = 1.2$m，$h_4 = 2.3$m，水银的密度 $\rho_{Hg} = 13\,600$kg/m³。

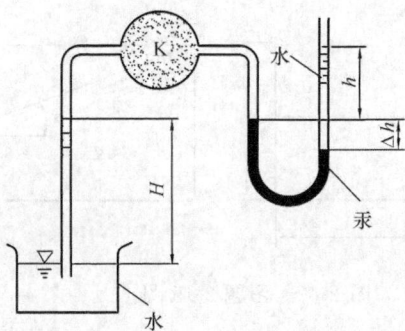

图 2-42 习题 2-9 图　　　　　　　图 2-43 习题 2-10 图

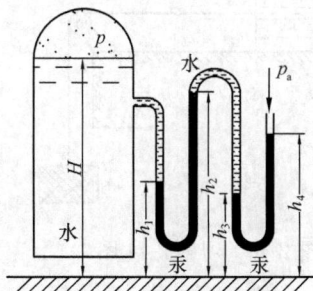

2-11 如图 2-44 所示，试确定 A 及 B 两点的压强差。已知 $h_1 = 500$mm，$h_2 = 200$mm，$h_3 = 150$mm，$h_4 = 250$mm，$h_5 = 400$mm。酒精的密度 $\rho_1 = 800$kg/m³，水银的密度 $\rho_{Hg} = 13\,600$kg/m³，水的密度 $\rho_2 = 1000$kg/m³。

2-12 用倾斜微压计来测量通风管道中的 A、B 两点的压强差 Δp，如图 2-45 所示。（1）若微压计中的工作液体是水，倾斜角 $\alpha = 45°$，$L = 20$cm，求压强差 Δp 为多少？（2）若倾斜微压计内为酒精（$\rho = 800$kg/m³），$\alpha = 30°$，风管 A、B 的压差同（1）时，L 值应为多少?

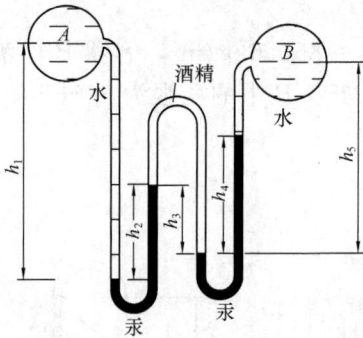

图 2-44　习题 2-11 图

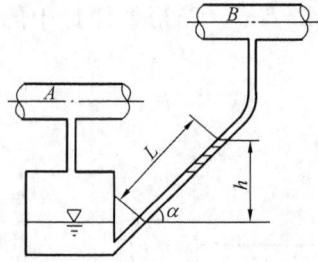

图 2-45　习题 2-12 图

2-13　有一运水车以 30km/h 的速度行驶。车上装有长 $L=3.0$m,高 $h=1.0$m,宽 $b=2.0$m 的水箱。该车因遇到特殊情况开始减速,经 100m 后完全停下,此时,箱内一端的水面恰到水箱的上缘。若考虑均匀制动,求水箱内的盛水量。

2-14　如图 2-46 所示,一正方形容器,底面积为 $b×b=200$mm$×200$mm,$m_1=4$kg。当它装水的高度 $h=150$mm 时,在 $m_2=25$kg 的载荷作用下沿平面滑动。若容器的底与平面间的摩擦系数 $C_f=0.3$,试求不使水溢出时容器的最小的高度 H 是多少?

2-15　如图 2-47 所示的矩形敞口盛水车,长 $l=6$m,宽 $b=2.5$m,高 $h=2$m。静止时,水深 $h_1=1$m,当车以等加速度 $a=2$m/s^2 前进时,试求:(1)作用在前、后壁上的压力;(2)如果车内充满水,以 $a=1.5$m/s^2 的等加速度前进,有多少水溢出?

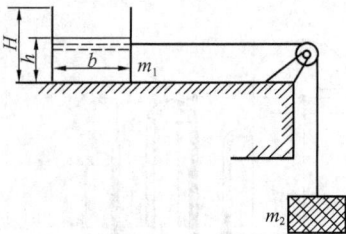

图 2-46　习题 2-14 图

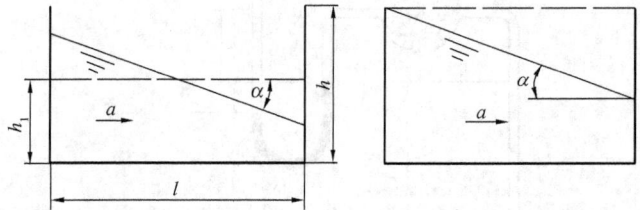

图 2-47　习题 2-15 图

2-16　图 2-48 所示为一圆柱形容器,直径 $d=300$mm,高 $H=500$mm,容器内装水,水深 $h_1=300$mm,使容器绕垂直轴做等角速度旋转。

(1)试确定水正好不溢出时的转速 n_1;

(2)求刚好露出容器底面时的转速 n_2;这时容器停止旋转,水静止后的深度 h_2 等于多少?

2-17　如图 2-49 所示,为了提高铸件的质量,用离心铸造机铸造车轮。已知铁水密度 $\rho=7138$ kg/m^3,车轮尺寸 $h=250$mm,$d=900$mm,求转速 $n=600$r/min 时车轮边缘处的相对压强。

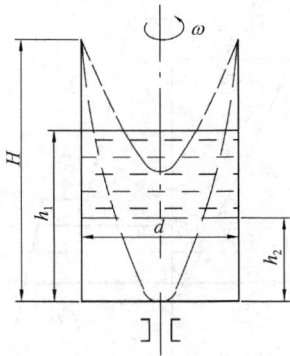

图 2-48 习题 2-16 图

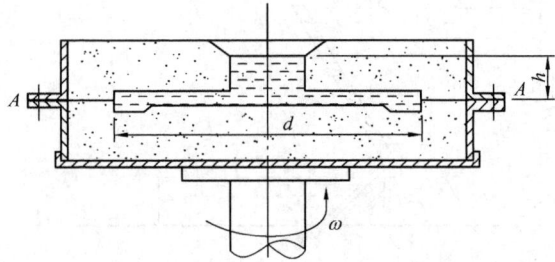

图 2-49 习题 2-17 图

2-18 如图 2-50 所示，一圆柱形容器，直径 $d=1.2\text{m}$，充满水，并绕垂直轴等角速度旋转。在顶盖上 $r_0=0.43\text{m}$ 处安装一开口测压管，管中的水位 $h=0.5\text{m}$。问此容器的转速 n 为多少时顶盖所受的总压力为零？

2-19 一矩形闸门两面受到水的压力，左边水深 $H_1=5\text{m}$，右边水深 $H_2=3\text{m}$，闸门与水平面呈 $\alpha=45°$ 倾斜角，如图 2-51 所示。假设闸门的宽度 $b=1\text{m}$，试求作用在闸门上的总压力及其作用点。

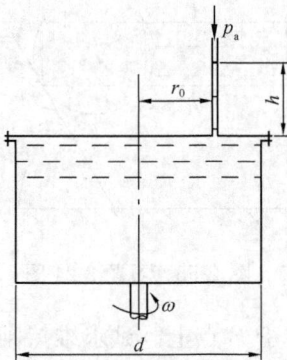

图 2-50 习题 2-18 图

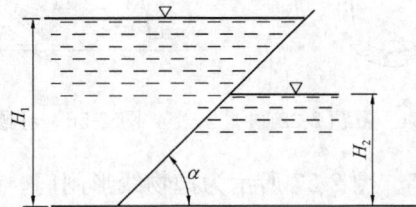

图 2-51 习题 2-19 图

2-20 图2-52 所示为绕铰链转动的、倾斜角为 $\alpha=60°$ 的自动开启式水闸，当水闸一侧的水位 $H=2\text{m}$，另一侧的水位 $h=0.4\text{m}$ 时，闸门自动开启，试求铰链至水闸下端的距离 x。

2-21 如图 2-53 所示，带铰链的圆形挡水门直径为 d，水的密度为 ρ，自由液面到铰链的淹深为 H。一根与垂直方向呈 α 角度的绳索，从挡水门的底部引出水面。假设挡水门的质量不计，试求多大的力 F 才能启动挡水门？

2-22 如图 2-54 所示，盛水的球体直径为 $d=2\text{m}$，球体下部固定不动，求作用于螺栓上的力。

2-23 如图 2-55 所示，半球圆顶重 30kN，底面由六个等间距的螺栓锁紧，顶内装满水。若欲压住圆顶，各个螺栓所受的力为多少？

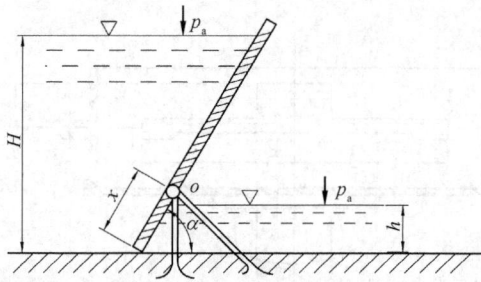

图 2-52　习题 2-20 图

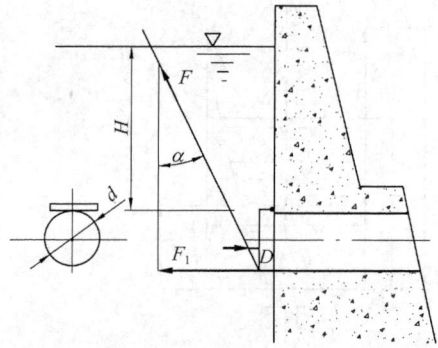

图 2-53　习题 2-21 图

2-24　图 2-56 所示为一直径 $d=1.8$m、长 $l=1$m 的圆柱体，放置于 $\alpha=60°$ 的斜面上，左侧受水压力，圆柱与斜面接触点 A 的深度 $h=0.9$m，求此圆柱所受的总压力。

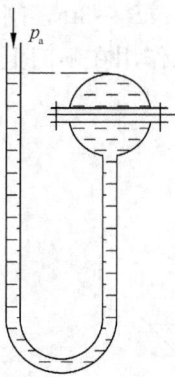

图 2-54　习题 2-22 图

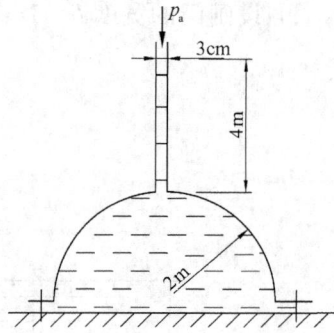

图 2-55　习题 2-23 图

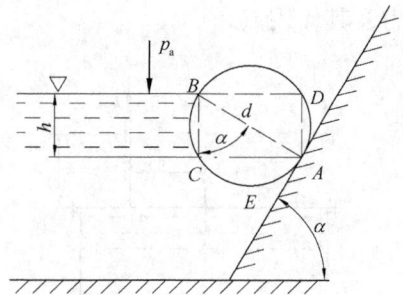

图 2-56　习题 2-24 图

2-25　图 2-57 所示为抛物线形闸门，设宽度为 1m，铰接于 B 点上。试求维持闸门平衡所需的力 F。

2-26　如图 2-58 所示，盛水的容器底部有圆孔，用空心金属球体封闭，该球体的重量为 $G=2.45$N，半径 $r=4$cm，孔口 $d=5$cm，水深 $H=20$cm，试求提起该球体所需的最小力 F。

2-27　一块石头在空气中的重量为 400N，当把它浸没在水中时，它的重量为 222N，试求这块石头的体积和它的密度。

2-28　如图 2-59 所示，转动桥梁支撑于直径 $d=3.4$m 的圆形浮筒上，浮筒漂浮于直径 $d_1=3.6$m 的室内。试确定：

(1) 无外载荷而只有桥梁自身的重量 $G=29.42\times10^4$N 时，浮筒沉没在水中的深度 H；

(2) 当桥梁的外载荷 $F=9.81\times10^4$N 时的沉没深度 h。

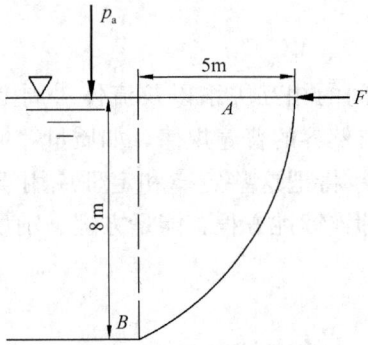

图 2-57 习题 2-25 图

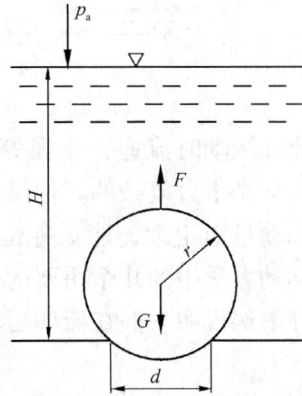

图 2-58 习题 2-26 图

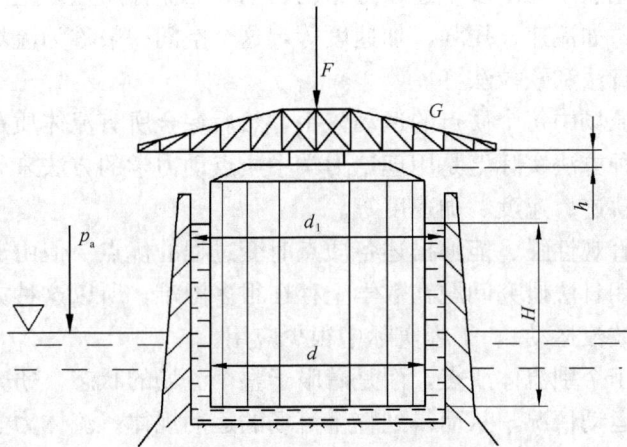

图 2-59 习题 2-28 图

第三章 流体动力学基础

本章研究流体运动时流速、压强等运动要素之间的相互关系以及流体对周围物体的作用。尽管流体运动是十分复杂的，但是它仍然遵守自然界的普遍规律，如质量守恒定律、牛顿定律、动量和动量矩定理、能量守恒定律等。本章将把这些定律和定理应用于流体力学中，推导出流体动力学中的几个重要的基本方程，即连续性方程、能量方程、动量方程和动量矩方程等，并举例说明它们在流体运动中的应用。

第一节 研究流体运动的方法

流体流动空间内充满了无限多个连续分布的运动着的流体质点，空间内每一点，都有一个确定的流动参数值，如流速、压强、加速度等，这个空间一般称为流场。描述流场内流体运动的方法有拉格朗日法和欧拉法。

拉格朗日法是从流场中每个质点的运动入手，然后综合所有流体质点的运动，得到整个流场的运动规律。这种方法实际上是用理论力学中质点动力学的方法来研究流体运动的，它描述的是质点的运动轨迹、速度、加速度等。

拉格朗日法具有直观性强、能够描述各质点时变过程的优点。但由于流体质点运动轨迹十分复杂，应用拉格朗日法研究问题在数学上存在很多困难，所以这种方法只限于研究流体的少数特殊情况（如波浪运动），工程实际中很少应用。

欧拉法不是着眼于个别流体质点，而是着眼于整个流场的状态，研究流体质点通过流场中不同空间位置处的运动情况，从而得到整个流场的运动规律。流体力学中一般采用欧拉法研究流体的流动。欧拉法中，各运动要素都可以表示为坐标 x、y、z 和时间 t 的函数。如流体质点在 x、y、z 三个方向的速度分量、压强和密度可表示为

$$\left.\begin{array}{l} u_x = u_x(x,y,z,t) \\ u_y = u_y(x,y,z,t) \\ u_z = u_z(x,y,z,t) \end{array}\right\} \tag{3-1}$$

$$p = p(x,y,z,t) \tag{3-2}$$

$$\rho = \rho(x,y,z,t) \tag{3-3}$$

式（3-1）中三个速度分量对时间 t 的导数，就是加速度。x 方向的加速度为

$$a_x = \frac{\mathrm{d}u_x}{\mathrm{d}t} = \frac{\partial u_x}{\partial t} + \frac{\partial u_x}{\partial x}\frac{\mathrm{d}x}{\mathrm{d}t} + \frac{\partial u_x}{\partial y}\frac{\mathrm{d}y}{\mathrm{d}t} + \frac{\partial u_x}{\partial z}\frac{\mathrm{d}z}{\mathrm{d}t}$$

其中，运动质点的坐标对时间的导数为该质点的速度分量，即

$$\frac{\mathrm{d}x}{\mathrm{d}t} = u_x, \frac{\mathrm{d}y}{\mathrm{d}t} = u_y, \frac{\mathrm{d}z}{\mathrm{d}t} = u_z$$

所以，加速度又可以表示为

$$
\left.
\begin{aligned}
a_x &= \frac{\partial u_x}{\partial t} + u_x \frac{\partial u_x}{\partial x} + u_y \frac{\partial u_x}{\partial y} + u_z \frac{\partial u_x}{\partial z} \\
a_y &= \frac{\partial u_y}{\partial t} + u_x \frac{\partial u_y}{\partial x} + u_y \frac{\partial u_y}{\partial y} + u_z \frac{\partial u_y}{\partial z} \\
a_z &= \frac{\partial u_z}{\partial t} + u_x \frac{\partial u_z}{\partial x} + u_y \frac{\partial u_z}{\partial y} + u_z \frac{\partial u_z}{\partial z}
\end{aligned}
\right\}
\tag{3-4a}
$$

写成矢量表达式为

$$\vec{a} = \frac{\partial \vec{u}}{\partial t} + (\vec{u} \cdot \nabla)\vec{u} \tag{3-4b}$$

$$\nabla = \frac{\partial}{\partial x}\vec{i} + \frac{\partial}{\partial y}\vec{j} + \frac{\partial}{\partial z}\vec{k}, \ |\vec{u}| = \sqrt{u_x^2 + u_y^2 + u_z^2}$$

式中 ∇——矢量微分算子，称为哈米尔顿（Hamilton）算子。

由此可见，用欧拉法来描述流体流动时，加速度由两部分组成：第一部分 $\frac{\partial \vec{u}}{\partial t}$ 项，表示在一固定点上流体质点的速度随时间的变化率，称为当地加速度；第二部分 $(\vec{u} \cdot \nabla)\vec{u}$ 项，表示流体质点所在空间位置的变化所引起的速度变化率，称为迁移加速度。

用欧拉法求流体质点其他物理量随时间变化率的一般表达式为

$$\frac{\mathrm{d}}{\mathrm{d}t} = \frac{\partial}{\partial t} + \vec{u} \cdot \nabla \tag{3-5}$$

式中 $\dfrac{\mathrm{d}}{\mathrm{d}t}$——全导数；

$\dfrac{\partial}{\partial t}$——当地导数；

$\vec{u} \cdot \nabla$——迁移导数。

例如，对于密度有

$$\frac{\mathrm{d}\rho}{\mathrm{d}t} = \frac{\partial \rho}{\partial t} + (\vec{u} \cdot \nabla)\rho \tag{3-6}$$

或表示为

$$\frac{\mathrm{d}\rho}{\mathrm{d}t} = \frac{\partial \rho}{\partial t} + u_x \frac{\partial \rho}{\partial x} + u_y \frac{\partial \rho}{\partial y} + u_z \frac{\partial \rho}{\partial z} \tag{3-6a}$$

第二节 流动的分类

流体运动是比较复杂的，人们对流体力学问题的研究，一般是从简单到复杂，从易到难，通常是对影响实际流动的诸多因素加以分析，根据不同的实际问题，采取抓住起主要作用的因素，在允许的精度范围内忽略次要因素，尽量把问题简化的分析方法。因此，提出了不同类型的流动及其研究方法。

一、按流体性质分类

流体流动可分为理想（或无黏性）流体流动和实际流体流动，不可压缩流体流动和可压缩流体流动等。

二、按与时间的关系分类

根据流体运动要素与时间的关系，流体流动可分为定常流动与非定常流动。如图 3-1 所示的储液容器，在其侧壁开一小孔，液体从小孔向外泄，如果使容器中的液位保持不变，那么所观察到的从孔口泄流的轨迹是不变的。这说明每一空间点上流体流动的全部要素，如速度、压强、加速度等都不随时间变化。这种运动要素不随时间变化的流动称为定常流动或稳定流动。

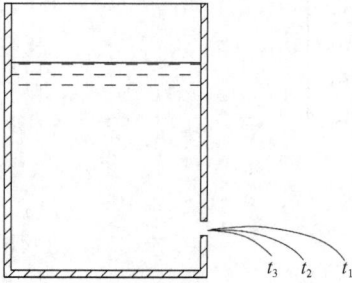

图 3-1　定常流动与非定常流动

如果不往容器中添加液体，容器中液面将随液体从小孔的外泄而不断下降，从孔口流出的泄流轨迹也逐渐向下弯曲。这说明，泄流内部流速的大小和方向随时间而变化。这种运动要素的全部或部分随时间变化的流动称为非定常流动或非稳定流动。

工程中遇到的流体流动绝大多数是非定常流动，因为非定常流动参数随时间变化，所以分析和计算十分复杂。流体流动研究中，一般把运动要素随时间变化不大的非定常流动尽可能简化为定常流动。如孔口泄流，当容器直径很大，出流孔口很小时，液面下降及泄流轨迹变化都很缓慢，在较短时间内，可以近似认为是定常流动，或称为准定常流动。

定常流动与非定常流动的确定还与坐标系的选择有关。例如，船在静止的水中等速直线行驶，若坐标系固定在岸上，则船两侧的水流流动是非定常流动；若坐标系固定在船上，则船两侧的水流流动是定常流动。

三、按与空间的关系分类

根据流体运动所处的流场情况，流动可分为一维流动、二维流动和三维流动（或称一元、二元和三元流动）。

一般流动都是在三维空间内的流动，运动要素是三个坐标的函数。例如，在直角坐标系中，如果速度、压强等参数是 x、y、z 三个坐标的函数，则这种流动就是三维流动或三元流动，依此类推，运动要素是两个坐标的函数的流动称为二维流动，运动要素是一个坐标的函数的流动称为一维流动，显然，坐标个数越少，问题越简单。因此，工程中，在保证一定精度的条件下，尽可能将三维流动简化为二维流动甚至一维流动来求解。

如图 3-2 所示的带锥度的圆管内的黏性流体流动，流体质点的速度既是半径 r 的函数，又是沿轴线距离 x 的函数，即

$$u = f(r,x)$$

显然这是二维流动问题。工程上应用断面平均速度的概念将其简化为一维流动。图 3-2 中 v 是断面平

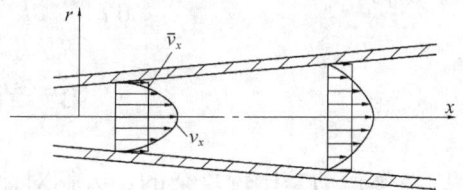

图 3-2　管内流动速度分布图

均速度，于是有

$$v = f(x) \tag{3-7}$$

四、按运动状态分类

根据流体的运动状态，流体流动可以分为有旋流动和无旋流动，层流流动和紊流流动，亚声速流动和超声速流动等。这些概念将在以后的章节中加以论述。

第三节　流体动力学的基本概念

一、迹线

同一流体质点在连续时间内的运动轨迹称为迹线。通过一些特殊的流动质点（如不易扩散的染料、漂浮的固体颗粒等），可以看出流体是做直线运动还是曲线运动。迹线是拉格朗日法对流动的描绘。

二、流线

流线是同一时刻流场中一系列流体质点的流动平均方向曲线，即在流场中画出的一条曲线。在某一瞬时，该曲线上的任意一点的速度（对于紊流是指时间平均速度）矢量总是在该点与曲线相切，或曲线上任意一点处流体质点的速度方向与该点的切线方向一致。因此，流线可以形象地描绘出流场内的流体质点的流动状态，包括流动方向和流速的大小，流速大小可以由流线的疏密得到反映。流线是欧拉法对流动的描绘，如图 3-3 所示。

同一时刻，通过流场内任何空间点都有一条流线，流线的组合可以描绘出整个流场在该时刻的流动图形。图 3-4 所示为油槽中拍得的照片，它显示了绕翼型流动的流线分布。

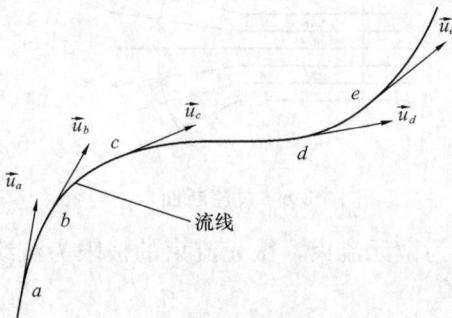

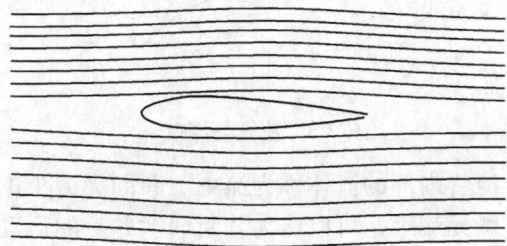

图 3-3　流线　　　　　　　　　　　　　图 3-4　绕翼型流动的流线

流线可以用方程表示，流场中的一条流线，在流线上任取一点 $A(x, y, z)$，则该点的速度矢量 $\vec{u}$ 在 x、y、z 坐标轴上的分量分别为 u_x、u_y、u_z。速度矢量与坐标轴夹角的方向余弦为

$$\cos(\vec{u}, {}^\wedge x) = \frac{u_x}{u} \quad , \quad \cos(\vec{u}, {}^\wedge y) = \frac{u_y}{u} \quad , \quad \cos(\vec{u}, {}^\wedge z) = \frac{u_z}{u}$$

该点处流线微元长度 $\mathrm{d}s$ 的切线与坐标轴夹角的方向余弦为

$$\cos(\mathrm{d}s, {}^{\wedge}\, x) = \frac{\mathrm{d}x}{\mathrm{d}s} \quad , \quad \cos(\mathrm{d}s, {}^{\wedge}\, y) = \frac{\mathrm{d}y}{\mathrm{d}s} \quad , \quad \cos(\mathrm{d}s, {}^{\wedge}\, z) = \frac{\mathrm{d}z}{\mathrm{d}s}$$

由于流线上 A 点的切线与 A 点的速度矢量相重合，所以对应的方向余弦相等，即

$$\frac{u_x}{u} = \frac{\mathrm{d}x}{\mathrm{d}s}, \frac{u_y}{u} = \frac{\mathrm{d}y}{\mathrm{d}s}, \frac{u_z}{u} = \frac{\mathrm{d}z}{\mathrm{d}s}$$

由此可以得到流线的微分方程式为

$$\frac{\mathrm{d}x}{u_x(x,y,z,t)} = \frac{\mathrm{d}y}{u_y(x,y,z,t)} = \frac{\mathrm{d}z}{u_z(x,y,z,t)} \tag{3-8}$$

流线具有以下两个性质：

（1）定常流动中，流线与迹线重合。定常流动中，流线不随时间变化，因此，任意一个流体质点必定沿某一确定的流线运动，流线和迹线相重合；在非定常流动时，流线在不同时刻可能有不同的形状，因此流线不一定始终与迹线相重合。

（2）一般情况下，流线是一条光滑的曲线，流线不能相交和转折。因为流场中，任意一个空间点处流体质点只能有一个流动方向，所以在任一时刻，通过某一空间点只能有一条流线。只有在速度为零（驻点）或为无穷大（奇点）的那些点，流线可以相交，这是因为这些点上不存在同一点上不同流动方向的问题。

三、流管、流束和总流

流管是在流动空间中取出的一个微小的封闭曲线，只要此曲线本身不是流线，则经过该封闭曲线上每一点作流线，所构成的管状表面就称为流管，如图 3-5 所示。因为流管上各点处的流速都与通过该点的流线相切，所以流体质点不能穿过流管表面流入或流出，流体在流管中的流动就像在固体管道中流动一样。

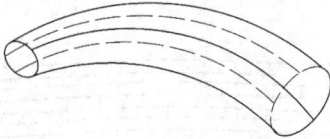

图 3-5　流管与流束　　　　　　　　图 3-6　过流断面

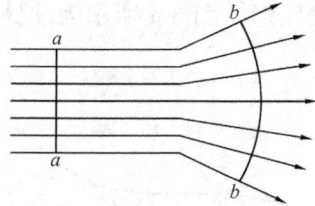

流管内部的流体称为流束。断面无穷小的流束称为微元流束，微元流束的极限为流线，对于微元流束，可以认为其断面上各点的运动要素相等。

总流是固体边界内所有微元流束的总和。

四、过流断面及水力要素

在有限断面的流束中，与每条流线相垂直的横截面称为该流束的过流断面或有效截面。当流线为相互平行时，过流断面为平面（见图 3-6 中的 $a—a$），当流线不是相互平行的直线时，过流断面是曲面（见图 3-6 中的 $b—b$）。过流断面面积用 A 表示。

湿周是在总流的过流断面上，流体与固体边界接触部分的周长，用 χ 表示，如图 3-7 所示。

过流断面面积 A 与湿周 χ 之比称为水力半径，用 R_h 表示，$R_h = \dfrac{A}{\chi}$。水力半径与一般圆

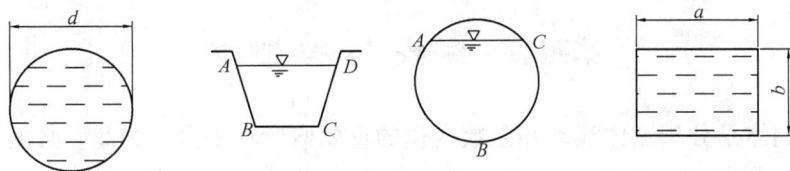

图 3-7 湿周

断面的半径是完全不同的概念，不能混淆。如半径为 r 的圆管内充满流体，其水力半径为

$$R_h = \frac{\pi r^2}{2\pi r} = \frac{r}{2} \tag{3-9}$$

显然水力半径 R_h 不等于圆管半径 r。

在非圆形断面的管道或渠道的水力计算中，引入当量直径的概念。当量直径 d_e 定义为四倍的水力半径，即

$$d_e = 4R_h \tag{3-10}$$

圆管道的当量直径 $d_e = 4R_h = 4\left(\dfrac{r}{2}\right) = 2r = d$，等于圆管直径。

五、流量和平均流速

单位时间内通过过流断面的流体量称为流量，通常用流体的体积或质量来计量，分别称为体积流量 $q_V(\text{m}^3/\text{s})$ 和质量流量 $q_m(\text{kg/s})$，其中 $q_m = \rho q_V$。通过过流断面 A 的体积流量为

$$q_V = \iint\limits_A u\,\mathrm{d}A \tag{3-11}$$

式中　$\mathrm{d}A$——微元面积；

u——微元过流断面上流体质点的速度。

用流过过流断面的体积流量除以过流断面面积可以得到断面处的平均流速 v，即

$$v = \frac{q_V}{A} \tag{3-12}$$

在工程计算中，一般用平均流速，如管道内流体流速一般指平均流速，且

$$v = \frac{q_V}{\pi d^2/4} = \frac{4q_V}{\pi d^2}$$

六、缓变流与急变流

流线的曲率和流线间的夹角都很小的流动称为缓变流，即该流动流线近乎是平行直线。如图 3-8 所示。与此相反，流线具有很大的曲率，或者流线间的夹角较大的流动，称为急变流。

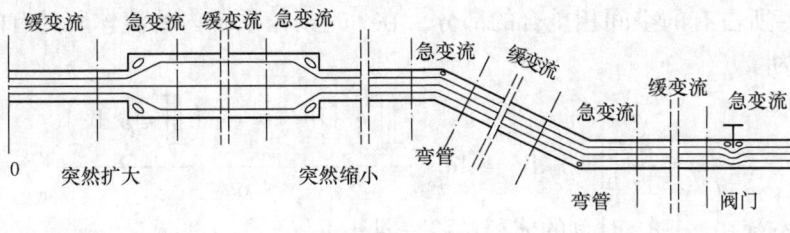

图 3-8 缓变流与急变流

第四节　系　统　与　控　制　体

系统和控制体是分析流体流动和参数变化的重要概念和手段，为此，必须首先明确关于系统与控制体的概念。

一、系统与控制体的概念

系统是一团流体质点的集合。在流体运动中，系统的表面形状和体积常常是不断变化的，而系统所包含的流体质点是不变的，即系统所含有的流体质量不会增加，也不会减少，系统内质量是守恒的。

控制体是指流场中某一确定的空间区域，这个区域的周界称为控制面。与系统不同，控制体不是一个封闭的空间，而只是一个"框架"，控制体表面可以有流体出入。控制体的形状是根据流动情况和边界位置任意选定的，一旦选定之后，控制体的形状和位置相对于所选定的坐标系来说是固定不变的。

二、系统内的某种物理量对时间的全导数公式

如图 3-9 所示，在一流场中任取一控制体，用实线表示其周界。在 t 时刻，此控制体的周界与所研究的流体系统的周界相重合，图中虚线表示流体系统。设 N 表示在 t 时刻系统内流体所具有的某种物理量（如质量、动量等）的总量，k 表示单位质量流体所具有的这种物理量，$N = \iiint\limits_{V} k \rho \, \mathrm{d}V$，$k = \dfrac{N}{m}$，$m$ 为质量，V 是体积。

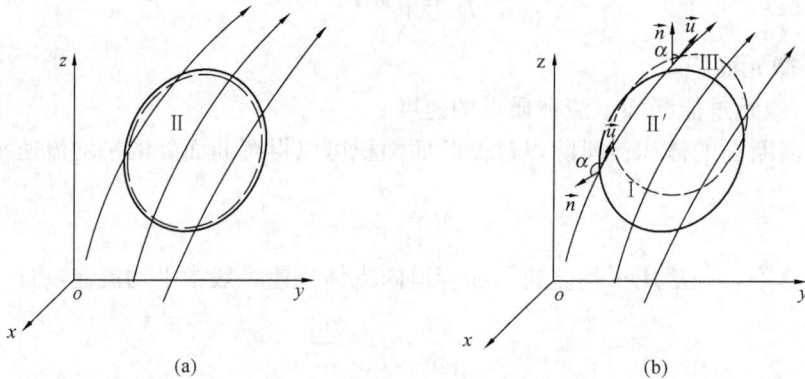

图 3-9　流场中的系统与控制体

在 t 时刻，系统所占空间体积为Ⅱ；由于流场中流体的运动，经过 δt 时间后，即在 $t + \delta t$ 时刻，系统所占有的空间体积为Ⅲ＋Ⅱ′，控制体的体积Ⅱ＝Ⅰ＋Ⅱ′，Ⅱ′是系统在 $t + \delta t$ 时刻与 t 时刻，所占有的空间相重合的部分。在 t 时刻，系统内的流体所具有的某种物理量对时间的导数为

$$\frac{\mathrm{d}N}{\mathrm{d}t} = \frac{\mathrm{d}}{\mathrm{d}t} \iiint\limits_{V} k \rho \, \mathrm{d}V = \lim_{\delta t \to 0} \frac{\left(\iiint\limits_{V} k \rho \, \mathrm{d}V \right)_{t+\delta t} - \left(\iiint\limits_{V} k \rho \, \mathrm{d}V \right)_{t}}{\delta t} \tag{3-13}$$

式中　V'——系统在 $t + \delta t$ 时刻的体积，$V' = Ⅲ + Ⅱ'$；

　　　V——系统 t 时刻的体积，$V = Ⅱ = Ⅰ + Ⅱ'$。

则式（3-13）可写成

$$\frac{\mathrm{d}N}{\mathrm{d}t} = \lim_{\delta t \to 0} \frac{\left(\iiint_{\mathrm{II}'} k\rho\,\mathrm{d}V\right)_{t+\delta t} + \left(\iiint_{\mathrm{III}} k\rho\,\mathrm{d}V\right)_{t+\delta t} - \left(\iiint_{\mathrm{II}} k\rho\,\mathrm{d}V\right)_{t}}{\delta t}$$

$$= \lim_{\delta t \to 0} \frac{\left(\iiint_{\mathrm{II}'} k\rho\,\mathrm{d}V\right)_{t+\delta t} + \left(\iiint_{\mathrm{III}} k\rho\,\mathrm{d}V\right)_{t+\delta t} - \left(\iiint_{\mathrm{II}} k\rho\,\mathrm{d}V\right)_{t} + \left(\iiint_{\mathrm{I}} k\rho\,\mathrm{d}V\right)_{t+\delta t} - \left(\iiint_{\mathrm{I}} k\rho\,\mathrm{d}V\right)_{t+\delta t}}{\delta t}$$

即

$$\frac{\mathrm{d}N}{\mathrm{d}t} = \lim_{\delta t \to 0} \frac{\left(\iiint_{\mathrm{II}} k\rho\,\mathrm{d}V\right)_{t+\delta t} - \left(\iiint_{\mathrm{II}} k\rho\,\mathrm{d}V\right)_{t}}{\delta t} + \frac{\left(\iiint_{\mathrm{III}} k\rho\,\mathrm{d}V\right)_{t+\delta t}}{\delta t} - \frac{\left(\iiint_{\mathrm{I}} k\rho\,\mathrm{d}V\right)_{t+\delta t}}{\delta t} \qquad (3\text{-}14)$$

因为在 t 时刻系统与控制体重合，若控制体体积用 CV 表示，则有 $\mathrm{II} = V(t) = CV$。因此，式（3-14）右端第一项为

$$\lim_{\delta t \to 0} \frac{\left(\iiint_{\mathrm{II}} k\rho\,\mathrm{d}V\right)_{t+\delta t} - \left(\iiint_{\mathrm{II}} k\rho\,\mathrm{d}V\right)_{t}}{\delta t} = \frac{\partial}{\partial t}\iiint_{\mathrm{II}} k\rho\,\mathrm{d}V = \frac{\partial}{\partial t}\iiint_{CV} k\rho\,\mathrm{d}V \qquad (3\text{-}15)$$

式（3-14）右端第二、三项分别表示单位时间内流出和流入控制体 II 的流体所具有的某种物理量，因此可以用同样时间内流体通过控制面上流入、流出的这种物理量来表示，单位时间内流出控制体的这种物理量为

$$\lim_{\delta t \to 0} \frac{\left(\iiint_{\mathrm{III}} k\rho\,\mathrm{d}V\right)_{t+\delta t}}{\delta t} = \iint_{CS_{\mathrm{out}}} k\rho u\cos\alpha\,\mathrm{d}A = \iint_{CS_{\mathrm{out}}} k\rho u_n\,\mathrm{d}A \qquad (3\text{-}16)$$

式中　CS_{out}——控制面中流出部分的面积；

　　　u_n——沿控制面上微元面积外法线方向的速度。

同理，单位时间内流入控制体的这种物理量为

$$\lim_{\delta t \to 0} \frac{\left(\iiint_{\mathrm{I}} k\rho\,\mathrm{d}V\right)_{t+\delta t}}{\delta t} = \iint_{CS_{\mathrm{in}}} k\rho u\cos\alpha\,\mathrm{d}A = -\iint_{CS_{\mathrm{in}}} k\rho u_n\,\mathrm{d}A \qquad (3\text{-}17)$$

式中　CS_{in}——控制面中流入部分的面积。

式（3-17）中，负号是因为在控制体入流面上流体入流速度 $\vec{u}$ 方向与入流面外法线方向之间的夹角始终大于 $90°$，u_n 总是负值。将式（3-15）～式（3-17）代入式（3-14），并有 $CS = CS_{\mathrm{in}} + CS_{\mathrm{out}}$，得

$$\frac{\mathrm{d}N}{\mathrm{d}t} = \frac{\partial}{\partial t}\iiint_{CV} k\rho\,\mathrm{d}V + \iint_{CS} k\rho u_n\,\mathrm{d}A \qquad (3\text{-}18)$$

式（3-18）即为系统所具有的某种物理量的总量对时间的全导数，它由两部分组成，一部分相当于当地导数，等于控制体内的这种物理量的总量对时间的变化率；另一部分相当于

迁移导数，等于单位时间内通过静止的控制面流出和流入的这种物理量的差值。这些物理量可以是标量（如质量、能量等），也可以是矢量（动量、动量矩等）。

在定常流动条件下，$\dfrac{\partial}{\partial t}\iiint\limits_{CV} k\rho\,\mathrm{d}V = 0$，则有

$$\frac{\mathrm{d}N}{\mathrm{d}t} = \iint\limits_{CS} k\rho u_n\mathrm{d}A \tag{3-19}$$

式（3-19）表明：在定常流动条件下，整个系统内流体所具有的某种物理量的变化等于单位时间内通过控制面的净通量，即某种物理量的变化只与通过控制面的流动情况有关，而与系统内部流动情况无关。

第五节　一维流动的连续性方程

在工程中一般认为流体是连续介质，即在流场内流体质点连续地充满整个空间，在流动过程中，流体质点互相衔接，不出现空隙。根据质量守恒定律可以推导出流体流动的连续性方程。

在选定的控制体内的流动系统的流体质量是不会发生变化的，如果设系统内的质量为 m，则由质量守恒定律有

$$\frac{\mathrm{d}m}{\mathrm{d}t} = 0$$

系统内流体质量对时间的导数可用式（3-18）求得，此时 $N=m$，$\eta=1$，代入得

$$\frac{\partial}{\partial t}\iiint\limits_{CV}\rho\mathrm{d}V + \iint\limits_{CS}\rho u_n\mathrm{d}A = 0$$

在定常流动的条件下，$\dfrac{\partial}{\partial t}\iiint\limits_{CV}\rho\,\mathrm{d}V = 0$，故

$$\iint\limits_{CS}\rho u_n\mathrm{d}A = 0 \tag{3-20}$$

式（3-20）表明：在定常流动条件下，通过控制面的流体质量通量为零。

对于一维流动，取如图 3-10 所示的控制体，由于没有流体流过管道壁面，所以有

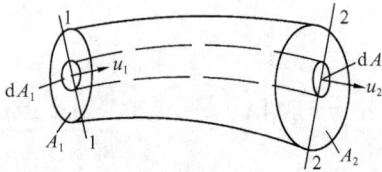

图 3-10　一维流动的控制体

$$\iint\limits_{A_1}\rho u_{n1}\mathrm{d}A_1 = \iint\limits_{A_2}\rho u_{n2}\mathrm{d}A_2 \tag{3-21}$$

若断面 1 和断面 2 处的流体密度分别为 ρ_1 和 ρ_2，根据平均速度的定义，可以将式（3-21）写成

$$\rho_1 v_1 A_1 = \rho_2 v A_2 = q_m \tag{3-22}$$

对于不可压缩流体，$\rho_1=\rho_2$，式（3-22）可简化为

$$v_1 A_1 = v_2 A_2 = q_V \tag{3-23}$$

式（3-22）和式（3-23）就是一维流动连续性方程。式（3-23）表明：不可压缩流体在管内流动时，管径越大，断面上的平均流速越小；反之，管径越小，断面上的平均流速越大。

【例 3-1】 水以 2m/s 的速度分别在直径为 25mm 和 50mm 的管道内流动，如果这两根管道连接到直径为 75mm 的第三根管道上并组成三通，如图 3-11 所示，求水在第三根管道内的流速。

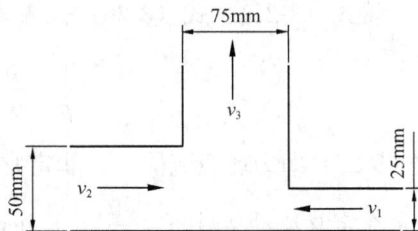

图 3-11 ［例 3-1］图

解 根据质量守恒定律或连续性方程并认为水是不可压缩的，得

$$q_{m1} + q_{m2} = q_{m3} \text{ 或} (\rho v A)_1 + (\rho v A)_2 = (\rho v A)_3$$

$$v_3 = v_1 \left(\frac{A_1}{A_3}\right) + v_2 \left(\frac{A_2}{A_3}\right) = v_1 \left(\frac{d_1}{d_3}\right)^2 + v_2 \left(\frac{d_2}{d_3}\right)^2$$

所以

$$= 2 \left(\frac{25}{75}\right)^2 + 2 \left(\frac{50}{75}\right)^2 = 1.111 (\text{m/s})$$

第六节 理想流体一维稳定流动伯努利方程

连续性方程是运动学方程，它只给出了沿一元流动长度方向上断面流速的变化规律，完全没有涉及流体受到的力的作用。为了进一步分析流场的动力学特性，找出流体的运动与作用力之间的关系，下面应用牛顿第二定律来导出理想流体一元稳定流动的能量方程。

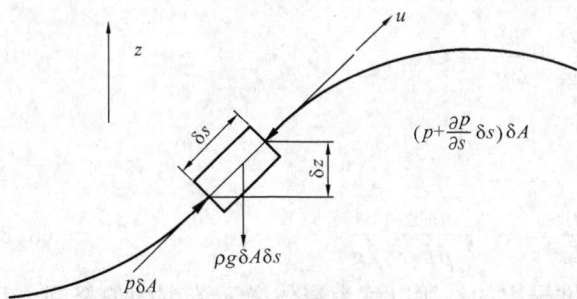

一、欧拉方程

在理想流体稳定流动中沿流线选一微小圆柱体为控制体，如图 3-12 所示，其断面面积为 δA，长为 δs，两端面与轴线垂直，其侧面母线与轴线相平行。作用于微小控制体上沿 s 方向的力只有两端压力和质量力在 s 方向的分力 f_s（单位质量力）。应用牛顿第二定律 $\sum F_s = ma_s$，可得

图 3-12 流体微团受力分析

$$p\delta A - \left(p + \frac{\partial p}{\partial s}\delta s\right)\delta A + \rho\delta A\delta s f_s = \rho\delta A\delta s a_s$$

化简并用 $\rho\delta A\delta s$ 除上式，得

$$-\frac{1}{\rho}\frac{\partial p}{\partial s} + f_s = a_s \tag{3-24}$$

因为

$$a_s = \frac{\mathrm{d}u}{\mathrm{d}t} = \frac{\partial u}{\partial t} + u\frac{\partial u}{\partial s} \tag{3-25}$$

且当质量力只有重力时，f_s 为

$$f_s = -g\frac{\partial z}{\partial s} \tag{3-26}$$

将式 (3-25)、式 (3-26) 代入式 (3-24),得

$$\frac{1}{\rho}\frac{\partial p}{\partial s} + g\frac{\partial z}{\partial s} + \frac{\partial u}{\partial t} + u\frac{\partial u}{\partial s} = 0 \qquad (3\text{-}27)$$

式 (3-27) 即为理想流体一元非定常流动的运动微分方程或称欧拉方程。

在定常流动条件下,$\frac{\partial u}{\partial t}=0$,并且 u 只是轴向距离 s 函数,可将偏导数写成全导数,从而得到理想流体一元定常流动的欧拉方程,即

$$g\mathrm{d}z + \frac{\mathrm{d}p}{\rho} + u\mathrm{d}u = 0 \qquad (3\text{-}28)$$

由于微元流管的极限是流线,因此上述形式的欧拉方程沿任意一根流线均成立。

二、伯努利方程

将式 (3-28) 沿流线积分,得

$$gz + \int \frac{\mathrm{d}p}{\rho} + \frac{u^2}{2} = C \qquad (3\text{-}29)$$

对不可压缩流体,$\rho = C$,可以得到

单位质量流体　　　　　　　$$gz + \frac{p}{\rho} + \frac{u^2}{2} = C$$

单位体积流体　　　　　　　$$\rho gz + p + \frac{1}{2}\rho u^2 = C$$

单位重力作用下的流体　　　$$z + \frac{p}{\rho g} + \frac{u^2}{2g} = C$$

式中　C——伯努利常数。

对于同一流线上的 1 点和 2 点可写成

$$z_1 + \frac{p_1}{\rho g} + \frac{u_1^2}{2g} = z_2 + \frac{p_2}{\rho g} + \frac{u_2^2}{2g} \qquad (3\text{-}30)$$

式 (3-30) 是瑞士数学家伯努利在 1738 年推导出的,所以称为流体微元流束的伯努利方程,也称为能量方程。

从式 (3-30) 可以看出,不可压缩理想流体在重力场中作定常流动时,沿流线单位重量流体的位势能、压力势能和动能之和为常数。但是沿不同的流线时,这个积分常数的值一般是不相同的。式 (3-30) 的应用条件是不可压缩理想流体在重力场中作定常流动的同一条流线上的各点。

三、理想流体一维稳定流动能量方程的物理意义和几何意义

1. 物理意义

式 (3-30) 中,$u^2/2g$ 表示单位重量流体的动能,z 和 $p/\rho g$ 的物理意义已在第二章中说明,z 代表单位重量流体的位置势能,$p/\rho g$ 代表单位重力作用下流体的压力势能。动能和势能的总和为单位重力作用下流体的总机械能。所以,伯努利方程的物理意义是:不可压缩理想流体在重力场中做定常流动时,同一条流线上各点的单位重力作用下流体的总机械能是守

恒的，但是动能、位置势能和压力势能是可以相互转换的，这就是能量守恒与转换定律在流体力学中应用的表达形式。

2. 几何意义

式（3-30）中各项的单位都是 m，具有长度量纲，表示某种高度，可以用几何线段来表示，在流体力学中称为水头。即 $u^2/2g$ 称为速度水头（动压头），z 称为位置水头，$\dfrac{p}{\rho g}$ 称为压力水头，三项之和称为总水头 (H)，$z+\dfrac{p}{\rho g}$ 为测压管水头 (H_p)。伯努利方程的几何意义可以表述如下：不可压缩理想流体在重力场中作定常流动时，同一条流线上的各点的单位重力作用下流体的位置水头，压力水头和速度水头之和为常数，即总水头线为一平行于基准线的水平线，如图 3-13 所示。

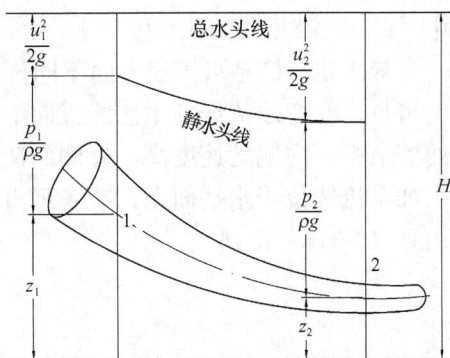

图 3-13　水头线

第七节　沿流线主法线方向的压强和速度变化

伯努利方程表达了沿流线的压强和速度的变化规律，现在讨论垂直于流线方向的压强和速度的变化。如图 3-14 所示，在稳定流动中，在流线上 M 点处选一微小圆柱体为控制体，使柱轴与 M 点处流线的主法线相重合，柱体的两个端面与柱轴相垂直，面积为 δA，柱体长为 δr，M 点的曲率半径为 r。作用于微小控制体上沿 r 方向的力只有两端压强 p、$p+\delta p$ 和单位质量流体的质量力在 r 方向的分力 f_r。应用牛顿第二定律 $\Sigma F_r = ma_r$ 可以得到

图 3-14　沿弯曲流线流体微团主法线方向的受力分析

$$p\delta A - \left(p+\frac{\partial p}{\partial r}\delta r\right)\delta A + \rho\delta A\delta r f_r = -\rho\delta A\delta r\frac{u^2}{r}$$

当作用在流体上的质量力只有重力时，$f_r = -g\dfrac{\partial z}{\partial r}$，代入上式并除以 $\rho g\delta A\delta r$，得

$$\frac{\partial}{\partial r}\left(z+\frac{p}{\rho g}\right) = \frac{u^2}{gr} \tag{3-31a}$$

另一方面，在伯努利常数对所有流线具有同一值的条件下，伯努利常数沿 r 方向不变，因此它对 r 的导数等于零，即

$$\frac{\partial}{\partial r}\left(gz+\frac{p}{\rho}+\frac{u^2}{2}\right) = 0$$

或

$$\frac{\partial}{\partial r}\left(z+\frac{p}{\rho g}\right) = -\frac{u}{g}\frac{\partial u}{\partial r} \tag{3-31b}$$

由式（3-31a）、式（3-31b）得

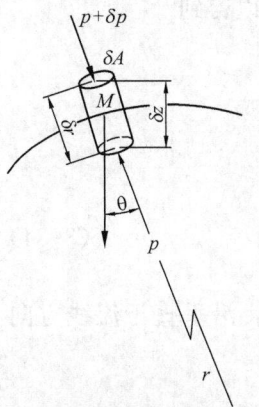

$$\frac{\partial u}{\partial r} + \frac{u}{r} = 0$$

积分得
$$u = \frac{C}{r} \qquad (3\text{-}32)$$

式中　C——沿径向的积分常数。

一般来讲，C 是沿流线方向不同位置的函数。

可见，在弯曲流线的主法线方向上，速度随距曲率中心的距离的减小而增大，因此，在弯曲管道中，内侧的速度高，外侧的速度低。

如果流线位于水平面上，或者重力变化的影响可以忽略不计，则沿流线方向的压强梯度可由式（3-31a）得到

$$\frac{1}{\rho} \frac{\partial p}{\partial r} = \frac{u^2}{r}$$

将式（3-32）代入上式，积分得

$$p = C_1 - \rho \frac{C^2}{2r^2} \qquad (3\text{-}33)$$

式中　C_1——沿径向的积分常数。

由此可见，在弯曲流线主法线方向上压强随距曲率中心的距离的增大而增加，所以在弯曲管道的流动中，内侧压强小，外侧压强大。

对于流线为相互平行的直线的流动，即 $r \to \infty$ 时，由式（3-31a）可以得到

$$\frac{\partial}{\partial r}\left(z + \frac{p}{\rho g}\right) = 0$$

设 1 和 2 是流线的某一垂直线上任意两点，则有

$$z_1 + \frac{p_1}{\rho g} = z_2 + \frac{p_2}{\rho g} \qquad (3\text{-}34)$$

式（3-34）说明：当流线为相互平行的直线时，即流动为缓变流时，沿垂直于流线方向的压强分布服从于静力学基本方程。

第八节　黏性流体总流的伯努利方程

一、黏性流体微元流束的伯努利方程

对于黏性流体，由于黏性力的存在，流体内部要产生摩擦力，流体运动时将因为克服摩擦阻力而消耗部分机械能，所以沿流线微元流体的总机械能将逐渐减小，即

$$z_1 + \frac{p_1}{\rho g} + \frac{u_1^2}{2g} > z_2 + \frac{p_2}{\rho g} + \frac{u_2^2}{2g}$$

或
$$z_1 + \frac{p_1}{\rho g} + \frac{u_1^2}{2g} = z_2 + \frac{p_2}{\rho g} + \frac{u_2^2}{2g} + h_w' \qquad (3\text{-}35)$$

式中 h'_w——单位重力作用下流体自位置 1 到位置 2 时所消耗的总机械能，称为流体的能量损失。

式（3-35）为黏性流体微元流束的伯努利方程。

二、黏性流体总流的伯努利方程

如图 3-15 所示，取两个缓变流断面 1 和 2 为控制面，面积分别为 A_1 和 A_2。对于稳定流动，单位时间内通过微元流束的流体重量为 $\rho g \mathrm{d}q_V$（或 $\rho g u \mathrm{d}A$）。所以，在断面 1 和 2 之间，该微元流束的能量关系为

$$\left(z_1 + \frac{p_1}{\rho g} + \frac{u_1^2}{2g}\right)\rho g \mathrm{d}q_V$$

$$= \left(z_2 + \frac{p_2}{\rho g} + \frac{u_2^2}{2g}\right)\rho g \mathrm{d}q_V + h'_w \rho g \mathrm{d}q_V$$

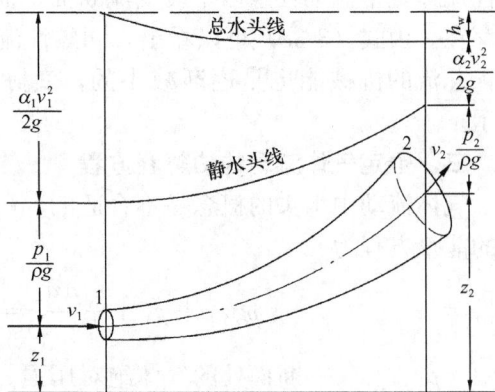

图 3-15 总流的水头线

因为总流是由各微元组成的，所以通过上式积分，可以得到单位时间内通过断面 1 和 2 之间的总流的能量关系式为

$$\iint_{A_1}\left(z_1 + \frac{p_1}{\rho g} + \frac{u_1^2}{2g}\right)\rho g u_1 \mathrm{d}A_1 = \iint_{A_2}\left(z_2 + \frac{p_2}{\rho g} + \frac{u_2^2}{2g}\right)\rho g u_2 \mathrm{d}A_2 + \int_{q_V} h'_w \rho g \mathrm{d}q_V$$

除以 $\rho g q_V$，可得单位重力作用下的流体通过断面 1 和 2 之间的总流的能量关系式为

$$\frac{1}{q_V}\iint_{A_1}\left(z_1 + \frac{p_1}{\rho g} + \frac{u_1^2}{2g}\right)u_1 \mathrm{d}A_1 = \frac{1}{q_V}\iint_{A_2}\left(z_2 + \frac{p_2}{\rho g} + \frac{u_2^2}{2g}\right)u_2 \mathrm{d}A_2 + \frac{1}{q_V}\int_{q_V} h'_w \mathrm{d}q_V \qquad (3\text{-}36)$$

由于缓变流断面的流线是接近于相互平行的直线，由式（3-34），$z + \dfrac{p}{\rho g} = C$，所以

$$\frac{1}{q_V}\iint_{A}\left(z + \frac{p}{\rho g}\right)u \mathrm{d}A = z + \frac{p}{\rho g}$$

动能项的积分为

$$\frac{1}{q_V}\iint_{A}\left(\frac{u^2}{2g}\right)u \mathrm{d}A = \frac{1}{A}\iint_{A}\left(\frac{u}{v}\right)^3 \mathrm{d}A\left(\frac{v^2}{2g}\right) = \alpha\left(\frac{v^2}{2g}\right)$$

式中 α——动能修正系数。

$$\alpha = \frac{1}{A}\iint_{A}\left(\frac{u}{v}\right)^3 \mathrm{d}A \qquad (3\text{-}37)$$

α 值恒大于 1，并与过流断面上的流速分布有关。断面上的流速分布越不均匀，α 值也越大。流动的紊乱程度越高，α 值越接近于 1。通常情况下，工业管道内的流动，$\alpha = 1.01 \sim 1.10$，因此，流动计算中，一般近似地取 $\alpha = 1$。

在两个缓变流断面 1 和 2 之间，总流的单位重力作用下流体的平均能量损失为

$$h_{w1\text{-}2} = \frac{1}{q_V}\int_{q_V} h'_w \mathrm{d}q_V$$

将以上各项积分结果代入式（3-36），得到

$$z_1 + \frac{p_1}{\rho g} + \frac{\alpha_1 v_1^2}{2g} = z_2 + \frac{p_2}{\rho g} + \frac{\alpha_2 v_2^2}{2g} + h_{w1-2} \qquad (3-38)$$

式（3-38）就是不可压缩黏性流体总流的伯努利方程。它适用于在重力作用下不可压缩黏性流体定常流动任意两个缓变流断面，而且不必顾及在这两个缓变流断面之间有无急变流的存在。由式（3-38）可以看出，同黏性流体沿微元流束的情形一样，为了克服黏性摩擦阻力，总流的机械能也是逐渐减小的，实际流体流动的总水头线是逐渐降低的，如图 3-15 所示。

三、恒定气体流动的伯努利方程

气体流动中水头的概念是不合适的，一般用压头来表示。由式（3-38）得到单位体积流体的能量方程为

$$\rho g z_1 + p_1 + \frac{\alpha_1 \rho v_1^2}{2} = \rho g z_2 + p_2 + \frac{\alpha_2 \rho v_2^2}{2} + p_{w1-2} \qquad (3-39)$$

式中　　p_1、p_2——断面处的气体绝对压强。

因为实际测量中测得的断面处的气体压强都是相对压强，所以将 $p_1 = p_{g1} + p_{a1}$ 和 $p_2 = p_{g2} + p_{a2}$ 代入式（3-39），并且因为 $p_{a2} = p_{a1} + \rho_a g (z_1 - z_2)$，式中 ρ_a 是空气密度，得到恒定气流流动的能量方程为

$$p_{g1} + (\rho_a - \rho)g(z_2 - z_1) + \frac{\alpha_1 \rho v_1^2}{2} = p_{g2} + \frac{\alpha_2 \rho v_2^2}{2} + p_{w1-2} \qquad (3-40)$$

式（3-40）中的各项都是压强的单位，具有压强的量纲。其中，p_{g1} 和 p_{g2} 是断面 1 和 2 处的相对压强，一般称为静压；$\rho v_1^2/2$ 和 $\rho v_2^2/2$ 是断面 1 和 2 处与气流速度大小有关的压强，称为动压；$(\rho_a - \rho) g (z_2 - z_1)$ 是与 1 和 2 两断面位置高度有关的压强，称为位压。当气体密度与空气密度接近或相等时，$(\rho_a - \rho) \approx 0$；或者当 1 和 2 两个断面位置高度差比较小时，$(z_2 - z_1) \approx 0$，位压为 0，恒定气流能量方程又可以简化为

$$p_{g1} + \frac{\alpha_1 \rho v_1^2}{2} = p_{g2} + \frac{\alpha_2 \rho v_2^2}{2} + p_{w1-2} \qquad (3-41)$$

恒定气流能量方程中，静压与位压之和称为势压 p_s，$p_s = p + (\rho_a - \rho) g (z_2 - z_1)$。静压和动压之和称为全压 p_q，$p_q = p + \alpha \rho v^2/2$。静压、动压和位压三项之和称为总压 p_z，$p_z = p + \rho v^2/2 + (\rho_a - \rho) g (z_2 - z_1)$。

第九节　伯努利方程的应用

伯努利方程建立了流动过程中两个断面之间的能量关系，在工程中广泛地应用于流体的压强、流速、流量的测量与计算。伯努利方程在应用过程中应注意以下几点：

（1）所选定的过流断面必须是缓变流，其中一个断面包含要求的未知参数，另一个断面上的所有参数都是已知的或可间接求得的，如大液面，其速度很小有时可以忽略，同时，自由液面和射流出口面的压强等于大气压，液体受到的相对压强为 0。

（2）选择基准面，一般以流动的较低的断面为基准面，习惯上 z_1、z_2 用断面形心处的值。

（3）$\dfrac{p_1}{\rho g}$、$\dfrac{p_2}{\rho g}$ 可用绝对压强或相对压强表示，但二者应一致。

（4）当两个断面较近时，可近似认为 $h_{\mathrm{w}} \approx 0$。

下面列举几个工程实际中的例子加以介绍。

一、皮托管

皮托（Pitot）在 1733 年首次用一根弯成直角的玻璃管测量了塞纳河的流速。这种弯成直角的开口细管就是简单的皮托管，是利用驻点压强的原理制成的一种测速仪器，如图 3-16 所示。它的测速原理是：在一水平放置的压力管内，把皮托管的一端放到管内流体中，开口顶端对准来流，另一端垂直向上。在皮托管入口 A 处形成一个驻点，驻点处的动能全部转换为压力能，称为总压。另一方面，驻点 A 上游的 B 点并未受到测压管的影响，且和 A 点位于同一水平流线上，应用伯努利方程于 A、B 两点，得

$$0 + \frac{u_B^2}{2g} + \frac{p_B}{\rho g} = 0 + 0 + \frac{p_A}{\rho g}$$

$$u_B = \sqrt{\frac{2g}{\rho g}(p_A - p_B)} = \sqrt{2gh} \tag{3-42}$$

因此，只要测得某点的总压和静压水头差，就可求得该点的流速。在工程应用中，大多将静压管和皮托管组合成一件，称为动压管，其剖面示意如图 3-17 所示，静压管包围着皮托管，在驻点之后适当距离的外壁上沿圆周均匀地钻几个小孔，称为静压孔。用 U 形管测出总压和静压的差值，然后代入式（3-42）计算测点的流速。

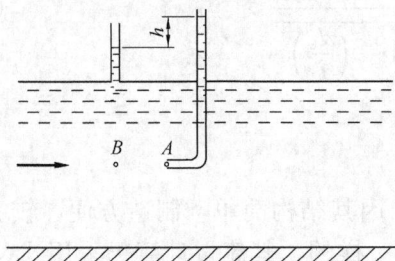

图 3-16　皮托管测速原理

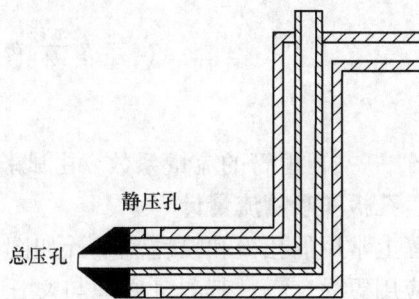

图 3-17　动压管

二、文丘里管

文丘里（Venturi）管用于管道中的流量测量，由收缩段和扩散段组成，如图 3-18 所示，两段结合处称为喉部，在收缩段前和喉部截面两处各装一根测压管。根据静压差和两个截面的已知截面积就可计算通过管道的流量。

设装设测压管的两个截面的直径分别为 d_1、d_2，流速分别为 v_1、v_2。以任一水平面为基准面，忽略阻力损失，再取 $\alpha_1 \approx \alpha_2 \approx 1$，对两截面的中心列总流的伯努利方程有

$$z_1 + \frac{p_1}{\rho g} + \frac{v_1^2}{2g} = z_2 + \frac{p_2}{\rho g} + \frac{v_2^2}{2g}$$

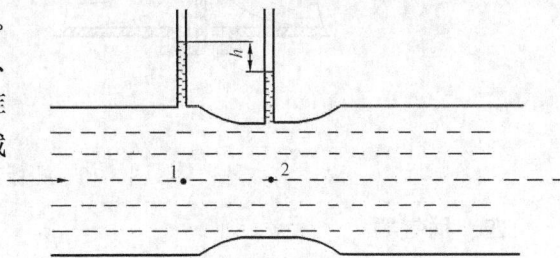

图 3-18　文丘里管

或
$$\left(z_1 + \frac{p_1}{\rho g}\right) - \left(z_2 + \frac{p_2}{\rho g}\right) = \frac{v_2^2}{2g} - \frac{v_1^2}{2g}$$

由图 3-18 可见，截面 1 和 2 的测压管高度差 $\left(z_1 + \frac{p_1}{\rho g}\right) - \left(z_2 + \frac{p_2}{\rho g}\right) = h$。由连续方程可得

$$v_1 = v_2 \left(\frac{d_2}{d_1}\right)^2$$

于是截面 2 上的流速为

$$v_2 = \frac{\sqrt{2gh}}{\sqrt{1 - \left(\frac{d_2}{d_1}\right)^4}} \tag{3-43}$$

则通过管道的流量

$$q_V = \frac{\pi d_2^2}{4} v_2 = \frac{\pi d_2^2}{4} \frac{\sqrt{2gh}}{\sqrt{1 - \left(\frac{d_2}{d_1}\right)^4}} \tag{3-44}$$

在实际应用中，考虑到黏性引起的截面上速度分布的不均匀以及流动中的能量损失，还应乘以修正系数 k，即

$$q_V = k \frac{\pi d_2^2}{4} v_2 = k \frac{\pi d_2^2}{4} \frac{\sqrt{2gh}}{\sqrt{1 - \left(\frac{d_2}{d_1}\right)^4}} \tag{3-45}$$

式中　k——文丘里管的流量系数，由试验测定。

三、孔板和喷嘴流量计

工程上常用的孔板和喷嘴流量计如图 3-19 所示，因其结构简单，制造方便，较文丘里流量计应用更为广泛。其测量原理与文丘里管是完全一样的，其流量计算仍采用式(3-45)。但流体流过孔板时，流动更为紊乱，流量系数较文丘里管小。

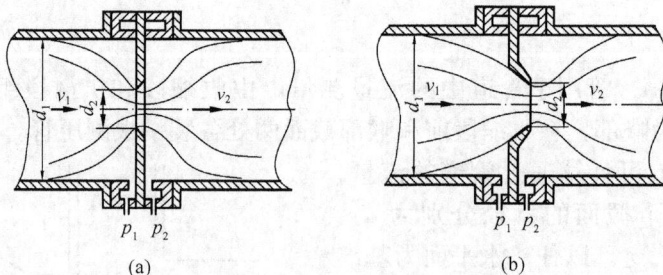

图 3-19　孔板和喷嘴流量计

四、抽气器

抽气器由收缩喷嘴 A、渐扩管 B 及一个工作室 K 组成，工作室上有管路连接于需要抽吸的设备上或容器（水泵、凝汽器等）上，如图 3-20 所示。

抽气器的工作原理是利用喷嘴处流体的高速流动产生真空，从而将容器中的气体抽走，混合后流向渐扩管并排出。

抽气器形成的真空值可根据能量方程求得。取喷嘴进口为 1—1 截面，出口为 2—2 截面，基准面为管路中心。忽略阻力损失，列上述两个截面的能量方程为

$$\frac{p_1}{\rho g}+\frac{v_1^2}{2g}=\frac{p_2}{\rho g}+\frac{v_2^2}{2g}$$

或

$$-\frac{p_2}{\rho g}=\frac{v_2^2-v_1^2}{2g}-\frac{p_1}{\rho g}$$

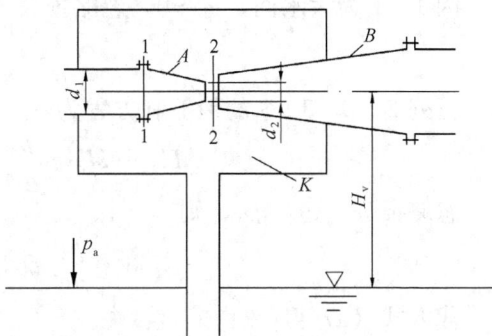

图 3-20 抽气器

将 $v_1=\dfrac{4q_V}{\pi d_1^2}$ 和 $v_2=\dfrac{4q_V}{\pi d_2^2}$ 代入上式并整理，得抽气器形成的真空值为

$$H_{\mathrm{v}}=\frac{8q_V^2}{g\pi^2}\left(\frac{1}{d_2^4}-\frac{1}{d_1^4}\right)-\frac{p_1-p_a}{\rho g} \tag{3-46}$$

【例 3-2】 采用如图 3-21 所示的集流器测量离心风机的流量。已知风机吸入管道的直径 $d=350\mathrm{mm}$，插入水槽中的玻璃管内水升高 $h=100\mathrm{mm}$，空气的密度 $\rho=1.2\mathrm{kg/m^3}$，水的密度为 $\rho'=1000\mathrm{kg/m^3}$，不考虑损失，求空气的流量。

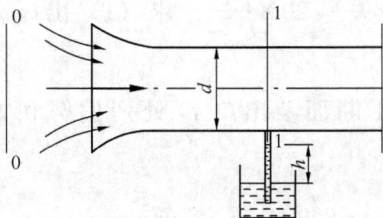

图 3-21 [例 3-2] 图

解 取吸水玻璃管处为过流断面 1—1，在吸入口前的一定距离，空气未受干扰处，取过流断面 0—0，其空气压强为大气压 p_a，空气流速近似为 0，$v_0\approx0$。取管轴线为基准线，且 $h_{w1-2}=0$，则列 0—0 和 1—1 两个缓变流断面之间的能量方程为

$$0+\frac{p_a}{\rho g}+0=0+\frac{p_1}{\rho g}+\frac{v_1^2}{2g}$$

而 $p_1=p_a-\rho'gh$，所以

$$v_1=\sqrt{2g\frac{p_a-p_1}{\rho g}}=\sqrt{2g\frac{p_a-(p_a-\rho'gh)}{\rho g}}=\sqrt{2gh\frac{\rho'}{\rho}}$$

$$=\sqrt{2\times9.807\times0.1\times\frac{1000}{1.2}}=40.43(\mathrm{m/s})$$

$$q_V=v_1\frac{\pi}{4}d^2=40.43\times\frac{\pi}{4}\times0.35^2=3.89(\mathrm{m^3/s})$$

【例 3-3】 在如图 3-22 所示的虹吸管中，已知 $H_1=2\mathrm{m}$，$H_2=6\mathrm{m}$，管径 $d=15\mathrm{mm}$，当地大气压为 $10\mathrm{mH_2O}$，如不计损失，问 S 处的压强为多大时此管才能吸水？此时管内流速 v_2 及流量各为多少？（注意：管末端 B 并未接触水面。）

解 选取过流断面 1—1、2—2 列伯努利方程为

$$0+\frac{p_a}{\rho g}+\frac{v_1^2}{2g}=H_1+\frac{p_2}{\rho g}+\frac{v_2^2}{2g}+h_w$$

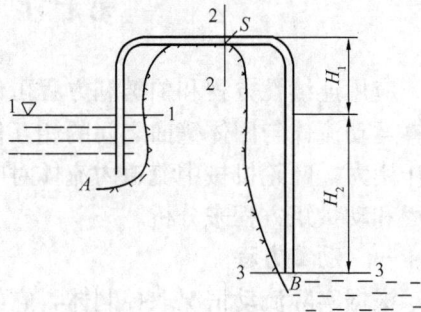

图 3-22 [例 3-3] 图

因 1—1 为大水面，$v_1 \approx 0$，忽略损失 $h_w = 0$ 则

$$\frac{p_a}{\rho g} = 2 + \frac{p_2}{\rho g} + \frac{v_2^2}{2g} \tag{a}$$

再列 2—2、3—3 的伯努利方程为

$$H_1 + H_2 + \frac{p_2}{\rho g} + \frac{v_2^2}{2g} = \frac{p_a}{\rho g} + \frac{v_3^2}{2g} + h_w \tag{b}$$

忽略损失，$v_2 = v_3$，则

$$8 + \frac{p_2}{\rho g} = 10, \text{即} \frac{p_2}{\rho g} = 2\text{mH}_2\text{O}$$

代入式（a）得

$$v_2 = \sqrt{2g(\frac{p_a}{\rho g} - \frac{p_2}{\rho g} - 2)} = \sqrt{2 \times 9.807 \times (10 - 4)} = 10.85(\text{m/s})$$

故　　　　$$q_V = \frac{\pi d^2}{4} v_2 = \frac{3.14 \times 0.015^2}{4} \times 10.85 = 0.001\,9(\text{m}^3/\text{s})$$

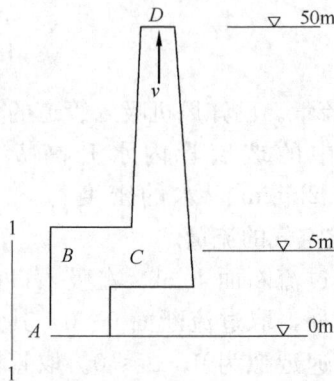

【例 3-4】　　如图 3-23 所示，空气由炉口 A 流入，通过燃烧后废气经 B、C、D 由烟囱排出。烟气的密度 $\rho = 0.6\text{kg/m}^3$，空气的密度 $\rho_a = 1.2\text{kg/m}^3$，由 A 到 C 的压力损失为 $9 \times \frac{\rho v^2}{2}$，$C$ 到 D 的压力损失为 $20 \times \frac{\rho v^2}{2}$。求（1）出口流速 v；（2）C 处压强 p_C。

解　（1）取入口前 1—1 断面及出口 D 处列伯努利方程为

图 3-23　［例 3-4］图

$$p_{g1} + (\rho_a - \rho)g(z_2 - z_1) + \frac{\rho v_1^2}{2} = p_{g2} + \frac{\rho v_2^2}{2} + p_{w1-2}$$

因入口处 $v_1 \approx 0$，$p_{g1} = p_{g2} = 0$，则

$$9.807 \times (1.2 - 0.6) \times 50 = 0.6 \times \frac{v^2}{2} + 9 \times \frac{0.6 v^2}{2} + 20 \times \frac{0.6 v^2}{2}$$

$$v = 5.72(\text{m/s})$$

（2）列 C、D 所在断面的伯努利方程为

$$p_C + 0.6 \times \frac{v^2}{2} + (50 - 5) \times 9.807 \times (1.2 - 0.6) = 0 + 0.6 \times \frac{v^2}{2} + 20 \times 0.6 \times \frac{v^2}{2}$$

$$p_C = -68.48(\text{Pa})$$

第十节　动量方程与动量矩方程

应用连续性方程和伯努利方程可以解决许多实际问题。但是在工程实际中，还常常遇到计算运动流体与固体壁面之间的相互作用力或力矩的问题，如计算弯管中流动的流体对管壁的作用力，叶轮机械中流道内流体对叶片的作用力、力矩等，这就需要应用运动流体的动量方程和动量矩方程来分析。

一、动量方程

根据实际流动情况取控制体，它的边界为控制面，其中的流体为系统。根据牛顿第二定律或理论力学中质点系的动量定理，质点系动量对时间的导数等于作用在该质点系上诸外力

的矢量和，即

$$\frac{\mathrm{d}}{\mathrm{d}t}\left(\sum m\vec{u}\right) = \sum \vec{F} \tag{3-47}$$

或

$$\frac{\mathrm{d}}{\mathrm{d}t}\iiint_V \rho\,\vec{u}\mathrm{d}V = \sum \vec{F} \tag{3-48}$$

利用系统内任一物理量的总和对时间求全导数的公式（3-18）来推导动量方程。系统内流体所具有的某种物理量的总和 N 为动量，即

$$N = \iiint_V \rho\,\vec{u}\mathrm{d}V$$

单位质量流体的动量为

$$\vec{\eta} = \frac{m\vec{u}}{m} = \vec{u}$$

代入式（3-18）得

$$\frac{\mathrm{d}}{\mathrm{d}t}\iiint_V \rho\,\vec{u}\mathrm{d}V = \frac{\partial}{\partial t}\iiint_{CV} \rho\,\vec{u}\mathrm{d}V + \iint_{CS_{out}} \vec{u}\,\rho\,u_n\mathrm{d}A - \iint_{CS_{in}} \vec{u}\,\rho\,u_n\mathrm{d}A$$

在定常流动条件下，上式右端第一项为零，所以有

$$\frac{\mathrm{d}}{\mathrm{d}t}\iiint_V \rho\,\vec{u}\mathrm{d}V = \iint_{CS_{out}} \vec{u}\,\rho\,u_n\mathrm{d}A - \iint_{CS_{in}} \vec{u}\,\rho\,u_n\mathrm{d}A$$

代入式（3-48）得到

$$\iint_{CS_{out}} \vec{u}\,\rho\,u_n\mathrm{d}A - \iint_{CS_{in}} \vec{u}\,\rho\,u_n\mathrm{d}A = \sum \vec{F} \tag{3-49}$$

因为断面上速度 u 分布不均匀，所以引入动量修正系数 β，β 定义为实际动量与按平均流速计算的动量的比值，即

$$\beta = \frac{\iint_A \rho\,u^2\mathrm{d}A}{\rho\,Av^2} = \frac{1}{A}\iint_A \left(\frac{u}{v}\right)^2\mathrm{d}A \tag{3-50}$$

与动能修正系数相类似，工业管道内的流体流动，$\beta = 1.01 \sim 1.10$，在流动计算问题中，一般近似地取 $\beta = 1$，那么

$$\iint_A \rho u^2\mathrm{d}A = \beta\rho v^2 A = \beta\rho q_V v$$

因此有

$$\beta_2 \rho q_V \vec{v}_2 - \beta_1 \rho q_V \vec{v}_1 = \sum \vec{F} \tag{3-51}$$

式（3-51）在 x、y、z 坐标系下，当 $q_{V1} = q_{V2} = q_V$ 时，其投影值可以表示为

$$\left. \begin{array}{l} \rho q_V(\beta_2 v_{2x} - \beta_1 v_{1x}) = \sum F_x \\[2mm] \rho q_V(\beta_2 v_{2y} - \beta_1 v_{1y}) = \sum F_y \\[2mm] \rho q_V(\beta_2 v_{2z} - \beta_1 v_{1z}) = \sum F_z \end{array} \right\} \tag{3-52}$$

式（3-51）和式（3-52）就是不可压缩流体定常流动的动量方程，该方程表明作用于控制体上的所有合外力等于单位时间内流出与流入控制体的动量之差。

二、动量矩方程

根据理论力学中质点系的动量矩定理，系统内流体对某点的动量矩对时间的导数应等于作用于系统的外力对同一点力矩的矢量和，即

$$\frac{\mathrm{d}}{\mathrm{d}t}\iiint\limits_{V}\rho(\vec{r}\times\vec{u})\mathrm{d}V = \sum\vec{r}_i\times\vec{F}_i \tag{3-53}$$

这里仍然用式（3-18）来求系统内任一物理量的总和对时间的全导数，系统内流体所具有的某种物理量的总和 N 为动量矩，即

$$\vec{N} = \iiint\limits_{V}\rho(\vec{r}\times\vec{u})\mathrm{d}V$$

单位质量流体的动量矩为

$$\vec{\eta} = \vec{r}\times\vec{u}$$

代入式（3-18）得

$$\frac{\mathrm{d}}{\mathrm{d}t}\iiint\limits_{V}\rho(\vec{r}\times\vec{u})\mathrm{d}V = \frac{\partial}{\partial t}\iiint\limits_{CV}\rho(\vec{r}\times\vec{u})\mathrm{d}V + \iint\limits_{CS_{out}}(\vec{r}\times\vec{u})\rho\,u_n\mathrm{d}A - \iint\limits_{CS_{in}}(\vec{r}\times\vec{u})\rho\,u_n\mathrm{d}A$$

在定常流动条件下，上式右端第一项为零，即

$$\frac{\mathrm{d}}{\mathrm{d}t}\iiint\limits_{V}\rho(\vec{r}\times\vec{u})\mathrm{d}V = \iint\limits_{CS_{out}}(\vec{r}\times\vec{u})\rho\,v_n\mathrm{d}A - \iint\limits_{CS_{in}}(\vec{r}\times\vec{u})\rho\,u_n\mathrm{d}A$$

将上式代入（3-53）得

$$\iint\limits_{CS_{out}}(\vec{r}\times\vec{u})\rho\,u_n\mathrm{d}A - \iint\limits_{CS_{in}}(\vec{r}\times\vec{u})\rho\,u_n\mathrm{d}A = \sum\vec{r}_i\times\vec{F}_i \tag{3-54}$$

或

$$\sum(\beta\rho q_V\vec{r}\times\vec{v})_{out} - \sum(\beta\rho q_V\vec{r}\times\vec{v})_{in} = \sum\vec{r}_i\times\vec{F}_i \tag{3-54a}$$

这就是定常流动条件下的流体流动的动量矩方程。

动量方程和动量矩方程都是矢量方程，所以在使用时一定要注意应该首先选择一个合适的坐标系，然后确定控制体并分析控制体内流体的受力。注意，此处的受力是指流体受到的所有的力，最后求各项的投影值并代入方程进行计算。

【例 3-5】   如图 3-24 所示，在水平面上的 45°弯管，入口直径 $D_1=600\mathrm{mm}$，出口直径 $D_2=300\mathrm{mm}$，入口压强 $p_1=1.4\times10^5\mathrm{Pa}$，流量 $q_V=0.425\mathrm{m^3/s}$，忽略阻力损失，试求水流对弯管的作用力。

解   建立如图 3-24 所示的坐标系，取管中 1—1、2—2 断面以及二者之间的管壁为控制体，设水流对弯管的作用力为 R，其 x、y 轴上的分力为 R_x、R_y，则弯管对管中水流的作用力 F 必与 R 大小相等、方向相反。分析作用在水流控制体上的外力及进出于控制体的动量变化。由流量求得

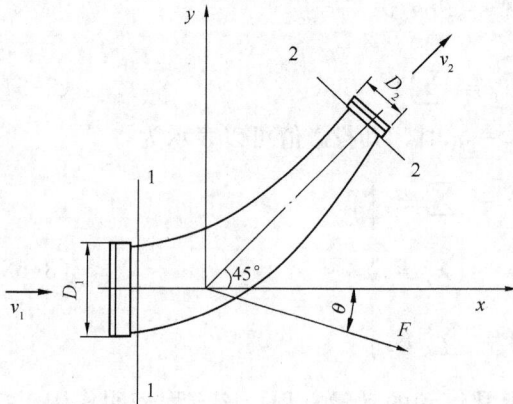

图 3-24   ［例 3-5］图

$$v_1 = \frac{4q_V}{\pi d_1^2} = \frac{4\times(0.425)}{\pi\times0.6^2} = 1.5(\mathrm{m/s})$$

$$v_2 = \frac{4q_V}{\pi d_2^2} = \frac{4\times(0.425)}{\pi\times0.3^2} = 6(\mathrm{m/s})$$

根据能量方程 $z_1 + \dfrac{p_1}{\rho g} + \dfrac{v_1^2}{2g} = z_2 + \dfrac{p_2}{\rho g} + \dfrac{v_2^2}{2g}$，将 $z_1 = z_2$ 和已知数值代入，求得 2—2 截面的压强为 $p_2 = 123\ 125\text{Pa}$。

根据 $\sum F_x = \rho q_V (v_{2x} - v_{1x})$，可得 x 方向有

$$F_x + p_1 \frac{\pi}{4} D_1^2 - p_2 \frac{\pi}{4} D_2^2 \cos 45° = \rho q_V (v_2 \cos 45° - v_1)$$

$$F_x = -32\ 247\text{N}$$

$$R_x = 32\ 247\text{N}$$

根据 $\sum F_y = \rho q_V (v_{2y} - v_{1y})$，可得 y 方向有

$$F_y - p_2 \frac{\pi}{4} D_2^2 \sin 45° = \rho q_V (v_2 \sin 45° - 0)$$

$$F_y = 7954\text{N}$$

$$R_y = -7954\text{N}$$

所以水流对弯管的作用力的大小为

$$R = \sqrt{R_x^2 + R_y^2} = 33\ 213\text{N}$$

方向是与 x 轴呈 θ 角

$$\theta = \arctan \frac{R_y}{R_x} = \arctan \frac{-7954}{32\ 247} = -13.86°$$

【例 3-6】 如图 3-25 所示，一出口直径为 d 的喷嘴，流体出口速度为 v_0，射向弯曲的对称叶片，试求叶片在下列情况下所受到的冲击力。（1）喷嘴和叶片都是固定的；（2）喷嘴固定，叶片以速度 v 向后退。

解 （1）对于喷嘴和叶片都是固定的情况：

射流的压强等于周围的大气压强，根据能量方程式，如果不计损失，各断面的流速数值应保持不变。根据动量方程式，垂直方向因叶片是对称的，故不受力，只有水平方向的力。水流受到的水平方向作用力为

$$F = \rho q_V (v_0 \cos\alpha - v_0) = \rho \frac{\pi d^2}{4} v_0^2 (\cos\alpha - 1)$$

图 3-25 ［例 3-6］图

则叶片受到的冲击力为 $\qquad R = -F = \rho \dfrac{\pi d^2}{4} v_0^2 (1 - \cos\alpha)$

（2）对于喷嘴固定，叶片以速度 v 向后退的情况：

这时用相对于叶片的流量和流速来计算

$$F' = \rho \frac{\pi d^2}{4} (v_0 - v)^2 (\cos\alpha - 1)$$

则叶片受到的冲击力为 $\qquad R' = \rho \dfrac{\pi d^2}{4} (v_0 - v)^2 (1 - \cos\alpha)$

叶片运动的输出功率为

$$P = Fv = \rho \frac{\pi d^2}{4} (v_0 - v)^2 v (1 - \cos\alpha)$$

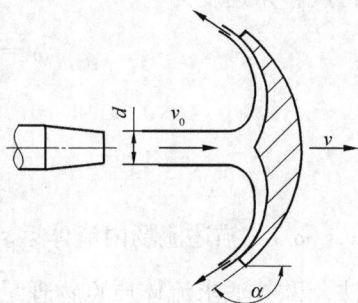

【例 3-7】 图 3-26 所示为一个在平面内的喷水器。水从中心进入，然后由转臂两端的喷嘴喷出。喷嘴与臂呈 $\alpha = 45°$ 的夹角。转臂两边相等，长度各为 $R = 200\text{mm}$，喷嘴出口直径

$d=10\text{mm}$。水从喷嘴出口出流的速度 $v=4\text{m/s}$。设水的密度为 1000kg/m^3。不计质量力和能量损失，试求：（1）保持转臂不动时所需的外力矩 M；（2）旋转时的角速度 ω。

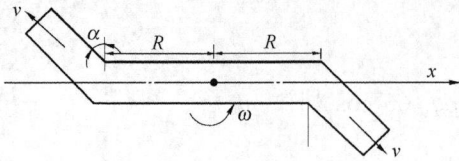

图 3-26 ［例 3-7］图

解 （1）将坐标系建立在喷水器上，原点在喷水器的中心。取喷水器管内臂和出口截面为控制面。从参考坐标上看喷水器的流动是定常的。因不计质量力和能量损失，所以合外力矩为零，即 $\vec{F}_i \times \vec{r}_i = 0$，这样定常流动的动量矩方程变为

$$\iint\limits_{CS} (\vec{r} \times \vec{u})\rho\, u_n \mathrm{d}A = 0$$

转臂不转动，则所需外力矩应为流出流体的动量矩与流入流体的动量矩之差，则

$$M = 2v\cos\alpha R\rho q_V - 0 = 2v\cos\alpha R\rho \frac{\pi}{4}d^2 v$$

$$= \frac{\pi}{2} \times 4^2 \times 0.01^2 \times 1000 \times 0.2 \times \cos 45°$$

$$= 0.355(\text{N} \cdot \text{m})$$

（2）喷水器管内流速在惯性坐标系下的绝对速度为 $v\cos\alpha - \omega R$，因合外力矩为零，则

$$2(v\cos\alpha - \omega R)R\rho q_V = 0$$

或

$$v\cos\alpha - \omega R = 0$$

得旋转角速度为

$$\omega = \frac{v\cos\alpha}{R} = \frac{4 \times \cos 45°}{0.2} = 14.141(\text{s}^{-1})$$

本 章 小 结

3-1 描述流场内流体运动的方法有拉格朗日法和欧拉法。流动研究中，一般采用欧拉法。欧拉法求流体质点物理量随时间变化率可以表示为 $\dfrac{\mathrm{d}}{\mathrm{d}t} = \dfrac{\partial}{\partial t} + \vec{u} \cdot \nabla$，即由随时间变化的当地变化率和随位置变化的迁移变化率两部分组成。

3-2 流体流动按不同类型分类，可以分为理想（或无黏性）流体流动与实际流体流动，不可压缩流体流动与可压缩流体流动，定常流动与非定常流动或稳定流动与非稳定流动，一维流动、二维流动与三维流动或称一元、二元与三元流动，缓变流动与急变流动，有旋流动与无旋流动，层流流动与紊流流动，亚声速流动与超声速流动等不同状态的流动。

3-3 迹线是同一流体质点在连续时间内的运动轨迹，流线是同一时刻流场中一系列流体质点的流动平均方向曲线。流线是一条光滑的曲线，流线不相交也不转折。定常流动中，流线与迹线重合。由流线构成的管状表面称为流管，流管内部的流体称为流束，固体边界内所有微元流束的总和称为总流，与每条流线相垂直的横截面称为过流断面。非圆管道的水力半径定义为过流断面面积 A 与湿周 χ 之比，当量直径 d_e 等于四倍的水力半径 R_h，即 $d_e = 4R_h$。

3-4 系统是一团流体质点的集合，系统所含有的流体质量不会增加，也不会减少，系统质量是守恒的。控制体只是一个"框架"，不是一个封闭的空间，控制体表面可以有流体

出入。系统所具有的某种物理量的总量对时间的全导数可以表示为

$$\frac{\mathrm{d}N}{\mathrm{d}t} = \frac{\partial}{\partial t}\iiint\limits_{CV} k\rho\,\mathrm{d}V + \iint\limits_{CS_{out}} k\rho u_n \mathrm{d}A - \iint\limits_{CS_{in}} k\rho u_n \mathrm{d}A$$

它由两部分组成，一部分相当于当地导数，等于控制体内的这种物理量的总量的时间变化率；另一部分相当于迁移导数，等于单位时间内通过静止的控制面流出和流入的这种物理量的差值。这些物理量可以是标量（如质量、能量等），也可以是矢量（动量、动量矩等）。

3-5 一维流动连续性方程为 $\rho_1 v_1 A_1 = \rho_2 v_2 A_2 = q_m$。若 $\rho = C$，则 $v_1 A_1 = v_2 A_2 = q_V$。

3-6 理想流体一元定常流动的欧拉方程为 $g\mathrm{d}z + \frac{\mathrm{d}p}{\rho} + u\mathrm{d}u = 0$，该式沿任意一根流线都成立。

3-7 微元流束的伯努利方程为 $$z_1 + \frac{p_1}{\rho g} + \frac{u_1^2}{2g} = z_2 + \frac{p_2}{\rho g} + \frac{u_2^2}{2g} + h'_w$$

不可压缩黏性流体总流的伯努利方程为

$$z_1 + \frac{p_1}{\rho g} + \frac{\alpha_1 v_1^2}{2g} = z_2 + \frac{p_2}{\rho g} + \frac{\alpha_2 v_2^2}{2g} + h_{w1-2}$$

1 和 2 分别为两个缓变流断面，一般要求一个断面包含要求的未知参数，另一断面上的所有参数都是已知的或可间接求得的，并以流动的最低点或两个断面中位置低的断面为基准面。

3-8 伯努利方程的物理意义和几何意义：z、$p/\rho g$ 和 $v^2/2g$ 分别表示了单位重力作用下的流体的位置势能、压力势能和动能，三项之和为总机械能，其物理意义是理想流体流动过程中总能量是守恒的，但是位置势能、压力势能和动能是可以相互转换的；实际流体的流动将有能量损失，z、$p/\rho g$ 和 $v^2/2g$ 还可以分别称为单位重力作用下的流体的位置水头、压力水头和速度水头，三项之和称为总水头，其几何意义是理想流体流动过程中各点的位置水头，压力水头和速度水头之和为常数，即总水头线为一平行于基准线的水平线，实际流体流动的总水头线是下降的。

3-9 弯曲流动中，速度随距曲率中心的距离的减小而增大，$u = \frac{C}{r}$，压强随距曲率中心的距离的增大而增加，$p = C_1 - \rho\frac{C^2}{2r^2}$。

3-10 恒定气流流动的能量方程为

$$p_{g1} + (\rho_a - \rho)g(z_2 - z_1) + \frac{\alpha_1\rho v_1^2}{2} = p_{g2} + \frac{\alpha_2\rho v_2^2}{2} + p_{w1-2}$$

3-11 定常流动的动量方程为

$$\iint\limits_{CS_{out}} \vec{u}\rho u_n \mathrm{d}A - \iint\limits_{CS_{in}} \vec{u}\rho u_n \mathrm{d}A = \Sigma\vec{F}$$

或

$$\left.\begin{array}{l} \rho q_V(\beta_2 v_{2x} - \beta_1 v_{1x}) = \Sigma F_x \\ \rho q_V(\beta_2 v_{2y} - \beta_1 v_{1y}) = \Sigma F_y \\ \rho q_V(\beta_2 v_{2z} - \beta_1 v_{1z}) = \Sigma F_z \end{array}\right\}$$

3-12 定常流动条件下的动量矩方程为

$$\iint_{CS_{out}} (\vec{r} \times \vec{u})\rho u_n dA - \iint_{CS_{in}} (\vec{r} \times \vec{u})\rho u_n dA = \sum \vec{r_i} \times \vec{F_i}$$

思 考 题

3-1　描述流体流动的方法有哪几种？它们的本质区别是什么？

3-2　什么是流线？什么是迹线？它们之间的区别是什么？什么时候流线与迹线重合？

3-3　流场可分为哪些类型？各有什么特点？

3-4　系统和控制体的概念及二者的区别和联系？

3-5　如何根据连续性方程判断流体流动是否存在？

3-6　伯努利方程式的物理意义是什么？

3-7　黏性流体总流的伯努利方程式有哪些适用条件？

3-8　文丘里管、皮托管的工作原理是什么？

3-9　沿流线主法线方向压强和速度是怎样变化的？

习 题

3-1　已知流场的速度分布为

$$\vec{u} = (4x^3 + 2y + xy)\vec{i} + (3x - y^3 + z)\vec{j}$$

(1) 求（2，2，3）点的加速度是多少？

(2) 是几维流动？

(3) 是稳定流动还是非稳定流动？

3-2　已知流场的速度分布为

$$\vec{u} = x^2 y\vec{i} - 3y\vec{j} + 2z^2\vec{k}$$

(1) 求（3，1，2）点的加速度是多少？

(2) 是几维流动？

3-3　已知平面流动的速度分布规律为

$$\vec{u} = -\frac{\Gamma}{2\pi}\frac{y}{x^2 + y^2}\vec{i} + \frac{\Gamma}{2\pi}\frac{x}{x^2 + y^2}\vec{j}$$

其中，Γ 为常数。求流线方程并画出若干条流线。

3-4　截面为 300mm×400mm 的矩形风道，风量为 2700m³/h，求平均流速。若风道出口截面收缩为 150mm×400mm，求该截面的平均流速。

3-5　渐缩喷嘴进口直径为 50mm，出口直径为 10mm。若进口流速为 3m/s，求喷嘴出口流速为多少？

3-6　一长为 5cm 的锥形喷嘴，其两端内径分别为 8cm 和 2cm，流量为 0.01m³/s，流体无黏性且不可压缩，试导出沿喷嘴轴向的速度表达式。

3-7　异径分流三通管如图 3-27 所示，直径 $d_1 = 200$mm，$d_2 = 150$mm。若三通管中各段水流的平均流速均为 3m/s，试确定总流量 q_v 及直径 d。

3-8　水流过一段转弯变径管，如图 3-28 所示，已知小管径 $d_1 = 200$mm，截面压强 p_1

＝70kPa，大管直径 d_2＝400mm，压强 p_2＝40kPa，流速 v_2＝1m/s，两截面中心高度差 z＝1m，求管中流量及水流方向。

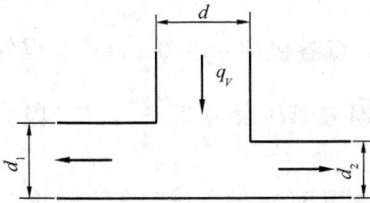

图 3-27　习题 3-7 图

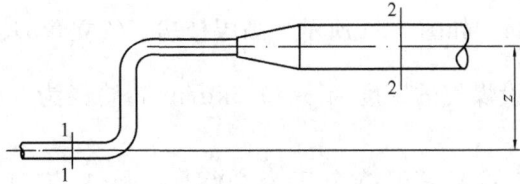

图 3-28　习题 3-8 图

3-9　如图 3-29 所示，一直立圆管直径 d_1＝10mm，一端装有出口直径 d_2＝5mm 的喷嘴，喷嘴中心距离圆管 1—1 截面高度 H＝3.6m。从喷嘴中排入大气的水流速度 v_2＝18m/s，不计流动损失，试计算 1—1 处所需相对压强。

3-10　如图 3-30 所示，水沿管线下流，若压力表的读数相同，求需要的小管径 d，不计损失。

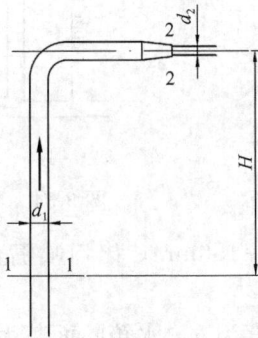

图 3-29　习题 3-9 图

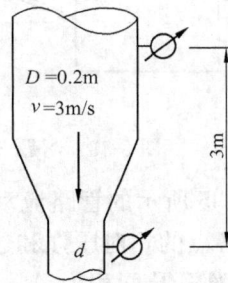

图 3-30　习题 3-10 图

3-11　如图 3-31 所示，轴流风机的直径为 d＝2m，水银柱测压计的读数为 ΔH＝20mm，空气的密度为 1.25kg/m³，试求气流的流速和流量，不计损失。

3-12　如图 3-32 所示，大气压强为 97kPa，为了保证不出现气化，收缩段的直径应不小于多少？（水温为 40℃，不考虑损失）

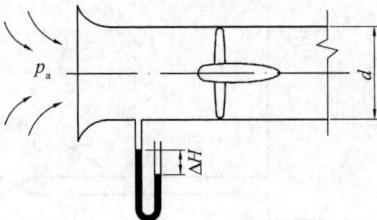

图 3-31　习题 3-11 图

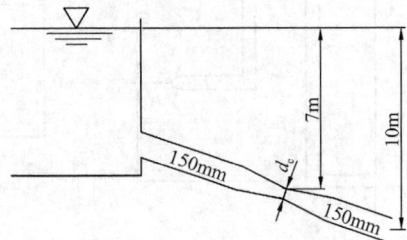

图 3-32　习题 3-12 图

3-13　气体由压强为 12mmH$_2$O 的静压箱，经过直径为 10cm，长度为 100m 的管流出大气中，高差为 40m，如图 3-33 所示，压力损失为 $9\dfrac{\rho v^2}{2}$。当（1）气体为与大气温度相同的空气时；（2）气体为 $\rho=0.8\text{kg/m}^3$ 的煤气时，分别求管中流速、流量及管长一半 B 点的压强。

3-14　如图 3-34 所示，高层楼房煤气立管 B、C 两个供气点各供应 $q_V=0.02\text{m}^3/\text{s}$ 煤气量。假设煤气的密度为 $\rho=0.6\text{kg/m}^3$；管径为 50mm，压力损失 AB 段为 $3\dfrac{\rho v_1^2}{2}$，BC 段为 $4\dfrac{\rho v_2^2}{2}$，C 点要求保持余压为 300Pa，求 A 点 U 形管中酒精液面高差。（酒精的密度为 0.806kg/m^3，空气密度为 1.2kg/m^3）

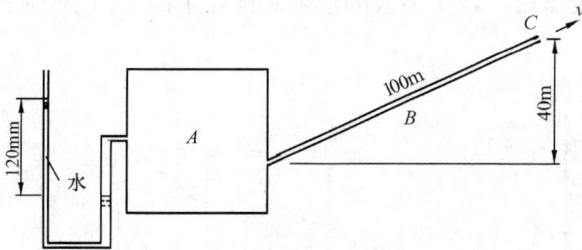

图 3-33　习题 3-13 图

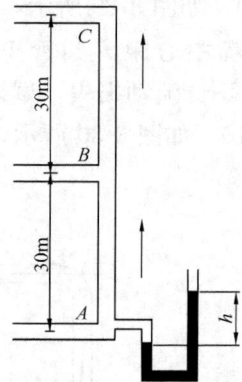

图 3-34　习题 3-14 图

3-15　如图 3-35 所示的管路流动系统中，管径 $d=150\text{mm}$，出口喷嘴直径 $d_1=50\text{mm}$。求 A、B、C、D 各点的相对压强和通过管道的流量。

3-16　水箱下部开孔面积为 A_0，箱中恒定水位高度为 h，水箱断面甚大，其中流速可以忽略，如图 3-36 所示，求由孔口流出的水流断面与其位置 x 的关系。

3-17　如图 3-37 所示，闸门关闭时，压力表的读数为 49kPa；闸门打开后，压力表的读数为 0.98kPa。若由管进口到闸门的水头损失为 1m，求管中的平均流速。

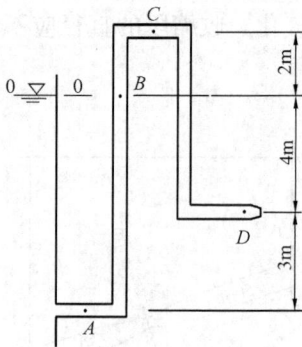

图 3-35　习题 3-15 图

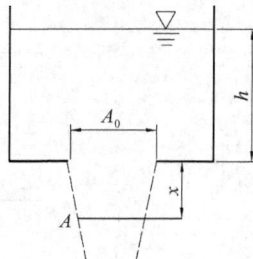

图 3-36　习题 3-16 图

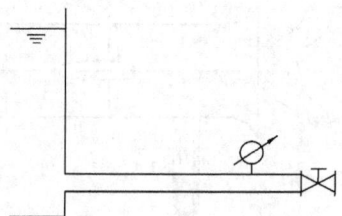

图 3-37　习题 3-17 图

3-18　喷嘴进口的相对压强为 19.6kPa，流速 $v_1=2.4\text{m/s}$，喷嘴长度 $l=0.4\text{m}$，出口直

径 $d_2=50\text{mm}$，如图 3-38 所示，不计损失，求喷嘴出口水的流速 v_2、喷嘴进口直径 d_1 及喷嘴下方 $H=0.6\text{m}$ 处水流的直径 d_3。

3-19 有一水箱，水由水平管道中流出，如图 3-39 所示。管道直径 $D=50\text{mm}$，管道上收缩处差压计中 $h=1\text{mH}_2\text{O}$，$\Delta h=300\text{mmHg}$，$d=25\text{mm}$。阻力损失不计，试求水箱中水面的高度 H。

3-20 救火水龙头带终端有收缩形喷嘴，如图 3-40 所示。已知喷嘴进口处的直径 $d_1=75\text{mm}$，长度 $l=600\text{mm}$，喷水量为 $q_V=10\text{L/s}$，喷射高度为 $H=15\text{m}$，若喷嘴的阻力损失 $h_\text{w}=0.5\text{mH}_2\text{O}$，空气阻力不计，求喷嘴进口的相对压强和出口处的直径 d_2。

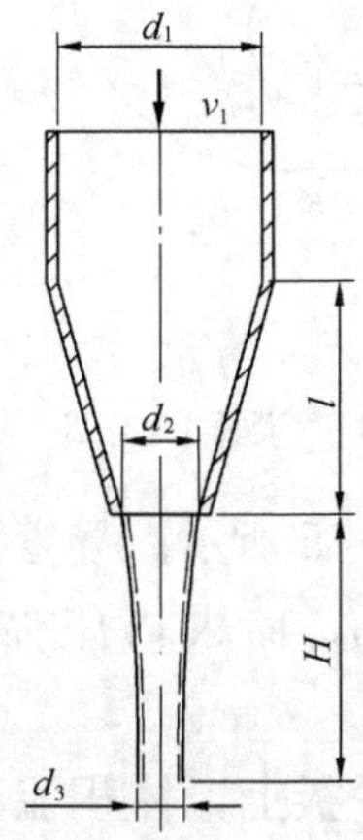

图 3-38 习题 3-18 图 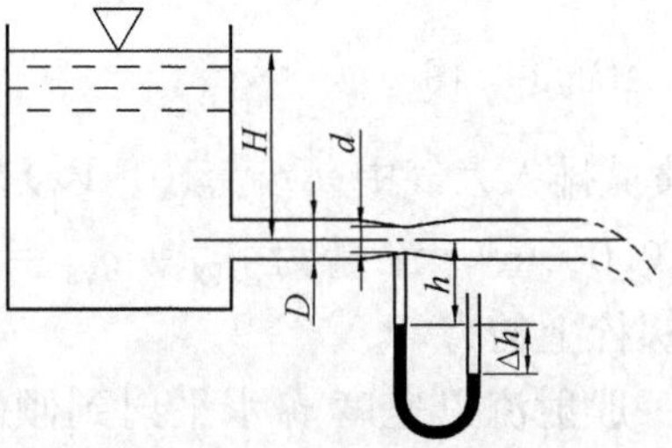   图 3-39 习题 3-19 图 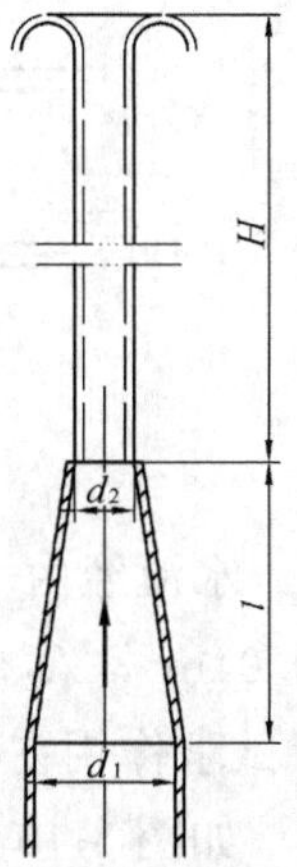   图 3-40 习题 3-20 图

3-21 如图 3-41 所示，离心式水泵借一内径 $d=150\text{mm}$ 的吸水管以 $q_V=60\text{m}^3/\text{h}$ 的流量从一敞口水槽中吸水，并将水送至压力水箱。设装在水泵与水管接头上的真空计指示出负压值为 39997Pa。水力损失不计，试求水泵的吸水高度 H_s。

3-22 高压管末端的喷嘴如图 3-42 所示，出口直径 $d=100\text{mm}$，管端直径 $D=400\text{mm}$，流量 $q_V=0.4\text{m}^3/\text{s}$，喷嘴和管以法兰盘连接，共用 12 个螺栓，不计水和管嘴的重量，求每个螺栓受力为多少？

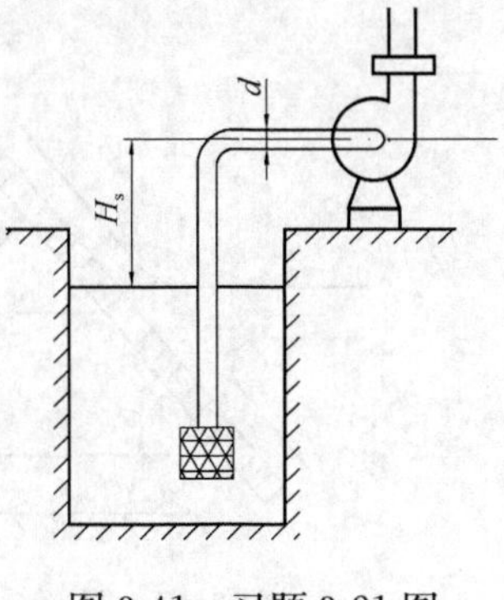

图 3-41 习题 3-21 图 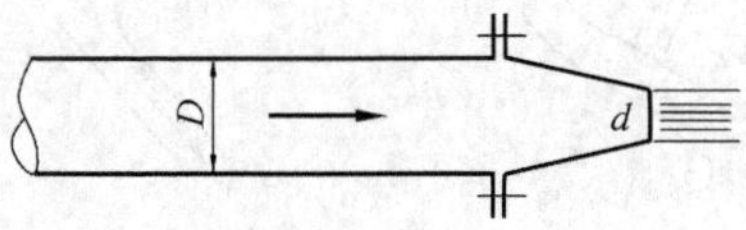   图 3-42 习题 3-22 图

3-23 如图 3-43 所示，导叶将入射水束做 $180°$ 的转弯，若最大的支撑力是 F_0，试求最高水速。

3-24　如图 3-44 所示，水流稳定地通过一收缩弯管，已知 $p_{g1}=300$kPa，$d_1=300$mm，$v_1=2$m/s，$d_2=100$mm，试求螺栓所需承受的力。（不计水和弯管的重量）

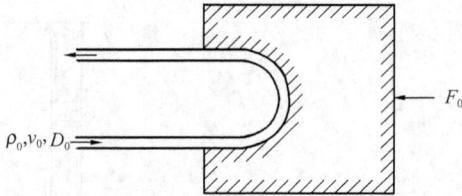

图 3-43　习题 3-23 图　　　　　　图 3-44　习题 3-24 图

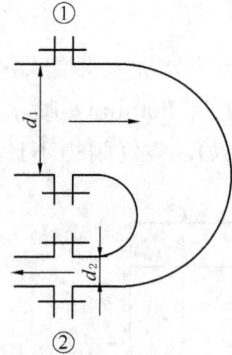

3-25　水流经由一分叉喷嘴排入大气中（$p_a=101$kPa），如图 3-45 所示。导管面积分别为 $A_1=0.01$m²，$A_2=A_3=0.005$m²，流量为 $q_{V2}=q_{V3}=150$m³/h，而入口压强为 $p_{g1}=140$kPa，试求作用在截面①螺栓上的力。

3-26　如图 3-46 所示，一股射流以速度 v_0 水平射到倾斜光滑平板上，体积流量为 q_{V0}。求沿板面向两侧的分流流量 q_{V1} 与 q_{V2} 的表达式，以及流体对板面的作用力。（忽略流体撞击损失和重力影响）

3-27　如图 3-47 所示，平板向着射流以等速 v 运动，导出平板运动所需功率的表达式。

3-28　如图 3-48 所示的水射流，截面积为 A，以不变的流速 v_0，水平切向冲击着以等速度 v 在水平方向做直线运动的叶片。叶片的转角为 α。忽略质量力和能量损失，求运动的叶片受到水射流的作用力和功率。

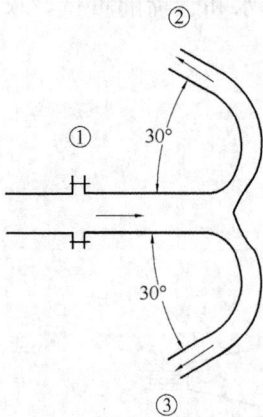

图 3-45　习题 3-25 图　　　图 3-46　习题 3-26 图　　　图 3-47　习题 3-27 图

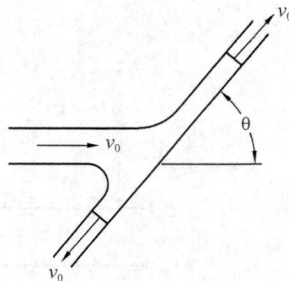

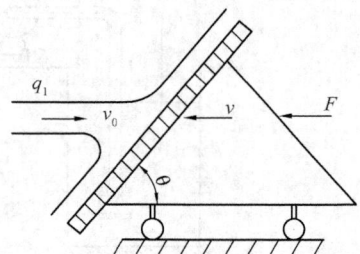

3-29　如图 3-49 所示，水由水箱 1 经圆滑无阻力的孔口水平射出冲击到一平板上，平板封盖着另一水箱 2 的孔口，水箱 1 中水位高为 h_1，水箱 2 中水位高为 h_2，两孔口中心重

合，而且 $d_1 = \dfrac{1}{2} d_2$，当 h_1 为已知时，求 h_2 高度。

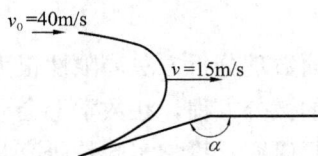

图 3-48　习题 3-28 图

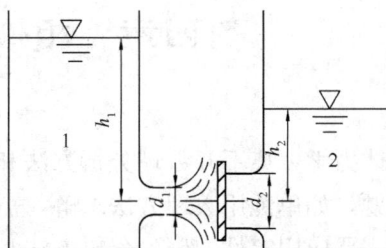

图 3-49　习题 3-29 图

3-30　如图 3-50 所示的平面放置的喷水器，水从转动中心进入，经转臂两端的喷嘴喷出。喷嘴截面 $A_1 = A_2 = 0.06\text{cm}^2$。喷嘴 1 和 2 到转动中心的臂长分别为 $R_1 = 200\text{mm}$ 和 $R_2 = 300\text{mm}$。喷嘴的流量 $q_{V1} = q_{V2} = 6 \times 10^{-4}\,\text{m}^3/\text{s}$。不计摩擦阻力、流动能量损失和质量力。求喷水器的转速 n。

3-31　旋转式喷水器由三个均布在水平平面上的旋转喷嘴组成，如图 3-51 所示，总供水量为 q_V，喷嘴出口截面积为 A，旋臂长为 R，喷嘴出口速度方向与旋臂的夹角为 α。不计摩擦阻力，试求：（1）旋臂的旋转角速度 ω；（2）如果使已经有 ω 角速度的旋臂停止，需要施加多大的外力矩。

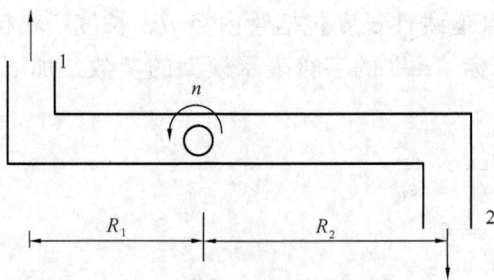

图 3-50　习题 3-30 图

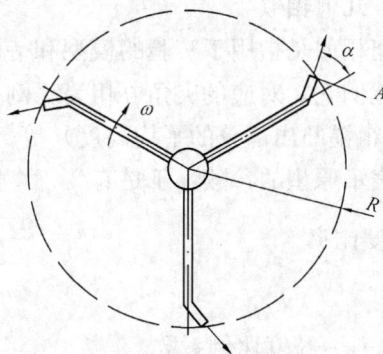

图 3-51　习题 3-31 图

第四章　相似原理及量纲分析

研究流体力学，离不开数理分析方法和实验方法，而数理分析方法局限性很大，许多复杂的工程问题，如单纯用数理方法求解，需要建立复杂的微分方程，在数学上会遇到很多困难。因此，需要应用定性的理论分析方法和实验方法进行研究。科学实验是研究和解决流体力学问题的有效手段。流体力学实验是以相似原理和量纲分析理论为基础的，为科学地组织实验，设计实验模型，选择实验方法，整理实验结果等提供理论指导。

第一节　力学相似性原理

如果两个同一类的物理现象，在对应的时空点，各标量物理量的大小成比例，各向量物理量除大小成比例外，且方向相同，则称两个现象是相似的。要保证两个流动问题的力学相似，必须是两个流动几何相似、运动相似、动力相似，以及两个流动的边界条件和起始条件相似。

一、几何相似

几何相似是指用于实验的模型和待研究的实物（一般称为原型）全部对应的线性长度成同一个比例 k_l、对应的夹角 β 相等。例如，管道线性长度包括管内径 d、长度 l 和粗糙度 ε（壁面上粗糙凸出部分的平均高度）等。加下标"m"的字符表示模型的参数，加下标"p"的字符表示原型的参数，于是有

长度比率
$$k_l = \frac{d_\mathrm{m}}{d_\mathrm{p}} = \frac{\varepsilon_\mathrm{m}}{\varepsilon_\mathrm{p}} \tag{4-1}$$

$$\beta_\mathrm{m} = \beta_\mathrm{p} \tag{4-2}$$

式中　k_l——长度比例系数。

由于几何相似，模型与原型的对应面积、对应体积也分别成一定比例，即

面积比率
$$k_A = \frac{A_\mathrm{m}}{A_\mathrm{p}} = \frac{l_\mathrm{m}^2}{l_\mathrm{p}^2} = k_l^2 \tag{4-3}$$

体积比率
$$k_V = \frac{V_\mathrm{m}}{V_\mathrm{p}} = \frac{l_\mathrm{m}^3}{l_\mathrm{p}^3} = k_l^3 \tag{4-4}$$

几何相似是力学相似的基础和前提。

二、运动相似

两流动运动相似，要求在模型及原型流场的对应点上，对应时刻的流速方向相同而大小成比例，有同一比例常数。

速度比率
$$k_v = \frac{v_\mathrm{m}}{v_\mathrm{p}} \tag{4-5}$$

时间比率
$$k_t = \frac{t_\mathrm{m}}{t_\mathrm{p}} = \frac{l_\mathrm{m}/v_\mathrm{m}}{l_\mathrm{p}/v_\mathrm{p}} = \frac{k_l}{k_v} \tag{4-6}$$

加速度比率 $\qquad k_a = \dfrac{a_\mathrm{m}}{a_\mathrm{p}} = \dfrac{v_\mathrm{m}/t_\mathrm{m}}{v_\mathrm{p}/t_\mathrm{p}} = \dfrac{k_v}{k_t} = \dfrac{k_v^2}{k_l}$ (4-7)

体积流量比率 $\qquad k_{q_V} = \dfrac{q_{V\mathrm{m}}}{q_{V\mathrm{p}}} = \dfrac{l_\mathrm{m}^3/t_\mathrm{m}}{l_\mathrm{p}^3/t_\mathrm{p}} = \dfrac{k_l^3}{k_t} = k_l^2 k_v$ (4-8)

只要确定了模型与原型的长度比率和速度比率，便可由它们确定运动学量的比率，运动相似是力学相似的目的。

三、动力相似

动力相似是指在模型及原型流场所有对应点上，作用在流体质点的各种力彼此方向相同，大小成比例，具有同一比例常数。

$$k_F = \frac{F_{p\mathrm{m}}}{F_{p\mathrm{p}}} = \frac{F_{\tau\mathrm{m}}}{F_{\tau\mathrm{p}}} = \frac{F_{g\mathrm{m}}}{F_{g\mathrm{p}}} = \frac{F_{i\mathrm{m}}}{F_{i\mathrm{p}}}$$ (4-9)

式中　F_p——总压力；

$\quad\quad F_\tau$——切向力；

$\quad\quad F_g$——重力；

$\quad\quad F_i$——惯性力；

$\quad\quad k_F$——力的比例尺。

由牛顿第二定律 $\vec{F} = m\vec{a}$，有

密度比率 $\qquad k_\rho = \dfrac{\rho_\mathrm{m}}{\rho_\mathrm{p}} = \dfrac{F_{i\mathrm{m}}/a_\mathrm{m}V_\mathrm{m}}{F_{i\mathrm{p}}/a_\mathrm{p}V_\mathrm{p}} = \dfrac{k_F}{k_a k_V} = \dfrac{k_F}{k_l^2 k_v^2}$ (4-10)

力的比率 $\qquad\qquad k_F = k_\rho k_l^2 k_v^2$ (4-11)

可见，只要确定了模型与原型的长度比率、速度比率和密度比率，便可由它们确定动力学的比率。动力相似是力学相似的保证。此外，还应注意初始条件和边界条件的相似。

第二节　力　学　相　似　准　则

要实现模型和原型的流动相似，首先必须满足几何相似条件，因几何相似是力学相似的基础；其次，应实现动力相似，即同种性质的力之间应满足一定的约束关系。这种约束关系即为相似准则。根据相似定理，彼此相似的流动现象，必定具有数值相同的相似准则，因此可用相似准则来判别两流动是否相似。而相似准则即为动力相似的条件下，各种力的比例常数之间的约束关系。

作用在流场上的力性质不同，如重力 F_g、黏性力 F_η、总压力 F_p、表面张力 F_σ、弹性力 F_K、惯性力 F_i 等。根据牛顿第二定律，模型与原型流场中的流体微团中的所有力有 $\vec{F} = \vec{F_i} = m\vec{a}$，另外，要保证模型和原型的流场动力相似，根据动力相似条件，同种性质的力成比例，有

$$\frac{F_{g\mathrm{m}}}{F_{g\mathrm{p}}} = \frac{F_{p\mathrm{m}}}{F_{p\mathrm{p}}} = \frac{F_{\eta\mathrm{m}}}{F_{\eta\mathrm{p}}} = \frac{F_{\sigma\mathrm{m}}}{F_{\sigma\mathrm{p}}} = \frac{F_{K\mathrm{m}}}{F_{K\mathrm{p}}} = \frac{F_{i\mathrm{m}}}{F_{i\mathrm{p}}}$$ (4-12)

由式（4-12）可以看出，惯性力与运动相似直接相关，故可把重力、压力、黏性力、弹性力和表面张力分别写成与惯性力有关的关系式，得出不同的相似准则。另外，在动力相似中，上述各种力可以表示如下：

重力 $\quad F_g = mg = \rho l^3 g$

压力 $\quad F_p = (\Delta p)A = (\Delta p)l^2$

黏性力 $\quad F_\eta = \eta \dfrac{\partial v}{\partial l}A = \eta \dfrac{\partial v}{\partial l}l^2 = \eta v l$

表面张力 $\quad F_\sigma = \sigma l$

弹性力 $\quad F_K = KA = kl^2$

惯性力 $\quad F_i = m\dfrac{\partial v}{\partial t} = \rho l^3 \dfrac{l}{T^2} = \rho l^4 T^{-2} = \rho v^2 l^2$

迁移惯性力 $\quad F_{is} = mv\dfrac{\partial v}{\partial s} = \rho l^3 v^2 \dfrac{1}{l} = \rho v^2 l^2$

一、重力相似准则

由重力和惯性力的关系，得到

$$\left(\frac{F_i}{F_g}\right)_m = \left(\frac{F_i}{F_g}\right)_p$$

$$\left(\frac{\rho v^2 l^2}{\rho l^3 g}\right)_m = \left(\frac{\rho v^2 l^2}{\rho l^3 g}\right)_p$$

$$\left(\frac{v}{\sqrt{gl}}\right)_m^2 = \left(\frac{v}{\sqrt{gl}}\right)_p^2 \tag{4-13}$$

$$Fr_m^2 = Fr_p^2$$

其中，$Fr = v/\sqrt{gl}$，称为弗劳德（Froude）数，是惯性力与重力的比值，即两流体在重力作用下相似时，它们的弗劳德数必然相等；反之亦然。这便是重力相似准则。

二、压力相似准则

由总压力和惯性力的关系，得到

$$\left(\frac{F_p}{F_i}\right)_m = \left(\frac{F_p}{F_i}\right)_p$$

$$\left(\frac{\Delta p l^2}{\rho v^2 l^2}\right)_m = \left(\frac{\Delta p l^2}{\rho v^2 l^2}\right)_p \tag{4-14}$$

$$\left(\frac{\Delta p}{\rho v^2}\right)_m = \left(\frac{\Delta p}{\rho v^2}\right)_p$$

$$Eu_m = Eu_p$$

其中，$Eu = \Delta p/\rho v^2$，称为欧拉（Euler）数，是总压力与惯性力的比值，即两流体在压力作用下相似时，它们的欧拉数必然相等，反之亦然。这便是压力相似准则。

三、黏性力相似准则

由黏性力和惯性力的关系，得到

$$\left(\frac{F_i}{F_\tau}\right)_m = \left(\frac{F_i}{F_\tau}\right)_p$$

$$\left(\frac{\rho v^2 l^2}{\mu v l}\right)_m = \left(\frac{\rho v^2 l^2}{\mu v l}\right)_p \tag{4-15}$$

$$\left(\frac{\rho v l}{\mu}\right)_m = \left(\frac{\rho v l}{\mu}\right)_p$$

$$Re_m = Re_p$$

其中，$Re = \rho v l / \mu$，称为雷诺（Reynolds）数，是惯性力与黏性力的比值，即两流体在黏性力作用下相似时，它们的雷诺数必然相等，反之亦然。这便是黏性力相似准则。

四、弹性力相似准则

由黏性力和惯性力的关系，得到

$$
\begin{aligned}
\left(\frac{F_i}{F_K}\right)_m &= \left(\frac{F_i}{F_K}\right)_p \\[4pt]
\left(\frac{\rho v^2 l^2}{K l^2}\right)_m &= \left(\frac{\rho v^2 l^2}{K l^2}\right)_p \\[4pt]
\left(\frac{\rho v^2}{K}\right)_m &= \left(\frac{\rho v^2}{K}\right)_p \\[4pt]
Ca_m &= Ca_p
\end{aligned}
\tag{4-16}
$$

其中，$Ca = \rho v^2 / K$，称为柯西（Cauchy）数，是惯性力与弹性力比值，即两流体在弹性力作用下相似时，它们的柯西数相等，反之亦然。这便是弹性力相似准则，又称柯西准则。

对于气体，宜将柯西数转换为马赫（Mach）数，由于 $K/\rho = c^2$（c 为声速），故由式（4-16）可得

$$
\begin{aligned}
\left(\frac{v}{c}\right)_m &= \left(\frac{v}{c}\right)_p \\[4pt]
Ma_m &= Ma_p
\end{aligned}
\tag{4-17}
$$

其中，$Ma = v/c$，称为马赫数，它仍是惯性力与弹性力的比值，即两流体在弹性力作用下相似时，它们的马赫数必然相等，反之亦然。这还是弹性力相似准则，又称马赫准则。

五、表面张力相似准则

由表面张力和惯性力的关系，得到

$$
\begin{aligned}
\left(\frac{F_i}{F_\sigma}\right)_m &= \left(\frac{F_i}{F_\sigma}\right)_p \\[4pt]
\left(\frac{\rho v^2 l^2}{\sigma l}\right)_m &= \left(\frac{\rho v^2 l^2}{\sigma l}\right)_p \\[4pt]
\left(\frac{v^2 \rho l}{\sigma}\right)_m &= \left(\frac{v^2 \rho l}{\sigma}\right)_p \\[4pt]
We_m &= We_p
\end{aligned}
\tag{4-18}
$$

其中，$We = v^2 \rho l / \sigma$，称为韦伯（Weber）数，是惯性力与表面张力的比值，即两流体受到表面张力的作用下相似时，它们的韦伯数必然相等，反之亦然。这便是表面张力相似准则。

六、非定常性相似准则

由当地惯性力与迁移惯性力的关系，得到

$$
\begin{aligned}
\left(\frac{F_i}{F_{is}}\right)_m &= \left(\frac{F_i}{F_{is}}\right)_p \\[4pt]
\left(\frac{m \frac{\partial v}{\partial t}}{mv \frac{\partial v}{\partial s}}\right)_m &= \left(\frac{m \frac{\partial v}{\partial t}}{mv \frac{\partial v}{\partial s}}\right)_p
\end{aligned}
$$

$$\left(\frac{l}{vt}\right)_{\mathrm{m}} = \left(\frac{l}{vt}\right)_{\mathrm{p}}$$

取时间的倒数 $f = 1/t$ 代入上式，这里 f 称为振动频率，上式变为

$$\left(\frac{fl}{v}\right)_{\mathrm{m}} = \left(\frac{fl}{v}\right)_{\mathrm{p}} \tag{4-19}$$

$$Sr_{\mathrm{m}} = Sr_{\mathrm{p}}$$

其中，$Sr = fl/v$，称为斯特劳哈尔（Strouhal）数，也称谐时数。它是当地惯性力与迁移惯性力的比值。两非定常流动相似，它们的斯特劳哈尔数必定相等，反之亦然。这便是非定常性相似准则。

第三节　近 似 模 型 试 验

在不可压缩流体中，两流动相似，要求模型和原型流动的欧拉数、雷诺数和弗劳德数分别相等，其中欧拉数可以由弗劳德数和雷诺数确定，所以只要弗劳德数和雷诺数相等，就能达到动力相似。

但是，雷诺数和弗劳德数中都出现了定性长度和定性速度，在重力场中要使模型与原型流场的弗劳德数相等，必须有 $k_v = k_l^{1/2}$；如果模型与原型中的流体相同，则要使雷诺数相等，必须有 $k_v = 1/k_l$。这种流速比率与长度比率既是倒数关系，又是平方根关系的要求，显然是不可能的，除非 $k_l = 1$，即模型不能缩小，这样又失去了模型试验的意义。

由此可见，定性准则数越多，模型试验的设计越困难，有时甚至根本无法进行。为此，在实际模型试验中，可以根据流动特点，采用抓住主要矛盾的近似模型试验的方法。

例如，在水利工程、明渠无压流动、波浪对船体的作用、水流对码头和桥墩的作用、喷口射流等流动中，重力是处于主要地位的力，黏性力作用不显著，甚至不起作用，这样，就可以忽略雷诺准则，只考虑弗劳德准则，即保证弗劳德数相等；再如在有压的黏性管流及其他有压的内部流动（流体机械、液压机械内的流动等）、速度低不考虑空气压缩的飞机飞行，以及表面没有产生压力波的低速潜艇的行驶等流动中，对流动起主导作用的是黏性力，所以一般只考虑雷诺准则。

此外，在第五章中将要讨论到有压黏性管流中的一种特殊现象，即当雷诺数大到一定数值时，继续提高雷诺数，管内流体的紊乱程度及速度剖面几乎不再变化，流动进入阻力平方区，阻力和惯性力均与流速平方成正比，这种现象称为自动模化。因此，当模型流动与原型流动处在自动模化区时，雷诺准则将失去判别相似的作用，此时，模型流动雷诺数不一定必须等于原型流动的雷诺数。模型和原型的换算可以在选定基本比率后，按力学相似的有关比率进行。

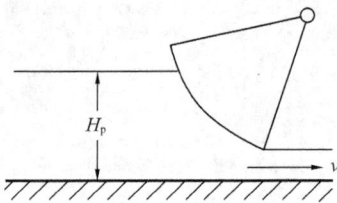

【例 4-1】　如图 4-1 所示，深为 $H_{\mathrm{p}} = 4\mathrm{m}$ 的水在弧形闸门下的流动。试求：

（1）当 $k_p = 1$，$k_l = 1/10$ 的模型上的水深 H_{m}；

（2）当在模型上测得流量 $q_{V\mathrm{m}} = 0.155\ \mathrm{m^3/s}$，收缩断面的速度 $v_{\mathrm{m}} = 1.3\mathrm{m/s}$，作用在闸门上的力 $F_{\mathrm{m}} = 50\mathrm{N}$，力矩 $M_{\mathrm{m}} = 75\mathrm{N \cdot m}$，原型流动上的流量，收缩断面上的速度、

图 4-1　弧形阀门

作用在闸门上的力和力矩。

解　闸门下的水流是在重力作用下的流动，因而模型应该是按重力相似准则设计，即

$$k_v = \sqrt{k_l}$$

（1）模型水深

$$H_{\mathrm{m}} = H_{\mathrm{p}}k_l = \frac{4}{10} = 0.4 \ (\mathrm{m})$$

（2）原型上的流量

$$q_{V\mathrm{p}} = q_{V\mathrm{m}}/k_{q_V} = q_{V\mathrm{m}}/(k_l^2 k_v) = q_{V\mathrm{m}}/k_l^{5/2} = 10^{5/2} \times 0.155 = 49 \ (\mathrm{m}^3/\mathrm{s})$$

原型上的速度

$$v_{\mathrm{p}} = v_{\mathrm{m}}/k_v = v_{\mathrm{m}}/k_l^{1/2} = 10^{1/2} \times 1.3 = 4.11 \ (\mathrm{m/s})$$

原型上的力

$$F_{\mathrm{p}} = F_{\mathrm{m}}/k_F = F_{\mathrm{m}}/(k\rho k_l^3) = 1 \times 10^3 \times 50 = 5 \times 10^4 \ (\mathrm{N})$$

原型上的力矩

$$M_{\mathrm{p}} = M_{\mathrm{m}}/k_M = M_{\mathrm{m}}/(k\rho k_l^4) = 1 \times 10^4 \times 75 = 7.5 \times 10^5 \ (\mathrm{N \cdot m})$$

【例 4-2】　为了探索用输油管道上的一段弯管的压力降去计量油的流量，进行了水模拟试验。选取的长度比例尺 $k_l = 1/5$。已知输油管内径为 $d_{\mathrm{p}} = 100\mathrm{mm}$，油的流量 $q_{V\mathrm{p}} = 0.02$ m^3/s，运动黏度 $\nu_{\mathrm{p}} = 0.625 \times 10^{-6} \mathrm{m}^2/\mathrm{s}$，密度 $\rho_{\mathrm{p}} = 720\mathrm{kg/m}^3$，水的运动黏度 $\nu_{\mathrm{m}} = 1.0 \times 10^{-6}$ m^2/s，密度 $\rho_{\mathrm{m}} = 998\mathrm{kg/m}^3$。（1）为了保证流动相似，试求水的流量；（2）如果测得在该流量下模型弯管的压力降 $\Delta p_{\mathrm{m}} = 1.177 \times 10^4 \mathrm{Pa}$，试求原型弯管在对应流量下的压力降。

解　这是黏性有压管道内的流动，使用雷诺准则，即要使流动相似必须保证雷诺数相等。

$$Re_{\mathrm{p}} = \left(\frac{vd}{\nu}\right)_{\mathrm{p}} = \left(\frac{vd}{\nu}\right)_{\mathrm{m}} = Re_{\mathrm{m}}$$

所以有

$$k_v = \frac{k_\nu}{k_l} = \left(\frac{1.0 \times 10^{-6}}{0.625 \times 10^{-6}}\right)\Big/\left(\frac{1}{5}\right) = 8$$

由式（4-8）可得

$$k_{q_V} = k_l^2 k_v = \frac{1}{5^2} \times 8 = 0.32$$

$$q_{V\mathrm{m}} = q_{V\mathrm{p}}k_{q_V} = 0.02 \times 0.32 = 0.0064 (\mathrm{m}^3/\mathrm{s})$$

根据欧拉数相等，由式（4-14）可得

$$\Delta p_{\mathrm{p}} = \frac{\rho_{\mathrm{p}}}{\rho_{\mathrm{m}}} \frac{v_{\mathrm{p}}^2}{v_{\mathrm{m}}^2} \Delta p_{\mathrm{m}} = \frac{720}{998} \times \left(\frac{1}{8}\right)^2 \times 1.117 \times 10^4 = 125.9 (\mathrm{Pa})$$

第四节　量　纲　分　析

量纲分析是与相似理论密切相关的另一种通过实验去探索流动规律的重要方法，特别是对那些很难从理论上进行分析的流动问题，更能显出其优越性。量纲分析常用的有瑞利法（Rayleigh method）和泊金汉 π 定理（Buckingham pi theorem），它们都是通过对流动中有关物理量的量纲进行分析，使各量函数关系中的自变量减为最少，以使实验大大简化。

一、单位和量纲

在工程中大多数物理量是有单位的，物理量单位的种类称为量纲。例如，小时、分、秒

是时间的不同单位,但这些单位属于同一个种类,即皆为时间单位,它们的量纲为 [T];米、毫米、尺、码同属长度的单位,其量纲用 [L] 表示;吨、千克、克同属质量的单位,其量纲用 [M] 表示。

物理量的量纲分为基本量纲和导出量纲,通常流体力学中取长度、时间和质量的量纲 [L]、[T]、[M] 为基本量纲,在与温度有关的问题中,还要增加温度的量纲 [Θ] 为基本量纲。其余参数一般由基本量纲组成,称为导出量纲。如直径 D 具有长度量纲 [L],流量 q_V 由基本量纲组成,其量纲为 $[L^3T^{-1}]$,加速度 a 量纲为 $[LT^{-2}]$,则力 F 的量纲由牛顿第二定律 $\vec{F} = m\vec{a}$ 可以得到为 $[M]\cdot[LT^{-2}]$,即 $[MLT^{-2}]$。流体力学中其他常用的物理量、表示符号、SI 单位和量纲分别为

面积	A	m²	$[L^2]$
体积	V	m³	$[L^3]$
密度	ρ	kg/m³	$[ML^{-3}]$
压力	p	N/m²	$[ML^{-1}T^{-2}]$
速度	v	m/s	$[LT^{-1}]$
黏度	η	N·s/m²	$[ML^{-1}T^{-1}]$
运动黏度	ν	m²/s	$[L^2T^{-1}]$
表面张力	σ	N/m	$[MT^{-2}]$

二、量纲一致性原则

工程中描述物理现象的方程的量纲必定是相同的,即用量纲表示的物理方程必定是齐次性的,这便是物理方程量纲一致性原则。如伯努利方程

$$z_1 + \frac{p_1}{\rho g} + \frac{\alpha_1 v_1^2}{2g} = z_2 + \frac{p_2}{\rho g} + \frac{\alpha_2 v_2^2}{2g} + h_w$$

每一项的量纲皆为 [L],即各项皆为长度的量纲。

又如牛顿第二定律

$$\vec{F} = m\vec{a}$$

方程左边力的量纲是 $[MLT^{-2}]$,方程右边的量纲也是 $[MLT^{-2}]$。

量纲一致性原则是检验方程推导和工程计算是否正确的十分有用的工具。量纲一致性原则还可以用来确定方程式中系数的量纲,以及分析经验公式的结构是否合理。其最重要的用途在于能确定方程式中物理量的指数,从而找到物理量间的函数关系,以建立结构合理的物理、力学方程式。量纲和谐性原理是量纲分析法的理论依据。

三、瑞利法

1899 年,瑞利提出了一种量纲分析的方法,以指数方程式的形式表示变量之间的关系。如果 y 是独立变量 x_1、x_2、$\cdots$、x_n 的函数,则可以写成指数形式的函数方程为

$$y = kx_1^{a_1} x_2^{a_2} \cdots x_n^{a_n} \tag{4-20}$$

其中,k 是无量纲常数,可由问题的物理性质或由试验测定。代入各个变量的量纲,再根据方程式两边量纲一致的原则,确定每个变量 x_1、x_2、$\cdots$、x_n 的指数,最后将指数相同的变量组合在一起,就可以得到无量纲参数。

下面用一个例子来说明瑞利法的使用。

【例 4-3】　　不可压缩流体稳定流动中,有一固定不动的直径为 D 的圆球,试确定作用

于球上的拉力 F_D 与球直径 D、流体流动速度 v，以及密度 ρ 和黏度 η 之间的关系。

解　拉力 F_D 可以表示成

$$F_D = f(D, v, \rho, \eta)$$

按瑞利法，写成指数形式：

$$F_D = k(D^a v^b \rho^c \eta^d)$$

将变量量纲代入指数方程中

$$\frac{ML}{T^2} = (L)^a \left(\frac{L}{T}\right)^b \left(\frac{M}{L^3}\right)^c \left(\frac{M}{LT}\right)^d$$

因为量纲是齐次的，所以

$$M: \quad 1 = c + d$$
$$L: \quad 1 = a + b - 3c - d$$
$$T: \quad -2 = -b - d$$

上述三个方程中有四个未知数，其中的三个未知数必须以第四个未知数表示：

$$c = 1 - d; b = 2 - d; a = 2 - d$$

因此

$$F_D = k(D^{2-d} v^{2-d} \rho^{1-d} \eta^d)$$

再将指数相同的变量合并

$$F_D = k(D^2 \rho v^2) \left(\frac{vD\rho}{\eta}\right)^{-d}$$

其中，$\dfrac{vD\rho}{\eta} = Re$，$d$ 是指数值。

瑞利指出，这类方程式的特殊解法可以叠加而得到更一般的解法，于是得到了一个齐次性关系式一般形式为

$$F_D = k(D^2 \rho v^2) \sum_{n=1}^{\infty} A_n Re^n$$

其中，系数 A_n 是无量纲常数，因为无穷级数为 Re 的一般函数，所以瑞利解也可以写成未定函数的形式

$$F_D = k(D^2 \rho v^2) \phi_1(Re)$$

或

$$\frac{F_D}{D^2 \rho v^2} = k \phi_1(Re)$$

上式就是一个无量纲方程，与具有四个未知数的原函数方程相比，仅包含一个独立的无量纲变量。在分析试验结果并确定变量之间的关系时，独立变量数的减少是非常方便的，这也就是量纲分析的明显好处。

四、π 定理

量纲分析法中更为普遍的方法是 π 定理，是泊金汉（E. Buckingham）于 1914 年提出的，用 π 代表多个变量组合的无量纲参数，所以称为 π 定理。

π 定理表述为：在一个物理过程中，如果涉及 n 个物理量，并包含有 m 个基本量纲，则这个物理过程可以用由 n 个物理量组成的 $n-m$ 个无量纲变量（即 π）来描述。这些无量纲量表示为 π_i（$i=1, 2, \cdots, n-m$）。

倘若物理过程的方程式为

$$F(x_1, x_2, \cdots, x_n) = 0 \tag{4-21}$$

则式（4-21）可写成无量纲方程为

$$F(\pi_1,\pi_2,\cdots,\pi_{n-m}) = 0 \qquad\qquad (4\text{-}22)$$

π 定理的应用可以分成以下四步：

（1）分析并找出影响流动问题的全部主要变量。π 定理应用是否成功，关键在于能否正确地预测问题中所牵涉到的所有的主要变量（n 个）。如果多选，则会增加分析难度和试验工作量；如果漏选，则会使分析结果不能全面反映问题的要求，导致分析和试验结果不能正确地使用。

（2）分析所有变量的量纲，并确定其中包含的基本量纲（m 个），则可以组合成 $n-m$ 个无量纲变量。

（3）确定 m 个重复变量，这些变量将重复地在每一个参数组合中出现。选择 m 个重复变量的条件是：①这些重复变量本身必须包含 m 个基本量纲；②这些重复变量本身不能够组合成无量纲参数。一般选与质量、几何结构和流体运动有关的参数作重复变量。

（4）用带指数的重复变量与其他变量的乘积组合成 π，根据量纲一致性原理，计算各个重复变量的指数，并根据需要表示出 π 的形式。

下面举例说明 π 定理作量纲分析的步骤。

【例 4-4】 已知圆管两端压强降 Δp 与管道长度 l、内径 d、绝对粗糙度 ε、平均流速 v 以及流体的密度 ρ 和动力黏度 η 有关，试用 π 定理求压强降 Δp 的表达式。

解 根据题意，压强降 Δp 与有关物理量 l、d、ε、v、ρ 和 η 之间存在下面的函数关系：

$$f(\Delta p,l,d,\varepsilon,v,\rho,\eta) = 0 \qquad\qquad (a)$$

其中共有 $n=7$ 个物理量，选取 d、v 和 ρ 为基本量，即 $m=3$，则 $n-m=4$。应用 π 定理可将上述物理量的函数关系式转化为 4 个无量纲量表示的函数关系式：

$$F(\pi_1,\pi_2,\pi_3,\pi_4) = 0 \qquad\qquad (b)$$

经选取 ρ、v 和 d 作为重复的主变量，指定每一不重复变量的指数为 -1，这样用基本量表示的 π_1、π_2、π_3、π_4 的无量纲量公式分别为

$$\pi_1 = d^{a_1} \cdot v^{b_1} \cdot \rho^{c_1} \cdot \Delta p^{-1}$$
$$\pi_2 = d^{a_2} \cdot v^{b_2} \cdot \rho^{c_2} \cdot l^{-1}$$
$$\pi_3 = d^{a_3} \cdot v^{b_3} \cdot \rho^{c_3} \cdot \varepsilon^{-1}$$
$$\pi_4 = d^{a_4} \cdot v^{b_4} \cdot \rho^{c_4} \cdot \eta^{-1}$$

分子与分母量纲相等，有

$$ML^{-1}T^{-2} = L^{a_1} \cdot (LT^{-1})^{b_1} \cdot (ML^{-3})^{c_1}$$

根据量纲一致性原则，有

$$M: 1 = c_1$$
$$T: -2 = -b_1$$
$$L: -1 = a_1 + b_1 - 3c_1$$

解得　　　$a_1 = 0$，$b_1 = 2$，$c_1 = 1$

则

$$\pi_1 = \frac{\Delta p}{\rho v^2}$$

同理可求得

$$\pi_2 = \frac{l}{d}, \quad \pi_3 = \frac{\varepsilon}{d}, \quad \pi_4 = \frac{\eta}{\rho v d} = \frac{1}{Re}$$

将上述无量纲量代入式（b），得

$$F\left(\frac{\Delta p}{\rho v^2}, \frac{l}{d}, \frac{\varepsilon}{d}, \frac{1}{Re}\right) = 0$$

或

$$\frac{\Delta p}{\rho v^2} = F\left(\frac{l}{d}, \frac{\varepsilon}{d}, \frac{1}{Re}\right) \tag{c}$$

实验可以证明，圆管两端的压强降 Δp 与管长 l 成正比，与管内径 d 成反比，则式（c）可以改写为

$$\Delta p = f\left(\frac{\varepsilon}{d}, \frac{1}{Re}\right)\frac{l}{d}\frac{\rho v^2}{2}$$

令 $\lambda = f(\varepsilon/d, 1/Re)$，将由第五章可知，$\lambda$ 与流态、流动阻力系数分区有关，λ 由实验或用经验公式确定，则

$$h_{\mathrm{f}} = \frac{\Delta p}{\rho g} = \lambda\frac{l}{d}\frac{v^2}{2g} \tag{4-23}$$

式（4-23）为沿程损失的达西（Darcy）公式。

可以看出，用 π 定理求解不会出现不确定的待定指数，但应用 π 定理过程中，要正确选择参与该物理过程的全部物理量，才能得到反映客观规律的无量纲公式。

本 章 小 结

4-1 力学相似性原理包括几何相似、运动相似和动力相似。几何相似是指模型和原型具有相同的形状但大小不同，模型和原型各相应部位的线性长度成比例并具有同一比例常数，对应的夹角相等。运动相似是指模型与原型流动中对应点处的速度方向相同大小成比例，并且具有同一比率，运动相似实际上是相应时刻流场和流线相似。动力相似是指模型和原型受到相同性质力的作用，并且这些力成比例并具有同一比率。

4-2 流体力学中推导出的相似准则数有：欧拉数 $Eu = \dfrac{\Delta p}{\rho v^2}$，弗劳德数 $Fr = \dfrac{v}{\sqrt{gl}}$，雷诺数 $Re = \dfrac{\rho vl}{\mu}$，柯西数 $Ca = \dfrac{\rho v^2}{K}$ 或马赫数 $Ma = \dfrac{v}{c}$，韦伯数 $We = \dfrac{v^2 \rho l}{\sigma}$ 和斯特劳哈尔数 $Sr = \dfrac{fl}{v}$。在满足模型和原型几何相似的前提下，保证所有的相似准则数相等就基本上实现了模型和原型的力学相似。

4-3 模型试验采用抓住主要矛盾的方法。当重力处于主要地位，而黏性力作用不显著时，就只考虑弗劳德准则，即保证弗劳德数相等，而忽略雷诺准则。当黏性力起主导作用时，一般考虑雷诺准则，即保证雷诺数相等。

4-4 物理量的量度类型称为量纲，流体力学中有三个基本量纲，分别是长度 $[L]$、质量 $[M]$ 和时间 $[T]$，其他物理量量纲可以由基本量纲导出。物理方程量纲一致性原则：工程中描述物理现象的方程的量纲必定是相同的，即用量纲表示的物理方程必定是齐次性的。量纲分析和相似性原理是工程中物理量的量纲和方程量纲一致性原理进行量纲分析和物理量的组合，以得到无量纲组合参数或决定流动的相似准则数，以减少变量个数，节约试验

时间和费用的一种数学方法。量纲分析方法有瑞利法和泊金汉 π 定理。

思 考 题

4-1　几何相似、运动相似和动力相似三者之间的关系如何？

4-2　两液流满足力学相似的一般条件是什么？

4-3　原型和模型中采用同一种液体，能否同时满足重力相似和黏性力相似？

4-4　有量纲物理量和无量纲物理量各有什么特点？角度和弧度是有因次物理量还是无因次物理量？

4-5　在应用 π 定理时如何选择基本量？

习 题

4-1　为了求得水管中蝶阀（见图 4-2）的特性，预先在空气中做模型试验。两种阀的 α 角相同，空气密度 $\rho_m=1.25\text{kg/m}^3$，空气流量 $q_{Vm}=1.6\text{m}^3/\text{s}$，试验模型的直径 $d_m=250\text{mm}$，试验模型得出阀的压力损失 $\Delta p_m=275\text{mm}$ 水柱，作用力 $p_m=140\text{N}$，作用力矩 $M_m=3\text{N}\cdot\text{m}$，实物蝶阀直径 $d_p=2.5\text{m}$，实物流量 $q_{Vp}=8\text{m}^3/\text{s}$。试验是根据力学相似设计的。试求：

(1) 速度比例尺 k_v，长度比例尺 k_l，密度比例尺 k_ρ；

(2) 实物蝶阀上的压力损失、作用力和作用力矩。

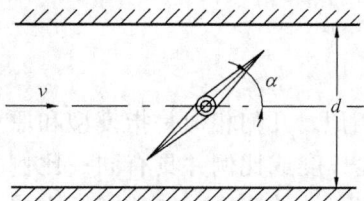
图 4-2　习题 4-1 图

4-2　如图 4-3 所示，用模型研究溢流堰的流动，采用长度比例尺 $k_l=1/20$。

(1) 已知原型堰上水头 $h_p=4\text{m}$，试求模型的堰上水头；

(2) 测得模型上的流量 $q_{Vm}=0.2\text{m}^3/\text{s}$，试求原型上的流量；

(3) 测得模型堰顶的真空值 $h_{vm}=200\text{mm}$ 水柱，试求原型上的堰顶真空值。

4-3　在风速为 8m/s 的条件下，在模型上测得建筑物模型背风面压力为 -24N/m^2，迎风面压力为 40N/m^2。试估计在实际风速为 10m/s 的条件下，原型建筑物背风面和迎风面压力为多少？

4-4　长度比例尺 $k_l=1/40$ 的船模，当牵引速度 $v_m=10\text{m/s}$，测得波浪阻力 $F_m=1.1\text{N}$。如不计黏性影响，试求原型船的速度、阻力及消耗的功率。

4-5　汽车高度 $h_p=2\text{m}$，速度 $v_p=108\text{km/h}$，行驶环境为 20℃时的空气。模型试验的空气为 0℃，气流速度为 $v_m=60\text{m/s}$，试求：

(1) 模型中的汽车 h_m；

(2) 在模型中测得正面阻力为 1500N，原型汽车行驶时的正面阻力为多少？

4-6　弦长为 3m 的飞机机翼以 300km/h 的速度，在温度为 20℃，压力为 1atm 的静止空气中飞行，用长度比例尺为 1:20 的模型在风洞中做试验，要求实现动力相似。

(1) 如果风洞中空气的温度、压力和飞行中的相同，风

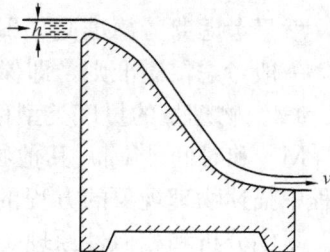
图 4-3　习题 4-2 图

洞中空气的速度应为多少？

（2）如果模型在水中试验，水温为 20℃，则速度又为多少？

4-7　一直径为 6cm 的球体置于 20℃ 的水流中试验，水的流速为 3m/s，测得阻力为 6N。若有一直径为 2m 的气象气球在 20℃，1atm 的大气中运动，在相似的情况下，气球的速度及阻力各为多少？

4-8　当水温为 20℃，平均速度为 4.5m/s 时，直径为 0.3m 水平管线某段的压力降为 68.95kN/m²。如果用长度比例为 1∶6 的模型管线，以 20℃ 的空气为工作流体，当平均流速为 30m/s 时，要求在相应段产生 55.2kN/m² 的压力降。计算力学相似所要求的空气压力。

4-9　三角形水堰的流量 q_V 与堰上水头 H 及重力加速度 g 有关，试用量纲分析确定 $q_V = f(H，g)$ 的关系式。

4-10　气体的声速 c 随压强 p 及密度 ρ 而变，试用量纲分析确定 c 的表达式。

4-11　流体通过水平毛细管的流量 q_V 与管径 d、动力黏度 η、压力梯度 $\Delta p/l$ 有关，试用量纲分析确定流量的表达式。

4-12　火箭的升力为其长度 l、速度 v、冲角 α、密度 ρ、动力黏度 η 及空气声速 c 的函数。试导出升力的表达式。

4-13　两个共轴圆筒，外筒固定，内筒旋转。两筒筒壁间隙充满不可压缩黏性流体。维持内筒角速度不变所需转矩与筒的长度和直径，流体的密度和黏性，以及内筒的旋转角速度有关，试导出转矩的表达式。

第五章　管内不可压缩流体的流动

根据流体与固体边界的关系，流体的流动可以分为内流和外流。管内流动是一种最常见的内流。本章主要讨论管内流动的能量损失、阻力平衡、流量分布等管内流动的主要问题。

第一节　黏性流体管内流动的能量损失

黏性流体在管内流动不可避免地会产生能量损失，这种流动损失是由于流动阻力造成的。黏性流体管内流动，流动损失可分为两大类：沿程阻力损失、局部阻力损失。

一、沿程阻力损失

沿程阻力损失，简称沿程损失，是发生在缓变流动中的，由于流体的黏性摩擦造成的损失。例如，流体在等直径的直管道中流动所产生的损失即为沿程损失。沿程损失的大小与流体的流动状态有很大关系。工程上常用的沿程损失计算公式为

$$h_f = \lambda \frac{l}{d} \frac{v^2}{2g} \tag{5-1}$$

式中　h_f——单位重力作用下流体的沿程损失，m；

λ——沿程损失系数；

l——管道长度，m；

d——管道当量直径，m；

v——管内流体平均流速，m/s。

可以看出，同等条件下，管道越长，沿程损失越大，这是沿程损失的特征。

二、局部阻力损失

局部阻力损失，简称局部损失，是发生在急变流动中的，由于流体微团碰撞产生旋涡、速度调整造成的损失。例如，流体流动过程中管径突然扩大造成的损失即为局部阻力损失。局部损失的大小与流体的局部边界状况有很大关系。工程上常用的局部损失计算公式为

$$h_j = \zeta \frac{v^2}{2g} \tag{5-2}$$

式中　h_j——单位重力作用下流体的局部损失，m；

ζ——局部损失系数；

v——管内流体平均流速，m/s。

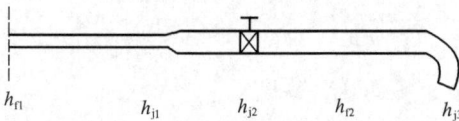

图 5-1　管道系统的流动损失

工程中，一般管道系统不仅会有直管道，而且还会有一定数量的变径管道、阀门、弯管等，如图 5-1 所示。这时候整个管道系统的流动损失就应等于各管段的沿程损失和所有局部损失的总和，即

$$h_w = h_{f1} + h_{f2} + h_{j1} + h_{j2} + h_{j3}$$

$$h_w = \sum h_f + \sum h_j \tag{5-3}$$

第二节　黏性流体的两种流动状态

1883 年，英国物理学家雷诺通过实验证实了黏性流体存在层流（或片流）和紊流（或湍流）两种流动状态。雷诺实验的装置如图 5-2 所示。

水通过一恒位水箱 1 经一长直玻璃管 2 流出，其流速可通过管道末端一调节阀门 3 控制。有色流体通过水箱上方的颜色水瓶 4 从一细管 5 流出，其出口位于长直玻璃管的入口。当玻璃管中水流速较低时，打开颜色水瓶下方的阀门，便可看到一条清晰的有色流束，此流束不与周围的水相混合。移动细管的位置，仍可看到一条清晰的有色流束，如图 5-3（a）所示。由此可以判断，玻璃管内的流体分层流动，层与层之间互相不混合，这种流动称为层流。玻璃管内流体的流速逐渐增大，有色流束仍呈清晰的细线，当流速增大到某一数值时，有色流束出现振荡，处于不稳定状态，如图 5-3（b）所示。此时的状态称为临界状态，此时的流体速度称为上临界速度 $v_{cr上}$。如流速稍微增加，振荡的流束突然破裂，在入口的一定距离内完全消失，与周围的流体相互混合，颜色扩散到整个管内，如图 5-3（c）所示。可以判断，此时流体微团做复杂的不规则运动，这种流动状态称为紊流。流速继续增加，紊流的激烈程度增加。

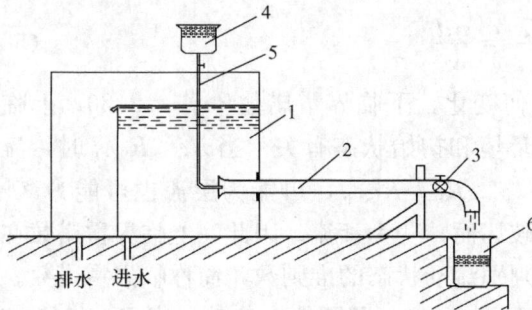

图 5-2　雷诺实验装置
1—恒位水箱；2—长直玻璃管；3—调节阀门；
4—颜色水瓶；5—细管；6—量水筒

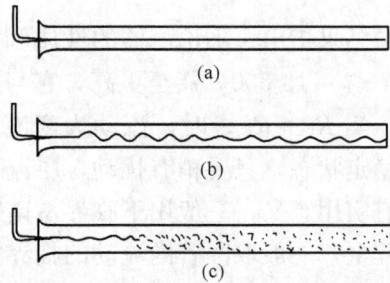

图 5-3　雷诺实验中显示的流态
（a）层流；（b）临界状态；（c）紊流

如果将实验反过来进行，关小管道末端调节阀门，流速逐渐降低，流体的紊流程度逐渐降低。当管内流速降低到一定数值时，振荡的有色流束清晰可见，流动又进入了临界状态，此时的流速称为下临界速度 $v_{cr下}$。如流速稍微降低，有色流束恢复为一清晰直线，流动变为层流。

由雷诺实验可以看出，黏性流体存在两种流动状态：层流与紊流。当流速超过上临界速度 $v_{cr上}$ 时，层流转变为紊流；当流速低于下临界速度 $v_{cr下}$ 时，紊流转变为层流；当流速介于上下临界速度之间时，流体的流动状态可能是层流也可能是紊流，与实验的起始状态、实验过程有无扰动等因素有关。

为了测定沿程损失与流速之间的变化规律，将实验结果整理在对数坐标上，如图 5-4 所示。

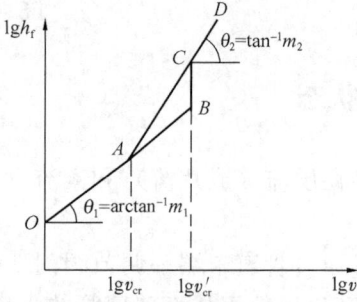

图 5-4　沿程损失与速度关系

当流速由低到高增大时，实验点沿 *OABCD* 线移动；当流速由高到低减小时，实验点沿 *DCAO* 线移动。显然，

$$\lg h_f = \lg k + m \lg v$$

式中　　k——常量；

　　　　m——直线的斜率。

积分上式，可得

$$h_f = k v^m$$

显然，$m_1 = \tan\theta_1$，$m_2 = \tan\theta_2$，通过测量 θ_1、θ_2 值，即可求得 m_1、m_2。

实验测得：

（1）当 $v < v_{cr下}$ 时，$m = 1$，即层流中的沿程损失 h_f 与平均流速 v 的一次方成正比。

（2）当 $v > v_{cr上}$ 时，$m = 1.75 \sim 2$，即紊流中的沿程损失 h_f 与平均流速 v 的 1.75～2 次方成正比。

可见，沿程损失与流动状态有关。

实验还发现，随着流体的黏度、密度、管道尺寸的改变，流动的临界速度也发生变化，因此，靠临界速度判别流动状态是很不方便的。雷诺通过大量的实验，提出引入无量纲参数 $\dfrac{vd\rho}{\mu}$ 来判别流动状态，后来为纪念雷诺将此参数命名为雷诺数，即

$$Re = \frac{vd\rho}{\mu} = \frac{vd}{\nu} \tag{5-4}$$

实验结果指出，不论流体的性质和管径如何变化，下临界雷诺数 $Re_{cr下} = 2320$，上临界雷诺数 $Re_{cr上} = 13\,800$，甚至更高，它与实验的环境和初始状态有关。当 $Re < Re_{cr下}$ 时，流动为层流；当 $Re > Re_{cr上}$ 时，流动为紊流；当 $Re_{cr上} > Re > Re_{cr下}$，可能为层流也可能为紊流，处于不稳定状态，只要稍有扰动，层流瞬即被破坏而转变为紊流。因此，上临界雷诺数在工程上没有实用意义，一般用下临界雷诺数作为判别流动状态的准则数，简称临界雷诺数。

工程上，一般取圆管内流动的临界雷诺数 $Re_{cr} = 2000$，即圆管内流动，当 $Re \leqslant 2000$ 时，流动为层流；当 $Re > 2000$ 时，流动为紊流。

【例 5-1】　运动黏度 $\nu = 1 \times 10^{-6}\,\mathrm{m^2/s}$ 的水，在内径 $d = 100\,\mathrm{mm}$ 的管中以 $v = 1\,\mathrm{m/s}$ 的速度流动，试判别其流动状态。

解　水的雷诺数

$$Re = \frac{vd}{\nu} = \frac{1 \times 100 \times 10^{-3}}{1 \times 10^{-6}} = 1 \times 10^5 > 2000$$

即水在管中呈紊流状态。

第三节　黏性流体圆管中的层流流动

工程实际中，虽然大部分流体的流动为紊流流动，但层流流动也广泛地存在于小管径、小流量、大黏度的流动场合，如机械润滑系统、地下水渗流问题等。黏性流体在圆管中的层流流动是最具有代表性的层流流动。

一、黏性流体圆管层流的速度分布

不可压缩黏性流体在倾斜角为 θ、半径为 r_0 的圆管道内定常层流流动，如图 5-5 所示。在管内取一半径为 r，厚度为 dr，长度为 dl 的微元圆筒壁为研究对象，该圆筒壁在重力、两端压力、内外两侧面的切向内摩擦力作用下处于平衡状态。根据流动方向受力平衡有

$$2\pi r dr \cdot p - 2\pi r dr \cdot \left(p + \frac{\partial p}{\partial l}dl\right) + 2\pi r dl \cdot \tau$$

$$- 2\pi(r+dr)dl\left(\tau + \frac{\partial \tau}{\partial r}dr\right) - \rho \cdot 2\pi r dr dl \cdot g\sin\theta = 0$$

其中
$$\sin\theta = \frac{\partial h}{\partial l}$$

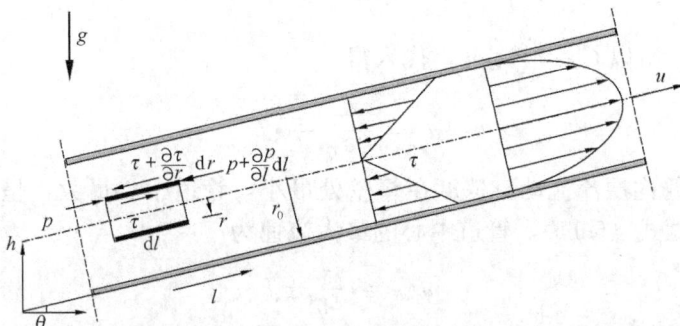

图 5-5　圆管中的层流流动

将等式两边同时除以微元圆筒壁的体积 $2\pi r dr dl$，并略去二阶以上高阶无穷小量，得

$$\frac{\partial}{\partial l}(p+\rho gh) + \frac{1}{r}\frac{\partial}{\partial r}(\tau r) = 0 \tag{5-5}$$

在等截面的直圆管中，$(p+\rho gh)$ 不是 r 的函数，τr 也不是 l 的函数，故式（5-5）可改写为

$$\frac{d}{dl}(p+\rho gh) + \frac{1}{r}\frac{d}{dr}(\tau r) = 0 \tag{5-6}$$

将式（5-6）两端同乘以 $r dr$，并积分，得

$$\frac{r^2}{2}\frac{d}{dl}(p+\rho gh) + \tau r = C_1 \tag{5-7}$$

由于 $r=0$，满足式（5-7），故 $C_1=0$。式（5-7）可改写为

$$\tau = -\frac{r}{2}\frac{d}{dl}(p+\rho gh) \tag{5-8}$$

对于圆管内层流，由能量方程易知 $-\frac{1}{\rho g}\frac{d}{dl}(p+\rho gh)$ 为单位长度上的沿程损失，称为水力坡度，用 J 来表示，即

$$J = \frac{h_f}{l}$$

于是式（5-8）变为

$$\tau = \rho g J \frac{r}{2} \tag{5-9}$$

可见，黏性流体在圆管内层流流动，切应力的大小与半径成正比，管道中心最小，管壁

处最大，呈线性分布，如图 5-5 所示。显然，对于管道中心 $\tau=0$；对于管壁

$$\tau = \tau_w = \rho g J \frac{r_0}{2} = \rho g \lambda \frac{1}{d} \frac{v^2}{2g} \frac{d}{4} = \frac{\lambda}{8} \rho v^2 \tag{5-10}$$

将牛顿内摩擦定律 $\tau = -\eta \dfrac{du}{dr}$（由于流速在管壁处最小，管道中心最大，速度在半径方向上的梯度为负，为保证切应力为正，在等式右端冠以负号）代入式（5-9），得

$$du = -\frac{1}{2\eta} \rho g J r \, dr$$

两边积分

$$u = -\frac{1}{4\eta} \rho g J r^2 + C_2$$

当 $r=r_0$ 时，$u=0$，所以 $C_2 = \dfrac{r_0^2}{4\eta}\rho g J$，代入得

$$u = \frac{r_0^2 - r^2}{4\eta} \rho g J \tag{5-11}$$

黏性流体在圆管内层流流动，速度在管壁处最小，管道中心最大，呈旋转抛物面分布，如图 5-5 所示。根据式（5-11），管道中心的最大流速为

$$u_{max} = \frac{r_0^2}{4\eta} \rho g J \tag{5-12}$$

管道中的平均流速为

$$v = \frac{q_V}{A} = \frac{\int_A u \, dA}{A} = \frac{\int_0^{r_0} \frac{r_0^2 - r^2}{4\eta} \rho g J \, 2\pi r \, dr}{\pi r_0^2} = \frac{r_0^2}{8\eta} \rho g J = \frac{1}{2} u_{max} \tag{5-13}$$

二、黏性流体圆管层流的沿程损失

由式（5-13），可得

$$v = \frac{r_0^2}{8\eta} \rho g J = \frac{d^2}{32\eta} \frac{1}{l} \rho g h_f$$

$$h_f = \frac{32 \mu l v}{\rho g d^2} = 64 \frac{\mu}{d \rho v} \frac{l}{d} \frac{v^2}{2g}$$

即

$$h_f = \frac{64}{Re} \frac{l}{d} \frac{v^2}{2g}$$

对比式（5-1）可知，在圆管层流流动中，沿程损失系数 $\lambda = \dfrac{64}{Re}$。

【例 5-2】 动力黏度 $\eta=0.1 Pa \cdot s$，密度 $\rho=900 kg/m^3$ 的流体在直径 $d_0=0.04m$ 的水平圆管中做层流流动，单位管长的沿程损失 $J=0.03m$，求管内的最大流速和最大切应力。

解

$$u_{max} = \frac{r_0^2}{4\eta} \rho g J = \frac{0.02^2}{4 \times 0.1} \times 900 \times 9.8 \times 0.03 = 0.264\,6 (m/s)$$

$$\tau_{max} = \rho g J \frac{r_0}{2} = 900 \times 9.8 \times 0.03 \times \frac{0.02}{2} = 2.646 (Pa)$$

管内的最大流速为 0.264 6m/s，最大的切应力为 2.646Pa。

【例 5-3】　动力黏度 $\eta = 0.1\text{Pa} \cdot \text{s}$，密度 $\rho = 900\text{kg/m}^3$ 的流体在直径 $d = 0.05\text{m}$，倾角 $\theta = 30°$的圆管中层流流动，如图 5-6 所示。测得断面 1—1 压强为 100kPa，2—2 压强为 90.5kPa，$L = 2\text{m}$。求管内的平均流速。

解　以 1—1、2—2 为断面建立伯努利方程

$$z_1 + \frac{p_1}{\rho g} + \frac{v_1^2}{2g} = z_2 + \frac{p_2}{\rho g} + \frac{v_2^2}{2g} + h_{\text{w}}$$

$$\left(z_1 + \frac{p_1}{\rho g} + \frac{v_1^2}{2g}\right) - \left(z_2 + \frac{p_2}{\rho g} + \frac{v_2^2}{2g}\right) = h_{\text{w}} = h_{\text{f}}$$

图 5-6　倾斜圆管中层流流动

$$h_{\text{f}} = (z_1 - z_2) + \frac{p_1 - p_2}{\rho g} + \frac{v_1^2 - v_2^2}{2g} = -L\sin\alpha + \frac{p_1 - p_2}{\rho g} = -1 + 1.077 = 0.077(\text{m})$$

$$J = \frac{h_{\text{f}}}{L} = \frac{0.077}{2} = 0.038\,5$$

$$v = \frac{r_0^2}{8\eta} \rho g J = \frac{0.025^2}{8 \times 0.1} \times 900 \times 9.8 \times 0.038\,5 = 0.265(\text{m/s})$$

即管内平均流速为 0.265m/s。

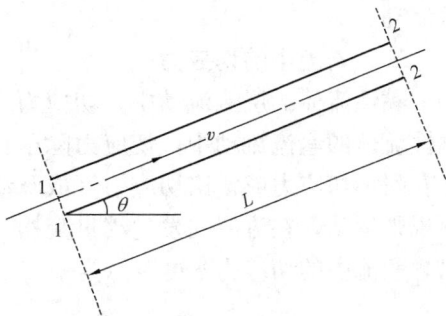

第四节　黏性流体圆管中的紊流流动

紊流流动是工程中最常见的流动，当流体处于紊流状态时，流体微团做复杂不规则运动，表征流体运动状态的物理量如速度、压强等在不断地变化，因此紊流流动实质上是非定常流动。黏性流体圆管中的紊流流动是最具有代表性的紊流流动。

一、紊流中的脉动速度和时均速度

当流体的流动状态为紊流时，表征流体运动状态的运动参数处于无序变化之中。用热线测速仪测出的管道中某点的瞬时轴向速度 u_{xi} 随时间 t 的变化如图 5-7 所示。

可以看出瞬时轴向速度 u_{xi} 总是围绕一定值在上下波动，这种围绕一定值在上下波动的现象称脉动现象。瞬时轴向脉动速度用 u_x' 表示。在某一时间间隔 Δt 内的瞬时值的平均值称时均值。在时间间隔 Δt 内的瞬时轴向速度的平均值，即时均轴向速度 $\bar{u}_x$ 可表示为

$$\bar{u}_x = \frac{1}{\Delta t} \int_0^{\Delta t} u_{xi}\,\text{d}t$$

显然，瞬时轴向速度可表示为

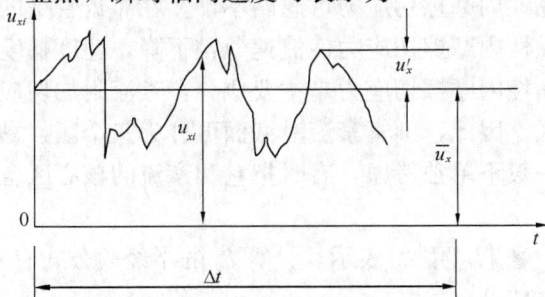

$$u_{xi} = \bar{u}_x + u_x' \qquad (5\text{-}14)$$

紊流中，不仅瞬时轴向速度有如此关系，而且其他运动参数也是如此。例如，时均压强为 $\bar{p}$，$\bar{p} = \frac{1}{\Delta t} \int_0^{\Delta t} p_i\,\text{d}t$；瞬时压强为 p_i，$p_i = \bar{p} + p'$ 等。

紊流中，时均值不随时间变化的流动称为准定常流动或时均定常流动，简称定

图 5-7　瞬时轴向速度 u_{xi} 随时间 t 的变化

常流动。

二、紊流中的切应力

黏性流体的层流流动中，切应力表现为黏性流体微团相对滑移引起的内摩擦切应力。在黏性流体的紊流流动中，切应力除了相对滑移引起的内摩擦切应力（或黏性切应力）τ_v 外，还有附加切应力或雷诺切应力（或脉动切应力）τ_t。这是因为紊流流动中，流体微团做复杂不规则运动，在流层间发生动量交换，从而出现附加的能量损失，表现为附加的切应力。所以，紊流中的切应力 τ 可表示为

$$\tau = \tau_v + \tau_t = (\eta + \eta_t)\frac{\mathrm{d}u}{\mathrm{d}y} \tag{5-15}$$

式中　η_t——旋涡黏度，Pa·s；

$\dfrac{\mathrm{d}u}{\mathrm{d}y}$——速度梯度，1/s。

由于紊流的复杂性，目前还不能以严格的数学推理方法来确定附加切应力 τ_t。

普朗特 1925 年提出"混合长度"半经验理论，并在工程上得到广泛的应用。普朗特认为，与气体分子运动要经过一段自由行程类似，流体微团在和其他质点碰撞前也要经过一段路程，即混合长度 l。

根据动量定理，附加切应力可近似表示为

$$\tau_t = \rho l^2 \left(\frac{\mathrm{d}u}{\mathrm{d}y}\right)^2 \tag{5-16}$$

式中　l——普朗特混合长度，m。

混合长度可在实验中测定，它表示在给定速度梯度的流场中，产生给定大小的附加切应力，流体微团必须走过的距离。

对比式（5-15）、式（5-16）可以发现，η_t 不是流体的物性参数，而是一个与流体的密度、速度梯度、混合长度有关的物理量。

混合长度理论可以应用于管流、沿平板流动、自由射流、尾流等二维流动。同样，混合长度理论是"半假设"性质的理论，在很多流动中也遇到了困难，例如当流动条件变化时，混合长度如何确定等。

三、圆管紊流的速度分布

1. 圆管紊流的构成

流体在圆管内紊流流动，由于紊流脉动性，靠近管轴的大部分区域，流层间的动量交换剧烈，速度分布趋于均匀，这一区域称为紊流核心区或紊流充分发展区，如图 5-8 所示。在紊流核心区，紊流附加切应力是主要成分，黏性内摩擦切应力可忽略不计。在靠近管壁的地方，由于脉动受到壁面的限制，脉动消失，黏性内摩擦切应力使流速急剧下降，速度梯度较大，这一薄层称黏性底层。在黏性底层中，黏性内摩擦切应力是主要成分，紊流附加切应力可忽略不计。当然还有介于两者之间的过渡区。因此，圆管紊流沿截面可分为三个区：黏性底层、过渡区、紊流核心区。过渡区很薄，一般不单独考虑，有时把它和紊流的核心区合在一起称紊流部分。

黏性底层的厚度很薄，一般只有几分之一毫米，用 δ_v 表示。计算 δ_v 的半经验公式有

$$\delta_v = \frac{34.2d}{Re^{0.875}} \tag{5-17}$$

或
$$\delta_\nu = \frac{32.8d}{Re\sqrt{\lambda}}$$
(5-18)

式中　δ_ν ——黏性底层的厚度，mm；

d ——管道直径，mm；

λ ——沿程损失系数。

根据式（5-17）、式（5-18）可以看出，随着 Re 的增大，黏性底层的厚度逐渐减小，如图 5-9 所示。黏性底层的厚度虽然很薄，但对紊流流动的能量损失、传热等物理现象的研究却有着重要的影响。

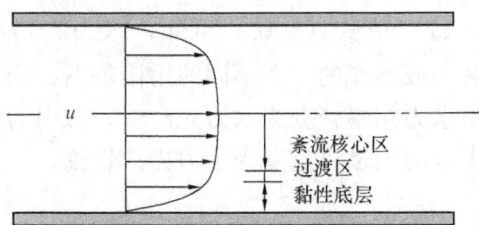

图 5-8　圆管紊流的构成

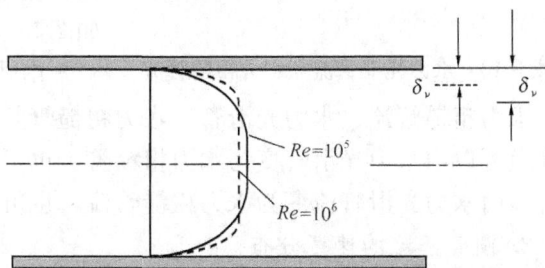

图 5-9　Re 对黏性底层厚度的影响

任何管道的壁面都不是绝对光滑的，而是粗糙的。凸出部分的平均高度称为管壁的绝对粗糙度，用 ε 表示。绝对粗糙度 ε 与管径 d 的比值 $\frac{\varepsilon}{d}$ 称为相对粗糙度。常见管道的绝对粗糙度见表 5-1。

表 5-1　　　　　　　　　　管道管壁的绝对粗糙度　　　　　　　　　mm

	管　壁　情　况	绝对粗糙度 ε		管　壁　情　况	绝对粗糙度 ε
管材	干净的、整体的黄铜管、铜管、铅管	0.001 54～0.01	管材	污秽的金属管	0.754～0.90
	新的、仔细浇成的无缝钢管	0.044～0.17		干净的玻璃管	0.001 54～0.01
	在煤气管路上使用一年后的钢管	0.12		橡皮软管	0.014～0.03
	在普通条件下浇成的钢管	0.19		极粗糙的、内涂橡胶的软管	0.204～0.30
	使用数年后的整体钢管	0.19		水管	0.254～1.25
	涂柏油的钢管	0.124～0.21		陶土排水管	0.454～6.0
	精制镀锌钢管	0.25		涂有珐琅质的排水管	0.254～6.0
	有浇成的、很好整平的接头的新铸铁管	0.31		纯水泥的表面	0.254～1.25
				涂有珐琅质的砖	0.454～3.0
	钢板制成的管道及很好整平的水泥管	0.33		水泥浆硅砌体	0.804～6.0
				混凝土槽	0.804～9.0
	普通镀锌钢管	0.39		用水泥的普通块石砌体	6.04～17.0
	普通新铸铁管	0.254～0.42		刨平木板制成的木槽	0.254～2.0
	不太仔细浇成的新的或干净的铸铁管	0.45		非刨平木板制成的木槽	0.454～3.0
	粗陋镀锌钢管	0.50		钉有平板条的木板制成的木槽	0.804～4.0
	旧的生锈钢管	0.60			

(a)

(b)

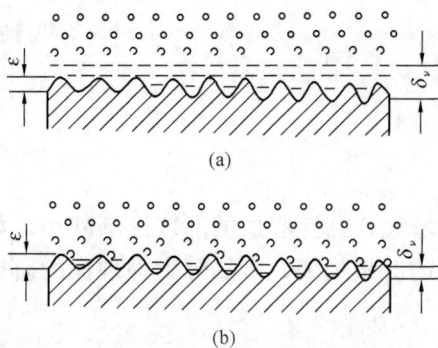

图 5-10　水力光滑管流与水力粗糙管流

当 $\delta_\nu > \varepsilon$ 时，黏性底层完全淹没了管壁的凸出部分，紊流区域完全感受不到管壁粗糙的影响，流体好像在光滑的管中流动一样，这种流动称水力光滑管流，这种管道称水力光滑管，如图 5-10（a）所示。处于这两者之间的为紊流粗糙管过渡区。

当 $\delta_\nu \ll \varepsilon$ 时，管壁的粗糙凸出部分完全暴露在紊流区域中，管壁的粗糙将对紊流流动发生影响，这种流动称水力粗糙管流，这种管道称水力粗糙管，如图 5-10（b）所示。

由式（5-17）或式（5-18）可知，水力光滑管流、水力粗糙管流、水力光滑管、水力粗糙管并不是一成不变的，在不同的雷诺数下，同一根管道可以由水力光滑管变为水力粗糙管，也可以由水力粗糙管变为水力光滑管；管内的流动可以由水力光滑管流变为水力粗糙管流，也可以由水力粗糙管流变为水力光滑管流。

2. 圆管紊流的速度分布

由前面的分析可知，圆管中的紊流流动，在紊流核心区其切应力可近似用式（5-16）表示，即

$$\tau = \rho l^2 \left(\frac{\mathrm{d}u}{\mathrm{d}y}\right)^2$$

由上式可得

$$\frac{\mathrm{d}u}{\mathrm{d}y} = \frac{1}{l}\sqrt{\frac{\tau}{\rho}} \tag{5-19}$$

令

$$u_* = \sqrt{\frac{\tau}{\rho}} \tag{5-20}$$

由于 u_* 具有速度的量纲，称其为切应力速度。

普朗特根据观察提出，混合长度不受黏性的影响，并与离壁面的距离 y 成正比，即

$$l = ky \tag{5-21}$$

将式（5-20）、式（5-21）代入式（5-19），得

$$\frac{\mathrm{d}u}{u_*} = \frac{1}{k}\frac{\mathrm{d}y}{y}$$

积分，得

$$\frac{u}{u_*} = \frac{1}{k}\ln y + c \tag{5-22}$$

假设黏性底层与紊流部分分界处的速度为 u_b，即 $y = \delta_\nu$ 时，$u = u_\mathrm{b}$，式（5-22）得

$$c = \frac{u_\mathrm{b}}{u_*} - \frac{1}{k}\ln\delta_\nu \tag{5-23}$$

黏性底层速度分布近似线性，即

$$\frac{\mathrm{d}u}{\mathrm{d}y} = \frac{u}{y} \tag{5-24}$$

根据内摩擦定律，$\tau = \eta\dfrac{\mathrm{d}u}{\mathrm{d}y} = \nu\rho\,\dfrac{u}{y}$，由式（5-20），得

$$u_*^2 = \nu \frac{u}{y}$$

$$y = \frac{u}{u_*} \frac{\nu}{u_*}$$

对于黏性底层

$$\delta_\nu = \frac{u_b}{u_*} \frac{\nu}{u_*} \tag{5-25}$$

将式（5-25）代入式（5-23）得

$$c = \frac{u_b}{u_*} - \frac{1}{k} \ln \frac{u_b}{u_*} - \ln \frac{\nu}{u_*} \tag{5-26}$$

将式（5-26）代入式（5-22）得

$$\frac{u}{u_*} = \frac{1}{k} \ln \frac{y u_*}{\nu} + \frac{u_b}{u_*} - \frac{1}{k} \ln \frac{u_b}{u_*} \tag{5-27}$$

　　式（5-27）为紊流速度分布的近似公式。可以看出，在紊流区，速度呈对数曲线分布，如图5-11所示。观察发现，在大雷诺数下，式（5-27）与实际测量结果的一致性较好。

　　通过以上分析可知，流体在圆管内流动，速度分布规律随雷诺数的变化而变化，雷诺数较小层流流动时，速度呈抛物线分布；雷诺数较大紊流流动时，速度近似呈对数曲线分布，而且雷诺数越大，管道中心速度分布越均匀，如图5-11所示。

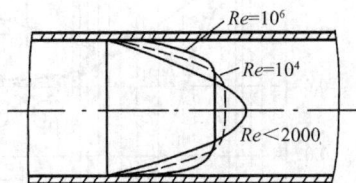

图 5-11　圆管内流动的速度分布剖面

第五节　沿程损失系数

　　由前面的讨论已知，不管是层流流动还是紊流流动，沿程损失均按式（5-1），即 $h_f = \lambda \frac{l}{d} \frac{v^2}{2g}$ 进行计算，问题在于沿程损失系数如何确定。对于层流，沿程损失系数已用分析的方法推导出，并为实验所证实，即 $\lambda = \frac{64}{Re}$；对于紊流，沿程损失系数则是在实验的基础上，提出某些假设，经过分析和实验修正而归纳出的半经验公式。

一、尼古拉兹实验

　　为了研究沿程损失系数，1933年德国工程师尼古拉兹（Nikurades）使用六根直径不同、内壁黏附不同粒径砂粒的人工粗糙管，对沿程损失、雷诺数和粗糙度之间的关系进行了系列实验。他实验的范围很广，雷诺数从5000到 10^6，相对粗糙度从1/1014到1/30，实验原理如图5-12所示。

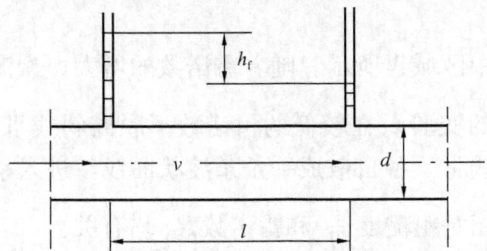

　　直径为 d 的圆粗糙管水平放置，在相距 l 的两截面顶端安装两测压管。根据伯努利方程，测压管的高度差即为单位质量的流体流经长度为 l 的管道时所产生的沿程损失 h_f。通过测量流速 v，

图 5-12　尼古拉兹实验原理图

根据管径 d、沿程损失 h_f，即可计算出沿程损失系数 λ。沿程损失系数、雷诺数和相对粗糙度之间的关系很复杂，尼古拉兹将实验数据绘制在对数坐标上，得到如图 5-13 所示的尼古拉兹实验曲线。这些实验曲线可以分为以下五个区域。

1. 层流区

$Re < 2320$，如图 5-13 中线 I 所示。所有的实验点，不论其相对粗糙度如何，均落到直线 I 上。这表明管壁的相对粗糙度对沿程损失系数无影响，λ 只与雷诺数 Re 有关，即 $\lambda = \frac{64}{Re}$。尼古拉兹实验证实了由理论分析得到的沿程损失系数计算公式的正确性。

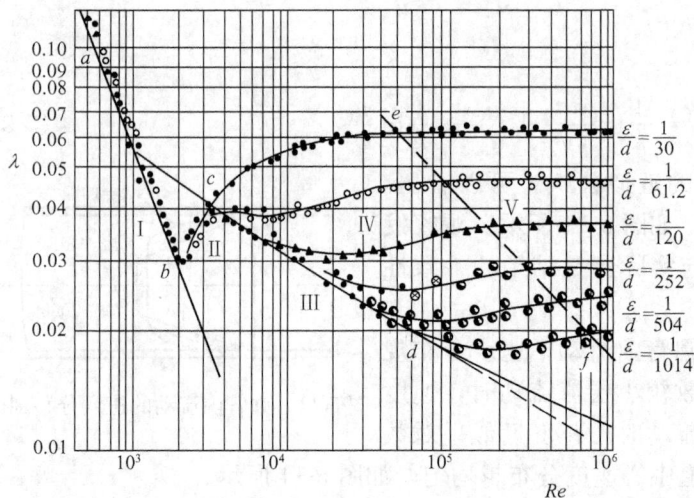

图 5-13　尼古拉兹实验曲线

2. 过渡区

$2320 < Re < 4000$，如图 5-13 中区域 II 所示。这是由层流向紊流过渡的不稳定区域，可能是层流，也可能是紊流，实验点分散，但仍是有规律的：λ 随 Re 的增大而增大，与相对粗糙度无关。工程实际中处于此区域的状况并不多。

3. 紊流光滑管区

$4000 < Re < 26.98 \left(\dfrac{d}{\varepsilon}\right)^{\frac{8}{7}}$，如图 5-13 中线 III 所示。此时，黏性底层的厚度比管壁的绝对粗糙度大得多，管壁的绝对粗糙度对沿程损失系数无影响，各种不同相对粗糙度的实验点都落到斜线 III 上，可见沿程损失系数与相对粗糙度无关，只与雷诺数有关。

在 $4000 < Re < 1 \times 10^5$ 范围，勃拉修斯（Blasius）曾在 1911 年用解析方法证明了沿程损失系数与相对粗糙度无关，只与雷诺数有关，其 λ 的计算公式为

$$\lambda = \frac{0.316\,4}{Re^{0.25}} \tag{5-28}$$

若将式（5-28）代入式（5-1），可得出结论：h_f 与 $v^{1.75}$ 成正比，故紊流的光滑管区又称为 1.75 次方阻力区。

在 $10^5 < Re < 3 \times 10^6$ 范围，尼古拉兹根据实验总结出的 λ 计算公式为

$$\lambda = 0.003\,2 + 0.221\,Re^{-0.237} \tag{5-29}$$

4. 紊流粗糙管过渡区

$26.98 \left(\dfrac{d}{\varepsilon}\right)^{\frac{8}{7}} < Re < 4160 \left(\dfrac{d}{2\varepsilon}\right)^{0.85}$，如图 5-13 中区域 IV 所示。随着雷诺数的增大，紊流流动的黏性底层的厚度逐渐减小。相对粗糙度较大的实验点在较低的雷诺数下脱离斜线 III，相对粗糙度较小的实验点在较高的雷诺数下脱离斜线 III，各自散成一条条波状曲线，进入紊流粗糙管过渡区 IV。这一区域的沿程损失系数 λ 与相对粗糙度 $\dfrac{\varepsilon}{d}$ 和雷诺数 Re 均有关。

柯列布茹克（Colebrook）在 1939 年总结的紊流粗糙管过渡区 λ 的计算公式为

$$\frac{1}{\sqrt{\lambda}} = -2\lg\left(\frac{\varepsilon}{3.7d} + \frac{2.51}{Re\sqrt{\lambda}}\right) \tag{5-30}$$

5. 紊流粗糙管区

$Re > 4160\left(\dfrac{d}{2\varepsilon}\right)^{0.85}$，如图 5-13 中区域 V 所示。随着雷诺数的增大，紊流充分发展，流动的阻力主要取决于脉动运动，黏性的影响可忽略不计。沿程损失系数 λ 与雷诺数 Re 无关，只与相对粗糙度 $\dfrac{\varepsilon}{d}$ 有关，实验点形成平行的直线簇，流动进入 V 区。根据式（5-1），可得出结论：h_f 与 v^2 成正比，故此区域又称为平方阻力区。紊流粗糙管区与紊流粗糙管过渡区的分界线如图 5-13 中的虚线所示，这条分界线的雷诺数为

$$Re_b = 4160\left(\frac{d}{2\varepsilon}\right)^{0.85} \tag{5-31}$$

在紊流粗糙管区，尼古拉兹根据实验总结出的 λ 计算公式为

$$\lambda = \left(1.74 + 2\lg\frac{d}{2\varepsilon}\right)^{-2} \tag{5-32}$$

综上所述，沿程损失系数的变化可归纳如下：

(1) 层流区，$\lambda = f(Re)$。

(2) 过渡区，$\lambda = f(Re)$。

(3) 紊流光滑管区，$\lambda = f(Re)$。

(4) 紊流粗糙管过渡区，$\lambda = f\left(Re, \dfrac{\varepsilon}{d}\right)$。

(5) 紊流粗糙管区，$\lambda = f\left(\dfrac{\varepsilon}{d}\right)$。

二、莫迪图

尼古拉兹实验揭示了管内流动能量损失的变化规律，给出了沿程损失系数以相对粗糙度 $\dfrac{\varepsilon}{d}$ 为参变量，而随雷诺数 Re 的变化关系曲线，为沿程损失的计算提供了可靠的实验基础。

但尼古拉兹实验曲线是在人工把沙粒均匀地黏到管道内壁条件下得到的结论，而实际上工业管道的内壁粗糙度是不均匀的。若将尼古拉兹实验曲线应用于工业管道，必须用实验方法确定工业管道与人工均匀粗糙管间的等值绝对粗糙度。

1944 年莫迪（Moody）在前人研究的基础上绘制了图 5-14，为新的工业管道的沿程损失系数的计算

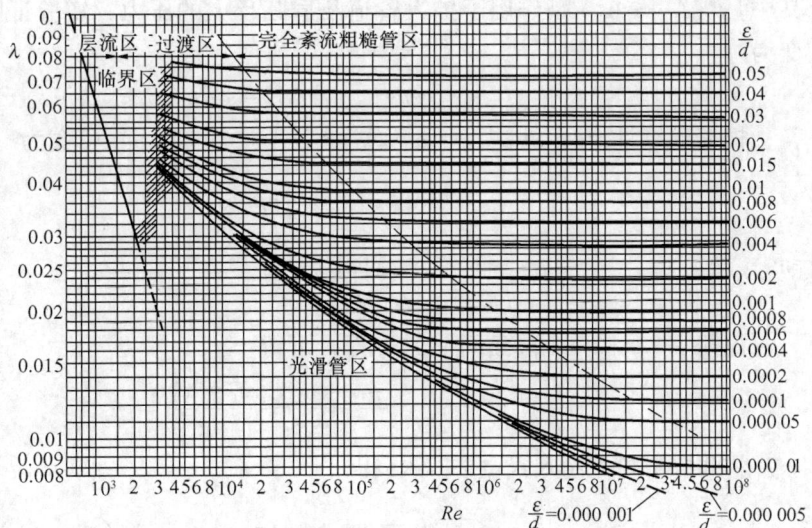

图 5-14　莫迪图

提供了很大方便。该图用对数坐标绘制，表示了沿程损失系数与相对粗糙度、雷诺数间的关系。莫迪图分为五个区：层流区、临界区（相当于尼古拉兹曲线的过渡区）、光滑管区、过渡区（相当于尼古拉兹曲线的紊流粗糙管过渡区）、完全粗糙区（相当于尼古拉兹曲线的紊流粗糙管区）。过渡区与完全粗糙区分界线的雷诺数为

$$Re_b = \frac{3500d}{\varepsilon} \tag{5-33}$$

第六节 局 部 损 失 系 数

流体在管道中流动，不可避免地会遇到阀门、弯头、管径突变等情形，在这种情况下，流体微团会产生碰撞、速度调整、旋涡，造成局部损失，局部损失可按式（5-2）计算。除了少数几种情况可用分析方法求得局部损失系数外，大部分情况的局部损失系数是由实验测定的。

一、管道截面突然扩大

流体在流动中管道截面突然扩大，如图 5-15 所示，由于惯性流体不可能按照管道的形状突然扩大，而是逐渐地扩大，在管壁的拐角处形成旋涡。旋涡是靠主流带动旋转的，因此要消耗主流的能量，最终能量变成热能而消散。另外，从小直径管道流出的流体有较高的流速，必然要碰撞到大直径管道中较低流速的流体，产生碰撞损失。管道截面突然扩大的能量损失可以用分析的方法加以推算。图 5-15 中取 1—1、2—2 截面以及它们的管壁为控制体，1—1、2—2 截面的压强、速度、面积分别为 p_1、v_1、A_1，p_2、v_2、A_2。根据动量方程有

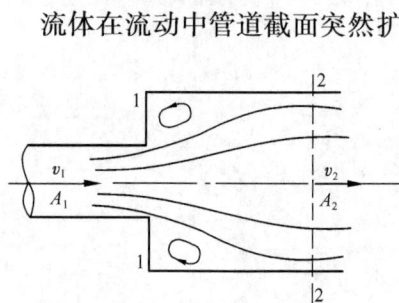

图 5-15 管道截面突然扩大

$$p_1 A_1 - p_2 A_2 + p(A_2 - A_1) = \rho q_v (v_2 - v_1) \tag{5-34}$$

其中，$p(A_2 - A_1)$ 是作用于扩大管道凸肩圆环上的压力，实验证明，$p = p_1$，于是式（5-34）变为

$$(p_1 - p_2)A_2 = \rho q_v (v_2 - v_1) \tag{5-35}$$

根据连续性方程 $\rho v_1 A_1 = \rho v_2 A_2 = \rho q_v$，式（5-35）可变为

$$p_1 - p_2 = \rho v_2 (v_2 - v_1)$$

即

$$\frac{p_1 - p_2}{\rho g} = \frac{v_2 (v_2 - v_1)}{g} \tag{5-36}$$

根据 1—1、2—2 截面间能量方程，可得

$$\frac{p_1 - p_2}{\rho g} + \frac{v_1^2 - v_2^2}{2g} = h_j \tag{5-37}$$

将式（5-36）代入式（5-37），得

$$h_j = \frac{v_1^2 - v_2^2}{2g} + \frac{v_2 (v_2 - v_1)}{g} = \frac{(v_1 - v_2)^2}{2g} \tag{5-38}$$

对比式（5-2），式（5-37）可改写为

$$h_j = \zeta_1 \frac{v_1^2}{2g} = \zeta_2 \frac{v_2^2}{2g} \tag{5-39}$$

按小管径计算的局部损失系数为　　$\zeta_1 = \left(1 - \frac{A_1}{A_2}\right)^2 \tag{5-40}$

按大管径流速计算的局部损失系数为　$\zeta_2 = \left(\frac{A_2}{A_1} - 1\right)^2 \tag{5-41}$

当流体从管道流入较大面积的水池时，由于 $A_2 \gg A_1$，可得，$\zeta_1 = 1$，$h_j = \frac{v_1^2}{2g}$。

管道截面突然扩大的局部损失系数可查表 5-2。

二、管道截面突然缩小

当流体从大直径管道流向小直径管道，流线必须弯曲，流束收缩，如图 5-16 所示。当流体进入小直径管道后，流束由于惯性继续收缩，直至最小截面 A_c（称为缩颈），而后逐渐扩大，直至充满整个小直径的管道。在缩颈附近的流束与管壁之间有一充满小旋涡的低压区，在大直径管道和小直径管道连接的凸肩处，也常有旋涡的形成。旋涡要消耗主流的能量，流线弯曲、流体加速和减速也将消耗流体能量，形成局部损失。

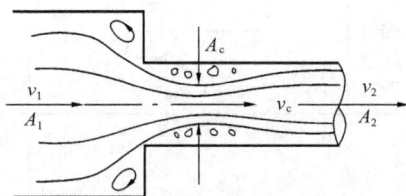

图 5-16　管道截面突然缩小

管道截面突然缩小时局部损失系数见表 5-2。

对于管道入口处的局部损失系数，取决于管道入口处的条件，见表 5-3。实验表明，如果管道入口处是流线型，进入后流线几乎没有收缩，局部损失系数就很小。

三、弯管

当流体由直管流入弯管，如图 5-17 所示，直管中的截面 AA'、CC' 压强分布是均匀的；在弯管处，外侧压强高，内侧压强低，且 B 点压强最高，B' 点压强最低。对于外侧，从 A 到 B 流动压强应增加；从 B 到 C 流动，压强应降低。对于内侧，由 A' 到 B' 流动压强应降低；从 B' 到 C' 流动，压强应增加，因此有 AB 和 $B'C'$ 这两增压过程。这两增压过程有可能出现附面层分离，形成旋涡，产生能量损失，如图 5-17（a）所示。另外，当流体流过弯管时，内侧速度高，外侧速度低，内侧的离心力大于外侧离心力，内侧流体在离心力差的作用下沿管道中心向外侧流动，在横截面上产生两个方向相反的旋转流动，此旋转流动与主流结合，形成双螺旋流，产生能量损失，如图 5-17（b）所示。

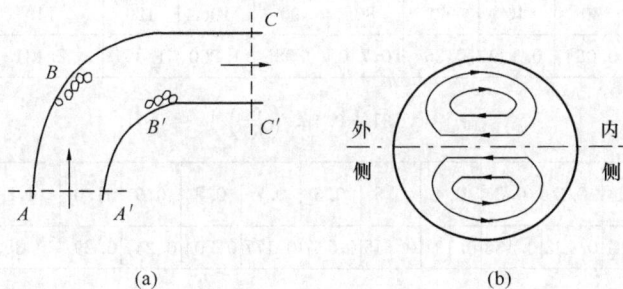

图 5-17　流体流过弯管

弯管的局部损失系数 ζ 与弯管的总弯角、弯管中心的曲率半径与管径比有关，其数值列于表 5-2 中。

表 5-2 局部损失系数

名 称	示 意 图	局部损失系数									
截面突然扩大		$\dfrac{A_2}{A_1}$	∞	10	9	8	7	6	5	4	3	2
		ζ_2	∞	81	64	49	36	25	16	9	4	1
		ζ_1	1.0	0.81	0.79	0.76	0.73	0.69	0.64	0.56	0.44	0.25
截面突然缩小		$\dfrac{A_2}{A_1}$	0	0.1	0.2	0.3	0.4	0.5	0.6	0.7	0.8	0.9
		ζ_2	0.50	0.469	0.431	0.387	0.343	0.298	0.257	0.212	0.161	0.079

渐缩管

$$\zeta_2 = \frac{\lambda}{8\sin\left(\frac{\theta}{2}\right)}\left[1-\left(\frac{A_2}{A_1}\right)^2\right]$$

渐扩管

$$\zeta_2 = \frac{\lambda}{8\sin\left(\frac{\theta}{2}\right)}\left[1-\left(\frac{A_1}{A_2}\right)^2\right] + K\left(1-\frac{A_1}{A_2}\right)$$

当 $\dfrac{A_1}{A_2} = \dfrac{1}{4}$ 时

$\theta(°)$	2	4	6	8	1	12	14	16	20	25
K	0.022	0.048	0.072	0.103	0.138	0.177	0.221	0.270	0.386	0.645

折管

$$\zeta = 0.946\sin^2\left(\frac{\theta}{2}\right) + 2.047\sin^4\left(\frac{\theta}{2}\right)$$

当 $d > 30$cm 时，随 d 的增大，ζ 相应减小

$\theta(°)$	20	40	60	80	90	100	120	140
ζ	0.064	0.139	0.364	0.740	0.985	1.260	1.861	2.431

弯管

$$\zeta_{90°} = 0.131 + 0.163\left(\frac{d}{R}\right)^{3.5}$$

$\dfrac{d}{R}$	0.1	0.2	0.3	0.4	0.5	0.6	0.7	0.8	0.9	1.0	1.1
ζ	0.131	0.132	0.133	0.137	0.145	0.157	0.177	0.204	0.241	0.291	0.355

当 $\theta < 90°$ 时，$\zeta = \zeta_{90°}\dfrac{\theta}{90°}$

闸阀	开度(%)	10	20	30	40	50	60	70	80	90	100
	ζ	60	16	6.5	3.2	1.8	1.1	0.60	0.30	0.18	0.1
球阀	开度(%)	10	20	30	40	50	60	70	80	90	100
	ζ	85	24	12	7.5	5.7	4.8	4.4	4.1	4.0	3.9

续表

名　称	示　意　图	局部损失系数									
蝶阀	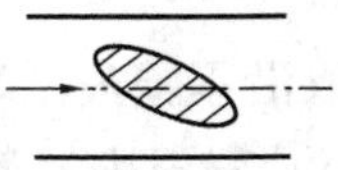	开度(%)	10	20	30	40	50	60	70	80	90	100
		ζ	200	65	26	16	8.3	4	1.8	0.85	0.48	0.3

表 5-3　　　　　管道入口处的局部损失系数

入口条件	深入形进口	锐圆进口	圆角进口	喇叭形进口
示意图	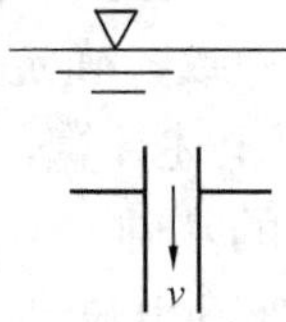	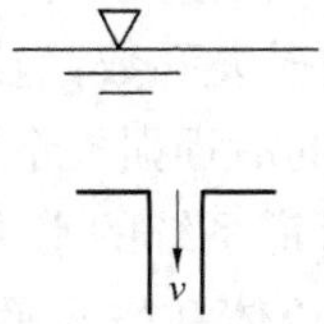	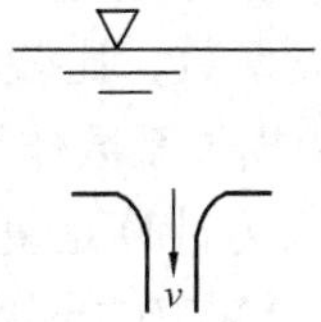	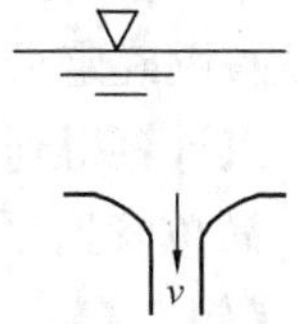
局部损失系数	1.0	0.5	0.2	0.04

四、其他情况

管道系统的分流、合流处必须设有三通或者四通；为了满足调节流量、安全运行和测量的需求还要设有阀门、表计等部件，这些也是局部阻力产生的主要来源。

局部阻力种类繁多、变化复杂，减小局部阻力要根据具体条件具体分析。管道变径时可采用渐缩、渐扩；弯管内设置导流板；减小支管与合流管间的夹角等措施均可以减小局部阻力。

第七节　管道水力计算

管道系统一般由不同管径的管道及其附件（如弯头、阀门、流量计等）组成。管道系统根据其构成可分为简单管道系统和复杂管道系统。管径、管材、粗糙度、流量等沿流程均不发生变化的管道系统，称为简单管道系统；否则，称为复杂管道系统。复杂管道系统又可分为串联、并联、分支、管网等。

简单管道系统按局部损失在总损失中所占的比例，还可分为长管系统和短管系统。局部损失所占的比例很小、可以忽略的管道系统称长管系统；局部损失占有相当比例、不能忽略的管道系统称短管系统。在短管系统中，为了分析问题方便，有时把管道中的局部损失换算成某一长度上的沿程损失，该长度称等值管长或当量长度 l_e。即

$$\zeta \frac{v^2}{2g} = \lambda \frac{l_e}{d} \frac{v^2}{2g}$$

$$l_e = \frac{\zeta}{\lambda} d \tag{5-42}$$

一、简单管道系统的水力计算

简单管道系统中，管径、管材、粗糙度、流量等沿流程均不发生变化。简单管道系统的水力计算一般有三种类型：

（1）已知流量、管材、管长、管径、流体的运动黏度，求损失。

（2）已知管材、管长、管径、流体的运动黏度、损失，求流量。

（3）已知损失、流量、管材、管长、流体的运动黏度，求管径。

　　简单管道系统水力计算除第一类问题可直接计算外，其他两类问题均需要试算。

　　第一类问题：由流量计算出流速；由雷诺数和相对粗糙度查图确定沿程损失系数；计算确定流动损失。

　　第二类问题：先假设流动处于完全粗糙区，参照莫迪图，试取沿程损失系数；由损失计算出流速；由雷诺数和相对粗糙度查图确定沿程损失系数；比较沿程损失系数，若基本一致，确定流速、计算流量；若不满足精度要求，以计算得到的沿程损失系数作为新的沿程损失系数重复上述计算，直至满足精度要求。

　　第三类问题：先试取沿程损失系数；由损失、流量计算出流速、管径；由雷诺数和相对粗糙度查图确定沿程损失系数；比较沿程损失系数，若基本一致，确定管径，若不满足精度要求，以计算得到的沿程损失系数作为新的沿程损失系数重复上述计算，直至满足精度要求。

　　简单管道系统的水力计算是复杂管道系统的水力计算的基础。

　　【例 5-4】　$\nu = 1.0 \times 10^{-6}\,\mathrm{m^2/s}$ 的流体在一水平镀锌管道中流动，管道直径 $d = 0.5\mathrm{m}$，长 $L = 40\mathrm{m}$，管道中有一闸阀，开度为 90%，若管道中流体流速为 $2\mathrm{m/s}$，求管道中的流动损失。

　　解　查表 5-1 得，镀锌管道绝对粗糙度为 $\varepsilon = 0.39\mathrm{mm}$，则

$$\frac{\varepsilon}{d} = \frac{0.39}{0.5 \times 10^3} = 0.000\,78$$

$$Re = \frac{vd}{\nu} = \frac{2 \times 0.5}{1.0 \times 10^{-6}} = 1.0 \times 10^6$$

由 $\dfrac{\varepsilon}{d}$、Re 查莫迪图得，$\lambda = 0.018\,5$；闸阀开度为 90%，查表得 $\zeta = 0.18$，则

$$h_\mathrm{w} = \lambda \frac{L}{d}\frac{v^2}{2g} + \zeta \frac{v^2}{2g} = \left(0.018\,5 \times \frac{40}{0.5} + 0.18\right) \times \frac{2^2}{2 \times 9.8} = 0.34(\mathrm{m})$$

　　【例 5-5】　$20℃$ 的水，在直径 $d=200\mathrm{mm}$，$\varepsilon = 0.5\mathrm{mm}$，长 $L=10\mathrm{m}$ 的钢管中流动，若流动损失 $h_\mathrm{f}=0.06\mathrm{m}$，求管道中的流速。

　　解　**方法一**

由 $h_\mathrm{f} = \lambda \dfrac{L}{d}\dfrac{v^2}{2g}$ 知，管道中的 v 与 λ 有关，而 λ 又与 v 有关，所以要先确定 λ。

　　假设流动处于完全粗糙区，相对粗糙度 $\dfrac{\varepsilon}{d} = \dfrac{0.5}{200} = 0.002\,5$，参照莫迪图，取 $\lambda = 0.025$，则

$$v = \sqrt{\frac{h_\mathrm{f} \times d \times 2 \times g}{L\lambda}}$$

$$v = \frac{0.153\,4}{\sqrt{\lambda}} = 0.97(\mathrm{m/s})$$

$20℃$ 的水运动黏度 $\nu = 1.0 \times 10^{-6}\,\mathrm{m^2/s}$，则

$$Re = \frac{vd}{\nu} = \frac{0.97 \times 0.2}{1.0 \times 10^{-6}} = 1.94 \times 10^5$$

由 Re、$\dfrac{\varepsilon}{d}$ 查莫迪图，得 $\lambda = 0.026\,2$。与试取的 λ 不一致，取 $\lambda = 0.026\,2$ 重新进行计算。

$$v = \frac{0.153\,4}{\sqrt{\lambda}} = 0.95(\text{m/s})$$

$$Re = \frac{vd}{\nu} = \frac{0.95 \times 0.2}{1.0 \times 10^{-6}} = 1.9 \times 10^5$$

由 Re、$\frac{\varepsilon}{d}$ 查莫迪图，得 $\lambda = 0.026\,5$。与所取的 λ 不一致，取 $\lambda = 0.026\,5$ 重新进行计算。

$$v = \frac{0.153\,4}{\sqrt{\lambda}} = 0.94(\text{m/s})$$

$$Re = \frac{vd}{\nu} = \frac{0.94 \times 0.2}{1.0 \times 10^{-6}} = 1.88 \times 10^5$$

由 Re、$\frac{\varepsilon}{d}$ 查莫迪图，得 $\lambda = 0.026\,5$。与上次所取的 λ 一致，所以流速为 0.94m/s，即管道中的流速为 0.94m/s。

方法二

根据水力计算的特点可知，若速度给定则计算较为方便，因此可以采用图解法。假设不同流速计算得到不同的流动损失，然后绘图，根据实际损失查图来确定实际流速。

根据题意，计算不同流速下的流动损失，结果见表 5-4。

表 5-4　　　　　　　　　　　　　不同流速下的流动损失

v (m/s)	0	0.5	0.8	1.0	1.2
h_f (m)	0	0.017	0.044	0.068	0.095

根据表中数据，以流速为横坐标、流动损失为纵坐标绘图，如图 5-18 所示。

由图 5-18 可知，当损失为 0.06m 时，管内流速约为 0.94m/s。

【例 5-6】 运动黏度 $\nu = 1.0 \times 10^{-5}\,\text{m}^2/\text{s}$ 的油在 $\varepsilon = 0.046$mm，长 $L = 10$m 的管中以 $q_V = 1000\,\text{m}^3/\text{h}$ 的流量流动，若要使其流动损失 h_f 不超过 20m，求最小管径应为多少？

解　求管径必要求速度。由 $h_f = \lambda \dfrac{L}{d} \dfrac{v^2}{2g}$ 知，速度 v 与 λ 有关，而 λ 又与 v、d 有关，所以要先确定 λ。

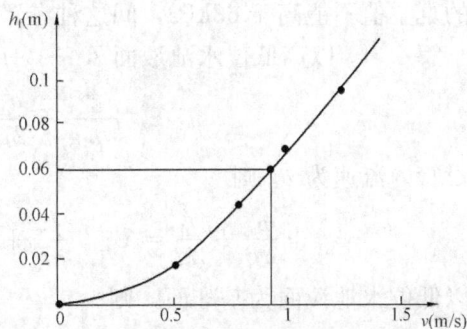

图 5-18　流动阻力与流速的关系

由

$$\begin{cases} q_V = \dfrac{\pi}{4} d^2 v \\[2mm] h_f = \lambda \dfrac{L}{d} \dfrac{v^2}{2g} \end{cases}$$

得

$$d^5 = \frac{8Lq_V^2}{\pi^2 g h_f}\lambda = \frac{8 \times 200 \times (1000/3600)^2}{3.14^2 \times 9.8 \times 20}\lambda = 0.064\,2\lambda$$

试取 $\lambda = 0.02$，由上式得 $d = 0.264$m，则

$$v = \frac{4q_V}{\pi d^2} = 5.08(\text{m/s})$$

$$Re = \frac{vd}{\nu} = 134\,000$$

$$\frac{\varepsilon}{d} = \frac{0.046 \times 10^{-3}}{0.264} = 0.000\,17$$

由 Re、$\frac{\varepsilon}{d}$ 查莫迪图，得 $\lambda = 0.017$。与试取的 λ 不一致，重新取 $\lambda = 0.017$，重复上述计算可得

$$d = 0.256\text{m},\ v = 5.53\text{m/s},\ Re = 140\,000, \frac{\varepsilon}{d} = 0.000\,182$$

查莫迪图，得 $\lambda = 0.001\,7$。与所取的 λ 一致，取 $d = 0.256$m，即若要使其流动损失不超过 20m，最小管径 $d = 0.256$m。

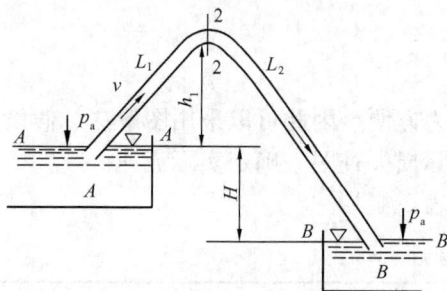

【例 5-7】 虹吸管将高位水池的水引入低位水池，如图 5-19 所示。若虹吸管直径 $d = 100$mm，最高点至高位水池液面 $h_1 = 4$m，长度 $L_1 = 6$m，至低位水池长度 $L_2 = 14$m。高、低位水池液面高度差 $H = 5$m，沿程损失系数 $\lambda = 0.04$，虹吸管入口局部损失系数 $\zeta_1 = 0.8$，出口局部损失系数 $\zeta_2 = 1.0$，不计最高点局部损失。

(1) 求管内流速；

(2) 为防止管内水汽化破坏虹吸，管内最高点的真空值不能高于 68kPa，问这种布置是否符合该要求？

图 5-19　虹吸管内流动

解 (1) 以高低位水池液面 $A—A$、$B—B$ 为过流断面建立伯努利方程

$$z_A + \frac{p_A}{\rho g} + \frac{v_A^2}{2g} = z_B + \frac{p_B}{\rho g} + \frac{v_B^2}{2g} + h_w$$

若设管内流速为 v，则

$$z_A + \frac{p_a}{\rho g} + \frac{v_A^2}{2g} = z_B + \frac{p_a}{\rho g} + \frac{v_B^2}{2g} + \left(\lambda \frac{L_1 + L_2}{d} \frac{v^2}{2g}\right) + \zeta_1 \frac{v^2}{2g} + \zeta_2 \frac{v^2}{2g}$$

若以低位水池液面为基准面，则

$$5 + 0 + 0 = 0 + 0 + 0 + \left(0.04 \times \frac{6+14}{0.1} \times \frac{v^2}{2g}\right) + 0.8 \frac{v^2}{2g} + 1.0 \frac{v^2}{2g}$$

解得 $v = 3.16$m/s。

(2) 取虹吸管最高点管截面为 2—2 断面，建立 $A—A$、2—2 间伯努利方程

$$z_A + \frac{p_A}{\rho g} + \frac{v_A^2}{2g} = z_2 + \frac{p_2}{\rho g} + \frac{v_2^2}{2g} + h_w$$

由题意知，管径不变，管内流速相等，$v_2 = v = 3.16$m/s。

若以高位水池液面为基准面，则

$$0 + 0 + 0 = 4 + \frac{-p_v}{\rho g} + \frac{v^2}{2g} + 0.04 \times \frac{6}{0.1} \times \frac{v^2}{2g} + 0.8 \times \frac{v^2}{2g}$$

解得 $p_v = 60.2\text{kPa} < 68\text{kPa}$

真空值小于 68kPa，这种布置符合要求。

二、复杂管道系统

复杂管道系统的水力计算是以简单管道系统的水力计算为基础、结合各自的特点进行的。

1. 串联管道系统

由不同管径或不同粗糙度的管道首尾相接而成的管道系统称串联管道系统。串联管道系统的特点是：

（1）串联的各个分管道流量相同，即

$$q_{V1} = q_{V2} = \cdots = q_V$$

（2）串联管道系统总的损失等于各分管道的损失之和，即

$$h_{w1} + h_{w2} + \cdots = h_w$$

串联管道系统的水力计算一般有求流量、求损失两大类型，计算过程与简单管道系统类似。

【例 5-8】 如图 5-20 所示的串联管道系统由管道 I、管道 II 组成，管径分别为 $d_1 = 0.2\text{m}$，$d_2 = 0.15\text{m}$，长度分别为 $L_1 = 100\text{m}$，$L_2 = 200\text{m}$。若管道的材料均为新铸铁，水温为 15℃，试求：（1）若流量为 $q_V = 0.1\text{ m}^3/\text{s}$，求该管道系统的流动损失；（2）若该管道系统的流动损失为 6m，求管道中的流量。

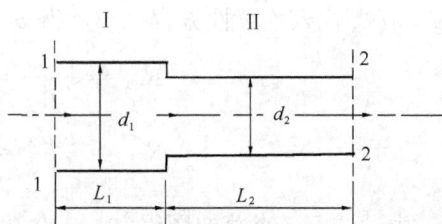

解 查表 5-1 得，新铸铁管的绝对粗糙度为 $\varepsilon = 0.26\text{mm}$，15℃ 水的运动黏度为 $\nu = 1.14 \times 10^{-6}$ m²/s，则

图 5-20 串联管道

$$\frac{\varepsilon}{d_1} = \frac{0.26}{0.2 \times 10^3} = 0.0013$$

$$\frac{\varepsilon}{d_2} = \frac{0.26}{0.15 \times 10^3} = 0.00173$$

$$\frac{A_2}{A_1} = \left(\frac{d_2}{d_1}\right)^2 = 0.5625$$

查表 5-2 得 $\qquad \zeta_2 = 0.272$

（1）由串联特点知 $q_{V1} = q_{V2} = q_V$，即

$$\frac{\pi}{4}d_1^2 v_1 = \frac{\pi}{4}d_2^2 v_2 = q_V$$

解得 $\qquad v_1 = 3.18\text{ m/s}, \ v_2 = 5.66\text{ m/s}$

$$Re_1 = \frac{v_1 d_1}{\nu} = \frac{3.18 \times 0.2}{1.14 \times 10^{-6}} = 5.58 \times 10^5$$

$$Re_2 = \frac{v_2 d_2}{\nu} = \frac{5.66 \times 0.15}{1.14 \times 10^{-6}} = 7.45 \times 10^5$$

由 $\frac{\varepsilon}{d_1}$、Re_1，查莫迪图得，$\lambda_1 = 0.021$；由 $\frac{\varepsilon}{d_2}$、Re_2，查莫迪图得，$\lambda_2 = 0.023$，则

$$h_w = h_{f1} + h_j + h_{f2} = \lambda_1 \frac{L_1}{d_1}\frac{v_1^2}{2g} + \zeta\frac{v_2^2}{2g} + \lambda_2\frac{L_2}{d_2}\frac{v_2^2}{2g}$$

$$= 0.021 \times \frac{100}{0.2} \times \frac{3.18^2}{2 \times 9.8} + 0.269 \times \frac{5.66^2}{2 \times 9.8} + 0.023 \times \frac{200}{0.15} \times \frac{5.66^2}{2 \times 9.8}$$

$$= 55.98(\text{m})$$

（2）根据连续性方程

$$\frac{\pi}{4} d_1^2 v_1 = \frac{\pi}{4} d_2^2 v_2$$

解得 $$v_1 = \left(\frac{d_2}{d_1}\right)^2 v_2 = 0.562\ 5v_2 \tag{a}$$

$$h_\text{w} = h_\text{f1} + h_\text{j} + h_\text{f2} = \lambda_1 \frac{L_1}{d_1} \frac{v_1^2}{2g} + \zeta \frac{v_2^2}{2g} + \lambda_2 \frac{L_2}{d_2} \frac{v_2^2}{2g}$$

$$6 = 25.5\lambda_1 v_1^2 + 0.013\ 7v_2^2 + 27.27\lambda_2 v_2^2 = 8.07\lambda_1 v_2^2 + 0.013\ 7v_2^2 + 27.27\lambda_2 v_2^2 \tag{b}$$

由 $\dfrac{\varepsilon}{d_1}$、$\dfrac{\varepsilon}{d_2}$，参照莫迪图完全粗糙区，试取 $\lambda_1 = 0.021$，$\lambda_2 = 0.023$，代入式（b），得 $v_2 =$ 2.72m/s。代入连续性方程（a），得 $v_1 = 1.53$m/s，则

$$Re_1 = \frac{v_1 d_1}{\nu} = \frac{1.53 \times 0.2}{1.14 \times 10^{-6}} = 2.68 \times 10^5$$

$$Re_2 = \frac{v_2 d_2}{\nu} = \frac{2.72 \times 0.15}{1.14 \times 10^{-6}} = 3.58 \times 10^5$$

由 $\dfrac{\varepsilon}{d_1}$、Re_1 查莫迪图得，$\lambda_1 = 0.022$；由 $\dfrac{\varepsilon}{d_2}$、Re_2 查莫迪图得，$\lambda_2 = 0.023$。
以 $\lambda_1 = 0.022$，$\lambda_2 = 0.023$ 重复上述计算。
代入式（b），得 $v_2 = 2.71$m/s；代入连续性方程（a），得 $v_1 = 1.52$m/s，则

$$Re_1 = \frac{v_1 d_1}{\nu} = \frac{1.52 \times 0.2}{1.14 \times 10^{-6}} = 2.67 \times 10^5$$

$$Re_2 = \frac{v_2 d_2}{\nu} = \frac{2.71 \times 0.15}{1.14 \times 10^{-6}} = 3.57 \times 10^5$$

由 $\dfrac{\varepsilon}{d_1}$、Re_1 查莫迪图得，$\lambda_1 = 0.022$；由 $\dfrac{\varepsilon}{d_2}$、Re_2 查莫迪图得，$\lambda_2 = 0.023$。
$\lambda_1 = 0.022$，$\lambda_2 = 0.023$，与取值一致，所以

$$v_2 = 2.71\text{m/s}, \quad v_1 = 1.52\text{m/s}$$

$$q_\text{V} = \frac{\pi}{4} d_2^2 v_2 = 0.047\ 9\text{m}^3/\text{s}$$

即管道系统的流动损失为 55.98m，流量为 $0.047\ 9\text{m}^3/\text{s}$。

2. 并联管道系统

管道在一点分开又在另一点汇合的管道系统称并联管路系统。并联管道系统的特点是：

（1）总流量等于各并联分管道的流量和，即

$$q_\text{V1} + q_\text{V2} + \cdots = q_\text{V}$$

（2）各并联分管道的损失相同，即

$$h_\text{w1} = h_\text{w2} = \cdots = h_\text{w}$$

并联管道系统的水力计算一般有求总流量、求分管道流量两种类型。

对于求总流量的第一类问题，在分别求得分管道的流量后进行累加即可；求解分管道的

流量类似于求简单管道系统中的流量。

对于求分管道流量的第二类问题，求解过程比较复杂，可按如下步骤进行：

（1）根据管径、管长等试取管道 I 中的流量 q'_{V1}。

（2）根据管道 I 中的流量 q'_{V1}，求出管道 I 中的损失 h'_{w1}。

（3）根据并联损失相等的特点，求出其他分管道中的流量 q'_{V2}、$q'_{V3}\cdots$。

（4）计算试取的总流量 q'_V，$q'_V = q'_{V1} + q'_{V2} + q'_{V3} + \cdots$。

（5）流量分配

$$q_{Vi} = \frac{q'_{Vi}}{q'_V} \times q_V \qquad (5\text{-}43)$$

根据实际总流量 q_V 和试取的总流量 q'_V，按式（5-43）对各分管道的流量重新分配，即

$$q_{V1} = \frac{q'_{V1}}{q'_V} \times q_V, \ q_{V2} = \frac{q'_{V2}}{q'_V} \times q_V, \cdots$$

（6）根据重新分配后的流量 q_{V1}、$q_{V2}\cdots$，求各分管道的损失，检验各分管道的损失是否相同。若相同，确定流量；若不同，以重新分配后的流量 q_{V1} 为新的管道 I 中试取的流量，重复上述计算，直至满足要求。

【例 5-9】 在如图 5-21 所示的并联管道中，$L_1 = 900\text{m}$，$d_1 = 0.3\text{m}$，$\varepsilon_1 = 0.000\ 3\text{m}$，$L_2 = 600\text{m}$，$d_2 = 0.2\text{m}$，$\varepsilon_2 = 0.000\ 03\text{m}$。若总流量 $q_V = 0.2\text{m}^3/\text{s}$，流体运动黏度 $\nu = 1.0 \times 10^{-6}\text{m}^2/\text{s}$。求各分管道中的流量。

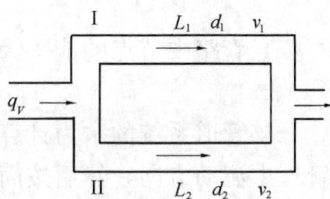

图 5-21　并联管道

解　根据题意知，并联管道系统中求分管道中的流量可先对某一管道试取流量。

对于管道 I，试取流量 $q'_{V1} = 0.1\text{m}^3/\text{s}$，有 $q'_{V1} = \frac{\pi}{4}d_1^2 v'_1$，则

$$v'_1 = 1.415\text{m/s}, \ Re'_1 = \frac{v_1 d_1}{\nu} = 4.2 \times 10^5, \ \frac{\varepsilon_1}{d_1} = 0.001$$

查莫迪图得 $\lambda'_1 = 0.0214$，则

$$h'_{w1} = h'_{f1} = \lambda'_1 \frac{L_1}{d_1} \frac{v'^2_1}{2g} = 0.0214 \times \frac{900}{0.3} \times \frac{1.415^2}{2 \times 9.8} = 6.56\text{(m)}$$

对于管道 II　$h'_{w2} = h'_{w1} = 6.56\text{m}$，$h'_{w2} = h'_{f2} = \lambda'_2 \frac{L_2}{d_2} \frac{v'^2_2}{2g}$，$\frac{\varepsilon_2}{d_2} = 0.000\ 15$

假设流动处于完全粗糙区，试取 $\lambda'_2 = 0.014$，则 $v'_2 = 1.75\text{m/s}$，$Re'_2 = 3.5 \times 10^5$，查莫迪图得，$\lambda'_2 = 0.016$。

取 $\lambda'_2 = 0.016$，则 $v'_2 = 1.64\text{m/s}$，$Re'_2 = 3.2 \times 10^5$，查莫迪图得，$\lambda'_2 = 0.016$。

所以　　　　　　$\lambda'_2 = 0.016$，$v'_2 = 1.64\text{m/s}$，$q'_{V2} = 0.051\text{m}^3/\text{s}$

$$q'_V = q'_{V1} + q'_{V2} = 0.151\text{m}^3/\text{s}$$

流量分配

$$q_{V1} = \frac{q'_{V1}}{q'_V} \times q_V = \frac{0.1}{0.151} \times 0.2 = 0.132\text{(m}^3/\text{s)}$$

$$q_{V2} = \frac{q'_{V2}}{q'_V} \times q_V = \frac{0.051}{0.151} \times 0.2 = 0.067 (\text{m}^3/\text{s})$$

校核

$$q_{V1} = 0.132\text{m}^3/\text{s}, v_1 = 1.868\text{m/s}, Re = 5.6 \times 10^5, \lambda_1 = 0.02$$

$$h_{w1} = h_{f1} = \lambda_1 \frac{L_1}{d_1} \frac{v_1^2}{2g} = 0.02 \times \frac{900}{0.3} \times \frac{1.868^2}{2 \times 9.8} = 10.68(\text{m})$$

$$q_{V2} = 0.067\text{m}^3/\text{s}, v_2 = 2.13\text{m/s}, Re_2 = 4.26 \times 10^5, \lambda_2 = 0.015\,5$$

$$h_{w2} = h_{f2} = \lambda_2 \frac{L_2}{d_2} \frac{v_2^2}{2g} = 0.015\,5 \times \frac{600}{0.2} \times \frac{2.13^2}{2 \times 9.8} = 10.76(\text{m})$$

误差在允许范围,所以

$$q_{V1} = 0.132\text{m}^3/\text{s}, \quad q_{V2} = 0.067\text{m}^3/\text{s}$$

3. 分支管道系统

由若干个简单管道系统在某公共点连接而成的管道系统称分支管道系统,其中公共点称节点。分支管道系统的特点如下:

(1) 对于节点,流入流量等于流出流量,即

$$\Sigma q_{V\text{in}} = \Sigma q_{V\text{out}}$$

(2) 管路中节点的能头为定值,即

$$H = C$$

分支管道系统的水力计算一般以求分管道流量居多,一般要先试取节点的总能头,确定分管道中流动方向,然后按简单管道系统计算进行。

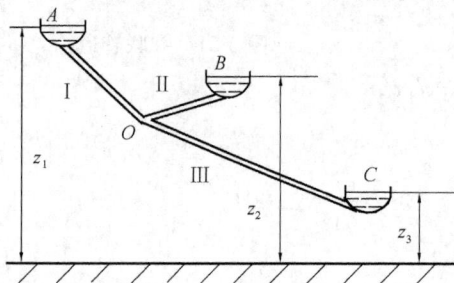

图 5-22 分支管道

【例 5-10】 如图 5-22 所示的分支管道系统,三水池的高度为 $z_1 = 25\text{m}$, $z_2 = 15\text{m}$, $z_3 = 5\text{m}$, 三支管的尺寸为 $d_1 = 0.5\text{m}, L_1 = 800\text{m}, \varepsilon_1 = 0.000\,5$; $d_2 = 0.2\text{m}$, $L_2 = 300\text{m}$, $\varepsilon_2 = 0.000\,4$; $d_3 = 0.3\text{m}$, $L_3 = 600\text{m}$, $\varepsilon_3 = 0.000\,3$, 流体运动黏度 $\nu = 1.0 \times 10^{-6}\text{m}^2/\text{s}$, 求各分管道中的流量, 不计局部损失影响。

解 假设节点 O 的能头为 $H = 21\text{m}$, 则流向为 A 流向 O, O 流向 B, O 流向 C。

对于管道 I

$$z_1 + \frac{p_1}{\rho g} + \frac{v_1^2}{2g} = H + h_{w1}$$

$$h_{w1} = 25 - 21 = 4(\text{m})$$

$\frac{\varepsilon_1}{d_1} = 0.001$, 假设流动处于完全粗糙区, 试取 $\lambda_1 = 0.02$, 可求得

$$v_1 = 1.566\text{m/s}, Re = 7.8 \times 10^5, 由 \frac{\varepsilon_1}{d_1} = 0.001 查莫迪图, 得 \lambda = 0.02$$

所以 $$v_1 = 1.566\text{m/s}, q_{V1} = 0.307\text{m}^3/\text{s}$$

对于管道 II、III, 同理可得

$$v_2 = 1.827 \text{m/s}, \quad q_{V2} = 0.057 \text{m}^3/\text{s}; \quad v_3 = 2.816 \text{m/s}, \quad q_{V3} = 0.199 \text{m}^3/\text{s}$$

校核 $q_{V1} \neq q_{V2} + q_{V3}$，$q_{V1} > q_{V2} + q_{V3}$，所以，提高 H。

设 $H = 22\text{m}$，则流向为 A 流向 O，O 流向 B，O 流向 C。重新计算得

$$q_{V1} = 0.266 \text{m}^3/\text{s}, \quad q_{V2} = 0.062 \text{m}^3/\text{s}, \quad q_{V3} = 0.205 \text{m}^3/\text{s}$$

校核 $$q_{V1} \approx q_{V2} + q_{V3}$$

所以，$q_{V1} = 0.266 \text{m}^3/\text{s}$，$q_{V2} = 0.062 \text{m}^3/\text{s}$，$q_{V3} = 0.205 \text{m}^3/\text{s}$，流向为 A 流向 B，A 流向 C。

4. 管网系统

由若干个管道环路相连接而成的管道系统称管网。管网的特点如下：

（1）流入节点的流量等于流出节点的流量，即

$$\Sigma q_{V\text{in}} = \Sigma q_{V\text{out}}$$

（2）在任一环路中，从一节点沿不同方向到另外一节点的能量损失相等。例如，取逆时针流动的损失为正，顺时针流动损失为负，则任一环路的能量损失的代数和为零，即

$$\Sigma h_\text{w} = 0$$

在有 n 个节点，m 个回路的管网中，可列出 $n+m-1$ 个独立方程，与管网中的管段个数相同，理论上可以联立求解。

实际上，管网的水力计算很复杂，需要假定各管道中的流动方向和流量，并用计算机求解。

第八节　水　　击

一般情况下，可以把液体视为不可压缩流体，这样不但可以使问题简化，而且引起的误差也在允许范围之内。但是有些情况下则必须考虑液体的压缩性。

一、水击现象

以一定压强在管道中流动的液体，由于外界某种原因（如管道中的阀门突然关闭、开启等），引起流速突然变化，从而使得局部压强突然变化，而后压力波迅速向上游传播，并在一定条件下反射回来，产生管内压强往复波动，并引起管道振动的现象称水击现象。发生水击时，突然升高的压强对管道有一种"锤击"作用力，又称水锤现象。

水击引起的压强波动值很高，严重时可以造成管道和管件的破裂。但水击作用力也可以加以利用，如水击泵等。

二、水击过程

下面以连接在水池上的排水管为例分析水击过程的产生。假设水管的长度为 l，直径为 d，截面积为 A，流体在管内的流速为 v，在管道的末端有一阀门，忽略摩擦损失，但考虑水的压缩性与管道变形，如图 5-23 所示。当管道末端的阀门突然关闭时，首先，紧贴阀门上游的一层流体由于流动受阻，流速突变为零，由于受后面流速未变的流体的压缩，该层流体的压强突然增加，静水头由 H 突变为 $H+h$，管道受压变形，截面积增大 ΔA。这种压缩现象必然一层一层向

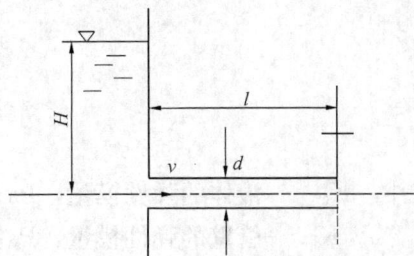

图 5-23　接有排水管的水池

上游传播，形成压缩波，其传播速度用 c 表示，如图5-24（a）所示。当压缩波到达管道入口时，整个管内的流体处于静止状态，流体的动能转变为流体被压缩和管道变形的弹性能。压缩波到达管道入口，由于管内压强大于管外水池的压强，管内流体的静止状态不能保持，流体便从管内入口端倒流向水池，其速度为 v。管内倒流又使得管内压强降低，管道截面积恢复到原有的 A。这种压强降低现象也一层一层向下游传播，形成膨胀波，其传播速度也是 c，如图 5-24（b）所示。当膨胀波传播到阀门时，管道内流体压强恢复正常。

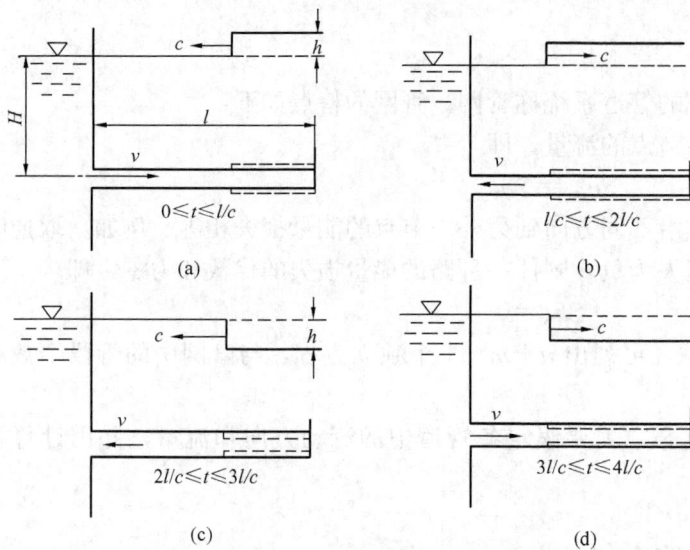

图 5-24　水击波的传播

由于流体流动的惯性，流体继续倒流，阀门一侧的压强将进一步从正常值继续降低，直至阀门一侧流体停止倒流。由于阀门一侧压强降低，这种膨胀波会继续向上游传播，速度也是 c，膨胀波所到之处，倒流停止，管道收缩，如图 5-24（c）所示。当膨胀波到达管道入口，整个管内流体又处于静止状态，但由于管内压强低于水池内压强，静止不能保持，流体从入口向管内流动，速度为 v，压力上升恢复到 p，此压缩波以 c 向下游传播，如图 5-24（d）所示。当压缩波传到阀门时，此时管内流体速度 v、p 与关闭前一致，完成一个循环。

由于流动的惯性，流动的流体受关闭的阀门阻止，进入下一个循环，如此反复，因此管内压强周期性地往复波动，形成水击。

实际流体是有黏性的，管道也不是完全弹性的，流体膨胀波、压缩波的传递，管道的变形都要消耗能量，最终水击引起的波动和振动逐渐减弱直至消失。

三、水击压强

水击压强的计算对预防和降低水击的危害至关重要。

假设水管的长度为 l，直径为 d，截面积 A，流体在管内的流速为 v，压强波动值为 Δp，压力波在管内传播速度为 c。由材料力学的知识可知

$$c = \frac{\sqrt{\dfrac{K_0}{\rho}}}{\sqrt{1 + \dfrac{K_0}{K}\dfrac{d}{\delta}}} \tag{5-44}$$

式中　K_0——液体的弹性模量，Pa；

　　　K——管壁的弹性模量，Pa；

　　　δ——管道壁厚，m。

若压力波在管内传播半个循环的时间为 t_0，即

$$t_0 = 2\frac{l}{c}$$

若阀门操作时间 $t_s < t_0$，当压力波返回时，阀门已关闭，这种现象称为直接水击。直接水击压强推导如下：

当阀门关闭时，在 Δt 时间内（$\Delta t < t_0$），管内阀门附近受压力波影响的长度为 $c\Delta t$，如图5-25所示。根据动量定理，有

$$[pA - (p+\Delta p)A]\Delta t = \rho Ac\Delta tv$$
$$\Delta p = \rho vc \qquad (5\text{-}45)$$

假设压力波在水中的传播速度为 1000m/s，管内水流速度为 1m/s，阀门突然关闭时，水击压强达 10^6 Pa，可见是相当可观的。

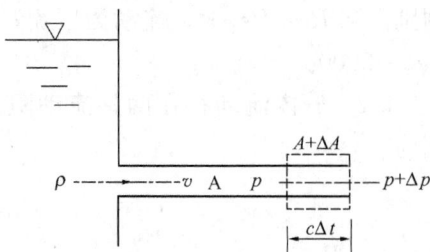

图 5-25　水击压强

若阀门的操作时间长，即 $t_s > t_0$，阀门操作尚未结束压力波已返回到阀门处，这种水击称间接水击。间接水击的压强可按式（5-46）近似计算：

$$\Delta p = \rho v \frac{2l}{t_s} = \rho vc \frac{t_0}{t_s} \qquad (5\text{-}46)$$

式中　l——水管的长度，m；

t_s——阀门操作时间，s。

显然，间接水击的压强要比直接水击小得多。

四、减小水击作用力的措施

根据上述分析，可以得出减小水击作用力的措施主要有：①延长操作（如阀门开启、关闭）时间；②缩短管长；③增加管径；④降低管壁的弹性模量；⑤降低管壁的厚度；⑥在管道中设置蓄能装置，缓冲水击作用力等。

【例 5-11】　有一输水的钢管，管长 $l=100$m，管径 $d=0.25$m，管壁厚度 $\delta=5$mm，管材的弹性模量 $K=2\times10^{11}$Pa，水的弹性模量 $K_0=2.06\times10^9$Pa；管中水流速度为 $v=2$m/s。当阀门突然关闭时，水击作用力为多少？若阀门关闭时间为 $t_s=5$s，水击作用力又为多少？

解　压力波的传播速度为

$$c = \frac{\sqrt{\dfrac{K_0}{\rho}}}{\sqrt{1+\dfrac{K_0}{K}\dfrac{d}{\delta}}} = \frac{\sqrt{\dfrac{2.06\times10^9}{1000}}}{\sqrt{1+\dfrac{2.06\times10^9\times0.25}{2\times10^{11}\times0.005}}} = 1167(\text{m/s})$$

（1）阀门突然关闭　$\Delta p = \rho vc = 1000\times2\times1167 = 2334$（kPa）

（2）压力波在管内传播半个循环的时间为

$$t_0 = 2\frac{l}{c} = 2\frac{100}{1167} = 0.17 < t_s$$

所以为间接水击

$$\Delta p = \rho v \frac{2l}{t_s} = 1000\times2\times\frac{2\times100}{5} = 80(\text{kPa})$$

本 章 小 结

5-1 流体的流动存在两种流动状态，层流和紊流。流体的流动状态用雷诺数 $Re=\dfrac{vd}{\nu}$ 来判别。当 $Re<Re_{cr}$ 时，流动为层流；当 $Re>Re_{cr}$ 时，流动为紊流；管内流动的临界雷诺数 $Re_{cr}=2000$。

5-2 管内流动存在两种流动阻力损失：沿程阻力损失、局部阻力损失。计算公式分别为

$$h_f = \lambda \frac{l}{d} \frac{v^2}{2g}$$

$$h_j = \zeta \frac{v^2}{2g}$$

5-3 沿程损失系数 λ 可由经验公式计算得到，也可查莫迪图。

沿程损失系数的变化规律如下：

(1) 层流区，$\lambda=f(Re)$。

(2) 过渡区，$\lambda=f(Re)$。

(3) 紊流光滑管区，$\lambda=f(Re)$。

(4) 紊流粗糙管过渡区，$\lambda=f\left(Re, \dfrac{\varepsilon}{d}\right)$。

(5) 紊流粗糙管区，$\lambda=f\left(\dfrac{\varepsilon}{d}\right)$。

5-4 局部损失系数 ζ 一般查表 5-2 得到，个别情况可通过理论计算得到近似值。

5-5 管路系统分简单管路系统和复杂管路系统，复杂管路系统又可分为串联、并联、分支、管网。管路系统的水力计算一般分为求损失、求流量和求管径三种类型。

(1) 串联水力计算的特点：

1) 串联的各分管道流量相同，即 $q_{V1}=q_{V2}=\cdots=q_V$。

2) 串联管道系统总的流动阻力等于各分管道的流动阻力之和，即 $h_{w1}+h_{w2}+\cdots=h_w$。

(2) 并联水力计算的特点：

1) 流量等于各并联分管道的流量和，即 $q_{V1}+q_{V2}+\cdots=q_V$。

2) 并联分管道的阻力相同，即 $h_{w1}=h_{w2}=\cdots=h_w$。

(3) 分支管道系统的特点：

1) 对于节点，流入流量等于流出流量，即 $\Sigma q_{Vin}=\Sigma q_{Vout}$。

2) 管路中节点的能头为定值，$H=C$。

(4) 管网的特点：

1) 流入节点的流量等于流出节点的流量，即 $\Sigma q_{Vin}=\Sigma q_{Vout}$。

2) 任一环路中，从一节点沿不同方向到另外一节点能量损失相等。如取逆时针流动的损失为正，顺时针流动损失为负，则任一环路的能量损失的代数和为零，即 $\Sigma h_w=0$。

5-6 以一定压强在管道中流动的液体，由于外界某种原因（如管道中的阀门突然关闭、开启等），引起流速突然变化，从而局部压强突然变化，而后压力波迅速向上游传播，并在

一定条件下反射回来，产生管内压强往复波动，引起管道振动，称这种现象为水击现象。水击分为直接水击和间接水击。水击压强的计算公式如下：

（1）直接水击的压强，$\Delta p = \rho v c$。

（2）间接水击的压强，$\Delta p = \rho v \dfrac{2l}{t_s}$。

思　考　题

5-1　什么是层流？什么是紊流？

5-2　为什么雷诺数可以用来判别流态？

5-3　流体在圆管内做层流流动，速度分布、内摩擦切应力分布有什么特点？

5-4　流体在圆管内做紊流流动由哪几部分构成？

5-5　流体在圆管内做紊流流动，速度分布、内摩擦切应力分布有什么特点？

5-6　什么是水力光滑管？什么是水力粗糙管？两者之间是否可以相互转换？

5-7　什么是沿程阻力损失？沿程损失计算公式是什么？

5-8　尼古拉兹实验曲线有何特点？

5-9　沿程损失与速度平方成正比这句话对吗？为什么？

5-10　什么是局部损失？局部损失计算公式是什么？

5-11　如何减小局部损失？

5-12　什么是水击现象？如何减小水击作用力？

5-13　如何计算水击作用力？

习　题

5-1　密度为 999kg/m³，动力黏度 $\eta = 1.3 \times 10^{-3}$ Pa·s 的液体在直径为 0.5m 的管内以 4m/s 速度流动，判别其流态。

5-2　送风管道直径 0.2m，风速 2.5m/s，若空气温度为 20℃，试判别流态，并计算使其保持层流的最大风速。

5-3　某流体流经一变直径的圆管，若进出口的直径比为 1∶1.5，求雷诺数之比。

5-4　流体在直径 $d = 0.1$m 水平圆管中做层流流动，若管道中心的流速 $u = 0.6$m/s，求其流量。

5-5　运动黏度 $\nu = 1 \times 10^{-3}$ m²/s 的流体在直径 $d = 0.2$m 水平圆管中做层流流动，单位管长的沿程损失为 0.2m，求其平均流速。

5-6　运动黏度 $\nu = 0.001$m²/s，密度 $\rho = 800$kg/m³ 的流体在直径 $d = 0.08$m 的水平圆管中做层流流动，单位管长的沿程损失为 0.4m，求管内的最大流速和最大的切应力。

5-7　流体在直径为 d 圆管中做层流流动，试确定流速等于平均流速的点的位置。

5-8　动力黏度 $\eta = 0.1$Pa·s，密度 $\rho = 900$kg/m³ 的流体在直径 $d = 0.04$m，倾角 $\alpha = 30°$ 的圆管中做层流流动，如图 5-26 所示。测得断面 1—1 压强为 130kPa、2—2 压强为 138kPa，$L = 4$m。求管内的平均流速。

5-9　油在直径 $d=10\text{mm}$，长 $l=5\text{m}$ 的圆管中流动，测得流量 $q_V=0.08\text{L/s}$，流动损失 $h_f=1.5\text{m}$ 油柱，求油的运动黏度。

5-10　输油管道直径 $d=150\text{mm}$，长 $l=400\text{m}$，出口比入口高出 $h=8\text{m}$，若管内入口压强 $p_1=3\times10^5\text{Pa}$，油的密度 $\rho=800\text{kg/m}^3$，油的流速为 $v=2\text{m/s}$，沿程损失系数为 $\lambda=0.028$，求出口的压强。

5-11　运动黏度为 $\nu=4\times10^{-5}\text{m}^2/\text{s}$ 的流体，在管径为 $d=0.02\text{m}$ 的圆管中以 $v=1\text{m/s}$ 的速度流动，求每米管长上的沿程损失。

5-12　运动黏度为 $\nu=2\times10^{-6}\text{m}^2/\text{s}$ 的流体，在管径为 $d=0.02\text{m}$ 的镀锌钢管中以 $v=3\text{m/s}$ 的速度流动，求每米管长上的沿程损失。

5-13　润滑油输送管直径 $d=50\text{mm}$，长 $L=25\text{m}$，流量 $q_V=1\text{L/s}$，如图 5-27 所示。油的密度 $\rho=800\text{kg/m}^3$，出口为大气压。若弯管的等值长度 $l_e=3.2\text{m}$，沿程损失系数 $\lambda=0.02$，求油箱的水头 h。

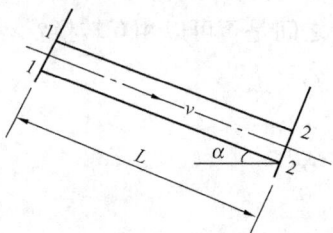

图 5-26　习题 5-8 图　　　　　　　　图 5-27　习题 5-13 图

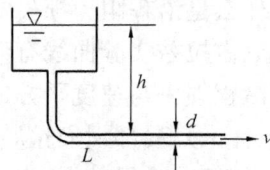

5-14　一圆管输送运动黏度 $\nu=1\times10^{-3}\text{m}^2/\text{s}$ 的流体，流量为 $q_V=0.035\text{m}^3/\text{s}$，若在 $L=15\text{m}$ 长的管中测得损失 $h_f=1.2\text{m}$，求管径 d。

5-15　一铸铁圆管输送 20℃ 的水，流量为 $q_V=10\text{L/s}$，每米管长上的沿程损失 $h_f=0.01\text{m}$，求管径 d。

5-16　为自动将高位水池的水引入低位水池，设计一虹吸管路，如图 5-28 所示。若虹吸管直径 $d=80\text{mm}$，最高点至高位水池液面 $h_1=5\text{m}$，长度 $L_1=8\text{m}$，至低位水池长度 $L_2=12\text{m}$。高低位水池液面高度差 $h_2=4\text{m}$，虹吸管入口局部损失系数 $\zeta_1=0.7$，出口局部损失系数 $\zeta_2=1.0$，若沿程损失系数 $\lambda=0.035$，为防止管内水汽化，破坏虹吸，管内最高点的真空值不能高于 66kPa，问这种布置是否符合要求？

5-17　15℃ 的空气流过直径 $d=1.25\text{m}$，长度 $l=200\text{m}$，绝对粗糙度 $\varepsilon=1\text{mm}$ 的管道，若已知沿程损失 $h_f=0.08\text{m}$，求空气的流量。

5-18　两容器用新的铸铁管连接起来，容器水位保持不变，如图 5-29 所示。已知 $d_1=0.2\text{m}$，$L_1=20\text{m}$，$d_2=0.3\text{m}$，$L_2=30\text{m}$，管 1 为锐边进口，管 2 上阀门为闸阀全开。当流量为 $q_V=0.2\text{m}^3/\text{s}$ 时，求所需的总水头 H。

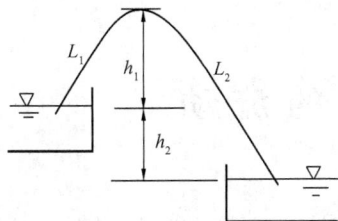

图 5-28　习题 5-16 图

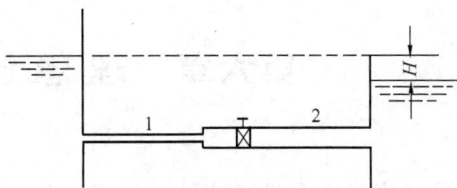

图 5-29　习题 5-18 图

5-19　水平短管从水深 $h=16\text{m}$ 的水箱中排水至大气,如图 5-30 所示。管路的直径分别为 $d_1=50\text{mm}$、$d_2=30\text{mm}$、$d_3=50\text{mm}$,阀门的局部损失系数为 $\zeta=4$,不计沿程损失,求管内的流量。

5-20　如图 5-31 所示两根并联管道。管道 1:管径 $d_1=0.1\text{m}$,管长 $l_1=80\text{m}$,沿程损失系数 $\lambda_1=0.02$,局部损失系数 $\Sigma\zeta_1=4$。管道 2:管径 $d_2=0.08\text{m}$,管长 $l_2=65\text{m}$,沿程损失系数 $\lambda_2=0.025$,局部损失系数 $\Sigma\zeta_2=3$。若总流量 $q_V=0.5\text{m}^3/\text{s}$ 时,求并联管道中的流量各为多少?

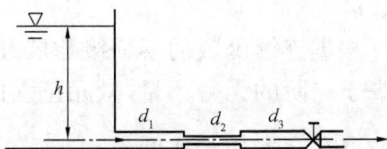

图 5-30　习题 5-19 图

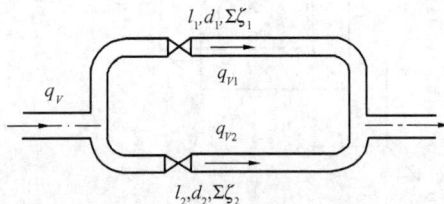

图 5-31　习题 5-20 图

5-21　水箱液面高度恒定为 $h=200\text{m}$,如图 5-32 所示。管路 a、b、c 的长度均为 600m,直径均为 $d=500\text{mm}$,沿程损失系数均为 $\lambda=0.03$。当泵的扬程为 $H=15\text{m}$ 时,b 管路的流速 $v=5.0\text{m/s}$,忽略局部损失,求 c 管路的出口高度。

5-22　分支管道系统中的三水池 A、B、C 的高度为 $h_1=100\text{m}$,$h_2=80\text{m}$,$h_3=60\text{m}$,三支管的直径均为 $d=0.85\text{m}$,$L_1=900\text{m}$,$L_2=800\text{m}$,$L_3=700\text{m}$,如图 5-33 所示。若流体运动黏度 $\nu=1.0\times10^{-6}\text{m}^2/\text{s}$,管道材料均为铸铁,求各分管道中的流量。

5-23　来自水箱的输水管道,长 $L=60\text{m}$,$d=0.08\text{m}$,管壁厚度 $\delta=10\text{mm}$,管材的弹性系数 $K=2\times10^{11}\text{Pa}$,管中水流速度为 $v=2\text{m/s}$。当阀门突然关闭时,水击作用力为多少?

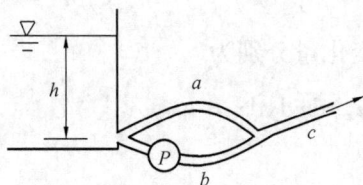

图 5-32　习题 5-21 图

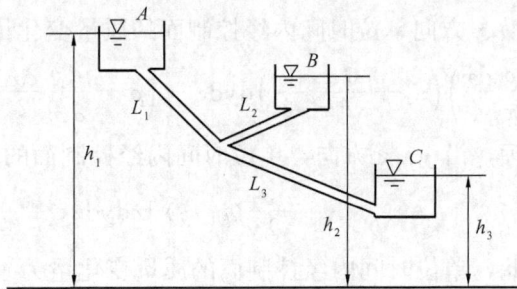

图 5-33　习题 5-22 图

第六章　理 想 流 体 的 流 动

理想流体是指没有黏性的流体，虽然工程实际中流体都是有黏性的，但如前所述，研究理想流体流动具有非常重要的意义。本章主要讨论理想流体二元或三元流动的连续性方程、运动方程，有旋流动的基本定理、平面无旋流动的特点等。

第一节　流体的连续性微分方程

连续性方程是质量守恒定理在流体流动过程中的应用。在流场中任取一边长分别为 $\mathrm{d}x$、$\mathrm{d}y$、$\mathrm{d}z$ 的微元正六面体为控制体，如图6-1所示。正六面体形心的密度为 ρ，速度为 $\vec{u}$，速度沿三个坐标轴的分量为 u_x、u_y、u_z。

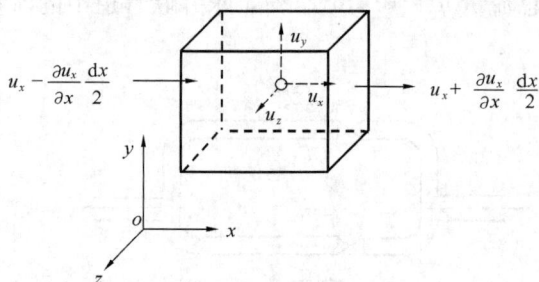

图 6-1　微元正六面体

根据连续函数的泰勒级数展开式，并略去高于一阶的无穷小量，微元正六面体左侧中心点在 x 方向的速度为 $u_x - \dfrac{\partial u_x}{\partial x}\dfrac{\mathrm{d}x}{2}$，密度为 $\rho - \dfrac{\partial \rho}{\partial x}\dfrac{\mathrm{d}x}{2}$；右侧中心点在 x 方向的速度为 $u_x + \dfrac{\partial u_x}{\partial x}\dfrac{\mathrm{d}x}{2}$，密度为 $\rho + \dfrac{\partial \rho}{\partial x}\dfrac{\mathrm{d}x}{2}$。因此，沿 x 方向，单位时间内经控制面流入的质量为

$$\left(\rho - \frac{\partial \rho}{\partial x}\frac{\mathrm{d}x}{2}\right)\left(u_x - \frac{\partial u_x}{\partial x}\frac{\mathrm{d}x}{2}\right)\mathrm{d}y\mathrm{d}z$$

沿 x 方向，单位时间内经控制面流出的质量为

$$\left(\rho + \frac{\partial \rho}{\partial x}\frac{\mathrm{d}x}{2}\right)\left(u_x + \frac{\partial u_x}{\partial x}\frac{\mathrm{d}x}{2}\right)\mathrm{d}y\mathrm{d}z$$

于是，沿 x 方向单位时间内经控制面的质量变化量为

$$\left(\rho + \frac{\partial \rho}{\partial x}\frac{\mathrm{d}x}{2}\right)\left(u_x + \frac{\partial u_x}{\partial x}\frac{\mathrm{d}x}{2}\right)\mathrm{d}y\mathrm{d}z - \left(\rho - \frac{\partial \rho}{\partial x}\frac{\mathrm{d}x}{2}\right)\left(u_x - \frac{\partial u_x}{\partial x}\frac{\mathrm{d}x}{2}\right)\mathrm{d}y\mathrm{d}z = \frac{\partial}{\partial x}(\rho u_x)\mathrm{d}x\mathrm{d}y\mathrm{d}z$$

同理，沿 y、z 方向，单位时间内经控制面的质量变化量分别为

$$\frac{\partial}{\partial y}(\rho u_y)\mathrm{d}x\mathrm{d}y\mathrm{d}z, \quad \frac{\partial}{\partial z}(\rho u_z)\mathrm{d}x\mathrm{d}y\mathrm{d}z$$

因此，单位时间内经控制面的质量变化量为

$$\frac{\partial}{\partial x}(\rho u_x)\mathrm{d}x\mathrm{d}y\mathrm{d}z + \frac{\partial}{\partial y}(\rho u_y)\mathrm{d}x\mathrm{d}y\mathrm{d}z + \frac{\partial}{\partial z}(\rho u_z)\mathrm{d}x\mathrm{d}y\mathrm{d}z$$

控制体内的质量对时间的变化率为

$$\frac{\partial \rho}{\partial t}\mathrm{d}x\mathrm{d}y\mathrm{d}z$$

由质量守恒定理，可得

$$\frac{\partial}{\partial x}(\rho\,u_x)\mathrm{d}x\mathrm{d}y\mathrm{d}z+\frac{\partial}{\partial y}(\rho\,u_y)\mathrm{d}x\mathrm{d}y\mathrm{d}z+\frac{\partial}{\partial z}(\rho\,u_z)\mathrm{d}x\mathrm{d}y\mathrm{d}z+\frac{\partial \rho}{\partial t}\mathrm{d}x\mathrm{d}y\mathrm{d}z=0 \tag{6-1}$$

将式（6-1）两边同除以 $\mathrm{d}x\mathrm{d}y\mathrm{d}z$，得

$$\frac{\partial}{\partial x}(\rho\,u_x)+\frac{\partial}{\partial y}(\rho\,u_y)+\frac{\partial}{\partial z}(\rho\,u_z)+\frac{\partial \rho}{\partial t}=0 \tag{6-2}$$

式（6-2）即为微分形式的连续性方程，其矢量形式为

$$\mathrm{div}(\rho\,\vec{u})+\frac{\partial \rho}{\partial t}=0 \quad 或 \nabla\cdot(\rho\,\vec{u})+\frac{\partial \rho}{\partial t}=0 \tag{6-3}$$

式中　div——散度。

对于定常流动，$\frac{\partial \rho}{\partial t}=0$，则式（6-2）可简化为

$$\frac{\partial}{\partial x}(\rho\,u_x)+\frac{\partial}{\partial y}(\rho\,u_y)+\frac{\partial}{\partial z}(\rho\,u_z)=0 \tag{6-4}$$

其矢量形式为

$$\nabla\cdot(\rho\,\vec{u})=0 \tag{6-5}$$

对于不可压缩流体，式（6-2）可简化为

$$\frac{\partial u_x}{\partial x}+\frac{\partial u_y}{\partial y}+\frac{\partial u_z}{\partial z}=0 \tag{6-6}$$

其矢量形式为

$$\nabla\cdot\vec{u}=0 \tag{6-7}$$

对于二维不可压缩流体流动，式（6-6）又可进一步简化为

$$\frac{\partial u_x}{\partial x}+\frac{\partial u_y}{\partial y}=0 \tag{6-8}$$

【例 6-1】　有一不可压缩流场，速度分布为 $\vec{u}=x^2\,\vec{i}-2xy\vec{j}$，求证其连续性。

解　由题意可知，不可压缩流场 $u_x=x^2$，$u_y=-2xy$

$$\frac{\partial u_x}{\partial x}+\frac{\partial u_y}{\partial y}=2x+(-2x)=0$$

即流场连续。

第二节　流体微团运动的分析

流体区别于固体的一个最明显的特性就是流动性，流体在流动过程中，不但可以像刚体那样移动、转动，而且可以发生变形，连续的变形就是流动。一般情况下，流体微团的运动可以分解为移动、转动和变形三种形式。

在流场中任取一边长分别为 $\mathrm{d}x$、$\mathrm{d}y$、$\mathrm{d}z$ 的微元正六面体为控制体，如图 6-2 所示。正六面体的形心速度为 $\vec{u}$，速度沿三个坐标轴的分量为 u_x、u_y、u_z。根据连续函数的泰勒级数展开式，并略去高于一阶的无穷小量，可得到六面体八个顶点的速度，图 6-2 中显示了 E 点

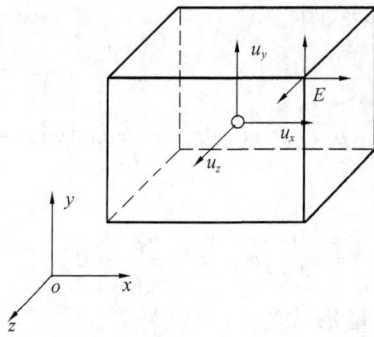

$$u_{Ex}=u_x+\frac{\partial u_x}{\partial x}\frac{\mathrm{d}x}{2}+\frac{\partial u_x}{\partial y}\frac{\mathrm{d}y}{2}+\frac{\partial u_x}{\partial z}\frac{\mathrm{d}z}{2}$$

$$u_{Ey}=u_y+\frac{\partial u_y}{\partial x}\frac{\mathrm{d}x}{2}+\frac{\partial u_y}{\partial y}\frac{\mathrm{d}y}{2}+\frac{\partial u_y}{\partial z}\frac{\mathrm{d}z}{2}$$

$$u_{Ez}=u_z+\frac{\partial u_z}{\partial x}\frac{\mathrm{d}x}{2}+\frac{\partial u_z}{\partial y}\frac{\mathrm{d}y}{2}+\frac{\partial u_z}{\partial z}\frac{\mathrm{d}z}{2}$$

图 6-2　流体微团的运动

的速度。

为了便于讨论，我们首先分析流体微团的平面运动。取边长分别为 $\mathrm{d}x$、$\mathrm{d}y$ 的长方形微团 $ABCD$，如图 6-3 所示。形心的速度为 $\vec{u}$，在 x、y 方向的分速度分别为 u_x、u_y。根据连续函数的泰勒级数展开式，并略去高于一阶的无穷小量，可得到四个顶点 A、B、C、D 的速度。流体微团中各点的速度不同，在经过 $\mathrm{d}t$ 时间间隔后，流体微团的位置和形状都发生了变化。

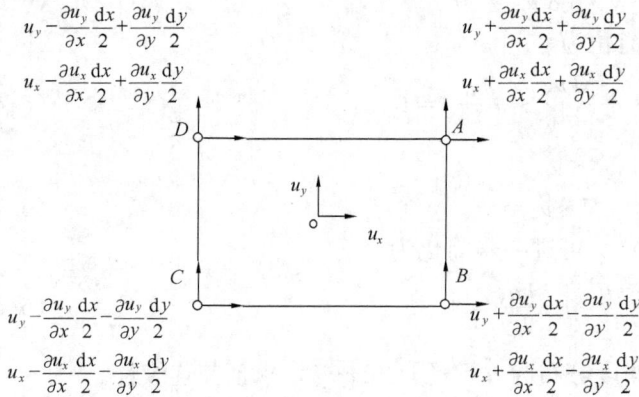

图 6-3　流体微团平面运动

（1）移动。由图 6-3 可知，形心的速度分量 u_x、u_y 是流体微团中各点速度分量的组成部分，u_x、u_y 应是流体微团的平移移动速度。若只考虑流体微团的 u_x、u_y，经过 $\mathrm{d}t$ 时间间隔后流体微团只是平移了距离 $u_x\mathrm{d}t$、$u_y\mathrm{d}t$，形状并不改变，如图 6-4（a）所示。

（2）线变形。由图 6-3 可知，A 与 D 在 x 方向的速度差为 $\frac{\partial u_x}{\partial x}\mathrm{d}x$，$B$ 与 C 在 x 方向的速度差也为 $\frac{\partial u_x}{\partial x}\mathrm{d}x$，

经过 $\mathrm{d}t$ 时间间隔后，流体微团 AD 边、BC 边均向左右伸长（或缩短）$\frac{\partial u_x}{\partial x}\mathrm{d}x\mathrm{d}t$。$A$ 与 B 在 y 方向的速度差为 $\frac{\partial u_y}{\partial y}\mathrm{d}y$，$D$ 与 C 在 y 方向的速度差也为 $\frac{\partial u_y}{\partial y}\mathrm{d}y$，经过 $\mathrm{d}t$ 时间间隔后，由于连续性，流体微团 AB 边、DC 边均向上下缩短（或伸长）$\frac{\partial u_y}{\partial y}\mathrm{d}y\mathrm{d}t$，如图 6-4（b）所示。定义单位时间、单位长度上的伸长或缩短量为线应变速度，则 $\frac{\partial u_x}{\partial x}$ 应是流体微团在 x 方向的线应变速度，$\frac{\partial u_y}{\partial y}$ 应是流体微团在 y 方向的线应变速度。

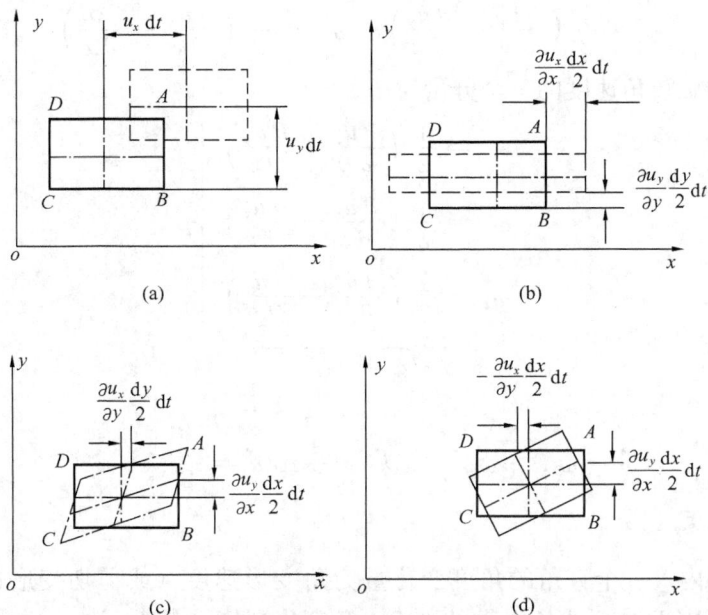

图 6-4　流体微团运动分解

（3）角变形和旋转。由图 6-3 可知，A 与 D 在 y 方向的速度差为 $\frac{\partial u_y}{\partial x}\mathrm{d}x$，$B$ 与 C 在 y 方向的速度差也为 $\frac{\partial u_y}{\partial x}\mathrm{d}x$，经过 $\mathrm{d}t$ 时间间隔后，AD、BC 逆时针方向旋转了微元角度 $\mathrm{d}\alpha$。由于 $\mathrm{d}\alpha$ 为微元角度，所以

$$\mathrm{d}\alpha = \tan(\mathrm{d}\alpha) = \left(\frac{\partial u_y}{\partial x}\frac{\mathrm{d}x}{2}\mathrm{d}t\right)\Big/\left(\frac{\mathrm{d}x}{2}\right) = \frac{\partial u_y}{\partial x}\mathrm{d}t$$

A 与 B 在 x 方向的速度差为 $\frac{\partial u_x}{\partial y}\mathrm{d}y$，$D$ 与 C 在 x 方向的速度差也为 $\frac{\partial u_x}{\partial y}\mathrm{d}y$，经过 $\mathrm{d}t$ 时间间隔后，AB、DC 沿顺时针方向旋转了微元角度 $\mathrm{d}\beta$。由于 $\mathrm{d}\beta$ 为微元角度，所以

$$\mathrm{d}\beta = \tan(\mathrm{d}\beta) = \left(\frac{\partial u_x}{\partial y}\frac{\mathrm{d}y}{2}\mathrm{d}t\right)\Big/\left(\frac{\mathrm{d}y}{2}\right) = \frac{\partial u_x}{\partial y}\mathrm{d}t$$

若 $\frac{\partial u_x}{\partial y} = -\frac{\partial u_y}{\partial x}$，矩形 $ABCD$ 各边均向逆时针方向旋转，流体微团形状不变，只是向逆时针方向旋转了某一角度，如图 6-4（d）所示。若 $\frac{\partial u_x}{\partial y} \neq -\frac{\partial u_y}{\partial x}$，流体微团不但发生旋转，而且还要发生角变形，结果由矩形变成了平行四边形，如图 6-4（c）所示。定义单位时间内绕同一转轴的、相互垂直的两条边的旋转角度的平均值为旋转角速度，用 $\bar{\omega}$ 表示。由于 $\mathrm{d}\alpha$、$\mathrm{d}\beta$ 旋转方向相反，旋转角度的平均值为 $\frac{1}{2}(\mathrm{d}\alpha-\mathrm{d}\beta)$，所以，矩形 $ABCD$ 绕 Z 轴的旋转角速度分量为

$$\omega_z = \frac{1}{2}\left(\frac{\mathrm{d}\alpha - \mathrm{d}\beta}{\mathrm{d}t}\right) = \frac{1}{2}\left(\frac{\partial u_y}{\partial x} - \frac{\partial u_x}{\partial y}\right) \tag{6-9}$$

同理，可求得绕 x、y 轴的旋转角速度分量：

$$\omega_x = \frac{1}{2}\left(\frac{\partial u_z}{\partial y} - \frac{\partial u_y}{\partial z}\right), \quad \omega_y = \frac{1}{2}\left(\frac{\partial u_x}{\partial z} - \frac{\partial u_z}{\partial x}\right)$$

于是，流体微团的旋转角速度的三个分量为

$$\left.\begin{array}{l} \omega_x = \dfrac{1}{2}\left(\dfrac{\partial u_z}{\partial y} - \dfrac{\partial u_y}{\partial z}\right) \\[2mm] \omega_y = \dfrac{1}{2}\left(\dfrac{\partial u_x}{\partial z} - \dfrac{\partial u_z}{\partial x}\right) \\[2mm] \omega_z = \dfrac{1}{2}\left(\dfrac{\partial u_y}{\partial x} - \dfrac{\partial u_x}{\partial y}\right) \end{array}\right\} \tag{6-10}$$

显然
$$\omega = \sqrt{\omega_x^2 + \omega_y^2 + \omega_z^2} \tag{6-11}$$

其矢量形式为

$$\vec{\omega} = \omega_x \vec{i} + \omega_y \vec{j} + \omega_z \vec{k} = \frac{1}{2}\mathrm{rot}\vec{u} = \frac{1}{2}\nabla \times \vec{u} \tag{6-12}$$

式中　rot——旋度。

定义单位时间内，一个直角的角度变化量为角变形速度（或剪切变形速度），用 $2\dot{\gamma}$ 表示。所以，矩形 $ABCD$ 在垂直于 z 轴的平面上角变形速度分量为

$$2\dot{\gamma}_z = \frac{\mathrm{d}\alpha + \mathrm{d}\beta}{\mathrm{d}t} = \frac{\partial u_y}{\partial x} + \frac{\partial u_x}{\partial y} \tag{6-13}$$

同理，可求得在垂直于 x、y 轴平面上的角变形速度分量为

$$2\dot{\gamma}_x = \frac{\partial u_z}{\partial y} + \frac{\partial u_y}{\partial z}, \quad 2\dot{\gamma}_y = \frac{\partial u_x}{\partial z} + \frac{\partial u_z}{\partial x}$$

于是，流体微团的角变形速度之半的三个分量为

$$\left.\begin{array}{l} \dot{\gamma}_x = \dfrac{1}{2}\left(\dfrac{\partial u_z}{\partial y} + \dfrac{\partial u_y}{\partial z}\right) \\[2mm] \dot{\gamma}_y = \dfrac{1}{2}\left(\dfrac{\partial u_x}{\partial z} + \dfrac{\partial u_z}{\partial x}\right) \\[2mm] \dot{\gamma}_z = \dfrac{1}{2}\left(\dfrac{\partial u_y}{\partial x} + \dfrac{\partial u_x}{\partial y}\right) \end{array}\right\} \tag{6-14}$$

现在，我们进一步用数学方法来分析图 6-2 中 E 点的速度。

$$\begin{aligned} u_{Ex} &= u_x + \frac{\partial u_x}{\partial x}\frac{\mathrm{d}x}{2} + \frac{\partial u_x}{\partial y}\frac{\mathrm{d}y}{2} + \frac{\partial u_z}{\partial z}\frac{\mathrm{d}z}{2} \\ &= u_x + \frac{\partial u_x}{\partial x}\frac{\mathrm{d}x}{2} + \frac{1}{2}\left(\frac{\partial u_x}{\partial z} + \frac{\partial u_z}{\partial x}\right)\frac{\mathrm{d}z}{2} + \frac{1}{2}\left(\frac{\partial u_y}{\partial x} + \frac{\partial u_x}{\partial y}\right)\frac{\mathrm{d}y}{2} \\ &\quad + \frac{1}{2}\left(\frac{\partial u_x}{\partial z} - \frac{\partial u_z}{\partial x}\right)\frac{\mathrm{d}z}{2} - \frac{1}{2}\left(\frac{\partial u_y}{\partial x} - \frac{\partial u_x}{\partial y}\right)\frac{\mathrm{d}y}{2} \end{aligned} \tag{6-15}$$

将式（6-10）、式（6-14）代入式（6-15），得

$$u_{Ex} = u_x + \frac{\partial u_x}{\partial x}\frac{\mathrm{d}x}{2} + \left(\dot{\gamma}_y\frac{\mathrm{d}z}{2} + \dot{\gamma}_z\frac{\mathrm{d}y}{2}\right) + \left(\omega_y\frac{\mathrm{d}z}{2} - \omega_z\frac{\mathrm{d}y}{2}\right) \tag{6-16}$$

同理，可得 E 点在 y、z 方向上的速度分量，则 E 点的速度可表示为

$$
\left.
\begin{aligned}
u_{Ex} &= u_x + \frac{\partial u_x}{\partial x}\frac{\mathrm{d}x}{2} + \left(\dot{\gamma}_y\frac{\mathrm{d}z}{2} + \dot{\gamma}_z\frac{\mathrm{d}y}{2}\right) + \left(\omega_y\frac{\mathrm{d}z}{2} - \omega_z\frac{\mathrm{d}y}{2}\right) \\
u_{Ey} &= u_y + \frac{\partial u_y}{\partial y}\frac{\mathrm{d}y}{2} + \left(\dot{\gamma}_z\frac{\mathrm{d}x}{2} + \dot{\gamma}_x\frac{\mathrm{d}z}{2}\right) + \left(\omega_z\frac{\mathrm{d}x}{2} - \omega_x\frac{\mathrm{d}z}{2}\right) \\
u_{Ez} &= u_z + \frac{\partial u_z}{\partial z}\frac{\mathrm{d}z}{2} + \left(\dot{\gamma}_x\frac{\mathrm{d}y}{2} + \dot{\gamma}_y\frac{\mathrm{d}x}{2}\right) + \left(\omega_x\frac{\mathrm{d}y}{2} - \omega_y\frac{\mathrm{d}x}{2}\right)
\end{aligned}
\right\}
\tag{6-17}
$$

式(6-17)中，各速度分量的第一项是平移速度分量，第二、三、四项分别是线变形、角变形和旋转运动引起的线速度分量。由此可以证明，一般情况下流体微团的运动可以分解为三部分：随流体微团中某一点的平移运动；绕该点的旋转运动；变形运动(包括线变形和角变形)。

根据流体微团是否旋转，可以将流体的流动分为两大类：有旋流动和无旋流动。流体微团不旋转，即 $\vec{\omega} = 0$，称为无旋流动；流体微团旋转，即 $\vec{\omega} \neq 0$，称为有旋流动。

流体运动的有旋、无旋由流体微团自身是否旋转决定，与流体微团的运动轨迹无关。如图 6-5 (a) 中所示的流体微团的运动轨迹为圆形，但流动是无旋的；图 6-5 (b) 中所示的流体微团的运动轨迹为直线，但流动却是有旋的。

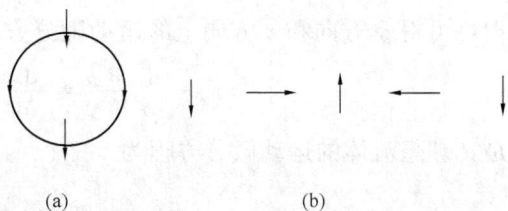

图 6-5　流体微团有旋、无旋运动

【例 6-2】　有一流场，速度分布为 $u_x = x$，$u_y = -y$，问流场为有旋流动还是无旋流动？

解
$$
\omega_z = \frac{1}{2}\left(\frac{\partial u_y}{\partial x} - \frac{\partial u_x}{\partial y}\right) = \frac{1}{2}(0 - 0) = 0
$$

即 $\vec{\omega} = 0$，流场为无旋流动。

【例 6-3】　有一流场，速度分布为 $\vec{u} = (x+y)\vec{i} + y\vec{j} + (3-2z)\vec{k}$，问流场为有旋流动还是无旋流动？

解
$$
\omega_x = \frac{1}{2}\left(\frac{\partial u_z}{\partial y} - \frac{\partial u_y}{\partial z}\right) = \frac{1}{2}(0 - 0) = 0
$$
$$
\omega_y = \frac{1}{2}\left(\frac{\partial u_x}{\partial z} - \frac{\partial u_z}{\partial x}\right) = \frac{1}{2}(0 - 0) = 0
$$
$$
\omega_z = \frac{1}{2}\left(\frac{\partial u_y}{\partial x} - \frac{\partial u_x}{\partial y}\right) = \frac{1}{2}(0 - 1) = -\frac{1}{2} \neq 0
$$

即 $\vec{\omega} \neq 0$，流场为有旋流动。

第三节　理想流体的运动微分方程

理想流体的运动微分方程可以根据牛顿第二运动定律求得。在流场中任取一边长分别为 $\mathrm{d}x$、$\mathrm{d}y$、$\mathrm{d}z$ 的微元正六面体为控制体，如图 6-6 所示。六面体的形心密度为 ρ，速度为 $\vec{u}$，压

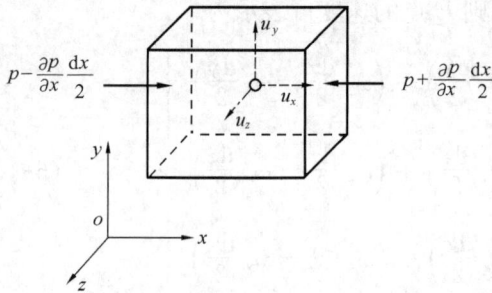

图 6-6 微元正六面体受力分析

强为 p。由于是理想流体,微元正六面体只受到压力和质量力作用。若单位质量的质量力 $\vec{f}$ 在 x、y 和 z 轴上的分力为 f_x、f_y 和 f_z,根据连续函数的泰勒级数展开式,并略去高于一阶的无穷小量,微元正六面体左侧中心点的压强为 $p-\dfrac{\partial p}{\partial x}\dfrac{\mathrm{d}x}{2}$;右侧中心点的压强为 $p+\dfrac{\partial p}{\partial x}\dfrac{\mathrm{d}x}{2}$。根据牛顿第二运动定律,$x$ 方向上的运动微分方程为

$$f_x\rho\,\mathrm{d}x\mathrm{d}y\mathrm{d}z+\left(p-\frac{\partial p}{\partial x}\frac{\mathrm{d}x}{2}\right)\mathrm{d}y\mathrm{d}z-\left(p+\frac{\partial p}{\partial x}\frac{\mathrm{d}x}{2}\right)\mathrm{d}y\mathrm{d}z=\frac{\mathrm{d}u_x}{\mathrm{d}t}\rho\,\mathrm{d}x\mathrm{d}y\mathrm{d}z$$

化简得

$$f_x-\frac{1}{\rho}\frac{\partial p}{\partial x}=\frac{\mathrm{d}u_x}{\mathrm{d}t}$$

同理,可得 y 方向和 z 方向上的运动微分方程分别为

$$f_y-\frac{1}{\rho}\frac{\partial p}{\partial y}=\frac{\mathrm{d}u_y}{\mathrm{d}t},\quad f_z-\frac{1}{\rho}\frac{\partial p}{\partial z}=\frac{\mathrm{d}u_z}{\mathrm{d}t}$$

于是,理想流体的运动微分方程为

$$\left.\begin{aligned}f_x-\frac{1}{\rho}\frac{\partial p}{\partial x}&=\frac{\mathrm{d}u_x}{\mathrm{d}t}\\ f_y-\frac{1}{\rho}\frac{\partial p}{\partial y}&=\frac{\mathrm{d}u_y}{\mathrm{d}t}\\ f_z-\frac{1}{\rho}\frac{\partial p}{\partial z}&=\frac{\mathrm{d}u_z}{\mathrm{d}t}\end{aligned}\right\}\tag{6-18}$$

其矢量形式为

$$\vec{f}-\frac{1}{\rho}\nabla p=\frac{\mathrm{d}\vec{u}}{\mathrm{d}t}\tag{6-19}$$

理想流体的运动微分方程又称为欧拉运动微分方程。当流体处于平衡状态时,$\dfrac{\mathrm{d}u_x}{\mathrm{d}t}=\dfrac{\mathrm{d}u_y}{\mathrm{d}t}=\dfrac{\mathrm{d}u_z}{\mathrm{d}t}=0$,则欧拉运动微分方程简化为欧拉平衡微分方程。

理想流体的运动微分方程适用于理想流体的任何流动,但从方程中无法看出流动是有旋还是无旋的。为了解决这个问题,将欧拉运动微分方程的形式做如下变换:

将方程组(6-18)的第一式右端展开,加、减 $u_y\dfrac{\partial u_y}{\partial x}$ 和 $u_z\dfrac{\partial u_z}{\partial x}$,重新组合,即

$$\begin{aligned}\frac{\mathrm{d}u_x}{\mathrm{d}t}&=\frac{\partial u_x}{\partial t}+u_x\frac{\partial u_x}{\partial x}+u_y\frac{\partial u_x}{\partial y}+u_z\frac{\partial u_x}{\partial z}\\ &=\frac{\partial u_x}{\partial t}+\left(u_x\frac{\partial u_x}{\partial x}+u_y\frac{\partial u_y}{\partial x}+u_z\frac{\partial u_z}{\partial x}\right)+u_y\left(\frac{\partial u_x}{\partial y}-\frac{\partial u_y}{\partial x}\right)+u_z\left(\frac{\partial u_x}{\partial z}-\frac{\partial u_z}{\partial x}\right)\\ &=\frac{\partial u_x}{\partial t}+\frac{\partial}{\partial x}\left(\frac{u_x^2+u_y^2+u_z^2}{2}\right)-2u_y\omega_z+2u_z\omega_y\end{aligned}$$

即
$$\frac{\mathrm{d}u_x}{\mathrm{d}t} = \frac{\partial u_x}{\partial t} + \frac{\partial}{\partial x}\left(\frac{u^2}{2}\right) + 2\left(u_z\omega_y - u_y\omega_z\right)$$

将式(6-18)的第二、三式右端做同样处理，可得到欧拉运动微分方程的另一形式：

$$\left.\begin{array}{l} f_x - \dfrac{1}{\rho}\,\dfrac{\partial p}{\partial x} - \dfrac{\partial}{\partial x}\left(\dfrac{u^2}{2}\right) = \dfrac{\partial u_x}{\partial t} + 2\left(u_z\omega_y - u_y\omega_z\right) \\[2mm] f_y - \dfrac{1}{\rho}\,\dfrac{\partial p}{\partial y} - \dfrac{\partial}{\partial y}\left(\dfrac{u^2}{2}\right) = \dfrac{\partial u_y}{\partial t} + 2\left(u_x\omega_z - u_z\omega_x\right) \\[2mm] f_z - \dfrac{1}{\rho}\,\dfrac{\partial p}{\partial z} - \dfrac{\partial}{\partial z}\left(\dfrac{u^2}{2}\right) = \dfrac{\partial u_z}{\partial t} + 2\left(u_y\omega_x - u_x\omega_y\right) \end{array}\right\} \qquad (6\text{-}20)$$

其矢量形式为

$$f - \frac{1}{\rho}\nabla p - \nabla\left(\frac{u^2}{2}\right) = \frac{\partial v}{\partial t} + 2\left(\vec{\omega}\times\vec{u}\right) \qquad (6\text{-}21)$$

式（6-20）和式（6-21）又称为兰姆（Lamb）运动微分方程。由于方程中既有线速度 u_x、u_y、u_z，又有角速度 ω_x、ω_y、ω_z，所以从方程形式上可直接看出流动的特性。如果方程组中 $\omega_x = \omega_y = \omega_z = 0$，流动便是无旋的。

若理想流体的质量力有势函数 π，则

$$f_x = -\frac{\partial \pi}{\partial x},\ f_y = -\frac{\partial \pi}{\partial y},\ f_z = -\frac{\partial \pi}{\partial z}$$

如果流体又是正压性的流体，即 $\rho = \rho(p)$，此时存在一个压强函数 $P_F = \displaystyle\int \frac{\mathrm{d}p}{\rho(p)}$，且

$$\frac{\partial P_F}{\partial x} = \frac{1}{\rho}\,\frac{\partial p}{\partial x}, \quad \frac{\partial P_F}{\partial y} = \frac{1}{\rho}\,\frac{\partial p}{\partial y}, \quad \frac{\partial P_F}{\partial z} = \frac{1}{\rho}\,\frac{\partial p}{\partial z}$$

将上式代入式（6-20），得

$$\left.\begin{array}{l} -\dfrac{\partial}{\partial x}\left(\dfrac{u^2}{2} + \pi + P_F\right) = \dfrac{\partial u_x}{\partial t} + 2\left(u_z\omega_y - u_y\omega_z\right) \\[2mm] -\dfrac{\partial}{\partial y}\left(\dfrac{u^2}{2} + \pi + P_F\right) = \dfrac{\partial u_y}{\partial t} + 2\left(u_x\omega_z - u_z\omega_x\right) \\[2mm] -\dfrac{\partial}{\partial z}\left(\dfrac{u^2}{2} + \pi + P_F\right) = \dfrac{\partial u_z}{\partial t} + 2\left(u_y\omega_x - u_x\omega_y\right) \end{array}\right\} \qquad (6\text{-}22)$$

其矢量形式为

$$-\nabla\left(\frac{u^2}{2} + \pi + P_F\right) = \frac{\partial \vec{u}}{\partial t} + 2\left(\vec{\omega}\times\vec{u}\right)$$

理想的正压性的流体在有势的质量力作用下做定常无旋流动，式（6-22）右端为零，式（6-22）可变为

$$\left.\begin{array}{l} -\dfrac{\partial}{\partial x}\left(\dfrac{u^2}{2} + \pi + P_F\right) = 0 \\[2mm] -\dfrac{\partial}{\partial y}\left(\dfrac{u^2}{2} + \pi + P_F\right) = 0 \\[2mm] -\dfrac{\partial}{\partial z}\left(\dfrac{u^2}{2} + \pi + P_F\right) = 0 \end{array}\right\} \qquad (6\text{-}22a)$$

即
$$\mathrm{d}\left(\frac{u^2}{2} + \pi + P_F\right) = 0$$

积分得
$$\frac{u^2}{2} + \pi + P_F = C$$

上式表明：理想的正压性流体在有势的质量力作用下做定常无旋流动，单位质量流体的总机械能在流场中保持不变。

理想的正压性的流体在有势的质量力作用下做定常有旋流动，式（6-22）右端第一项为零，即

$$
\left.
\begin{aligned}
-\frac{\partial}{\partial x}\left(\frac{u^2}{2} + \pi + P_F\right) &= 2\,(u_z\omega_y - u_y\omega_z) \\
-\frac{\partial}{\partial y}\left(\frac{u^2}{2} + \pi + P_F\right) &= 2\,(u_x\omega_z - u_z\omega_x) \\
-\frac{\partial}{\partial z}\left(\frac{u^2}{2} + \pi + P_F\right) &= 2\,(u_y\omega_x - u_x\omega_y)
\end{aligned}
\right\}
\qquad (6\text{-}22\mathrm{b})
$$

在流场中任一流线上取有向微元线段 $\mathrm{d}s$，其在三坐标轴上的分量分别 $\mathrm{d}x$、$\mathrm{d}y$、$\mathrm{d}z$。由于流线与迹线重合，则 $\mathrm{d}x = u_x\mathrm{d}t$，$\mathrm{d}y = u_y\mathrm{d}t$，$\mathrm{d}z = u_z\mathrm{d}t$，将其左、右端分别与式（6-22b）的左右两端相乘，再将所得三式相加，可得

$$\mathrm{d}\left(\frac{u^2}{2} + \pi + P_F\right) = 0$$

积分得
$$\frac{u^2}{2} + \pi + P_F = C$$

上式表明：理想的正压性流体在有势的质量力作用下做定常有旋流动时，单位质量流体的总机械能沿流线保持不变，不同的流线积分常数 C 不同。

第四节　理想流体有旋流动

在自然界和工程实际中，大部分流体的流动是有旋流动。例如，大气中的龙卷风，流体在管道中流动等都是有旋流动。有旋流动对流体的运动规律产生重大影响，是工程中必须解决的一个重要问题。

一、涡线、涡管、涡束和涡通量

在有旋流场的全部或局部区域中，连续地充满着绕自身轴线以角速度 $\vec{\omega}\,(x,y,z,t)$ 旋转的流体微团，于是形成了一个涡量场。流体力学中用涡量 Ω 来描述流体微团的旋转运动，定义 $\Omega = 2\vec{\omega}$。

对于有旋流动，流场既是速度场又是涡量场。如同速度场可以通过流线、流管、流束和流量来描述一样，涡量场也可以通过涡线、涡管、涡束和旋涡强度来描述。

涡线是某一瞬时有旋流场中流体微团的瞬时旋转轴线，轴线上任一点的切线方向与该点的旋转角速度矢量 $\vec{\omega}$ 方向一致（旋转角速度矢量方向由右手法则确定，即右手四指环绕方向与旋转方向一致，拇指方向为旋转角速度矢量方向），如图 6-7 所示。

在非定常流动中，涡线的形状和位置是变化的；只有在定常流动中，涡线的形状和位置保持不变。根据涡线上任一点的切线方向与该点的旋转角速度矢量方向一致的特点，可以得到涡线的微分方程

$$\frac{\mathrm{d}x}{\omega_x(x,y,z,t)} = \frac{\mathrm{d}y}{\omega_y(x,y,z,t)} = \frac{\mathrm{d}z}{\omega_z(x,y,z,t)} \tag{6-23}$$

一般情况下，涡线是不能相交和转折的。

在给定的瞬时，在涡量场中任取一不是涡线的封闭曲线，过曲线上的任一点作一条涡线，这些涡线所形成的管状表面，称为涡管，如图 6-8 所示。截面积为无限小的涡管称为微元涡管。

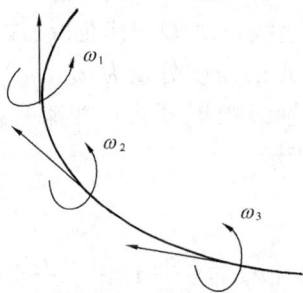

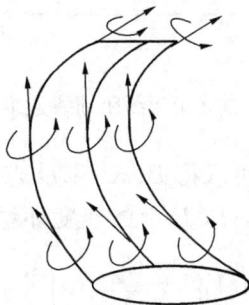

图 6-7　涡线　　　　　　　　　　图 6-8　涡管

涡管里面的流体称为涡束。

旋转角速度 ω 与垂直于角速度方向上的微元涡管截面积 $\mathrm{d}A$ 乘积的两倍定义为微元涡管的旋涡强度（或涡管强度、涡通量），用 $\mathrm{d}J$ 表示，即

$$\mathrm{d}J = 2\omega\mathrm{d}A$$

显然，有限截面涡管内的旋涡强度

$$J = 2\iint_A \omega_n \mathrm{d}A \tag{6-24}$$

二、速度环量、斯托克斯（Stokes）定理

1. 速度环量

在流场中，流量的大小可反映流体运动的强弱。同样，在有旋流场中，旋涡强度的大小也可反映流体微团做有旋运动的强弱，但旋涡强度一般无法直接测得。根据观察可以发现，旋涡强度与旋涡周围的速度分布有关。

流场中，某封闭周线上的速度矢量沿封闭周线的线积分，定义为速度环量，用 Γ 表示，即

$$\Gamma = \oint_l \vec{u} \cdot \mathrm{d}\vec{l} = \oint_l u_x\mathrm{d}x + u_y\mathrm{d}y + u_z\mathrm{d}z \tag{6-25}$$

其极坐标形式为

$$\Gamma = \oint_l u_\theta r\mathrm{d}\theta + u_r\mathrm{d}r \tag{6-26}$$

速度环量是标量，它的正负不仅与速度方向有关，而且与线积分的绕行方向有关。为统一起见，规定沿封闭曲线线积分的正方向为逆时针方向。

2. 斯托克斯（Stokes）定理

斯托克斯定理：沿任意封闭周线上的速度环量等于该封闭周线所包围面积内的旋涡强

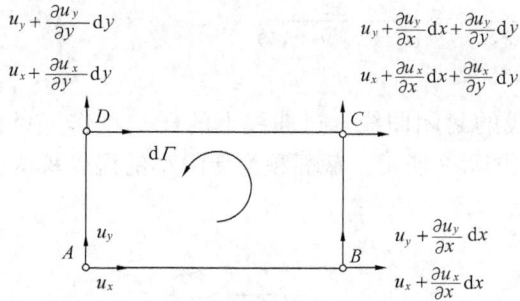

图 6-9　微元矩形封闭周线速度环量

度，即

$$\Gamma = \oint_l \vec{u} \cdot \mathrm{d}\vec{l} = 2\iint_A \omega_n \cdot \mathrm{d}A = J$$

(6-27)

先证明在微元封闭周线上斯托克斯定理成立。

在平面 xoy 上任取一边长为 $\mathrm{d}x$、$\mathrm{d}y$ 的微元矩形封闭周线 $ABCD$，其面积 $\mathrm{d}A = \mathrm{d}x\mathrm{d}y$。若流体在 A 点的速度分量为 u_x、u_y，根据连续函数的泰勒级数展开式，并略去高于一阶的无穷小量，可求得 B、C 和 D 点的速度分量，如图 6-9 所示。

封闭周线 $ABCD$ 上的速度环量为

$$\mathrm{d}\Gamma = \frac{1}{2}\left[u_x + \left(u_x + \frac{\partial u_x}{\partial x}\mathrm{d}x\right)\right]\mathrm{d}x + \frac{1}{2}\left[\left(u_y + \frac{\partial u_y}{\partial x}\mathrm{d}x\right) + \left(u_y + \frac{\partial u_y}{\partial x}\mathrm{d}x + \frac{\partial u_y}{\partial y}\mathrm{d}y\right)\right]\mathrm{d}y$$

$$- \frac{1}{2}\left[\left(u_x + \frac{\partial u_x}{\partial x}\mathrm{d}x + \frac{\partial u_x}{\partial y}\mathrm{d}y\right) + \left(u_x + \frac{\partial u_x}{\partial y}\mathrm{d}y\right)\right]\mathrm{d}x - \frac{1}{2}\left[u_y + \left(u_y + \frac{\partial u_y}{\partial y}\mathrm{d}y\right)\right]\mathrm{d}y$$

化简，得

$$\mathrm{d}\Gamma = \left(\frac{\partial u_y}{\partial x} - \frac{\partial u_x}{\partial y}\right)\mathrm{d}x\mathrm{d}y = 2\omega_z\mathrm{d}A = \mathrm{d}J$$

(6-28)

式（6-28）证明了在微元封闭周线上，斯托克斯定理成立，现在进一步将微元封闭周线上的斯托克斯定理推广到一有限大的封闭周线上。

若区域内任一封闭周线都能连续地收缩成一点，而不越出边界，则这种区域称为单连通区域，否则，称为多连通区域。如封闭周线内有一固体，如图 6-10 所示，这种区域是多连通区域。因为包含固体的封闭周线连续收缩成一点时，要越过流体与固体的边界。但如果将该区域的外边界在任一点 A 处切断，用线 AB 将断点与内边界线上任一点 B 相连，并用与 AB 线方向相反的 $B'A'$ 线连接内外边界上的另外两断点，如图 6-11 所示，所得的周线 $ABK_2B'A'K_1A$ 所包围的区域即成为单连通区域。

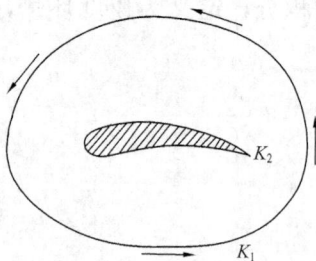

图 6-10　多连通区域

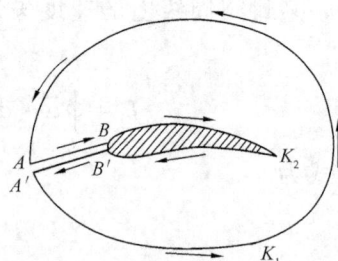

图 6-11　单连通区域

在任一有限大的封闭周线所包围的单连通区域内，用两组相互垂直的直线将区域分割为无数多个微元矩形，如图 6-12 所示。对于封闭周线内每个微元矩形，斯托克斯定理成立，

即 $\mathrm{d}\Gamma_i = \mathrm{d}J_i$，其中 i 为封闭周线内微元矩形的个数。显然，

$$J = \Sigma \, \mathrm{d}J_i = \Sigma \, \mathrm{d}\Gamma_i = \Gamma$$

在计算 $\Sigma \, \mathrm{d}\Gamma_i$ 时，由于相邻的微元矩形在其相邻的线段上的线积分绕行方向是相反的，所以这些线积分累加时相互抵消，只剩下外边界上的线积分，即为沿外封闭周线的速度环量 Γ。

上述结论对于空间曲面也是成立的。沿空间任一封闭周线上的速度环量等于该封闭周线所包围的空间表面内的旋涡强度，即空间斯托克斯定理。

同样，可以证明，对于多连通区域，区域内的旋涡强度等于区域外边界周线上的速度环量与区域内边界周线上的速度环量之差，这就是多连通区域斯托克斯定理。

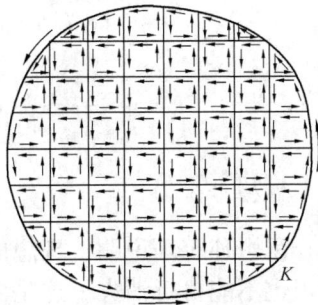

图 6-12　分割为无数多个
微元矩形的单连通区域

三、汤姆孙（Thomson）定理、亥姆霍兹（Helmholtz）定理

1. 汤姆孙定理

理想的正压性流体在有势的质量力作用下，沿任何封闭周线上的速度环量不随时间变化，即

$$\frac{\mathrm{d}\Gamma}{\mathrm{d}t} = 0$$

在流场中任取一周线 l，它随流体的运动而移动变形，但该周线上的流体质点不变。沿封闭周线上的速度环量随时间变化率为

$$\frac{\mathrm{d}\Gamma}{\mathrm{d}t} = \frac{\mathrm{d}}{\mathrm{d}t}\oint_l (u_x \mathrm{d}x + u_y \mathrm{d}y + u_z \mathrm{d}z)$$

$$= \oint_l \left[u_x \frac{\mathrm{d}}{\mathrm{d}t}(\mathrm{d}x) + u_y \frac{\mathrm{d}}{\mathrm{d}t}(\mathrm{d}y) + u_z \frac{\mathrm{d}}{\mathrm{d}t}(\mathrm{d}z) \right]$$

$$+ \oint_l \left(\frac{\mathrm{d}u_x}{\mathrm{d}t}\mathrm{d}x + \frac{\mathrm{d}u_y}{\mathrm{d}t}\mathrm{d}y + \frac{\mathrm{d}u_z}{\mathrm{d}t}\mathrm{d}z \right) \tag{6-29}$$

由于周线 l 由同样的流体质点组成，所以有

$$\frac{\mathrm{d}}{\mathrm{d}t}(\mathrm{d}x) = \mathrm{d}u_x, \qquad \frac{\mathrm{d}}{\mathrm{d}t}(\mathrm{d}y) = \mathrm{d}u_y, \qquad \frac{\mathrm{d}}{\mathrm{d}t}(\mathrm{d}z) = \mathrm{d}u_z$$

则式（6-29）右端第一项变为

$$\oint_l \left[u_x \frac{\mathrm{d}}{\mathrm{d}t}(\mathrm{d}x) + u_y \frac{\mathrm{d}}{\mathrm{d}t}(\mathrm{d}y) + u_z \frac{\mathrm{d}}{\mathrm{d}t}(\mathrm{d}z) \right]$$

$$= \oint_l u_x \mathrm{d}u_x + u_y \mathrm{d}u_y + u_z \mathrm{d}u_z = \oint_l \mathrm{d}\frac{u_x^2 + u_y^2 + u_z^2}{2} = \oint_l \frac{u^2}{2}$$

根据理想流体运动微分方程，式（6-29）右端第二项变为

$$\oint_l \left(\frac{\mathrm{d}u_x}{\mathrm{d}t}\mathrm{d}x + \frac{\mathrm{d}u_y}{\mathrm{d}t}\mathrm{d}y + \frac{\mathrm{d}u_z}{\mathrm{d}t}\mathrm{d}z \right)$$

$$= \oint_l \left[\left(f_x - \frac{1}{\rho}\frac{\partial p}{\partial x} \right)\mathrm{d}x + \left(f_y - \frac{1}{\rho}\frac{\partial p}{\partial y} \right)\mathrm{d}y + \left(f_z - \frac{1}{\rho}\frac{\partial p}{\partial z} \right)\mathrm{d}z \right]$$

$$= \oint_l \left[(f_x\mathrm{d}x + f_y\mathrm{d}y + f_z)\mathrm{d}z - \frac{1}{\rho}\left(\frac{\partial p}{\partial x}\mathrm{d}x + \frac{\partial p}{\partial y}\mathrm{d}y + \frac{\partial p}{\partial z}\mathrm{d}z \right) \right]$$

$$= \oint_l (-\mathrm{d}\pi - \mathrm{d}P_F)$$

综上可知

$$\frac{\mathrm{d}\Gamma}{\mathrm{d}t} = \oint_L \left(\mathrm{d}\frac{u^2}{2} - \mathrm{d}\pi - \mathrm{d}P_F \right) = 0$$

　　汤姆孙定理说明：理想的正压性流体在有势的质量力下，速度环量和旋涡不能自行产生，也不能自行消失。这是由于理想流体没有黏性，流体内部没有切向内摩擦力，不能传递扭矩，因此，既不能使流体微团产生旋转，也不能使已旋转流体微团停止旋转。流场中，原来有旋涡和环量的，永远有旋涡并保持原有环量；原来没有旋涡和环量的，永远没有旋涡和环量。例如，流体由静止状态开始运动，每一条封闭周线上的速度环量都等于零，没有旋涡，若某一瞬时由于某种原因产生了旋涡，有了速度环量，则在同一瞬时必然会产生一个与此环量大小相等、方向相反的旋涡，使流场的总环量为零。汤姆孙定理可以用来解释理想流体绕流叶型时速度环量的产生。

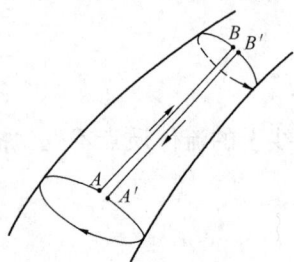

　　2. 亥姆霍兹定理

　　（1）亥姆霍兹第一定理。

　　理想的正压性有旋流场中，同一涡管各截面上的旋涡强度相同。

　　在涡管壁面上取两条无限近的线 AB、$A'B'$，与涡管两截面交点分别为 A、B、A'、B'，如图 6-13 所示。

　　由于封闭周线 $ABB'A'A$ 内没有涡线通过，根据斯托克斯定理，沿封闭周线 $ABB'A'A$ 的速度环量为零，即

图 6-13　涡管壁面上的封闭周线

$$\Gamma_{ABB'A'A} = \Gamma_{AB} + \Gamma_{BB'} + \Gamma_{B'A'} + \Gamma_{A'A} = 0 \qquad (6-30)$$

由于线 AB 和 $A'B'$ 无限邻近，可以认为线 AB 和 $A'B'$ 的长度相等，线上的速度也相等，所以

$$\Gamma_{AB} = \Gamma_{A'B'}$$
$$\Gamma_{AB} + \Gamma_{B'A'} = 0$$

将上式代入式（6-30），可得

$$\Gamma_{BB'} + \Gamma_{A'A} = 0$$
$$\Gamma_{BB'} = \Gamma_{AA'}$$

即环绕同一涡管壁面上的任一封闭周线上的速度环量都相等。根据斯托克斯定理可知同一涡管各截面上的旋涡强度相同。

　　亥姆霍兹第一定理说明：理想的正压性有旋流场中，涡管既不能在流体中开始，也不能在流体中终止，只能在边界上开始或终止；在流体中涡管只能自成封闭的管圈，如图 6-14 所示。若涡管在流体中开始或终止，涡管的截面积为零，而旋转角速度将为无穷大，这是不可能的。例如，水中的旋涡、龙卷风、吸烟者的圆形烟环等现象都是亥姆霍兹第一定理所表述的自然现象。但是，由于实际流体都是有黏性的，涡管强度会逐渐减小，直至消失。

　　（2）亥姆霍兹第二定理（涡管守恒定理）。

图 6-14　流体中的涡管

理想的正压性流体在有势的质量力作用下，流场中的涡管始终由相同的流体质点组成。

在涡管壁面上任取一封闭周线 k，如图 6-15 所示，该封闭周线由许许多多流体质点组成。由于没有涡线通过封闭周线 k 所包围的面积，该面积内的旋涡强度为零，封闭周线 k 上的速度环量为零。根据汤姆孙定理，封闭周线上速度环量不随时间变化，所以封闭周线 k 上的速度环量永远为零。因此该封闭周线 k 所包围的面积内的旋涡强度永远为零，永远没有涡线穿过。也就是说构成涡管的流体质点永远在涡管上，涡管始终由相同的流体质点组成，但涡管的形状可以改变。

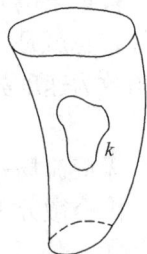

图 6-15　涡管壁面上的封闭周线

（3）亥姆霍兹第三定理（涡管强度守恒定理）。

理想的正压性流体在有势的质量力作用下，流场中的任一涡管强度不随时间变化，永远保持定值。

根据汤姆孙定理，理想的正压性流体在有势的质量力作用下，沿任何封闭周线上的速度环量不随时间变化；再根据斯托克斯定理，封闭周线内旋涡强度不随时间变化。若封闭周线为环绕涡管的管壁上的封闭周线，即可得出流场中的任一涡管强度不随时间变化的结论。

【例 6-4】　已知二维流场的速度分布为 $u_x = -2y$，$u_y = 3x$，试求区域 $x^2 + y^2 = R^2$ 内的旋涡强度。

解　由斯托克斯定理

$$J = \Gamma = \oint_l u_\theta r \, \mathrm{d}\theta + u_r \, \mathrm{d}r = \int_0^{2\pi} u_\theta r \, \mathrm{d}\theta$$

根据坐标变换

$$u_r = u_x \cos\theta + u_y \sin\theta$$
$$u_\theta = u_y \cos\theta - u_x \sin\theta$$

可得

$$u_\theta = 3R\cos^2\theta + 2R\sin^2\theta$$
$$J = R^2 \int_0^{2\pi} (3\cos^2\theta + 2\sin^2\theta)\,\mathrm{d}\theta = 5\pi R^2$$

第五节　速度势函数　流函数　流网

在自然界和工程实际中，虽然大部分流体的流动是有旋流动，但在某些区域中，很多情况下流动非常接近于无旋流动，可以视为无旋流动。例如，吸风装置形成的气流，单井向河流取水等。有了无旋流动的假设后，该类问题将大为简化。

一、速度势函数

我们知道，在无旋流场中，$\vec{\omega} = 0$，根据式（6-10）可以得出

$$\left. \begin{array}{l} \dfrac{\partial u_y}{\partial x} - \dfrac{\partial u_x}{\partial y} = 0 \\[2mm] \dfrac{\partial u_z}{\partial y} - \dfrac{\partial u_y}{\partial z} = 0 \\[2mm] \dfrac{\partial u_x}{\partial z} - \dfrac{\partial u_z}{\partial x} = 0 \end{array} \right\} \tag{6-31}$$

根据全微分理论，式（6-31）成立是 $u_x\mathrm{d}x + u_y\mathrm{d}y + u_z\mathrm{d}z$ 成为某函数全微分的充分必要条件。也就是说，若式（6-31）成立，$u_x\mathrm{d}x + u_y\mathrm{d}y + u_z\mathrm{d}z$ 一定是某函数的全微分，我们定义该函数为速度势函数，用 $\varphi(x,y,z,t)$ 来表示。即

$$\mathrm{d}\varphi = u_x\mathrm{d}x + u_y\mathrm{d}y + u_z\mathrm{d}z \tag{6-32}$$

无旋流场一定存在速度势函数 φ，无旋流动也称有势流动，简称势流。

由全微分理论

$$\mathrm{d}\varphi = \frac{\partial \varphi}{\partial x}\mathrm{d}x + \frac{\partial \varphi}{\partial y}\mathrm{d}y + \frac{\partial \varphi}{\partial z}\mathrm{d}z$$

对比式（6-32），可得

$$u_x = \frac{\partial \varphi}{\partial x}, \quad u_y = \frac{\partial \varphi}{\partial y}, \quad u_z = \frac{\partial \varphi}{\partial z} \tag{6-33}$$

由矢量分析，可得

$$\mathrm{grad}\varphi = \nabla\varphi = \frac{\partial \varphi}{\partial x}\vec{i} + \frac{\partial \varphi}{\partial y}\vec{j} + \frac{\partial \varphi}{\partial z}\vec{k} = u_x\vec{i} + u_y\vec{j} + u_z\vec{k} \tag{6-34}$$

对于柱坐标，有

$$u_r = \frac{\partial \varphi}{\partial r}, \quad u_\theta = \frac{1}{r}\frac{\partial \varphi}{\partial \theta}, \quad u_z = \frac{\partial \varphi}{\partial z} \tag{6-35}$$

速度势函数基本性质：

（1）速度势函数对某个方向的偏导数就是速度在该方向上的分量，即

$$\frac{\partial \varphi}{\partial s} = u_s$$

其中 s 为任意方向。

证明：根据方向导数的定义

$$\frac{\partial \varphi}{\partial s} = \frac{\partial \varphi}{\partial x}\frac{\mathrm{d}x}{\mathrm{d}s} + \frac{\partial \varphi}{\partial y}\frac{\mathrm{d}y}{\mathrm{d}s} + \frac{\partial \varphi}{\partial z}\frac{\mathrm{d}z}{\mathrm{d}s}$$

即

$$\frac{\partial \varphi}{\partial s} = u_x\frac{\mathrm{d}x}{\mathrm{d}s} + u_y\frac{\mathrm{d}y}{\mathrm{d}s} + u_z\frac{\mathrm{d}z}{\mathrm{d}s}$$

$$= u\cos(u,{}^\wedge x)\frac{\mathrm{d}x}{\mathrm{d}s} + u\cos(u,{}^\wedge y)\frac{\mathrm{d}y}{\mathrm{d}s} + u\cos(z,{}^\wedge x)\frac{\mathrm{d}z}{\mathrm{d}s}$$

$$= u\cos(u,{}^\wedge x)\cos(x,{}^\wedge s) + u\cos(u,{}^\wedge y)\cos(y,{}^\wedge s) + u\cos(z,{}^\wedge x)\cos(z,{}^\wedge s)$$

$$= u\cos(u,{}^\wedge s) = u_s$$

（2）无旋流场中，速度沿任一曲线的线积分等于曲线终点与起点的速度势函数之差。

无旋流场中任取一曲线 AB，曲线 AB 上任一点的速度为 $\vec{u}$，在三坐标轴上的分量为 u_x、u_y、u_z，则

$$\Gamma_{AB} = \int_{AB}\vec{u}\cdot\mathrm{d}\vec{l} = \int_A^B u_x\mathrm{d}x + u_y\mathrm{d}y + u_z\mathrm{d}z$$

$$= \int_A^B \frac{\partial \varphi}{\partial x}\mathrm{d}x + \frac{\partial \varphi}{\partial y}\mathrm{d}y + \frac{\partial \varphi}{\partial z}\mathrm{d}z = \int_A^B \mathrm{d}\varphi = \varphi_B - \varphi_A$$

若曲线 AB 是封闭的，A、B 为同一点，则 $\Gamma_{AB}=0$，即无旋流场中，沿任一封闭曲线上的速度环量为零。

将式（6-33）代入不可压缩流体的连续性方程 $\dfrac{\partial u_x}{\partial x}+\dfrac{\partial u_y}{\partial y}+\dfrac{\partial u_z}{\partial z}=0$，得

$$\frac{\partial^2\varphi}{\partial x^2}+\frac{\partial^2\varphi}{\partial y^2}+\frac{\partial^2\varphi}{\partial z^2}=0 \tag{6-36}$$

即 $\nabla^2\varphi=0$。可见，不可压缩流体无旋流动速度势函数满足拉普拉斯方程。

凡是满足拉普拉斯方程的函数称为调和函数。速度势函数是调和函数。

【例 6-5】　有一不可压缩无旋流场，速度分布为 $u_x=y$，$u_y=x$，$u_z=k$，求速度势函数 φ。

解　$\qquad\mathrm{d}\varphi=u_x\mathrm{d}x+u_y\mathrm{d}y+u_z\mathrm{d}z=y\mathrm{d}x+x\mathrm{d}y+k\mathrm{d}z$

$$\varphi=xy+kz$$

二、流函数

根据式（6-8）不可压缩流体平面流动的连续性方程可写为

$$\frac{\partial u_x}{\partial x}=-\frac{\partial u_y}{\partial y} \tag{6-37}$$

根据全微分理论，式（6-37）成立是 $u_x\mathrm{d}y-u_y\mathrm{d}x$ 成为某函数全微分的充分必要条件。也就是说，若式（6-37）成立，$u_x\mathrm{d}y-u_y\mathrm{d}x$ 一定是某函数全微分，我们定义该函数为流函数，用 $\psi(x,y,t)$ 来表示。显然

$$\mathrm{d}\psi=-u_y\mathrm{d}x+u_x\mathrm{d}y \tag{6-38}$$

不可压缩流体平面连续流动存在流函数 ψ。由于 $u_x\mathrm{d}y-u_y\mathrm{d}x=0$ 是平面流动的流线方程，所以 ψ 取一定值，即为一条流线方程。

由全微分理论

$$\mathrm{d}\psi=\frac{\partial\psi}{\partial x}\mathrm{d}x+\frac{\partial\psi}{\partial y}\mathrm{d}y$$

对比式（6-38），可得

$$u_x=\frac{\partial\psi}{\partial y},\quad u_y=-\frac{\partial\psi}{\partial x} \tag{6-39}$$

对于柱坐标，有

$$u_\theta=-\frac{\partial\psi}{\partial r},u_r=\frac{1}{r}\frac{\partial\psi}{\partial\theta},u_z=\frac{\partial\varphi}{\partial z} \tag{6-40}$$

流函数的物理意义：平面流动中，两条流线间单位厚度上的体积流量等于两条流线上的流函数之差。

证明：在流场中任取两条流线，其对应的流函数值为 ψ_A、ψ_B，且 $\psi_A<\psi_B$，如图 6-16 所示。AB 是流场中与各流线垂直的一条曲线，与上述两条流线的交点分别为 A、B。在曲线 AB 上任取一微元线段 $\mathrm{d}l$，$\mathrm{d}l$ 上的速度为 $\vec{u}$。

通过 A、B 两条流线间的单位厚度的体积流量为

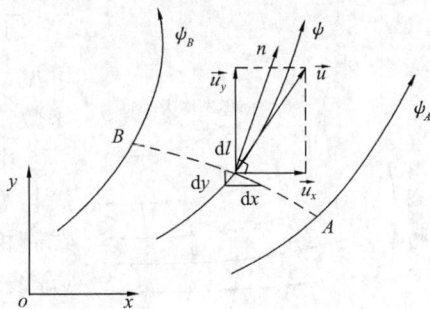

图 6-16　两条流线间单位
厚度上的体积流量

$$q_V = \int_A^B \vec{u} \cdot \mathrm{d}l \cdot 1 = \int_A^B u_x \cos\,(u,{}^{\wedge}x)\mathrm{d}l + u_y \cos\,(u,{}^{\wedge}y)\mathrm{d}l$$

$$= \int_A^B u_x \frac{-\mathrm{d}y}{\mathrm{d}l}\mathrm{d}l + u_y \frac{\mathrm{d}x}{\mathrm{d}l}\mathrm{d}l = \int_A^B -u_x\mathrm{d}y + u_y\mathrm{d}x$$

$$= \int_A^B \mathrm{d}\psi = \psi_B - \psi_A$$

由于同一条流线上的各点的流函数的值是相同的，所以沿流线全长两流线间的流量保持不变。

将式（6-37）代入无旋条件 $\dfrac{\partial u_x}{\partial y} - \dfrac{\partial u_y}{\partial x} = 0$，得

$$\frac{\partial^2 \psi}{\partial x^2} + \frac{\partial^2 \psi}{\partial y^2} = 0$$

可见，在平面无旋流场，流函数满足拉普拉斯方程，所以流函数也是调和函数。

【例 6-6】　有一不可压缩平面流场，速度分布为 $u_x = y$，$u_y = x$，问是否存在流函数 ψ；若有，求出流函数。

解　　　$\dfrac{\partial u_x}{\partial x} + \dfrac{\partial u_y}{\partial y} = 0 + 0 = 0$

不可压缩平面连续流动，存在流函数 ψ，则

$$\mathrm{d}\psi = -u_y\mathrm{d}x + u_x\mathrm{d}y = -x\mathrm{d}x + y\mathrm{d}y$$

$$\psi = -\frac{1}{2}\,(x^2 - y^2)$$

三、流网

由上述分析可知，只要是无旋流动，就存在速度势函数 φ，与是否是理想流体，是否是不可压缩流体无关；只要是不可压缩流体平面连续流动，就存在流函数 ψ，与是否是理想流体，是否是无旋流动无关。显然，如果是不可压缩流体做平面无旋连续流动，流函数 ψ 与速度势函数 φ 同时存在，且

$$\frac{\partial \varphi}{\partial x} = \frac{\partial \psi}{\partial y} = u_x, \qquad \frac{\partial \varphi}{\partial y} = -\frac{\partial \psi}{\partial x} = u_y$$

$$\frac{\partial \psi}{\partial x}\frac{\partial \varphi}{\partial x} + \frac{\partial \psi}{\partial y}\frac{\partial \varphi}{\partial y} = 0 \tag{6-41}$$

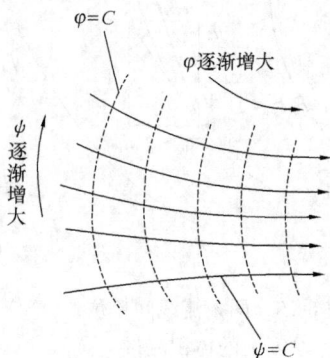

图 6-17　流网

可见，速度势函数、流函数是共轭调和函数，已知其中一个函数，便能求出另一个函数。

由式（6-41）可知，$\psi = C$ 与 $\varphi = C$ 正交，即等势函数线簇与等流函数线簇（流线簇）相互垂直。等势函数线簇与流线簇相互垂直构成的正交网格，称为流网，如图 6-17 所示（虚线表示等势线、实线表示流线）。

在流网中，等势线簇的势函数值沿流线方向增大，流线簇的流函数值沿流线方向逆时针旋转 90° 后的方向增大。

【例 6-7】　水做不可压缩平面流动，流函数 $\psi = xy$，问：（1）是否存在速度势函数？若有，求速度势函数；（2）

若流场中点 $A(1, 0)$ 的压强为 10kPa，求点 $B(1, 1)$ 的压强。

解 (1) $u_x = \dfrac{\partial \psi}{\partial y} = x$　$u_y = -\dfrac{\partial \psi}{\partial x} = -y$

$$\omega_z = \frac{1}{2}\left(\frac{\partial u_y}{\partial x} - \frac{\partial u_x}{\partial y}\right) = 0$$

无旋流动，存在速度势函数，则

$$\mathrm{d}\varphi = u_x\mathrm{d}x + u_y\mathrm{d}y = x\mathrm{d}x - y\mathrm{d}y$$

$$\varphi = \frac{1}{2}(x^2 - y^2)$$

(2) $u_{Ax} = x = 1, u_{Ay} = -y = 0, u_A = 1$

$$u_{Bx} = x = 1, u_{By} = -y = -1, u_B = \sqrt{2}$$

由伯努利方程

$$z_A + \frac{p_A}{\rho g} + \frac{u_A^2}{2g} = z_B + \frac{p_B}{\rho g} + \frac{u_B^2}{2g}$$

由于平面流动 $z_A = z_B$，解得

$$p_B = 9.5\text{kPa}$$

第六节　几种简单的不可压缩流体的平面流动

一、均匀等速流

流场中，流体各点的速度大小和方向都相同，这种流动称为均匀等速流。均匀等速流中

$$u_x = u_{x0}, u_y = u_{y0} \tag{6-42}$$

其中，u_{x0}、u_{y0} 为常数。

$$\mathrm{d}\varphi = u_x\mathrm{d}x + u_y\mathrm{d}y = u_{x0}\mathrm{d}x + u_{y0}\mathrm{d}y$$

积分得速度势函数 $\qquad \varphi = u_{x0}x + u_{y0}y \tag{6-43}$

$$\mathrm{d}\psi = -u_y\mathrm{d}x + u_x\mathrm{d}y = -u_{y0}\mathrm{d}x + u_{x0}\mathrm{d}y$$

积分得流函数 $\qquad \psi = -u_{y0}x + u_{x0}y \tag{6-44}$

显然，均匀等速流的等势线与流线都是平行的直线，如图 6-18 所示（虚线表示等势线、实线表示流线）。

由于均匀等速流中流体各点的速度大小和方向都相同，所以流动是无旋的。根据伯努利方程，可得流场中任一点 $gz + \dfrac{p}{\rho} = C$，即流场中各点的总势能处处相等。若均匀等速流是水平面流动，则 $p = C$，即流场中压强处处相等。

二、点源和点汇

流体由一点沿径向直线均匀地向各方流出，这种流动称为点源，该点称为源点；流体沿径向直线均匀地由向各方流入一点，这种流动称为点汇，该点称为汇点，如图 6-19 所示。定义单位厚度

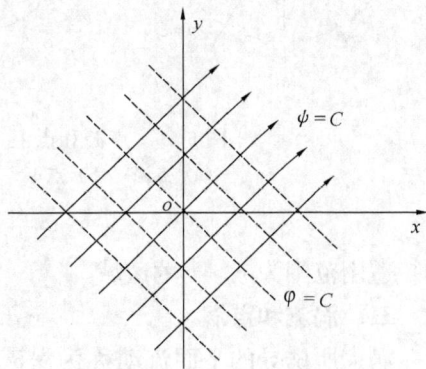

图 6-18　均匀等速流

上流出或流入的流量 q_V 为点源或点汇强度。在点源或点汇流动中，只有径向速度，没有切向速度。若以源点或汇点为极坐标中的原点，点源或点汇在极坐标中可表示为

$$u_\theta=0, \quad u_r=\pm\frac{q_V}{2\pi r} \tag{6-45}$$

其中，对于点源取正号，对于点汇取负号。显然，当 $r=0$ 时，u_r 为无穷大，所以源点或汇点是奇点。

$$\mathrm{d}\varphi=u_r\mathrm{d}r+u_\theta r\mathrm{d}\theta=\pm\frac{q_V}{2\pi r}\mathrm{d}r$$

积分得速度势函数

$$\varphi=\pm\frac{q_V}{2\pi}\ln r \tag{6-46}$$

直角坐标中

$$\varphi=\pm\frac{q_V}{2\pi}\ln\sqrt{x^2+y^2} \tag{6-47}$$

$$\mathrm{d}\psi=-u_\theta\mathrm{d}r+u_r r\mathrm{d}\theta=\pm\frac{q_V}{2\pi}\mathrm{d}\theta$$

积分得流函数

$$\psi=\pm\frac{q_V}{2\pi}\theta \tag{6-48}$$

直角坐标中

$$\psi=\pm\frac{q_V}{2\pi}\arctan\frac{y}{x} \tag{6-49}$$

显然，点源或点汇中等势线是不同半径的圆，流线是不同极角的径向线，如图 6-19 中所示（虚线表示等势线、实线表示流线）。

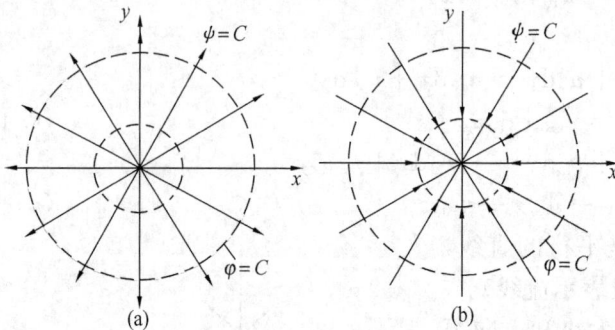

图 6-19　点源和点汇
(a) 点源；(b) 点汇

由式（6-45）可知，点源或点汇在无穷远处 $\vec{u}=0$，若点源或点汇是水平面内的流动，无穷远处压强为 p_∞，根据伯努利方程

$$\frac{u_r^2}{2}+\frac{p}{\rho}=\frac{p_\infty}{\rho}$$

将式（6-45）代入上式，得

$$p=p_\infty-\frac{q_V^2\rho}{8\pi^2 r^2} \tag{6-50}$$

由上式可知，随着半径的减小，流体的压强逐渐减小；当 $r=r_0=\sqrt{q_V^2\rho/(8\pi^2 p_\infty)}$ 时，$p=0$，式（6-50）适用范围为 $r>r_0$ 的区域。

三、涡流和点涡

涡束所诱导的平面流动称为涡流。涡束内，流体像刚体一样作等角速度旋转，称涡核区；涡束外，流体做无旋的环流，称势流区，如图 6-20 所示。若涡核区内的旋涡强度为 J，根据斯托克斯定理，势流区沿圆周线的环量为 Γ，且 $\Gamma=J$。

涡核区旋转角速度

$$\omega = \frac{\Gamma}{2\pi r_b^2}$$

其中，r_b 为涡核半径。

势流区速度

$$u_\theta = \frac{\Gamma}{2\pi r}, \quad u_r = 0 \tag{6-51}$$

速度势函数

$$d\varphi = u_r dr + u_\theta r d\theta = \frac{\Gamma}{2\pi} d\theta$$

$$\varphi = \frac{\Gamma}{2\pi}\theta \tag{6-52}$$

流函数

$$d\psi = -u_\theta dr + u_r r d\theta = -\frac{\Gamma}{2\pi r} dr$$

$$\psi = -\frac{\Gamma}{2\pi}\ln r \tag{6-53}$$

涡流势流区等势线是不同极角的径向线，流线是不同半径的圆，如图 6-20 所示。

由式（6-51）可知，涡流势流区在无穷远处 $\vec{u}=0$，若涡流在水平面内流动，无穷远处压强为 p_∞，根据伯努利方程

$$\frac{u_\theta^2}{2} + \frac{p}{\rho} = \frac{p_\infty}{\rho}$$

将式（6-51）代入上式，得

$$p = p_\infty - \frac{\Gamma^2 \rho}{8\pi^2 r^2} \tag{6-54}$$

由上式可知，随着半径的减小，流体的压强逐渐减小；当 $r=r_0=\sqrt{\Gamma^2\rho/(8\pi^2 p_\infty)}$ 时，$p=0$，式（6-54）适用范围为 $r>r_0$ 的区域。

图 6-20 涡束所诱导的涡流

根据伯努利方程，势流区内侧的压强为

$$p_b = p_\infty - \frac{1}{2}\rho u_b^2$$

势流区外、内侧的压强差为

$$p_\infty - p_b = \frac{1}{2}\rho u_b^2 = \frac{1}{2}\rho \omega^2 r_b^2 \tag{6-55}$$

在涡核区，其压强分布可由欧拉运动微分方程导出。若旋转角速度为 $\vec{\omega}$，涡核半径 r_b，可得压强分布为

$$p = p_\infty + \frac{1}{2}\rho \omega^2 r^2 - \rho \omega^2 r_b^2 \tag{6-56}$$

在涡核区，半径越小，压强越小；涡核的中心 $r=0$ 处压强最低，涡核的中心压强为

$$p_c = p_\infty - \rho \omega^2 r_b^2 \tag{6-57}$$

涡核区的外侧压强为

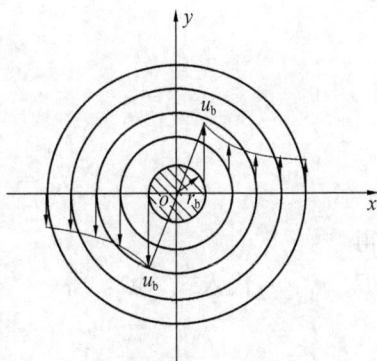

$$p_{\text{b}}=p_{\infty}+\frac{1}{2}\rho\,\omega^2 r_{\text{b}}^2-\rho\,\omega^2 r_{\text{b}}^2=p_{\infty}-\frac{1}{2}\rho\,\omega^2 r_{\text{b}}^2 \tag{6-58}$$

由式（6-56）、式（6-57）可得涡核区外、内侧的压强差为

$$p_{\text{b}}-p_{\text{c}}=\frac{1}{2}\rho\,\omega^2 r_{\text{b}}^2 \tag{6-59}$$

由上述讨论可知，涡流流动随着半径的减小，压强逐渐降低，且势流区与涡核区的压强差均为$\frac{1}{2}\rho\,\omega^2 r_{\text{b}}^2$。可见，涡核区内有较大的压强梯度，有很强的抽吸作用。

若涡核半径趋近于零，涡流变为点涡。

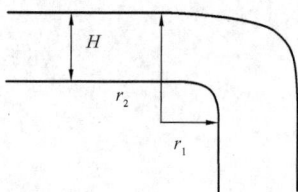

【例 6-8】 流体流过断面为矩形的 90°弯头，如图 6-21 所示，若流动可以视为环流，弯头内外侧曲率半径为 $r_1=0.4\text{m}$，$r_2=1.4\text{m}$。若单位宽度上的体积流量 $\frac{q_V}{b}=10\text{m}^2/\text{s}$，求诱导环流的环量和弯头内外侧的流速。

解 环流的流函数和速度势函数为

图 6-21 流体流过断面为矩形的 90°弯头

$$\psi=\frac{\Gamma}{2\pi}\ln r,\quad \varphi=\frac{\Gamma}{2\pi}\theta$$

速度分布为

$$u_\theta=\frac{\Gamma}{2\pi r},\quad u_r=0$$

即

$$u=u_\theta=\frac{\Gamma}{2\pi r} \tag{a}$$

$$q_V=\int_{r_1}^{r_2}ub\,\mathrm{d}H=\int_{r_1}^{r_2}\frac{\Gamma}{2\pi r}b\,\mathrm{d}r=\frac{\Gamma}{2\pi}b\ln\frac{r_2}{r_1} \tag{b}$$

解得

$$\Gamma=50\text{m}^2/\text{s}$$

将 Γ、r_1、r_2 代入式（a），得

$$u_1=20\text{m/s},\quad u_2=5.7\text{m/s}$$

第七节　几种平面无旋流动的叠加

在实际中，常常会遇到很复杂的平面无旋流动，对于这些复杂的平面无旋流动，往往可以把它看成是几种简单平面无旋流动叠加而成。

设有若干简单平面无旋流动，速度势函数为 φ_1、φ_2、$\cdots$、φ_n，各势函数之和为 φ，即 $\varphi=\varphi_1+\varphi_2+\cdots+\varphi_n$。

由于势函数满足拉普拉斯方程，所以

$$\frac{\partial^2\varphi_1}{\partial x^2}+\frac{\partial^2\varphi_1}{\partial y^2}=0,\quad \frac{\partial^2\varphi_2}{\partial x^2}+\frac{\partial^2\varphi_2}{\partial y^2}=0,\cdots,\frac{\partial^2\varphi_n}{\partial x^2}+\frac{\partial^2\varphi_n}{\partial y^2}=0$$

因为拉普拉斯方程是线性的，所以

$$\frac{\partial^2\varphi}{\partial x^2}+\frac{\partial^2\varphi}{\partial y^2}=\left(\frac{\partial^2\varphi_1}{\partial x^2}+\frac{\partial^2\varphi_1}{\partial y^2}\right)+\left(\frac{\partial^2\varphi_2}{\partial x^2}+\frac{\partial^2\varphi_2}{\partial y^2}\right)+\cdots+\left(\frac{\partial^2\varphi_n}{\partial x^2}+\frac{\partial^2\varphi_n}{\partial y^2}\right)=0$$

即势函数之和 φ 仍满足拉普拉斯方程。也就是说，无旋流动叠加形成新的无旋流动，且新的无旋流动的势函数等于原无旋流动势函数的代数和。

将势函数 φ 对 x 求偏导数，得

$$\frac{\partial \varphi}{\partial x} = \frac{\partial \varphi_1}{\partial x} + \frac{\partial \varphi_2}{\partial x} + \cdots + \frac{\partial \varphi_n}{\partial x}$$

即

$$u_x = u_{1x} + u_{2x} + \cdots + u_{nx}$$

同理，将势函数 φ 对 y 求偏导数，可得

$$u_y = u_{1y} + u_{2y} + \cdots + u_{ny}$$

于是

$$\vec{u} = \vec{u}_1 + \vec{u}_2 + \cdots + \vec{u}_n$$

即新的无旋流动的流速等于原无旋流动流速的矢量和。

同理，也可以证明，叠加后的流函数等于原流函数的代数和，即

$$\psi = \psi_1 + \psi_2 + \cdots + \psi_n$$

一、点汇和点涡叠加

在旋风燃烧室、离心式除尘器等设备中，流体自外沿圆周切向进入，从中间流出。这种流动可以近似看成是点汇和点涡两种简单平面无旋流动的叠加。若点汇、点涡的汇点和涡点均位于坐标原点，则叠加成一新流场——螺旋流，如图 6-22 所示。

根据势流的叠加性，新流场：

速度势函数

$$\varphi = -\frac{1}{2\pi}(q_V \ln r - \Gamma \theta) \tag{6-60}$$

等势线方程

$$r = C_1 \mathrm{e}^{\frac{\Gamma\theta}{q_V}} \tag{6-61}$$

流函数

$$\psi = -\frac{1}{2\pi}(q_V \theta + \Gamma \ln r) \tag{6-62}$$

流线方程

$$r = C_2 \mathrm{e}^{-\frac{q_V}{\Gamma}\theta} \tag{6-63}$$

可见，等势线、流线是两组相互正交的对数螺旋线，如图 6-22 所示（虚线表示等势线，实线表示流线）。

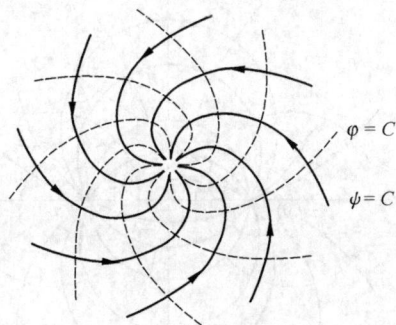

二、点源和点汇叠加

位于 $A(-a,0)$ 点的点源和位于 $B(a,0)$ 点的点汇，强度均为 q_V，叠加形成一新流场，如图 6-23 所示。

根据势流的叠加性，新流场：

图 6-22　螺旋流流网

速度势函数

$$\varphi = \frac{q_V}{2\pi}(\ln r_1 - \ln r_2) = \frac{q_V}{4\pi} \ln \frac{(x+a)^2 + y^2}{(x-a)^2 + y^2} \tag{6-64}$$

等势线方程

$$\frac{(x+a)^2 + y^2}{(x-a)^2 + y^2} = C_1 \tag{6-65}$$

流函数

$$\psi = \frac{q_V}{2\pi}(\theta_1 - \theta_2) = \frac{q_V}{2\pi} \arctan \ln \frac{-2ay}{x^2 + y^2 - a^2} \tag{6-66}$$

流线方程

$$\frac{-2ay}{x^2+y^2-a^2}=C_2 \tag{6-67}$$

可见，等势线、流线是两组相互正交的圆，且流线过源点和汇点，如图 6-23 所示（虚线表示等势线，实线表示流线）。

当源点和汇点无限接近，$a\to0$、$q_V\to\infty$，使得 $\lim\limits_{\substack{a\to0\\q_V\to\infty}}q_V2a=M$，则形成新的流场——偶极流，$M$ 为偶极子矩，其方向由点源指向点汇，如图 6-24 所示。则

速度势函数

$$\varphi=\frac{M}{2\pi}\frac{x}{x^2+y^2}=\frac{M}{2\pi}\frac{\cos\theta}{r} \tag{6-68}$$

等势线方程

$$\left(x-\frac{M}{4\pi C_1}\right)^2+y^2=\left(\frac{M}{4\pi C_1}\right)^2 \tag{6-69}$$

流函数

$$\psi=-\frac{M}{2\pi}\frac{y}{x^2+y^2}=-\frac{M}{2\pi}\frac{\sin\theta}{r} \tag{6-70}$$

流线方程

$$x^2+\left(y+\frac{M}{4\pi C_2}\right)^2=\left(\frac{M}{4\pi C_2}\right)^2 \tag{6-71}$$

可见，等势线、流线是两组相互正交的圆，如图 6-24 所示（虚线表示等势线，实线表示流线）。

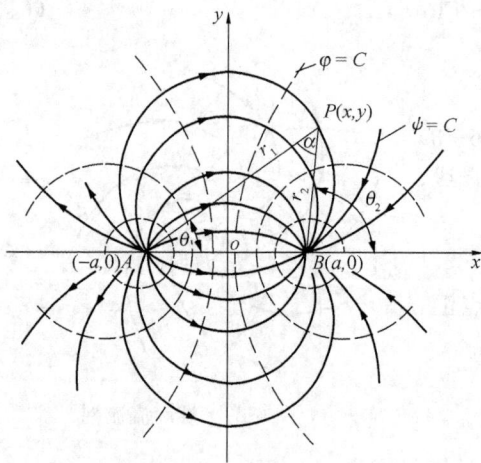

图 6-23　点源和点汇叠加

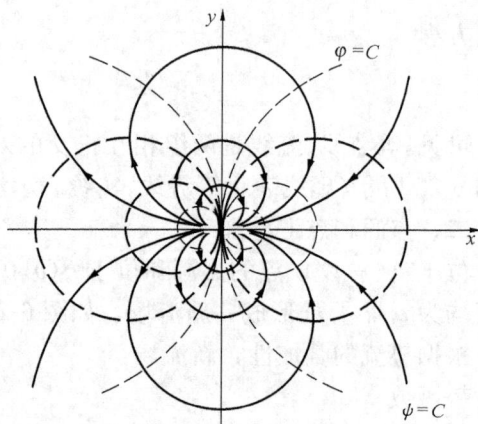

图 6-24　偶极流流网

三、点源和均匀等速流叠加

半无限体是指有头无尾的物体，半无限体实际上并不存在，但有些物体在一定条件下可以近似看成半无限体，例如，风吹过的山坡等。

流体绕过半无限体的流动可以看作是点源和均匀等速流的叠加，若均匀等速流的流速为 u_∞，点源强度为 q_V，将坐标原点选在源点，叠加结果如图 6-25 所示。

根据势流的叠加性，新流场：

速度势函数

$$\varphi = u_\infty r\cos\theta + \frac{q_V}{2\pi}\ln r \qquad (6\text{-}72)$$

流函数

$$\psi = u_\infty r\sin\theta + \frac{q_V}{2\pi}\theta \qquad (6\text{-}73)$$

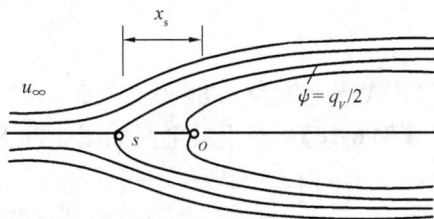

图 6-25　绕半无限体流动

由图 6-25 可知，在源点的前方某一距离 x_s 处存在一驻点 s。由 s 点的速度为零，得

$$u_\infty - \frac{q_V}{2\pi x_s} = 0$$

$$x_s = \frac{q_V}{2\pi u_\infty}$$

流体到达驻点，不能继续前进，被迫两路分流。这两路分流的流线，可以视为绕流物体的轮廓线。

将驻点 $\theta = \pi$ 代入式（6-73），可得驻点流函数的值

$$\psi = u_\infty r\sin\pi + \frac{q_V}{2\pi}\pi = \frac{q_V}{2}$$

驻点在轮廓线上，轮廓线流函数值等于驻点流函数的值。所以，轮廓线的流函数

$$u_\infty r\sin\theta + \frac{q_V}{2\pi}\theta = \frac{q_V}{2} \qquad (6\text{-}74)$$

由式（6-74）可知，$\theta = 0$ 时，$u_\infty r\sin\theta = \dfrac{q_V}{2}$，即

$$y = \frac{q_V}{2u_\infty} \qquad (6\text{-}75)$$

式（6-75）说明，物体的轮廓以 $y = \dfrac{q_V}{2u_\infty}$ 为渐近线。

半无限物体理论在研究对称物体头部的速度、压强分布方面有广泛应用。

【例 6-9】　单位宽度的流道内的平面流动由三种流动叠加而成：(1) 位于 $(-2, 0)$ 强度为 $q_V = 2\pi\,\mathrm{m^2/s}$ 的点源，(2) 位于 $(2, 0)$ $q_V = 2\pi\,\mathrm{m^2/s}$ 的点汇，(3) 流速为 $u_0 = 4\,\mathrm{m/s}$ 的均匀等速流。求点 $A\,(1, 1)$ 的流速。

解　根据势流的叠加性，设叠加后势函数为 φ，则

$$\varphi = \varphi_1 + \varphi_2 + \varphi_3$$

$$= \frac{q_V}{2\pi}\ln\sqrt{(x+2)^2 + y^2} - \frac{q_V}{2\pi}\ln\sqrt{(x-2)^2 + y^2} + u_0 x$$

$$= \ln\sqrt{(x+2)^2 + y^2} - \ln\sqrt{(x-2)^2 + y^2} + 4x$$

$$u_x = \frac{\partial\varphi}{\partial x} = \frac{x+2}{(x+2)^2 + y^2} - \frac{x-2}{(x-2)^2 + y^2} + 4$$

$$u_{Ax} = 4.8\,\mathrm{m/s}$$

$$u_y = -\frac{\partial\varphi}{\partial y} = \frac{y}{(x+2)^2 + y^2} - \frac{y}{(x-2)^2 + y^2}$$

$$u_{Ay} = -0.4\text{m/s}$$

$$u_A = \sqrt{u_{Ax}^2 + u_{Ay}^2} = 4.8\text{m/s}$$

所以，A 点速度为 4.8m/s。

【例 6-10】 某山坡剖面如图 6-26 所示，山高 $h=300\text{m}$，风速 $v=48\text{km/h}$，求流线方程。

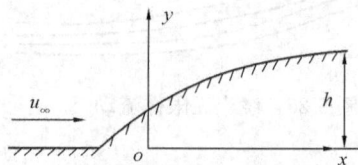

图 6-26　风吹过山坡

解　风吹过山坡可以视为流体绕半无限体，即流场为点源和均匀等速流的叠加。

由题意知，均匀等速流速度即为风速

$$u_\infty = \frac{48\,000}{3600} = 13.33 \ (\text{m/s})$$

点源强度为

$$q_V = 2u_\infty h = 2 \times 13.33 \times 300 = 7998 \ (\text{m}^2/\text{s})$$

$$\psi = u_\infty r\sin\theta + \frac{q_V}{2\pi}\theta$$

$$= 13.33y + \frac{7998}{2 \times 3.14}\arctan\frac{y}{x}$$

$$= 13.33y + 1274\arctan\frac{y}{x}$$

第八节　流体绕过圆柱体的无环流流动

无穷远处有一速度为 u_∞ 均匀等速流，绕过一半径为 r_0 的无限长圆柱体，且流动方向与圆柱体轴垂直。这一流动可以用速度为 u_∞ 的均匀等速流和偶极矩为 M 的偶极流叠加得到，其叠加情况如图 6-27 所示。

根据势流的叠加性，叠加后新的流动的速度势函数和流函数分别为

$$\varphi = \left(u_\infty + \frac{M}{2\pi r^2}\right)r\cos\theta \tag{6-76}$$

$$\psi = \left(u_\infty - \frac{M}{2\pi r^2}\right)r\sin\theta \tag{6-77}$$

一、零流线

根据式(6-77)，新的流动的流线方程为 $\left(u_\infty - \dfrac{M}{2\pi r^2}\right)$ $r\sin\theta = C$。当常数 $C=0$ 时，所对应的流线称零流线，则零流线方程为

$$\left(u_\infty - \frac{M}{2\pi r^2}\right)r\sin\theta = 0 \tag{6-78}$$

解得 $\theta = 0$；$\theta = \pi$；$r = \sqrt{\dfrac{M}{2\pi u_\infty}}$。

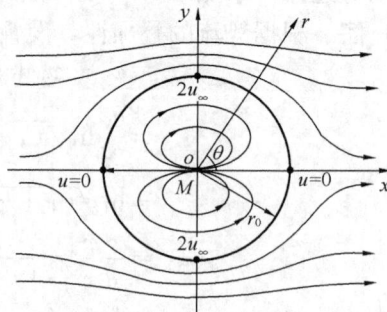

图 6-27　流体绕过圆柱体的
无环流流动

所以，零流线是以坐标原点为圆心，半径 $r_0=\sqrt{\dfrac{M}{2\pi u_\infty}}$ 的圆和 x 轴。

由 $r_0=\sqrt{\dfrac{M}{2\pi u_\infty}}$ 可得 $M=2\pi r_0^2 u_\infty$，因此，速度为 u_∞ 均匀等速流，绕过一半径为 r_0 的圆柱体的平面流动可以用速度为 u_∞ 均匀等速流和偶极矩 M 为 $2\pi r_0^2 u_\infty$ 的偶极流叠加得到。

二、速度分布

将 $M=2\pi r_0^2 u_\infty$ 代入式（6-76）、式（6-77），得到该组合平面流动的速度势函数和流函数为

$$\varphi=u_\infty\left(1+\frac{r_0^2}{r^2}\right)r\cos\theta \quad (r\geqslant r_0) \tag{6-79}$$

$$\psi=u_\infty\left(1-\frac{r_0^2}{r^2}\right)r\sin\theta \quad (r\geqslant r_0) \tag{6-80}$$

对速度势函数求导可得到速度分布

$$\left.\begin{array}{l} u_r=\dfrac{\partial\varphi}{\partial r}=u_\infty\left(1-\dfrac{r_0^2}{r^2}\right)\cos\theta \\[2mm] u_\theta=\dfrac{1}{r}\dfrac{\partial\varphi}{\partial\theta}=-u_\infty\left(1+\dfrac{r_0^2}{r}\right)\sin\theta \end{array}\right\} \tag{6-81}$$

1. 柱面上的速度分布

由于柱面上 $r=r_0$，将 $r=r_0$ 代入式（6-81），得柱面上的速度分布为

$$\left.\begin{array}{l} u_r=0 \\ u_\theta=-2u_\infty\sin\theta \end{array}\right\} \text{或} \ u=-2u_\infty\sin\theta \tag{6-82}$$

当 $\theta=\pm\dfrac{\pi}{2}$ 时，$v=u_{\max}=2u_\infty$，如图 6-27 所示。

2. 无穷远处速度分布

无穷远处 $r=\infty$，将 $r=\infty$ 代入式（6-81），得无穷远的速度分布为

$$\left.\begin{array}{l} u_r=u_\infty\cos\theta \\ u_\theta=-u_\infty\sin\theta \end{array}\right\} \text{或} \ u=u_\infty \tag{6-83}$$

即无穷远处是速度为 u_∞ 的均匀等速流。

3. 驻点

驻点 $u=0$，根据式（6-81），得 $\theta=0$、π，即 $\theta=0$、$\theta=\pi$ 为驻点。

4. 环量

圆柱面上的速度沿圆柱面圆形周线积分

$$\Gamma=\oint_l \vec{u}\cdot d\vec{l}=\int_0^{2\pi}-2u_\infty\sin\theta r\,d\theta=0$$

所以，偶极流和均匀等速流叠加为无环量的圆柱绕流。

三、圆柱面上压强分布

若无穷远处压强为 p_∞，由伯努利方程

$$\frac{p}{\rho}+\frac{u^2}{2}=\frac{p_\infty}{\rho}+\frac{u_\infty^2}{2}$$

得
$$p = p_\infty + \frac{1}{2}\rho\,(u_\infty^2 - u^2) \qquad (6\text{-}84)$$

将式（6-82）代入式（6-84），可得
$$p_b = p_\infty + \frac{1}{2}\rho\,u_\infty^2(1 - 4\sin^2\theta) \qquad (6\text{-}85)$$

由式（6-85）可知，圆柱面上压强分布关于圆柱体中心对称，在前后驻点压强最大，$p_b = p_\infty + \frac{1}{2}\rho\,u_\infty^2$；在上下顶点压强最小，$p_b = p_\infty - \frac{3}{2}\rho\,u_\infty^2$。由于压强分布关于圆柱体中心对称，所以流体对圆柱面的总压力或合力 F 为零，即
$$F = \int p_b\,\mathrm{d}A = 0 \qquad (6\text{-}86)$$

流体绕过圆柱体流动，流体作用在圆柱面上的合力可分解成两部分：一个是与来流垂直的升力，另一个是与来流平行一致的阻力。由于合力为零，升力和阻力都为零。理想流体均匀等速绕过圆柱体无环流的流动，流体作用在圆柱面上的升力和阻力都为零，这与实际情况不符，被称为达朗伯疑题。实验证明，即使黏性很小的流体，绕流圆柱体和其他形状的物体时，都要产生阻力。阻力产生的原因可从边界层的理论解释，将在第七章加以介绍。

第九节　流体绕过圆柱体的有环流流动

将环流的环量 Γ 叠加到流体绕过圆柱体的无环流流动中，便可得到流体绕过圆柱体的有环流流动，如图 6-28 所示。叠加后的速度势函数、流函数分别为

$$\varphi = \left(u_\infty + \frac{M}{2\pi r^2}\right)r\cos\theta + \frac{\Gamma}{2\pi}\theta \qquad (6\text{-}87)$$

$$\psi = \left(u_\infty - \frac{M}{2\pi r^2}\right)r\sin\theta - \frac{\Gamma}{2\pi}\ln r \qquad (6\text{-}88)$$

对速度势函数求导可得到速度分布

$$\left.\begin{aligned}u_r &= \frac{\partial\varphi}{\partial r} = u_\infty\left(1 - \frac{r_0^2}{r^2}\right)\cos\theta\\ u_\theta &= \frac{1}{r}\frac{\partial\varphi}{\partial\theta} = -u_\infty\left(1 + \frac{r_0^2}{r^2}\right)\sin\theta + \frac{\Gamma}{2\pi r}\end{aligned}\right\} \qquad (6\text{-}89)$$

当 $\Gamma < 0$，圆柱体上部环流速度方向与均匀等速流的速度相同，下部环流速度方向与均匀等速流的速度相反，叠加的结果使上部速度增高，下部速度降低。当 $\Gamma > 0$，圆柱体上部环流速度方向与均匀等速流的速度相反，下部环流速度方向与均

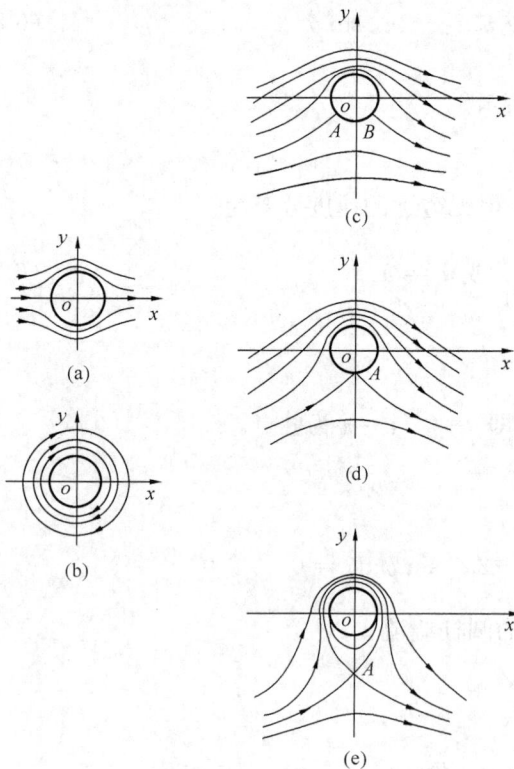
图 6-28　流体绕过圆柱体的有环流流动

匀等速流的速度相同，叠加的结果使上部速度降低，下部速度增高。可见，当流体绕过圆柱体的有环流流动时流线不再关于 x 轴对称。

1. 圆柱面上的速度分布

圆柱面上，$r=r_0$，由式（6-89）可得

$$\left.\begin{array}{l} u_r = 0 \\ u_\theta = -2u_\infty \sin\theta + \dfrac{\Gamma}{2\pi r_0} \end{array}\right\} \tag{6-90}$$

当 $\theta = \pm\dfrac{\pi}{2}$ 时，$u = u_{\max} = 2u_\infty + \dfrac{|\Gamma|}{2\pi r_0}$。

2. 无穷远处速度分布

无穷远处，$r=\infty$，由式（6-89）可得

$$\left.\begin{array}{l} u_r = u_\infty \cos\theta \\ u_\theta = -u_\infty \sin\theta \end{array}\right\}$$

即 $u=u_\infty$。无穷远处是速度为 u_∞ 的均匀等速流。

3. 驻点

由式（6-89），通过求解 $u_r=0$，$u_\theta=0$ 可得驻点。

若 $r=r_0$（柱面），由式（6-89）易得 $\sin\theta = \dfrac{\Gamma}{4\pi r_0 u_\infty}$ 为驻点。由于 $\sin(\theta)=\sin(\pi-\theta)$，可知圆柱面上有两个驻点，且关于 y 轴对称。若 $\Gamma<0$，驻点位于三、四象限，如图 6-28（c）中 A、B 两点所示；$\Gamma>0$，驻点位于一、二象限。若 u_∞ 保持不变，两驻点随 $|\Gamma|$ 的增加而向下或上移动。当 $|\Gamma|=4\pi r_0 u_\infty$ 时，两点重合为一点，并位于圆柱面的最下或最上端。若 $\Gamma<0$，驻点在最下端，如图 6-28（d）中 A 点所示；$\Gamma>0$，驻点最上端。当 $|\Gamma|>4\pi r_0 u_\infty$，则 $|\sin\theta|>1$，圆柱面上不存在驻点。

若 $r>r_0$，也可求得两驻点，此时 $|\Gamma|>4\pi r_0 u_\infty$。一个驻点位于圆柱体内，一个位于圆柱体外。但流体绕过圆柱体的有环流流动中，只存在一个圆柱体外的自由驻点，且该驻点位于 y 轴上。若 $\Gamma<0$，驻点在负 y 轴上，如图 6-28（e）中 A 点所示；$\Gamma>0$，驻点在正 y 轴上。这样流场被经过驻点的闭合流线划分为两个区域。外部区域为均匀等速流绕柱体的有环流的流动。内部区域为闭合流线和柱面间的闭合环流，但流线不是圆。

由上述分析可知，驻点位置不但与环量 Γ 有关，而且圆柱体半径 r_0、来流速度 u_∞ 有关，即取决于 $\dfrac{\Gamma}{4\pi r_0 u_\infty}$。只有在给定圆柱体半径 r_0、来流速度 u_∞，驻点的位置才取决于环量。

由伯努利方程，易得

$$p = p_\infty + \frac{1}{2}\rho u_\infty^2 - \frac{1}{2}\rho(u_r^2 + u_\theta^2)$$

将式（6-89）代入上式，得

$$p = p_\infty + \frac{1}{2}\rho\left[u_\infty^2 - \left(-2u_\infty\sin\theta + \frac{\Gamma}{2\pi r_0}\right)^2\right] \tag{6-91}$$

流体作用在单位长度圆柱体上的阻力

$$F_D = F_x = -\int_0^{2\pi} p r_0\cos\theta\,d\theta = -\int_0^{2\pi}\left\{p_\infty + \frac{1}{2}\rho\left[u_\infty^2 - \left(-2u_\infty\sin\theta + \frac{\Gamma}{2\pi r_0}\right)^2\right]\right\}r_0\cos\theta\,d\theta$$

$$=-r_0\left(p_\infty+\frac{1}{2}\rho\,u_\infty^2-\frac{\rho\,\Gamma^2}{8\pi^2 r_0^2}\right)\int_0^{2\pi}\cos\theta\mathrm{d}\theta-\frac{\rho\,u_\infty\Gamma}{\pi}\int_0^{2\pi}\sin\theta\cos\theta\mathrm{d}\theta+2r_0\rho\,u_\infty^2\int_0^{2\pi}\sin^2\theta\cos\theta\mathrm{d}\theta$$

$$=0$$

即
$$F_D=0 \tag{6-92}$$

流体作用在单位长度圆柱体上的升力

$$F_L=F_y=-\int_0^{2\pi}pr_0\sin\theta\mathrm{d}\theta=-\int_0^{2\pi}\left\{p_\infty+\frac{1}{2}\rho\left[u_\infty^2-\left(-2u_\infty\sin\theta+\frac{\Gamma}{2\pi r_0}\right)^2\right]\right\}r_0\sin\theta\mathrm{d}\theta$$

$$=-r_0\left(p_\infty+\frac{1}{2}\rho\,u_\infty^2-\frac{\rho\,\Gamma^2}{8\pi^2 r_0^2}\right)\int_0^{2\pi}\sin\theta\mathrm{d}\theta-\frac{\rho\,u_\infty\Gamma}{\pi}\int_0^{2\pi}\sin^2\theta\mathrm{d}\theta+2r_0\rho\,u_\infty^2\int_0^{2\pi}\sin^3\theta\mathrm{d}\theta$$

$$=-\frac{\rho\,u_\infty\Gamma}{\pi}\left[-\frac{1}{2}\cos\theta\sin\theta+\frac{1}{2}\theta\right]_0^{2\pi}=-\rho\,u_\infty\Gamma$$

即
$$F_L=-\rho\,u_\infty\Gamma \tag{6-93}$$

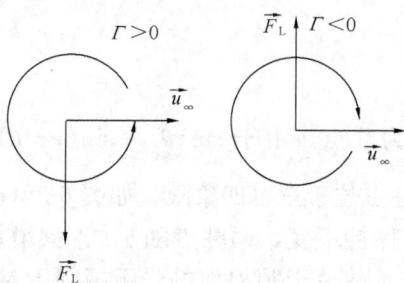

图 6-29 升力的方向

式（6-93）就是著名的库塔—儒柯夫斯基（Kutta-Joukowski）升力公式。在理想流体均匀等速绕流圆柱体有环流的流动中，升力的大小等于来流流体的密度、速度和速度环量三者的乘积，升力的方向由来流速度矢量 $\vec{u}_\infty$ 沿反环流方向旋转90°确定，如图 6-29 所示。

库塔—儒柯夫斯基升力公式也可应用于理想流体绕过任意形状柱体（如机翼等）有环流无分离的平面流动。

在自然界、日常生活以及工程实际中，常会遇到关于升力的问题，例如鸟在空中飞翔，风筝在风中飘浮，球类在运动中旋转，飞机的起飞与飞行等。

第十节 叶栅升力公式

飞机的机翼、汽轮机等流体机械的叶片截面形状称为叶型（或翼型）。叶型的形状一般都采用圆头尖尾的流线型，如图 6-30 所示。叶型的基本几何参数如下：

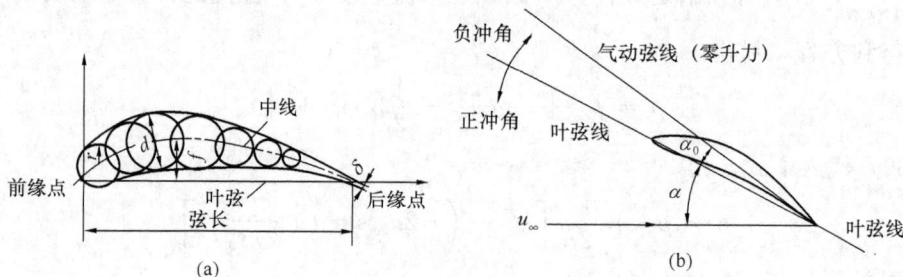

图 6-30 叶型的基本几何参数

（1）型线：叶型的周线。

（2）中线：叶型内切圆的圆心连线。

（3）前缘点、后缘点：中线与型线的前、后交点。

（4）叶弦：前缘点与后缘点的连线。

（5）弦长 l：叶弦的长度。

（6）厚度 d：叶型的内切圆的直径，最大厚度与弦长之比称为相对厚度。

（7）弯度 f：叶弦与中线的距离。

（8）冲角 α：孤立叶型的来流方向与叶弦之间的夹角，如图 6-30（b）所示。叶弦在上的为正冲角；叶弦在下的为负冲角。

（9）后缘厚度 δ。

叶型相同的叶片在某一旋转面上以相等的间距排列形成叶栅，如图 6-31 所示。叶栅的基本几何参数如下：

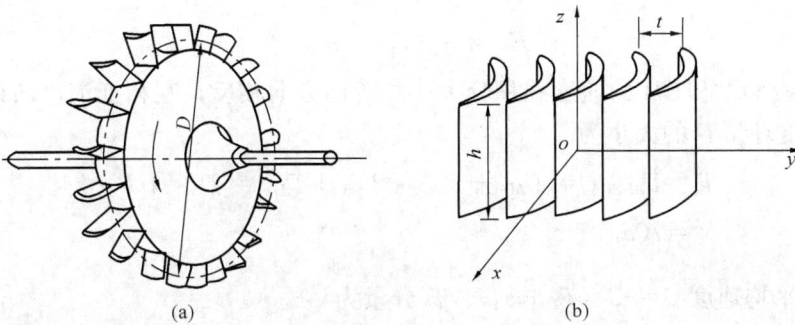

图 6-31　叶栅

（1）叶栅的平均直径 D：叶片高度一半处的直径。

（2）叶高 h：叶片高度。

（3）栅距 t：叶栅中相邻叶片间对应点间的距离。

（4）额线：叶栅各叶型前缘点或后缘点的连线。

（5）进气角：叶栅进口速度与额线间的夹角。

（6）出气角：叶栅出口速度与额线间的夹角。

当叶栅的平均直径与叶高之比充分大时（一般大于 10～15），可视为平面叶栅。

在平面叶栅中取一控制面 $ABCDA$，如图 6-32 所示。控制面由远离叶栅且平行于叶栅额线的两平行直线段 AB、CD 和距离为栅距 t 的两流线段 BC、AD 构成。线段 AB、CD 上的速度和压强可以认为均保持为常量。流线段 AD、BC 上压强对称，大小相等，方向相反，合力为零。设线段 AB 上的速度为 v_1，与额线的夹角为 β_1，线段 CD 上的速度为 v_2，与额线的夹角为 β_2。若作用在控制面内叶型上的力为 F，作用在控制面内流体上的力为 R，则

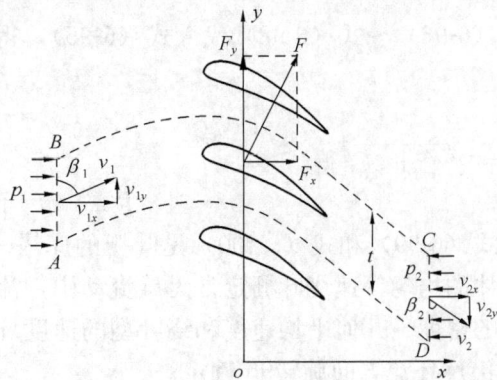

图 6-32　作用在叶栅上的升力

$$R_x = -F_x + (p_1 - p_2)t \Big\}$$
$$R_y = -F_y \qquad\qquad$$
$$\qquad\qquad(6\text{-}94)$$

单位时间内流入或流出单位高度控制体的流体质量相同

$$q_m = \rho v_{1x} t \times 1 = \rho v_{2x} t \times 1$$

所以
$$v_{1x} = v_{2x}$$

根据动量方程有

$$R_x = q_m(v_{2x} - v_{1x}) = 0 \Big\}$$
$$R_y = q_m(v_{2y} - v_{1y}) \qquad$$

由式（6-94），得

$$F_x = (p_1 - p_2)t \Big\}$$
$$F_y = q_m(v_{1y} - v_{2y}) \Big\}$$
$$\qquad\qquad(6\text{-}95)$$

由于沿流线 DA 和 CB 的速度线积分大小相等而方向相反，互相抵消，所以绕封闭周线 $ABCDA$ 的速度环量 Γ 的大小为

$$\Gamma = \Gamma_{ADCBA} = \Gamma_{AD} + \Gamma_{DC} + \Gamma_{CB} + \Gamma_{BA} = \Gamma_{DC} + \Gamma_{BA}$$
$$= t(v_{2y} - v_{1y}) \qquad\qquad(6\text{-}96)$$

引入几何平均速度 $\vec{v} = \frac{1}{2}(\vec{v}_1 + \vec{v}_2)$，其分量为

$$v_x = \frac{1}{2}(v_{1x} + v_{2x}) = v_{1x} = v_{2x} \Bigg\}$$
$$v_y = \frac{1}{2}(v_{1y} + v_{2y}) \qquad\qquad$$
$$\qquad\qquad(6\text{-}97)$$

根据伯努利方程，得

$$p_1 - p_2 = \frac{1}{2}\rho(v_2^2 - v_1^2) = \frac{1}{2}\rho(v_{2y}^2 - v_{1y}^2) = \rho(v_{2y} - v_{1y})v_y$$

将式（6-96）代入上式，得

$$p_1 - p_2 = \rho \Gamma \frac{v_y}{t} \qquad\qquad(6\text{-}98)$$

将式（6-96）～式（6-98）代入式（6-95），得

$$F_x = \rho v_y \Gamma \Big\}$$
$$F_y = -\rho v_x \Gamma \Big\}$$
$$\qquad\qquad(6\text{-}99)$$

由 $v = \sqrt{v_x^2 + v_y^2}$，得

$$F = \sqrt{F_x^2 + F_y^2} = \rho v \Gamma \qquad\qquad(6\text{-}100)$$

式（6-99）和式（6-100）是叶栅的库塔—儒柯夫斯基公式。该式说明，在理想不可压缩流体的均匀等速绕叶栅定常无旋流动中，流体作用在叶栅每个叶型上的合力大小等于来流流体的密度、几何平均速度和绕叶型的速度环量三者的乘积，合力的方向由几何平均速度矢量 $\vec{v}$ 沿反环流方向旋转90°确定。

对于孤立叶型的绕流，可以认为是栅距 t 趋于无穷大的叶栅绕流。在这种情况下，速度

环量 $\Gamma = t(v_{2y} - v_{1y})$ 仍保持为有限值，则 $v_{2y} = v_{1y}$ 必定趋近于零，即 $v_{2y} = v_{1y} = 0$，且 $v_{1x} = v_{2x} = v_x$，也就是说，孤立叶型前后足够远处的速度完全相同，即 $v_1 = v_2 = u_\infty$。于是，可以得到孤立叶型的合力公式

$$\left.\begin{array}{l} F_x = \rho v_y \Gamma = 0 \\ F_y = -\rho v_x \Gamma = -\rho u_\infty \Gamma \end{array}\right\}$$

即 $F = -\rho u_\infty \Gamma$。合力的方向由来流速度矢量 $\vec{u}_\infty$ 沿反环流方向旋转90°确定。

库塔—儒柯夫斯基公式可以用来解释飞机产生升力的原因，也可以解释涡轮机、泵、风机等流体机械中叶栅受到流体作用力的工作原理。

第十一节　库　塔　条　件

库塔—儒柯夫斯基公式说明了绕流升力与速度环量之间的关系，但并没有说明速度环量是如何产生的，以及如何确定速度环量的大小。下面我们就这两点进行讨论。

理想的不可压缩流体在无穷远处以一定冲角、均匀等速无环流、无旋地绕过叶型，如图 6-33 所示。在叶型的前驻点，流体分成两股，沿上下表面流过。如果沿下表面的一股气流能绕过后缘点，在上表面的后驻点处与上表面的一股气流汇合，那么与均匀等速流无环流地绕过圆柱体一样，对叶型既没有升力也没有阻力。但是，当理想流体流过后缘点时，由于该点的曲率半径近似于零（尖尾），后缘点的速度将会很大，压强很低。当下表面的气流绕过后缘点，流向上表面的后驻点时，由于气流是由低压区流向高压区，气流必然会发生分离，沿下表面的气流不可能绕过后缘点，在上表面的后驻点处与上表面的气流汇合。为了使气流在后缘点不发生分离，可以采取以下措施：

（1）减小冲角。使后驻点后移与后缘点重合，气流就能平滑的流过后缘点，不发生分离，如图 6-34 所示。符合这个条件的冲角只有一个（一般为负），称为零升角，用 α_0 表示。

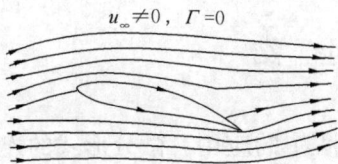

图 6-33　理想流体无环流
无旋绕过叶型

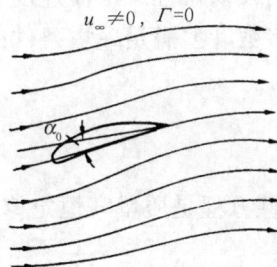

图 6-34　气流不发生分离

（2）与一个环量为负值的纯环流叠加，使后驻点移动到后缘点。均匀等速流与一环量为负值的纯环流叠加，可使叶型上部的流体流速加快，叶型下部的流体流速减慢，一定存在一个环量能够使得后驻点刚好移到后缘点上，这时，沿叶型上下表面流来的流体在后缘点汇合，平滑离去，不发生分离。这就是库塔的平滑流动条件，简称库塔条件。图 6-35 中图（a）与图（b）的流动叠加结果产生了图（c）的流动。

理想的不可压缩流体无环流、无旋绕过叶型时，环量是如何产生的呢？在流场中取一包围叶型的延伸到无穷远的封闭周线，沿该封闭周线的速度环量为零。根据汤姆孙定理，在整

个流动过程中，该封闭周线上的速度环量始终为零。当流动开始不久，由于下表面的流体绕过后缘点时速度高、压强低，流向上表面的后驻点时由于气流是由低压区流向高压区，气流发生分离，产生逆时针方向的旋涡，如图 6-36（a）所示。根据根汤姆孙定理，叶型上也必然同时产生一个强度相等、方向相反的顺时针旋涡（这样总环量才能为零），绕流叶型的流动成为有环流的无旋流动。由于旋涡产生，后驻点向后缘点相应的移动，这一过程一直继续到后驻点与后缘点重合为止，形成了脱离叶型被流体带到下游的旋涡（称为启动涡）和附着在叶型上的旋涡（称为附着涡），如图 6-36（b）所示。附着涡正是绕流叶型的速度环量，这个顺时针的速度环量使叶型上方的速度增加，压强减小，而使下方的速度减小，压强增加，结果上下压强差对叶型产生了升力。

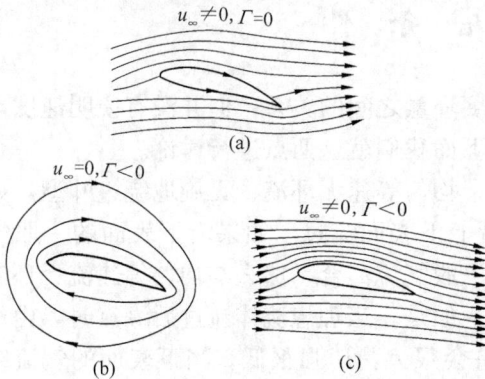

图 6-35　无环流的无旋流动
与一个纯环流叠加

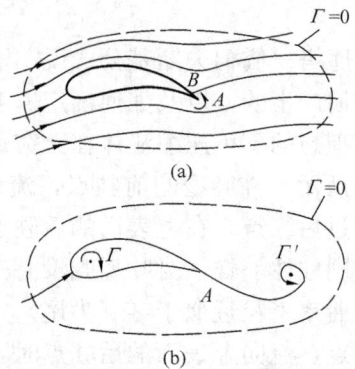

图 6-36　环流的产生

　　均匀等速流绕过叶型有环流的流动，可以利用库塔条件来确定库塔—儒柯夫斯基升力公式中未知的速度环量的大小，从而解决升力求解问题。满足库塔条件的速度环量与许多因素有关，如叶型的几何特性、来流速度的大小和冲角等。除少数叶型可以从理论上确定速度环量大小外，大多数叶型满足库塔条件的速度环量一般要试验确定。

本 章 小 结

　　6-1　连续性方程是质量守恒定律在流体流动过程中的应用。微分形式的连续性方程

$$\frac{\partial}{\partial x}(\rho u_x) + \frac{\partial}{\partial y}(\rho u_y) + \frac{\partial}{\partial z}(\rho u_z) + \frac{\partial \rho}{\partial t} = 0$$

矢量形式

$$\mathrm{div}(\rho \vec{u}) + \frac{\partial \rho}{\partial t} = 0 \qquad 或 \qquad \nabla \cdot (\rho \vec{u}) + \frac{\partial \rho}{\partial t} = 0$$

　　6-2　流体不但可以像刚体那样移动、转动，而且可以发生变形。一般情况下，流体微团的运动可以分解为移动、转动和变形三种形式。

　　6-3　理想流体的运动微分方程，即欧拉运动微分方程

$$\left. \begin{aligned} f_x - \frac{1}{\rho}\frac{\partial p}{\partial x} &= \frac{\mathrm{d}u_x}{\mathrm{d}t} \\ f_y - \frac{1}{\rho}\frac{\partial p}{\partial y} &= \frac{\mathrm{d}u_y}{\mathrm{d}t} \\ f_z - \frac{1}{\rho}\frac{\partial p}{\partial z} &= \frac{\mathrm{d}u_z}{\mathrm{d}t} \end{aligned} \right\}$$

兰姆运动微分方程

$$\left. \begin{aligned} f_x - \frac{1}{\rho}\frac{\partial p}{\partial x} - \frac{\partial}{\partial x}\left(\frac{u^2}{2}\right) &= \frac{\partial u_x}{\partial t} + 2(u_z\omega_y - u_y\omega_z) \\ f_y - \frac{1}{\rho}\frac{\partial p}{\partial y} - \frac{\partial}{\partial y}\left(\frac{u^2}{2}\right) &= \frac{\partial u_y}{\partial t} + 2(u_x\omega_z - u_z\omega_x) \\ f_z - \frac{1}{\rho}\frac{\partial p}{\partial z} - \frac{\partial}{\partial z}\left(\frac{u^2}{2}\right) &= \frac{\partial u_z}{\partial t} + 2(u_y\omega_x - u_x\omega_y) \end{aligned} \right\}$$

6-4 斯托克斯定理：沿任意封闭周线上的速度环量等于该封闭周线所包围面积内的旋涡强度，即 $J = \Gamma$。

汤姆孙定理、亥姆霍兹定理是研究理想流体有旋流动的基本定理。

6-5 无旋流场一定存在速度势函数 φ，无旋流动也称有势流动。

$$\mathrm{d}\varphi = u_x\mathrm{d}x + u_y\mathrm{d}y + u_z\mathrm{d}z$$

不可压缩流体平面连续流动存在流函数 ψ。ψ 取一定值，即为一条流线方程。

$$\mathrm{d}\psi = -u_y\mathrm{d}x + u_x\mathrm{d}y$$

不可压缩流体平面无旋连续流动，流函数 ψ 与速度势函数 φ 同时存在。

等势函数线簇与等流函数线簇（流线簇）相互垂直，构成正交网格，称为流网。

6-6 几种简单的平面无旋流动

（1）均匀等速流

速度势函数 $\quad \varphi = u_{x0}x + u_{y0}y$

流函数 $\quad \psi = -u_{y0}x + u_{x0}y$

（2）点源、点汇

速度势函数 $\varphi = \pm\dfrac{q_V}{2\pi}\ln r$，直角坐标中 $\varphi = \pm\dfrac{q_V}{2\pi}\ln\sqrt{x^2 + y^2}$

流函数 $\psi = \pm\dfrac{q_V}{2\pi}\theta$，直角坐标中 $\psi = \pm\dfrac{q_V}{2\pi}\arctan\dfrac{y}{x}$

（3）涡流

势流区

速度势函数 $\quad \varphi = \dfrac{\Gamma}{2\pi}\theta$

流函数 $\quad \psi = -\dfrac{\Gamma}{2\pi}\ln r$

涡核区

旋转角速度 $\quad \omega = \dfrac{\Gamma}{2\pi r_b^2}$

6-7　平面无旋流动的叠加

（1）点源、点涡叠加

速度势函数　　$\varphi = -\dfrac{1}{2\pi}(q_V \ln r - \Gamma\theta)$

流函数　　$\psi = -\dfrac{1}{2\pi}(q_V\theta + \Gamma\ln r)$

（2）点源、点汇叠加（源点、汇点均位于坐标原点）

速度势函数　　$\varphi = \dfrac{M}{2\pi}\dfrac{x}{x^2+y^2} = \dfrac{M}{2\pi}\dfrac{\cos\theta}{r}$

流函数　　$\psi = -\dfrac{M}{2\pi}\dfrac{y}{x^2+y^2} = -\dfrac{M}{2\pi}\dfrac{\sin\theta}{r}$

（3）均匀等速流、点源叠加

速度势函数　　$\varphi = u_\infty r\cos\theta + \dfrac{q_V}{2\pi}\ln r$

流函数　　$\psi = u_\infty r\sin\theta + \dfrac{q_V}{2\pi}\theta$

6-8　流体绕过圆柱体无环流的流动

速度势函数　　$\varphi = u_\infty\left(1 + \dfrac{r_0^2}{r^2}\right)r\cos\theta$

流函数　　$\psi = u_\infty\left(1 - \dfrac{r_0^2}{r^2}\right)r\sin\theta$

理想流体绕过圆柱体无环流的流动，流体作用在圆柱面上的合力即总压力为零，既无升力也无阻力，这与实际情况不符，称为达朗伯疑题。

6-9　流体绕过圆柱体的有环流流动

速度势函数　　$\varphi = \left(u_\infty + \dfrac{M}{2\pi r^2}\right)r\cos\theta + \dfrac{\Gamma}{2\pi}\theta$

流函数　　$\psi = \left(u_\infty - \dfrac{M}{2\pi r^2}\right)r\sin\theta - \dfrac{\Gamma}{2\pi}\ln r$

库塔—儒柯夫斯基升力公式：流体作用在单位长度圆柱体上的阻力 $F_D = 0$，升力 $F_L = -\rho u_\infty\Gamma$。

6-10　理想不可压缩流体均匀等速绕流叶栅定常无旋流动

叶栅的库塔—儒柯夫斯基公式：$F = \rho v\Gamma$

流体作用在叶栅每个叶型上的合力的大小等于来流流体的密度、几何平均速度和绕叶型的速度环量三者的乘积，即 $F = \rho v\Gamma$。合力的方向由几何平均速度矢量 $\vec{v}$ 沿反环流方向旋转 $90°$ 确定。

6-11　库塔条件

理想的不可压缩流体均匀等速以一定冲角无环流无旋绕过叶型，为了使气流在后缘点不发生分离，可以采取以下措施：

（1）减小冲角。符合这个条件的冲角只有一个（一般为负），称为零升角 α_0。

（2）将均匀等速流绕叶型无环流的无旋流动与一个环量为负值的纯环流叠加，一定存在一个环量使得后驻点刚好移到后缘点上，沿叶型上下表面流来的流体在后缘点汇合，平滑离去。这就是库塔平滑流动条件，简称库塔条件。

理想的不可压缩的流体无环流的无旋绕过叶型，附着涡是绕流叶型的速度环量，这个顺时针的速度环量使叶型上方的速度增加，压强减小，而使下方的速度减小，压强增加，结果上下压强差对叶型产生了升力。

思 考 题

6-1 连续性微分方程表达式如何？

6-2 流体与刚体的运动有何区别？

6-3 线变形和角变形速度是如何定义的？流体流动过程中是否一定有线变形和角变形？

6-4 什么是有旋流动？旋转角速度是如何计算的？

6-5 什么是速度环量，数学表达式如何？

6-6 什么是单连通域？什么是多连通域？多连通域如何转化为单连通域？

6-7 斯托克斯定理的内容是什么？

6-8 亥姆霍兹三定理适用条件是什么？内容如何？

6-9 什么是涡管、涡束、旋涡强度？

6-10 什么流函数？什么是速度势函数？什么条件下流函数和速度势函数可以同时存在？

6-11 为什么无旋流动又称为有势流动？

6-12 流函数有何物理意义？

6-13 速度势函数有何特点？

6-14 什么是均匀速度流？流函数和速度势函数表达式如何？

6-15 什么是点源、点汇？流函数和速度势函数表达式如何？

6-16 涡流流动有何特点，在其势流区流函数和速度势函数表达式如何？

6-17 偶极流如何形成？

6-18 理想流体绕流圆柱体无环流流动是如何叠加的？流函数、速度势函数表达式如何？

6-19 理想流体绕流圆柱体无环流流动压强分布有何特点？什么是达朗伯疑题？

6-20 讨论理想流体绕流圆柱体有环流平面流动的驻点位置。

6-21 理想流体绕流圆柱体有环流流动升力如何计算？

6-22 说明叶型有环流流动的库塔条件；理想的不可压缩流体绕叶型时环量和升力产生的原因。

习 题

6-1 已知不可压缩流场的速度分布为 $\vec{u} = 2x\vec{i} + 2y\vec{j} - 4z\vec{k}$ ，问该流场是否满足连续性方程。

6-2 不可压缩平面流场 $u_x = x$，$u_y = ky$ 满足连续性方程，求 k 值。

6-3 已知下列各流场的速度分布，试确定流场是否有旋？若有旋，求出旋转角速度。

(1) $u_x = kx$，$u_y = ky$。

(2) $u_x = k\sin xy$，$u_y = k\cos xy$。

(3) $u_x = x + y$，$u_y = y + z$，$u_z = z + x$。

6-4　已知有旋流场速度分布为 $\vec{u} = xy\vec{i} - \dfrac{1}{2}y^2\vec{j}$，求其旋转角速度和角变形速度。

6-5　已知不可压缩流场的速度势函数 $\varphi = xy$，求点 A（1，2）的速度。

6-6　证明不可压缩流体平面流动 $u_x = 2xy + x$，$u_y = x^2 - y^2 - y$ 满足连续性方程，而且是一个无旋流动，并求出速度势函数。

6-7　已知一流场速度势函数 $\varphi = x^2 + x - y^2$，另一流场流函数 $\psi = 2xy + y$，证明这两个流场是相同的。

6-8　一流场流函数 $\psi = 2xy$，问点（1，1）和点（2，2）是否在同一条流线上？

6-9　有一不可压平面连续流动，$u_x = x$，$u_y = -ay$，其中 a 为常数，求该流场的速度势函数和流函数，并绘制流网。

6-10　有一不可压平面流动，流函数 $\psi = x + 2x^2 - 2y^2$，求速度势函数；若流体密度 $\rho = 1.2\text{kg/m}^3$，点（1，1）压强为 5kPa，求点（2，3）的压强。

6-11　有一不可压平面流动流函数 $\psi = x^2 - 2y^2$，问流场是否为无旋？若流体密度 $\rho = 1.2\text{kg/m}^3$，点（2，0）压强为 2kPa，求点（$\sqrt{6}$，1）的压强。

6-12　一平面流场由位于（1，0）和（-1，0）的两个点源构成，其强度为 2π，试求点（0，0），点（0，1），点（-1，0）和点（1，1）处的速度。

6-13　一平面流场由位于（-1，0）和（1，0），强度为 2π 的两点汇，以及流速为 $u_0 = 2\text{m/s}$ 的均匀等速流构成，试求该流场的速度势函数和流函数。

6-14　台风可以视为点涡诱导的流动，若距台风中心 8000m 处的风速为 13m/s，压强为 98 200Pa，求距台风中心 900m 处的风速和压强（空气密度 1.2kg/m³）。

6-15　一水平均匀等速流与一中心位于坐标原点的强度为 M 的偶极矩叠加后，求速度与水平均匀等速流相同的点的位置。

6-16　一水平均匀等速流 $u_\infty = 10\text{m/s}$，与一中心位于坐标原点的顺时针环流叠加，若已知驻点位于点（0，-5），求诱导环流的环量和经过驻点的流线方程，并画出流场的流线图。

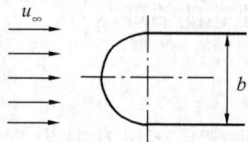

6-17　已知一桥墩宽 $b = 1.8\text{m}$，水深 $h = 3\text{m}$，水流速 $u_\infty = 1.2\text{m/s}$，如图 6-37 所示。求水作用在半圆形桥墩头部的力。

6-18　直径为 1.2m，长为 50m 的圆柱体以 90r/min 的角速度绕其轴旋转，空气以 80km/h 的速度沿垂直于圆柱体轴线的方向流动。假设环流与圆柱体之间没有滑动，空气密度1.2kg/m³，求速度环量、升力和驻点位置。

图 6-37　习题 6-17 图

第七章　黏性流体动力学基础

在前一章研究的流体流动中，假定流体为理想流体，依据这一假定，对于一些黏性很小的流体，某些流动过程的理论研究结果与实际观察的现象相当一致。但实际流体都是有黏性的，对于有些流动过程如果忽略黏性，便会导致与实际流动规律不符；特别是运动物体周围的边界层，黏性应力起主导作用，不可忽视，而边界层对运动物体的阻力及与层外流体的换热有着重要影响。本章将阐述黏性流体流动的基本规律，为研究和解决工程实际中的黏性流动问题奠定必要的理论基础。

第一节　不可压缩黏性流体的运动微分方程
纳维—斯托克斯方程（Navier-Stokes equation）❶

黏性流体与理想流体主要区别在于作用在流体质点上的表面力，理想流体只有一个与作用面方位无关的压应力，而黏性流体则有与作用面方位有关的法向应力和切应力。这样，只要用黏性流体质点上的表面力合力代替理想流体运动微分方程中的表面力合力，便可得到黏性流体的运动微分方程。

一、黏性流体的内应力

黏性流体在运动时，其流体质点上的表面力不仅有法向应力，还有切向应力，因此黏性流体的表面力不再垂直于作用面。如在任一点取一垂直于 y 轴的平面，如图 7-1 所示，作用在此平面上的表面应力有法向应力 $-p_{yy}$（负号表示压力方向与 y 轴方向相反）与切应力 τ_{yx}、τ_{yz}。应力符号的第一个下标表示所在平面的法线方向，第二个下标表示应力方向。这样，每个平面作用有 3 个应力，而任一点的 3 个相互垂直的作用面上共有 9 个应力分量，可排列如下：

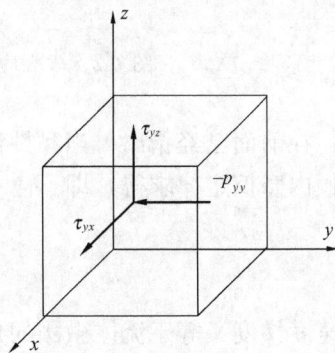

图 7-1　表面应力的符号

$$
\begin{array}{ccc}
-p_{xx} & \tau_{xy} & \tau_{xz} \\
\tau_{yx} & -p_{yy} & \tau_{yz} \\
\tau_{zx} & \tau_{zy} & -p_{zz}
\end{array}
$$

二、以应力表示的运动微分方程

在运动的黏性流体中取出一边长为 dx、dy、dz 的平行六面体的流体微团，作用在六面体表面上的应力如图 7-2 所示。根据牛顿第二定律，可写出沿 x 轴的运动微分方程

---

❶　这一方程是 1827 年由法国工程师纳维（C-L-M-H. Navier，1785—1836）首先提出的，1845 年由英国物理学家斯托克斯（G. G. Stokes，1819—1903）加以完善，简称 N-S 方程，是黏性不可压缩流体动力学的基础。

$$\rho f_x \mathrm{d}x\mathrm{d}y\mathrm{d}z + p_{xx}\mathrm{d}y\mathrm{d}z - \left(p_{xx} + \frac{\partial p_{xx}}{\partial x}\mathrm{d}x\right)\mathrm{d}y\mathrm{d}z - \tau_{yx}\mathrm{d}x\mathrm{d}z + \left(\tau_{yx} + \frac{\partial \tau_{yx}}{\partial y}\mathrm{d}y\right)\mathrm{d}x\mathrm{d}z - \tau_{zx}\mathrm{d}x\mathrm{d}y$$

$$+ \left(\tau_{zx} + \frac{\partial \tau_{zx}}{\partial z}\mathrm{d}z\right)\mathrm{d}x\mathrm{d}y = \rho\mathrm{d}x\mathrm{d}y\mathrm{d}z\frac{\mathrm{d}u_x}{\mathrm{d}t}$$

化简后得
$$\left.\begin{array}{l} f_x - \dfrac{1}{\rho}\dfrac{\partial p_{xx}}{\partial x} + \dfrac{1}{\rho}\left(\dfrac{\partial \tau_{yx}}{\partial y} + \dfrac{\partial \tau_{zx}}{\partial z}\right) = \dfrac{\mathrm{d}u_x}{\mathrm{d}t} \\[4mm] f_y - \dfrac{1}{\rho}\dfrac{\partial p_{yy}}{\partial y} + \dfrac{1}{\rho}\left(\dfrac{\partial \tau_{zy}}{\partial z} + \dfrac{\partial \tau_{xy}}{\partial x}\right) = \dfrac{\mathrm{d}u_y}{\mathrm{d}t} \\[4mm] f_z - \dfrac{1}{\rho}\dfrac{\partial p_{zz}}{\partial z} + \dfrac{1}{\rho}\left(\dfrac{\partial \tau_{xz}}{\partial x} + \dfrac{\partial \tau_{yz}}{\partial y}\right) = \dfrac{\mathrm{d}u_z}{\mathrm{d}t} \end{array}\right\} \qquad (7\text{-}1)$$

同理可得

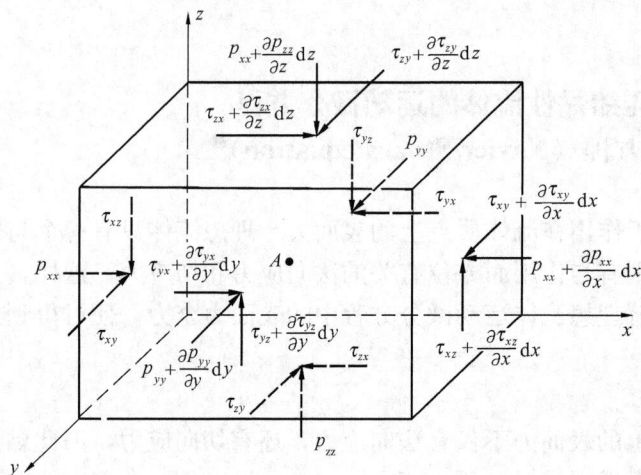

图 7-2　表面应力示意图

式（7-1）是以应力表示的黏性流体运动微分方程。式中除了单位质量力的 3 个分量 f_x、f_y、f_z 以及密度 ρ 在一般不可压缩黏性流体的运动中为已知数外，其余 9 个应力和 3 个速度分量均为未知数。而式（7-1）中的三个方程，再加上连续性方程，仅有 4 个方程，远不足以解出 12 个未知数。因此必须寻找补充方程，这就是表征流体微团在运动中应力和变形速度之间的本构方程。

三、切应力和角应变速度的关系

在前面已经指出，当黏性流层间发生相对运动时，由于流体黏性而引起的切向应力可按牛顿内摩擦定律求得，即

$$\tau = \mu\frac{\mathrm{d}u}{\mathrm{d}y}$$

而速度梯度又等于流体微团的角变形速度，即

$$\frac{\mathrm{d}u}{\mathrm{d}y} = \frac{\mathrm{d}\theta}{\mathrm{d}t}$$

在第六章第二节中，已经给出了角变形速度的表达式，$\dfrac{\mathrm{d}\theta}{\mathrm{d}t}$ 是直角变形速度，在 xoy 平面上有

$$\frac{\mathrm{d}\theta}{\mathrm{d}t} = 2\dot{\gamma} = \frac{\partial u_x}{\partial y} + \frac{\partial u_y}{\partial x}$$

假设流体的黏度在各个方向上都是相同的（即各向同性），则根据牛顿内摩擦定律，可得

$$\tau_{xy} = \tau_{yx} = \mu\left(\frac{\partial u_x}{\partial y} + \frac{\partial u_y}{\partial x}\right)$$

同理可得
$$\tau_{zx} = \tau_{xz} = \mu\left(\frac{\partial u_z}{\partial x} + \frac{\partial u_x}{\partial z}\right) \qquad (7\text{-}2)$$

$$\tau_{zy} = \tau_{yz} = \mu\left(\frac{\partial u_z}{\partial y} + \frac{\partial u_y}{\partial z}\right)$$

式（7-2）就是广义的牛顿内摩擦定律，其意义为切向应力等于动力黏度和角变形速度的乘积。这样，便将式（7-1）中的 12 个未知数消去了 6 个。

四、法向应力和线变形速度的关系

现在我们研究法向应力之间的关系。对于理想流体在同一点各方向的法向应力是等值的，即 $p_{xx} = p_{yy} = p_{zz} = p$。但在黏性流体中，由于黏性的影响，流体微团在发生角变形的同时也发生线变形，即在流体微团的法线方向上有相对的线变形速度 $\frac{\partial u_x}{\partial x}$、$\frac{\partial u_y}{\partial y}$ 和 $\frac{\partial u_z}{\partial z}$。这使法向应力的大小有所改变，产生附加的法向应力，从而使这一点的法向应力与方向有关。我们在此不做严格推导，而将切向应力的广义牛顿内摩擦公式推广应用，即附加法向应力等于动力黏度与两倍的线变形速度的乘积。因此得

$$p_{xx} = p - 2\mu\frac{\partial u_x}{\partial x}$$
$$p_{yy} = p - 2\mu\frac{\partial u_y}{\partial y} \qquad (7\text{-}3)$$
$$p_{zz} = p - 2\mu\frac{\partial u_z}{\partial z}$$

式（7-3）就是法向应力的关系式。由此可见，在黏性流体中同一点任意 3 个相互垂直的法向应力是不相等的，它们的总和为

$$p_{xx} + p_{yy} + p_{zz} = 3p - 2\mu\left(\frac{\partial u_x}{\partial x} + \frac{\partial u_y}{\partial y} + \frac{\partial u_z}{\partial z}\right)$$

根据不可压缩流体的连续性方程 $\frac{\partial u_x}{\partial x} + \frac{\partial u_y}{\partial y} + \frac{\partial u_z}{\partial z} = 0$，有

$$p = \frac{1}{3}(p_{xx} + p_{yy} + p_{zz}) \qquad (7\text{-}4)$$

说明三个相互垂直的法向应力的算术平均数恰好等于理想流体的压力。

由式（7-3），3 个法向应力变换为一个法向应力 p，从而减少了两个变量，将式（7-1）的未知数减为 4 个，与方程的总数相等，可以进行进一步的求解。

五、纳维—斯托克斯方程

现将式（7-2）和式（7-3）代入式（7-1），就可得到运动微分方程，以第一式为例有

$$f_x - \frac{1}{\rho}\frac{\partial}{\partial x}\left(p - 2\mu\frac{\partial u_x}{\partial x}\right) + \frac{1}{\rho}\left[\mu\frac{\partial}{\partial y}\left(\frac{\partial u_x}{\partial y} + \frac{\partial u_y}{\partial x}\right) + \mu\frac{\partial}{\partial z}\left(\frac{\partial u_z}{\partial x} + \frac{\partial u_x}{\partial z}\right)\right] = \frac{du_x}{dt}$$

整理后得

$$f_x - \frac{1}{\rho}\frac{\partial p}{\partial x} + \frac{\mu}{\rho}\left(\frac{\partial^2 u_x}{\partial x^2} + \frac{\partial^2 u_x}{\partial y^2} + \frac{\partial^2 u_x}{\partial z^2}\right) + \frac{\mu}{\rho}\frac{\partial}{\partial x}\left(\frac{\partial u_x}{\partial x} + \frac{\partial u_y}{\partial y} + \frac{\partial u_z}{\partial z}\right) = \frac{du_x}{dt}$$

将不可压缩流体的连续性方程 $\frac{\partial u_x}{\partial x} + \frac{\partial u_y}{\partial y} + \frac{\partial u_z}{\partial z} = 0$ 代入上式，最后可得

$$f_x - \frac{1}{\rho}\frac{\partial p}{\partial x} + \nu\left(\frac{\partial^2 u_x}{\partial x^2} + \frac{\partial^2 u_x}{\partial y^2} + \frac{\partial^2 u_x}{\partial z^2}\right) = \frac{\mathrm{d}u_x}{\mathrm{d}t}$$

同理可得 $\qquad$ $$f_y - \frac{1}{\rho}\frac{\partial p}{\partial y} + \nu\left(\frac{\partial^2 u_y}{\partial x^2} + \frac{\partial^2 u_y}{\partial y^2} + \frac{\partial^2 u_y}{\partial z^2}\right) = \frac{\mathrm{d}u_y}{\mathrm{d}t}$$ $\qquad$ (7-5)

$$f_z - \frac{1}{\rho}\frac{\partial p}{\partial z} + \nu\left(\frac{\partial^2 u_z}{\partial x^2} + \frac{\partial^2 u_z}{\partial y^2} + \frac{\partial^2 u_z}{\partial z^2}\right) = \frac{\mathrm{d}u_z}{\mathrm{d}t}$$

式（7-5）就是不可压缩黏性流体的运动微分方程，一般通称纳维—斯托克斯方程。对于理想流体 $\nu=0$，式（7-5）就成为第六章第三节中所讲的理想流体的欧拉运动微分方程式；对于静止流体有 $u_x = u_y = u_z = 0$，则式（7-5）又可以成为欧拉平衡方程式。因此，纳维—斯托克斯方程是不可压缩流体的最普遍的运动微分方程。式（7-5）加上不可压缩流体的连续性方程

$$\frac{\partial u_x}{\partial x} + \frac{\partial u_y}{\partial y} + \frac{\partial u_z}{\partial z} = 0$$

共 4 个方程，原则上可以求解方程中的 4 个未知数 u_x、u_y、u_z、p。式（7-5）是直角坐标系下的纳维—斯托克斯方程，其矢量形式为

$$\frac{D\vec{u}}{Dt} = -\frac{1}{\rho}\nabla\vec{p} + \vec{f} + \nu\nabla^2\vec{u}$$ $\qquad$ (7-6)

在求解许多实际问题时，用如图 7-3 所示的圆柱坐标系 $(r、\theta、z)$ 更为方便，圆柱标坐标系下的纳维—斯托克斯方程为

$$f_r - \frac{1}{\rho}\frac{\partial p}{\partial r} + \nu\left(\frac{\partial^2 u_r}{\partial r^2} + \frac{1}{r}\frac{\partial u_r}{\partial r} - \frac{u_r}{r^2} + \frac{1}{r^2}\frac{\partial^2 u_r}{\partial \theta^2} + \frac{\partial^2 u_r}{\partial z^2} - \frac{2}{r^2}\frac{\partial u_\theta}{\partial \theta} + \frac{\partial^2 u_r}{\partial z^2}\right)$$

$$= \frac{\partial u_r}{\partial t} + u_r\frac{\partial u_r}{\partial r} + \frac{u_\theta}{r}\frac{\partial u_r}{\partial \theta} - \frac{u_\theta^2}{r} + u_z\frac{\partial u_r}{\partial z}$$

$$f_\theta - \frac{1}{\rho r}\frac{\partial p}{\partial \theta} + \nu\left(\frac{\partial^2 u_\theta}{\partial r^2} + \frac{1}{r}\frac{\partial u_\theta}{\partial r} - \frac{u_\theta}{r^2} + \frac{1}{r^2}\frac{\partial^2 u_\theta}{\partial \theta^2} + \frac{2}{r^2}\frac{\partial u_r}{\partial \theta} + \frac{\partial^2 u_\theta}{\partial z^2}\right)$$

$$= \frac{\partial u_\theta}{\partial t} + u_r\frac{\partial u_\theta}{\partial r} + \frac{u_\theta}{r}\frac{\partial u_\theta}{\partial \theta} + \frac{u_r u_\theta}{r} + u_z\frac{\partial u_\theta}{\partial z}$$

$$f_z - \frac{1}{\rho}\frac{\partial p}{\partial z} + \nu\left(\frac{\partial^2 u_z}{\partial r^2} + \frac{1}{r}\frac{\partial u_z}{\partial r} + \frac{1}{r^2}\frac{\partial^2 u_z}{\partial \theta^2} + \frac{\partial^2 u_z}{\partial z^2}\right)$$

$$= \frac{\partial u_z}{\partial t} + u_r\frac{\partial u_z}{\partial r} + \frac{u_\theta}{r}\frac{\partial u_z}{\partial \theta} + u_z\frac{\partial u_z}{\partial z}$$

式中 $\quad f_r$、f_θ、f_z——单位质量力在三个坐标轴 $(r、\theta、z)$ 的分量。

不可压缩流体的连续性方程为

$$\frac{\partial u_r}{\partial r} + \frac{u_r}{r} + \frac{1}{r}\frac{\partial u_\theta}{\partial \theta} + \frac{\partial u_z}{\partial z} = 0$$ $\qquad$ (7-7)

六、纳维—斯托克斯方程的精确解

利用纳维—斯托克斯方程，目前只能对一些简单的流动问题才能求得精确解。例如圆管中的流动，平行平面间的层流以及同心圆环间的层流等。

【例 7-1】　试用纳维—斯托克斯方程求圆管层流运动的流速分布。

解　取坐标轴如图 7-4 所示，已知 $u_x = u(x,y,z)$，$\quad u_y = u_z = 0$。

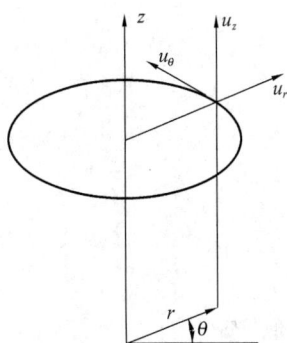

图 7-3　圆柱坐标系　　　　　　　　　图 7-4　圆管管流

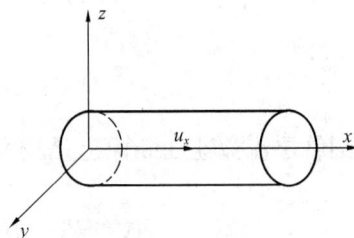

现取直角坐标系方程中的式（7-5a）

$$f_x - \frac{1}{\rho}\frac{\partial p}{\partial x} + \nu\left(\frac{\partial^2 u_x}{\partial x^2} + \frac{\partial^2 u_x}{\partial y^2} + \frac{\partial^2 u_x}{\partial z^2}\right) = \frac{\mathrm{d}u_x}{\mathrm{d}t}$$

其中

$$\frac{\mathrm{d}u_x}{\mathrm{d}t} = \frac{\partial u_x}{\partial t} + u_x\frac{\partial u_x}{\partial x} + u_y\frac{\partial u_y}{\partial y} + u_z\frac{\partial u_z}{\partial z}$$

由于定常流，故 $\frac{\partial u_x}{\partial t} = 0$。质量力中只有重力，$f_x = 0$，又由于是均匀流，有 $\frac{\partial^2 u_x}{\partial x^2} = 0, \frac{\partial u_x}{\partial x} = 0$，将以上各式代入式（7-5a）后可得

$$\frac{\partial p}{\partial x} = \mu\left(\frac{\partial^2 u_x}{\partial y^2} + \frac{\partial^2 u_x}{\partial z^2}\right)$$

由于 u_x 沿现 x 方向不变，因此等式右侧与 x 无关，也即 $\frac{\partial p}{\partial x}$ 沿 x 方向是常数，设

$$\frac{\partial p}{\partial x} = \frac{-\Delta p}{l} = -\rho g J$$

式中　J——水力坡度。

等号右侧加负号是由于压强沿水流方向是下降的。同时圆管是轴对称的，即 y 与 z 都是沿半径方向的，可把 y 与 z 变换成 r，又由于 $\frac{\partial u_x}{\partial t} = 0$，因此 u_x 对 r 的偏导数可写成全导数

$$\frac{\partial^2 u_x}{\partial y^2} = \frac{\partial^2 u_x}{\partial z^2} = \frac{\partial^2 u_x}{\partial r^2} = \frac{\mathrm{d}^2 u}{\mathrm{d}r^2}$$

于是

$$\frac{\mathrm{d}^2 u}{\mathrm{d}r^2} = -\frac{\rho g J}{2\mu}$$

对上式一次积分

$$\frac{\mathrm{d}u}{\mathrm{d}r} = -\frac{\rho g J}{2\mu}r + C_1$$

在轴心处，当 $r = 0$，$\frac{\mathrm{d}u}{\mathrm{d}r} = 0$，则 $C_1 = 0$，所以有

$$\frac{\mathrm{d}u}{\mathrm{d}r} = -\frac{\rho g J}{2\mu}r$$

再次积分

$$u = \frac{-\rho g J}{4\mu} r^2 + C_2$$

在管壁处 $r = r_0$，　$u = 0$，则

$$C_2 = \frac{\rho g J}{4\mu} r_0^2$$

于是

$$u = \frac{\rho g J}{4\mu}(r_0^2 - r^2)$$

上式表明，圆管层流流速在断面上是按抛物线分布的。

第二节　边界层的基本概念

一、边界层概念及规定

根据黏性无滑移边界条件，贴近物体壁面上的流体质点速度为零，在紧靠物体表面的一个流体薄层内，流体质点速度从壁面处的零值迅速增大到流体来流速度 u_∞，薄层内速度梯度大，黏性作用力大，黏性影响非常重要。薄层外流体质点速度基本上均匀，等于流体来流速度，速度梯度近似为零，黏性力为零，因此薄层外流体可以看作无黏性或理想流体。这就是普朗特在 1904 年提出的著名的边界层概念。边界层理论具有广泛的理论意义和实际意义，经过许多学者的研究、完善和发展，已经成为黏性流体动力学的一个重要领域。

一般规定在速度达到主流速度 99% 处为边界层的边缘。可见边界层的外边界把流场分为两个区域：层内黏滞区和层外无黏性区（势流区）。实际上边界层的内外区域并没有明显的分界，规定速度达到主流速度 99% 处为边界层的外边界是为了研究问题的方便，并且突出了边界层内速度梯度大这个特点。还必须指出，边界层的外边界线不是流线，流体可以流入流出边界层。边界层的存在容易通过实验来证实，有时甚至用肉眼就可以观察到。例如，船只在静水中航行时，我们可以观察到贴近船侧表面的一个狭窄的水带跟着船运动，越向外速度越小，在远离船的地方，水是不动的。

二、边界层内的流态

当边界层内流体质点速度较低，黏性作用较大时，边界层内流动全部是层流，称为层流边界层。当来流速度较大、扰动较大或黏性作用较小时，边界层内的流动可能是具有贴近壁面的层流底层而绝大部分为紊流的流动，称为紊流边界层。即边界层可分为层流边界层和紊流边界层。在较大雷诺数情况下，流体从平板的前缘起形成层流边界层，以后从某个位置开始，层流边界层变得不稳定，并逐渐过渡为紊流边界层，在层流边界层和紊流边界层之间为过渡边界层，如图 7-5 所示。紊流边界层的厚度沿流动方向比层流边界层增长得快。在紊流边界层内，紧靠壁面总是存在着一层极薄的层流底层，在层流底层内速度梯度极大。

判别流态的准则仍然是雷诺数。沿平板流动时雷诺数表示为 $Re = \frac{u_\infty l}{\nu}$，其中 u_∞ 表示来流速度，l 表示板长。某个位置的雷诺数称为当地雷诺数，表示为 $Re_x = \frac{u_\infty x}{\nu}$，其中 x 是从板的前缘到该位置的距离。由层流转变到紊流的起点 A 称为转捩点。转捩点到平板前缘的距离用 x_{cr} 表示。转捩点处的雷诺数称为临界雷诺数，即 $Re_{cr} = \frac{u_\infty x_{cr}}{\nu}$。$Re_{cr}$ 的数值由实验测

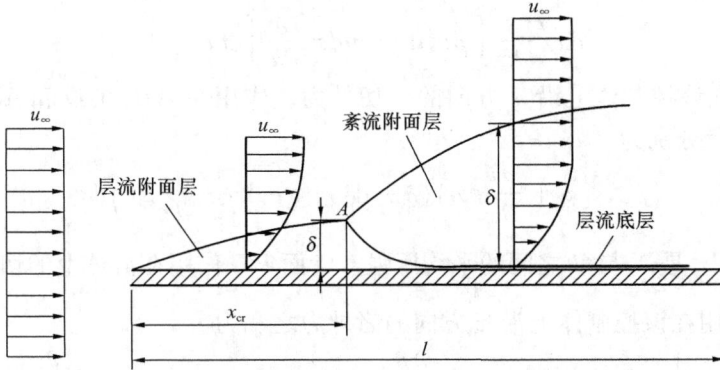

图 7-5　平板上边界层结构及变化

定，它与物面的粗糙度和来流的紊流度等因素有关。增加粗糙度或增加来流的紊流度都会使临界雷诺数降低，即提早使层流转变为紊流。对于沿平板流动，$Re_{cr} = 5 \times 10^5 \sim 3 \times 10^6$，一般计算取 $Re_{cr} = 5 \times 10^5$。

第三节　边界层的动量积分关系式

工程中广泛应用边界层的动量积分关系式进行近似计算，这种方法比较简单，所得的结果也有足够的精确度。边界层动量积分关系式是通过对边界层的微元段应用动量方程得到的。

在定常流动的流体中，沿边界层划出一个单位宽度的微小控制体，它的投影面 $ABDC$（见图 7-6）由作为 x 轴的物体壁面上的一微元距离 BD、边界层的外边界 AC 和相距 dx 的两直线 AB 和 CD 所围成。现在应用动量方程来研究该控制体内的流体在单位时间内沿 x 方向的动量变化和外力之间的关系。

单位时间经过 AB 面流入的质量和带入的动量分别为

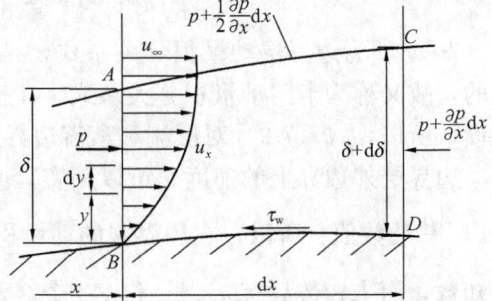

图 7-6　边界层动量方程关系式用图

$$\int_0^\delta \rho u_x \mathrm{d}y, \qquad \int_0^\delta \rho u_x^2 \mathrm{d}y$$

单位时间经过 CD 面流出的质量和带出的动量分别为

$$\int_0^\delta \rho u_x \mathrm{d}y + \mathrm{d}x \frac{\partial}{\partial x} \int_0^\delta \rho u_x \mathrm{d}y, \qquad \int_0^\delta \rho u_x^2 \mathrm{d}y + \mathrm{d}x \frac{\partial}{\partial x} \int_0^\delta \rho u_x^2 \mathrm{d}y$$

对于不可压缩流体，根据连续方程从边界层外边界 AC 面流入的质量和带入的动量分别为

$$\mathrm{d}x \frac{\partial}{\partial x} \int_0^\delta \rho u_x \mathrm{d}y, \qquad u\mathrm{d}x \frac{\partial}{\partial x} \int_0^\delta \rho u_x \mathrm{d}y$$

式中　u——边界层外边界上的速度。

这样，可得单位时间沿 x 方向经控制面的动量通量为

$$\mathrm{d}x\left(\frac{\partial}{\partial x}\int_0^\delta \rho u_x^2\,\mathrm{d}y - u\mathrm{d}x\frac{\partial}{\partial x}\int_0^\delta \rho u_x\,\mathrm{d}y\right)$$

现在求作用在该控制体上沿 x 方向的一切外力。作用在 AB、CD 和 AC 诸面上的总压力沿 x 方向的分量分别为

$$p\delta,\ \left(p+\frac{\partial p}{\partial x}\mathrm{d}x\right)(\delta+\mathrm{d}\delta),\ \left(p+\frac{1}{2}\frac{\partial p}{\partial x}\mathrm{d}x\right)\mathrm{d}\delta$$

其中，$p+\dfrac{1}{2}\dfrac{\partial p}{\partial x}\mathrm{d}x$ 是 A 与 C 之间的平均压强。壁面 BD 作用在流体上的切向应力的合力为 $\tau_w\mathrm{d}x$，于是，作用在该控制体上沿 x 方向的诸外力之和为

$$p\delta+\left(p+\frac{1}{2}\frac{\partial p}{\partial x}\mathrm{d}x\right)\mathrm{d}\delta-\left(p+\frac{\partial p}{\partial x}\mathrm{d}x\right)(\delta+\mathrm{d}\delta)-\tau_w\mathrm{d}x\approx-\delta\frac{\partial p}{\partial x}\mathrm{d}x-\tau_w\mathrm{d}x$$

其中略去了二阶微量。

根据动量方程，单位时间经控制面流体动量的通量等于外力之和，于是可得到定常流动条件下边界层动量积分关系式为

$$\frac{\partial}{\partial x}\int_0^\delta \rho u_x^2\,\mathrm{d}y - u\frac{\partial}{\partial x}\int_0^\delta \rho u_x\,\mathrm{d}y = -\delta\frac{\partial p}{\partial x}-\tau_w \tag{7-8}$$

上式中的两个积分项积分后只有变量 δ，且 δ 只是 x 的函数，p 也只是 x 的函数，因此上式的偏导数可改写为全导数。不可压缩流体密度 ρ 为常数，于是式（7-8）可改写为

$$\frac{\mathrm{d}}{\mathrm{d}x}\int_0^\delta \rho u_x^2\,\mathrm{d}y - u\frac{\mathrm{d}}{\mathrm{d}x}\int_0^\delta \rho u_x\,\mathrm{d}y = -\delta\frac{\mathrm{d}p}{\mathrm{d}x}-\tau_w \tag{7-9}$$

式（7-9）即为边界层动量积分关系式，是冯卡门（T. von Karman）在 1921 年首先推导出来的，故又称为卡门动量积分关系式。在推导中对壁面上的切向应力 τ_w 并未做任何本质的假设，所以，式（7-9）对层流和紊流边界层都适用。

边界层外边界上的速度 u 可以用实验或求解势流问题的办法求得，并可根据伯努利方程求出 $\dfrac{\mathrm{d}p}{\mathrm{d}x}$ 的数值。所以，在边界层的动量积分关系式（7-9）中，实际可以把 $u,\dfrac{\mathrm{d}p}{\mathrm{d}x}$ 和 ρ 看作已知数，而未知数只有 u_x、τ_w 和 δ 三个，要解这个关系式，还需要两个补充关系式。通常是补充边界层内速度分布 $u_x=f(y)$ 和壁面切向应力 τ_w 与边界层厚度 δ 的关系式 $\tau_w=f(\delta)$ 作为两个补充关系式。

第四节　平板层流边界层的近似计算

黏性流体绕物体的流动最简单的情况是流体纵掠薄平板的流动，工程实际中的一些流动可以近似看作是这种流动。设黏性不可压缩流体以均匀的来流速度 u_∞ 流过一长度为 l 的极薄平板，在平板两侧形成层流边界层。现在应用边界层动量积分方程，用近似的方法求出边界层内的速度分布、边界层厚度沿 x 的变化规律和板面的摩擦阻力。

由于平板很薄，可以认为平板不影响边界层外的流动，即边界层外的流速与来流相同。于是边界层外边界上各点的流速均为 u_∞，即

$$u=u_\infty,\ \frac{\mathrm{d}u}{\mathrm{d}x}=0$$

根据伯努利方程，边界层外势流的速度不变，则压强也不变，可知边界层外边界上的压

强不变。又因为边界层内 $\dfrac{\partial p}{\partial y} = 0$，于是整个边界层内压强不变。即

$$\frac{\mathrm{d}p}{\mathrm{d}x} = 0$$

由于流体不可压缩，密度 ρ 为常数，可将其提到积分号之外，则式（7-9）对平板绕流具有如下形式：

$$\frac{\mathrm{d}}{\mathrm{d}x}\int_0^\delta u_x^2 \mathrm{d}y - u_\infty \frac{\mathrm{d}}{\mathrm{d}x}\int_0^\delta u_x \mathrm{d}y = -\frac{\tau_\mathrm{w}}{\rho} \qquad (7\text{-}10)$$

式（7-10）为计算平板流动的基本方程式，对层流和紊流均适用。

我们先研究平板层流边界层，在第三节已经提到，必须补充两个方程，才能解出所需的量。

第一个补充方程是速度分布关系式 $u_x = f(y)$。假设层流边界层中速度分布和管流中的层流相同

$$u = u_m\left(1 - \frac{r^2}{r_0^2}\right)$$

将上式应用于层流边界层时，管流中的 r_0 对应于层流边界层中的 δ，r 对应为 $(\delta - y)$，u_m 对应为 u_∞，u 则对应为 u_x。这样，上式可写为

$$u_x = u_\infty\left[1 - \frac{(\delta - y)^2}{\delta^2}\right]$$

所以　　　　　　　　　$$u_x = \frac{2u_\infty}{\delta}\left(y - \frac{y^2}{2\delta}\right) \qquad (7\text{-}11)$$

第二个补充方程为平板上的 τ_w 与边界层厚度 δ 的关系式 $\tau_\mathrm{w} = f(\delta)$，因为是层流，所以符合牛顿内摩擦定律。求平板上的切应力，只要令 $y = 0$，即

$$\tau_\mathrm{w} = -\mu \frac{\mathrm{d}u_x}{\mathrm{d}y}\bigg|_{y=0} = -\mu \frac{\mathrm{d}}{\mathrm{d}y}\left[\frac{2u_\infty}{\delta}\left(y - \frac{y^2}{2\delta}\right)\right]_{y=0}$$

其中，负号表示切应力和坐标轴的方向相反。现去掉负号取绝对值，简化后可得

$$\tau_\mathrm{w} = \mu \frac{2u_\infty}{\delta} \qquad (7\text{-}12)$$

可见 τ_w 与 δ 成反比，将以上所得的两个补充方程式（7-11）和式（7-12）代入平面层流动量方程（7-10）中可得

$$\frac{\mathrm{d}}{\mathrm{d}x}\int_0^\delta\left[\frac{2u_\infty}{\delta}\left(y - \frac{y^2}{2\delta}\right)\right]^2 \mathrm{d}y - u_\infty \frac{\mathrm{d}}{\mathrm{d}x}\int_0^\delta\left[\frac{2u_\infty}{\delta}\left(y - \frac{y^2}{2\delta}\right)\right]\mathrm{d}y = -\mu\frac{2u_\infty}{\rho\delta}$$

化简上式，并进行积分。δ 对固定断面是定值，因此可提到积分号外。但 δ 沿 x 方向是变化的，所以不能移到对 x 的全导数符号外。u_∞ 沿 x 方向是不变的，可移到对 x 的全导数符号外。这样对上式积分，便可得到边界层厚度 δ 沿 x 方向的变化关系。即

$$\frac{1}{15}\frac{u_\infty \rho}{\mu}\frac{\delta^2}{2} = x + C$$

其中，C 为积分常数，当 $x=0$，$\delta=0$ 时，代入式中得到 $C=0$。故

$$\frac{1}{15}\frac{u_\infty \rho}{\mu}\frac{\delta^2}{2} = x$$

将 $\nu = \dfrac{\mu}{\rho}$ 代入，化简得

$$\delta = 5.477\sqrt{\frac{\nu x}{u_\infty}} \qquad\qquad (7\text{-}13)$$

这便是边界层厚度 δ 沿 x 方向的变化关系。由式(7-13)中可见，平板层流边界层 δ 和 $x^{\frac{1}{2}}$ 成正比。

将式(7-13)代入式(7-12)，简化得

$$\tau_w = 0.365\sqrt{\frac{\mu\rho u_\infty^3}{x}} \qquad\qquad (7\text{-}14)$$

这是平板上切应力沿平板长度方向的变化关系。

作用在平板上一面的总摩擦阻力 F_f 为

$$F_f = \int_0^L \tau_w b\,\mathrm{d}x$$

式中 b——平板垂直于纸面方向的宽度；

     L——平板长度。

将式(7-14)代入上式，积分后可得

$$F_f = 0.73b\sqrt{\mu\rho u_\infty^3 L} \qquad\qquad (7\text{-}15)$$

将式(7-15)乘以 2 便为流体对平板两面的总摩擦阻力。通常把绕流摩擦阻力的计算公式写成如下的形式：

$$F_f = C_f\frac{\rho u_\infty^2}{2}A \qquad\qquad (7\text{-}16)$$

式中 C_f——无因次摩擦阻力系数；

     A——平板面积，$A = bL$；

     u_∞——气流速度。

由式(7-15)和式(7-16)，可得

$$C_f = 1.46\sqrt{\frac{\mu}{\rho u_\infty L}} = 1.46\sqrt{\frac{\nu}{u_\infty L}}$$

$$C_f = \frac{1.46}{\sqrt{Re}} \qquad\qquad (7\text{-}17)$$

式(7-17)中的 Re 数是以板长作为特征长度的。以上得出了流体绕平板流动时，层流边界层的计算公式。

第五节　平板紊流边界层的近似计算

紊流边界层比层流边界层复杂得多，目前尚无精确解法，只能近似求解。假定整个平板上都是紊流区，利用边界层动量积分方程近似求解。如前所述，求解边界层动量积分方程需要补充两个关系式。第四节中层流边界层的两个补充关系式不能运用于紊流边界层，需要另外找两个补充方程。这里我们借用紊流光滑区中速度分布指数公式

$$u_x = u_\infty\left(\frac{y}{\delta}\right)^{\frac{1}{7}} \qquad\qquad (7\text{-}18)$$

及其对应的切向力公式

$$\tau_w = 0.022\,5\rho u_\infty^2\left(\frac{\nu}{u_\infty\delta}\right)^{\frac{1}{4}} \qquad\qquad (7\text{-}19)$$

将式(7-18)代入式(7-10)中，可得

$$\frac{\mathrm{d}}{\mathrm{d}x}\int_0^\delta u_\infty^2\left(\frac{y}{\delta}\right)^{\frac{2}{7}}\mathrm{d}y - u_\infty\frac{\mathrm{d}}{\mathrm{d}x}\int_0^\delta u_\infty\left(\frac{y}{\delta}\right)^{\frac{1}{7}}\mathrm{d}y = -\frac{\tau_\mathrm{w}}{\rho}$$

积分并移项后，得

$$\frac{7}{72}\rho\,u_\infty^2\mathrm{d}\delta = \tau_\mathrm{w}\mathrm{d}x$$

将式(7-19)代入上式，可得

$$\frac{7}{72}\rho\,u_\infty^2\mathrm{d}\delta = 0.022\,5\rho\,u_\infty^2\left(\frac{\nu}{u_\infty\delta}\right)^{\frac{1}{4}}\mathrm{d}x$$

积分并移项后，得

$$\left(\frac{7}{72}\right)\left(\frac{4}{5}\right)\delta^{\frac{5}{4}} = 0.022\,5\left(\frac{\nu}{u_\infty}\right)^{\frac{1}{4}}x + C$$

其中，C 为积分常数。一般说来，紊流边界层是从离开板的前端一定距离的转捩点开始形成的，但是这样确定上面的积分常数 C 比较困难。在雷诺数足够大时，层流边界层所占的长度与紊流边界层长度相比是小量，作为一种近似，可以认为紊流边界层从板的前缘开始。即当 $x=0$ 时，$\delta=0$，代入上式中，有 $C=0$，则

$$\left(\frac{7}{72}\right)\left(\frac{4}{5}\right)\delta^{\frac{5}{4}} = 0.022\,5\left(\frac{\nu}{u_\infty}\right)^{\frac{1}{4}}x$$

$$\delta = 0.37\left(\frac{\nu}{u_\infty x}\right)^{\frac{1}{5}}x \tag{7-20}$$

式(7-20)就是平板边界层厚度沿 x 的变化关系。

将式(7-20)代入第二个补充方程(7-19)中可得

$$\tau_\mathrm{w} = 0.029\rho\,u_\infty^2\left(\frac{\nu}{u_\infty x}\right)^{\frac{1}{5}} \tag{7-21}$$

式(7-21)就是平板切向力沿 x 方向的变化关系。

平板的总摩擦阻力为

$$F_\mathrm{f} = \int_0^L \tau_\mathrm{w}b\mathrm{d}x$$

将式(7-21)代入上式，得

$$F_\mathrm{f} = 0.036\rho\,u_\infty^2 bL\left(\frac{\nu}{u_\infty L}\right)^{\frac{1}{5}} \tag{7-22}$$

若用 $F_\mathrm{f}=C_\mathrm{f}\dfrac{\rho\,u_\infty^2}{2}A$ 表示时，其摩阻系数为

$$C_\mathrm{f} = 0.072\left(\frac{\nu}{u_\infty L}\right)^{\frac{1}{5}} \quad 或 \quad C_\mathrm{f} = \frac{0.072}{\sqrt[5]{Re}} \tag{7-23}$$

实验研究表明，如果将式(7-23)中的系数 0.072 改为 0.074，则与实验的结果吻合得更好。式(7-23)是应用1/7次方速度分布得出的结果，一般认为在 $5\times10^5 < Re < 10^7$ 的范围内较合适，在 $10^7 < Re < 10^9$ 的范围内，施利希廷(Schlichting)认为速度分布不再符合1/7次方规律，而符合对数规律，并由此得出半经验的摩擦阻力系数公式

$$C_\text{f} = \frac{0.445}{(\lg Re)^{2.58}} \tag{7-24}$$

综上所述,平板紊流边界层与平板层流边界层相比有如下特点:

(1) 平板紊流边界层的厚度 δ 和 $x^{4/5}$ 成正比,而层流边界层的厚度 δ 和 $x^{1/2}$ 成正比,可见平板紊流边界层的厚度比平板层流边界层的厚度增加得快。

(2) 平板紊流边界层内的速度分布曲线比层流边界层内的速度分布曲线要饱满得多,因此,在来流速度 u_∞ 相同的情况下,平板紊流边界层内流体的平均动能比层流边界层内流体的平均动能大。

(3) 平板紊流边界层作用在平板上的摩擦阻力 F_f 与 $u_\infty^{9/5}$ 及 $L^{4/5}$ 成正比,而层流边界层作用在平板上的摩擦阻力 F_f 与 $u_\infty^{3/2}$ 及 $L^{1/2}$ 成正比。因此,从减小摩擦阻力的角度来看,应尽可能地使边界层的流态保持为层流。

以上是把整个平板边界层都处于紊流区作为讨论对象。但实际上,当板长 $L < x_\text{cr}$ 时,整个平板均处于层流区;当 $L > x_\text{cr}$ 时,平板的前部为层流区,后部为紊流区,而且层流区和紊流区之间还有过渡区。因此,只有在平板很长或来流速度 u_∞ 很大的情况下,层流的附面层在平板上占有的长度很小,才可能将整个平板边界层都当作紊流进行近似计算。

对于同时考虑到存在层流区和紊流区的混合边界层的计算,也可以根据简化的假设,利用上述的阻力系数得出

$$C_\text{f} = \frac{0.074}{\sqrt[5]{Re}} - \frac{1700}{Re} \tag{7-25}$$

第六节　曲面边界层的分离现象

当不可压缩黏性流体纵向流过平板时,在边界层外边界上沿平板方向的速度是相同的,而且整个流场和边界层内的压强都保持不变。当黏性流体流经曲面物体时,沿边界层外边界上的速度和压强都不是常数。

根据理想流体势流理论的分析,在如图 7-7 所示的曲面体 MM' 断面以前,由于过流断面的收缩,流速沿程增加,因而压强沿程减小(即 $\partial p / \partial x < 0$)。在 MM' 断面以后,由于断面不断扩大,速度不断减小,因而压强沿程增加(即 $\partial p / \partial x > 0$)。由此可见,在边界层的外边界上,$M'$ 点必然具有速度的最大值和压强的最小值。由于在边界层内,沿壁面法向方向的压强都是相等的,故以上关于压强沿程的变化规律,不仅适用于边界层的外边界,也适用于边界层内。在 MM' 断面前,边界层为减压加速区域,流体质点一方面受到黏性力的阻滞作用,另一方面又受到压差的推动作用,即部分压力势能转为流体的动能,故可以维持边

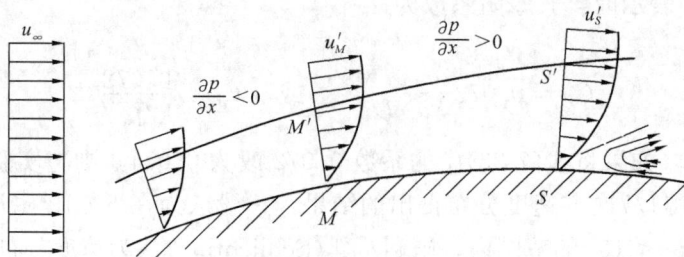

图 7-7　曲面边界层的分离

界层内的流动。当流体质点进入 MM' 断面以后的增压减速区，情况便有所不同，此时流体质点不仅受到黏性力的阻滞作用，压差也阻止流体的前进，越是靠近壁面的流体，受黏性力的阻滞作用越大。在这两个力的阻滞作用下，靠近壁面的流速逐渐趋近于零。S 点以后的流体质点在与主流方向相反的压差作用下，将产生反方向的回流。但是离物体壁面较远的流体，由于边界层外部流体对它的带动作用，仍能保持前进的速度。这样，回流和前进这两部分运动方向相反的流体相接触，就形成旋涡。旋涡的出现势必使边界层与壁面脱离，这种现象称为边界层的分离，称 S 点为分离点。

由上述分析可知边界层的分离只能发生在断面逐渐扩大而压强沿程增加的区段内，即增压减速区。边界层分离后，物体后部形成许多无规则的旋涡，由此产生的阻力称为形状阻力。因为分离点的位置、旋涡区的大小，都与物体的形状有关，所以称为形状阻力。对于有尖角的物体，流动在尖角处分离，而对于流线型的物体，分离点会较为靠后。工程实际中将飞机、汽车、潜艇的外形尽量做成流线型，就是为了推后分离点，缩小旋涡区，从而达到减小形状阻力的目的。

第七节　绕过圆柱体的流动　卡门涡街

为了进一步说明边界层分离这一重要现象，可考察黏性流体绕过圆柱体的流动情况。将一个圆柱体放在静止的流体中，然后流体以仅相当于几个雷诺数 $(Re=ud/\nu)$ 的很低的速度 u 绕流。在开始瞬间与理想流体绕流圆柱体一样，流体在前驻点速度为零，而后沿圆柱体的左右两侧流动，流动在圆柱体的前半部分是降压，速度逐渐增大到最大值，在后半部分是升压，速度逐渐下降，到后驻点重新为零[见图 7-8(a)]。以后逐渐增大来流速度，即增大雷诺数，使圆柱体后半部分的压强梯度增加，当雷诺数增加到大约 40 时，边界层对称地在 S 点处分离，形成两个旋转方向相对的对称旋涡[见图 7-8(b)]。随着 Re 的增大，分离点不断向前移，且旋涡的位置趋于不稳定的状态。在 $Re=40\sim70$ 时，可观察到尾流中有周期性的振荡[见图 7-8(c)]；当 Re 数达到 90 左右，旋涡从柱体后部交替释放出来，旋涡的排列如图 7-8(d)所示，这种物体后面形成有规则的交错排列的旋涡组合，称为卡门涡街。

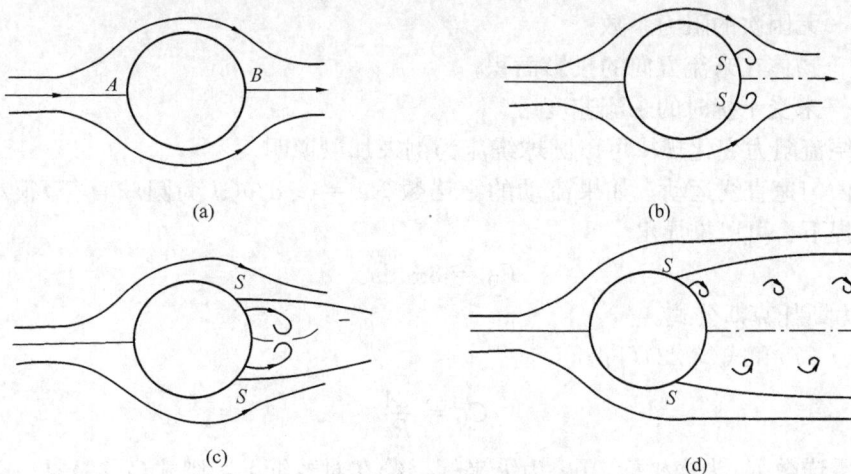

图 7-8　卡门涡街的形成

由于柱体上的涡以一定频率交替释放，因而柱体表面的压强和切应力也以一定的频率发生有规则的变化。这是电线在气流中发声，锅炉中烟气以及气体横向流过管束时产生振动和噪声的原因。工程上的许多振动现象，例如烟囱、悬桥、潜望镜在气流中的振动，均与卡门涡街有关。

关于涡街振动频率的计算，在 $Re = 250 \sim 2 \times 10^5$ 的范围内，斯特劳哈尔(Strouhal)提出的经验公式为

$$\frac{fd}{u_\infty} = 0.198 \left(1 - \frac{19.7}{Re}\right) \tag{7-26}$$

式中　f——振动频率；

d——柱体直径。

在高 Re 的情况下，柱体后部已不见规则性的涡街，大尺度的涡已消失在紊流中。应当指出，卡门涡街并不仅限于圆柱体，一切置于流体中的钝形物体必会出现卡门涡街，同样受到涡激振动的作用。

第八节　绕流阻力和升力

流体作用在物体上的力，通常可分解成两个分量：与来流方向平行的分量 F_D；与来流方向相垂直的分量 F_L。通常称 F_D 为绕流阻力，F_L 为绕流升力。

一、绕流阻力

对于定常低速绕流，如果不考虑升力引起的诱导阻力，绕流物体的阻力仅由两部分组成，这就是摩擦阻力 F_f 和压差阻力 F_p。摩擦阻力由黏性作用直接产生，它是摩擦剪应力在来流方向投影的总和；压差阻力是作用在物面上的压力在来流方向投影的总和。摩擦阻力和压差阻力之和又称为黏性阻力。

绕流阻力的计算与平板阻力相同，有

$$F_D = C_D A \frac{\rho u_\infty^2}{2} \tag{7-27}$$

式中　F_D——物体所受的绕流阻力；

C_D——无因次的阻力系数；

A——物体在来流方向的投影面积；

u_∞——未受干扰时的来流速度。

钝体的绕流阻力变化规律可以圆球绕流为例来加以说明。

设圆球做匀速直线运动，如果流动的雷诺数 $Re = u_\infty d/\nu$（d 为圆球直径）很小，在忽略惯性力的前提下，可以推导出

$$F_D = 3\pi\mu d u_\infty \tag{7-28}$$

式(7-28)称为斯托克斯公式。

再由式(7-27)和式(7-28)可得

$$C_D = \frac{24}{Re} \tag{7-29}$$

如果以雷诺数 Re 为横坐标，C_D 为纵坐标，绘在对数纸上，则式(7-29)是一条直线，如图 7-9 所示。如果把不同雷诺数下的实测数据，绘在同一张图上，则由图可知，在 $Re < 1$ 的

情况下，斯托克斯公式是正确的。但这样小的雷诺数只能出现在黏性很大的流体（如油类），或黏性虽不大但球体直径很小的情况，故斯托克斯公式只能用来计算空气中微小尘埃或雾珠运动时的阻力，以及静水中直径 $d<0.05$mm 的泥沙颗粒的沉降速度等。而当 $Re>1$ 时，因惯性力不能完全忽略，斯托克斯公式就偏离实验曲线了。

如将圆球绕流的阻力系数曲线和垂直于流动方向的圆盘绕流进行比较，由图 7-9 可见，$Re>3\times10^3$ 以后，圆盘的阻力系数 C_D 保持为常数，而圆球的阻力系数 C_D 仍随 Re 的变化而变化，这是因为圆盘绕流中只有形状阻力，没有摩擦阻力，边界层的分离点将固定在圆盘的边线上。圆球则是光滑的曲面，圆球绕流中既有形状阻力，又有摩擦阻力。当流体以不同的 Re 绕它流动时，边界层分离点的位置随 Re 的增大而逐渐前移，旋涡区的加大使形状阻力随之加大，而摩擦阻力则有所减小。因此，圆

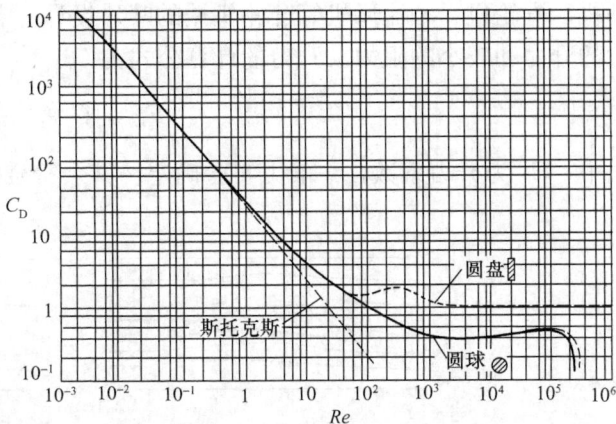

图 7-9　圆球和圆盘的阻力系数

球绕流的阻力系数 C_D 随 Re 的变化而变化。当 $Re\approx3\times10^3$ 时，C_D 值在该处突然下降，这是由于边界层内出现了紊流。而紊流的掺混作用，使边界层内的流体质点取得更多的动能补充，因而分离点的位置后移，旋涡区显著减小，大大降低了形状阻力。此时虽然摩擦阻力有所增加，但总的绕流阻力还是大幅度地减小了。

一般来说，在流动严重分离的条件下，要精确计算物体的阻力是很困难的，目前仍然通过实验的方法来确定。图 7-10 给出的是由试验得到的无限长圆柱体的阻力系数。

综上所述，可以根据绕流物体的形状对阻力规律做出区分：

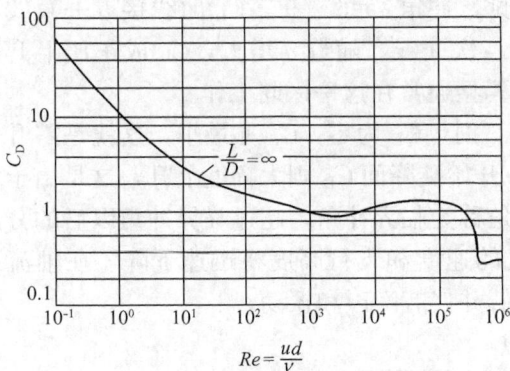

图 7-10　无限长圆柱体的阻力系数

（1）细长流线型物体，以平板为典型范例，绕流阻力主要由摩擦阻力来决定，阻力系数与雷诺数有关。

（2）有钝形曲面或曲率很大的曲面物体，以圆球和圆柱为典型范例。绕流阻力既与摩擦阻力有关，又与形状阻力有关。但在低雷诺数时，主要为摩擦阻力，阻力系数与雷诺数有关，在高雷诺数时，主要为形状阻力，阻力系数与边界层分离点的位置有关。分离点位置不变，阻力系数不变。分离点向前移，旋涡区加大，阻力系数也增加，反之亦然。

（3）有尖锐边缘的物体，以迎流方向的圆盘为典型范例。边界层分离点位置固定，旋涡区大小不变，阻力系数基本不变。

二、绕流升力

当绕流物体为非对称形，如图 7-11(a)所示，或虽为对称形，但其对称轴与来流方向不

平行，如图 7-11(b)所示，此时由于绕流的物体上下两侧所受的压力不相等，所以在垂直于流体流动的方向存在着升力 F_L。由图可见，在绕流物体的上部流线较密，而下部的流线较稀。也就是说，上部的流速大于下部的流速。根据能量方程，速度大则压强小，速度小则压强大，因此物体下部的压强较物体上部的压强大。这就说明了升力的存在。升力对于飞机发动机、汽轮机、轴流风机等叶轮机械的叶片设计有着重要的意义，良好的叶片形状应具有较大的升力和较小的阻力。升力的计算公式为

$$F_L = C_L A \frac{\rho u_\infty^2}{2} \tag{7-30}$$

式中，C_L 为升力系数，一般由实验确定。其余符号意义同前。

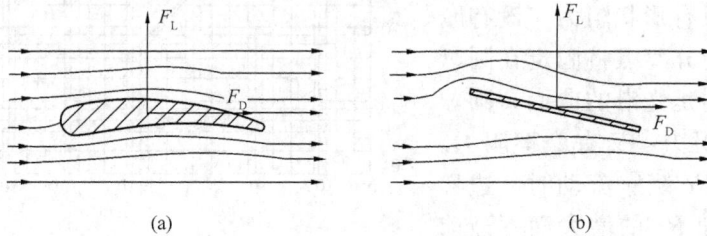

(a)　　　　　　　　　　　　　　　(b)

图 7-11　升力示意图

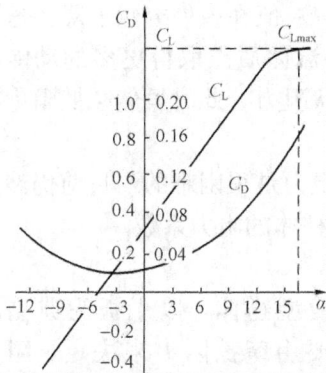

图 7-12　翼型的气动特性曲线

翼型的气动特性是指作用在翼型上的升力和阻力特性。对于机翼这种特别设计用以产生有效升力的物体，其翼型的气动特性是工程上所最关心的问题。

升力系数 C_L 和阻力系数 C_D 是翼型形状及冲角的对应关系，一般由实验给出，如图 7-12 所示。

这种 C_L、C_D 与 α 的关系曲线称为翼型的气动特性曲线，每种翼型都有其自身的气动特性曲线。

由图 7-12 可见，冲角 $\alpha = 6° \sim 9°$，C_L 曲线接近一直线而 C_D 曲线类似一条二次曲线，随着 α 增大，C_L 成正比上升而 C_D 增加较缓慢，翼型通常在这一区间工作。

当冲角 $\alpha = -6°$ 时，C_L 为零，C_D 亦最小，这就是零升力冲角。当冲角 $\alpha > 12°$ 后，气动性能开始恶化，C_L 开始陡降而 C_D 则大幅度上升，这是由于大冲角翼型绕流导致上表面边界层分离所致，该冲角称为临界冲角，超过临界冲角以后的分离流动称为翼型的失速流动(见图 7-13)。此时飞机的速度和飞行高度将迅速下降，在轴流式体机械中，失速流动将使设备工作恶化，效率降低并伴有噪声和振动。

【例 7-2】　气球质量为 0.82kg，直径 2m，以 10m/s 的速度在静止大气中上升，试确定它的阻力系数。已知空气的 $\mu = 1.8 \times 10^{-5} \mathrm{Pa} \cdot \mathrm{s}$，$\rho = 1.25 \mathrm{kg/m^3}$。

解　作用在气球上的力包括重力 F_g、浮力 F_b、阻力 F_D

$$F_g = mg = 0.82 \times 9.81 = 8.04 (\mathrm{N})$$

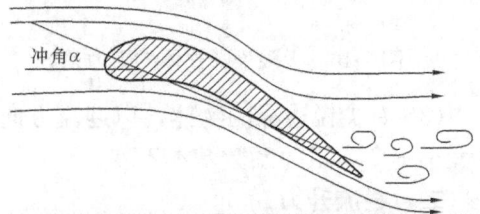

图 7-13　大冲角绕流翼型的失速流动

$$F_b = \rho g \frac{4}{3} \pi R^3 = 1.25 \times 9.81 \times \frac{4}{3} \times \pi \times 1^3 = 51.4(\text{N})$$

在等速运动的条件下，$\Sigma F = 0$，即

$$F_b - F_g - F_D = 0$$

所以

$$F_D = 51.4 - 8.04 = 43.4(\text{N})$$

而由阻力的定义知

$$F_D = \frac{1}{2} \rho u_\infty^2 C_D A$$

故

$$C_D = \frac{2F_D}{\rho u_\infty^2 A} = \frac{2 \times 43.4}{1.25 \times 10^2 \times \pi \times 1^2} = 0.22$$

【例 7-3】 宽度为 10m，高度为 2.5m 的栅栏，它是由直径为 25mm 的杆所组成，杆与杆的中心距为 0.1m。若来流水速为 2m/s，试计算此栅栏所承受的阻力，已知水的 $\nu = 1.2 \times 10^{-6}\,\text{m}^2/\text{s}$，$\rho = 1000\text{kg/m}^3$。

解 圆杆的雷诺数为

$$Re = \frac{u_\infty D}{\nu} = \frac{2 \times 0.025}{1.2 \times 10^{-6}} = 4.17 \times 10^4$$

由图 7-9 可查得 $C_D = 1.35$，于是栅栏的总阻力为

$$F_D = \frac{1}{2} \rho u_\infty^2 C_D A = \frac{1}{2} \times 10^3 \times 2^2 \times 1.35 \times 2.5 \times 0.025 \times 100 = 16.88(\text{kN})$$

三、悬浮速度

一直径为 d 的圆球从静止开始在静止流体中自由下落，由于重力作用而加速，但加速以后，由于速度增大受到的阻力也增大，因此经过一段时间后，圆球的重量与所受的浮力和阻力达到平衡，做等速沉降，其速度为自由沉降速度，用 v_f 表示。圆球在流体中沉降时所受到的阻力与流体流过圆球的绕流阻力相同。

绕流阻力 $$F_D = C_D \frac{\rho v_f^2}{2} A = \frac{1}{8} C_D \rho v_f^2 \pi d^2$$

式中 C_D——绕流阻力系数。

浮力 $$F_B = \frac{1}{6} \pi d^3 \rho g$$

重力 $$G = \frac{1}{6} \pi d^3 \rho_s g$$

式中 ρ——流体密度；

ρ_s——球体密度。

由力平衡关系 $$G = F_B + F_D$$

即 $$\frac{1}{6} \pi d^3 \rho_s g = \frac{1}{6} \pi d^3 \rho g + \frac{1}{8} C_D \rho v_f^2 \pi d^2$$

所以

$$v_f = \sqrt{\frac{4}{3C_D} \left(\frac{\rho_s - \rho}{\rho} \right) g d} \tag{7-31}$$

C_D 与 Re 数有关，有

$$\left.\begin{array}{l} Re < 1,\ C_D = \dfrac{24}{Re} \\[3mm] 10 < Re < 10^3,\ C_D = \dfrac{13}{\sqrt{Re}} \\[3mm] 10^3 < Re < 2 \times 10^5,\ C_D = 0.48 \end{array}\right\}$$

计算 v_f 时要用到 C_D，C_D 又与 Re 有关，由于 Re 中又包含待定的 v_f，需多次试算。常假定 Re 的范围，再验证 Re 与假定是否一致。

如果圆球被以速度 v 垂直上升的流体带走，则圆球的绝对速度 $v_s = v - v_f$。

当 $v = v_f$ 时，圆球的绝对速度 $v_s = 0$，即圆球悬浮在流体中静止不动。这时流体的上升速度 v 称为圆球的悬浮速度，数值与 v_f 相等。所以，只有流体的上升速度大于圆球的沉降速度时，圆球将被带走。

第九节 自 由 射 流

在日常生活和生产中人们经常遇到射流现象，例如，空调送风口送出冷风，喷气式歼击机尾部喷管喷出一股高速气流，从烟囱冒出烟气，以及锅炉喷燃器向炉膛喷射燃料气流等。这些喷射出一股流体的流动都称为射流。由于流体脱离了原来限制其流向的管子，在充满流体的空间中继续扩散流动，故称为自由射流。自由射流一般都是紊流。

一、自由射流的特性与结构

根据射流与周围流体的温度状况可分为等温射流与非等温射流，下面就等温射流的情况进行研究。

自由射流的结构如图 7-14 所示，射流由直径为 d_0 的喷口以出流速度 u_∞ 射入同温空间介质内扩散，在不受边界表面限制的条件下，则形成等温自由射流。由于射流边界与周围介质间的紊流动量交换，周围空气不断被卷入，射流不断扩大，因而射流断面的速度场从射流中心开始逐渐向边界衰减并沿射程不断变化，流量沿程增加，射流直径加大，但在各断面上的总动量保持不变。

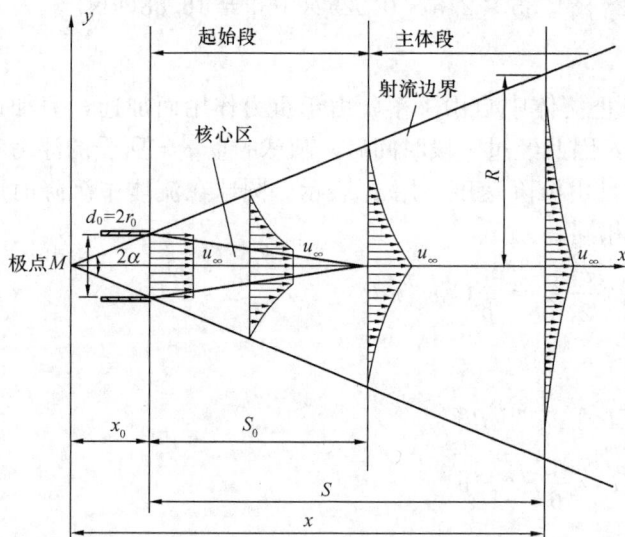

图 7-14　射流结构及速度分布

喷口附近速度为射流出口速度 u_∞ 的区域称为射流核心区，其余部分称为边界层。射流轴心速度保持不变的一段长度称为起始段，其后称为主体段，主体段上射流区域逐渐扩大，轴心上的速度 u_m 不断降低，主体段完全处于射流边界层内。图 7-12 中 x_0 表示极点 M 到喷口的长度，r_0 为喷口半径，s 为射流长度，s_0 为射流核心区长度，R 为射流断面半径。根据试验，射流有以下一些基本特征：

（1）射流边界基本上是直线，对于轴对称射流，α 称为扩散角，并且有

$$\tan \alpha = 3.4a, R = 3.4ax \tag{7-32}$$

式中　a——紊流系数，圆断面射流的紊流系数 $a = 0.08$。

（2）射流各断面处的速度分布具有相似特征，可以表示为

$$\frac{u}{u_{\mathrm{m}}} = \left[1 - \left(\frac{y}{R}\right)^{1.5}\right]^2 \tag{7-33}$$

（3）射流各断面上动量守恒，即任一断面处的动量等于出口处的动量有

$$\int_A \rho u^2 \mathrm{d}A = \rho_0 u_\infty^2 A_0 \tag{7-34}$$

二、圆断面自由射流分析

根据几何相似，圆断面射流有

$$\frac{R}{r_0} = \frac{x}{x_0} = \frac{x_0 + s}{x_0} = 1 + \frac{\dfrac{s}{r_0}}{\tan \alpha} = 1 + 3.4a\frac{s}{r_0} = 3.4 \times \left(0.294 + \frac{as}{r_0}\right) \tag{7-35}$$

由式（7-34）可得

$$\int_A \rho u^2 2\pi y \mathrm{d}y = \rho_0 u_\infty^2 \pi r_0^2$$

两边同除以 $\rho\pi R^2 u_{\mathrm{m}}^2$，得

$$\left(\frac{u_\infty}{u_{\mathrm{m}}}\right)^2 \left(\frac{r_0}{R}\right)^2 = 2\int_0^R \left(\frac{u_\infty}{u_{\mathrm{m}}}\right)^2 \frac{y}{R}\mathrm{d}\left(\frac{y}{R}\right)$$

设 $\eta = y/R$，并同式（7-33）一起代入上式得

$$\left(\frac{u_\infty}{u_{\mathrm{m}}}\right)^2 \left(\frac{r_0}{R}\right)^2 = 2\int_0^1 (1 - \eta^{1.5})^4 \eta \mathrm{d}\eta$$

积分后得到圆断面射流的轴心速度为

$$\frac{u_{\mathrm{m}}}{u_\infty} = \frac{0.966}{0.294 + as/r_0} = \frac{0.966}{ax/r_0} \tag{7-36}$$

当 $u_{\mathrm{m}} = u_\infty$ 时，可以得到射流核心长度

$$s_0 = 0.671 r_0/a \tag{7-37}$$

由射流断面处流量 $q_V = \int_A u \mathrm{d}A = \int_0^R u 2\pi y \mathrm{d}y$，　$q_{V0} = u_\infty \pi r_0^2$，有

$$\frac{q_V}{q_{V0}} = 2.2\,(0.294 + as/r_0) \tag{7-38}$$

由断面平均流速 $u_1 = q_V/A$，可得

$$\frac{u_1}{u_\infty} = \frac{0.19}{0.294 + as/r_0} \tag{7-39}$$

可见，断面平均流速只有轴心速度的 20%。通风空调工程中通常分析轴心附近的高速区域，由动量守恒定律 $\rho q_V u_2 = \rho q_{V0} u_\infty$ 来定义一个质量平均流速 u_2，则

$$\frac{u_2}{u_\infty} = \frac{q_{V0}}{q_V} = \frac{0.4545}{0.294 + as/r_0} \tag{7-40}$$

由式（7-36）和式（7-40）可得，u_2 约为轴心速度 u_{m} 的 47%。

【例 7-4】已知空调送风区域要求的射流半径为 1.2m，质量平均流速为 3m/s，喷嘴至

工作区域的距离为 3.8m，设计圆形喷嘴直径并求喷嘴流量。

　　解　由式(7-35)有

$$\frac{R}{r_0} = 3.4 \times \left(0.294 + \frac{as}{r_0}\right)$$

代入已知参数

$$\frac{1.2}{r_0} = 3.4 \times \left(0.294 + \frac{0.08 \times 3.8}{r_0}\right)$$

迭代计算后得到 $r_0 = 0.17$m。

　　由式(7-40)可得

$$u_\infty = u_2 \times \frac{0.294 + as/r_0}{0.4545} = 13.7 \text{(m/s)}$$

喷嘴流量为

$$q_{V0} = u_\infty A = \pi r_0^2 u_\infty = \pi \times 0.17^2 \times 13.7 = 1.243 \text{(m}^3\text{/s)}$$

三、平面射流

　　从扁长方形的缝隙或孔口喷出的射流，按平面射流分析。如果流体以速度 u_∞ 从高为 $2b_0$ 的喷口中喷出。取平面射流的厚度为 1，则式(7-34)成为

$$2\int_0^b \rho u^2 \mathrm{d}A = 2\rho_0 u_\infty^2 b_0$$

由于 $\rho = \rho_0$，将上式写成无因次形式为

$$\left(\frac{u_\mathrm{m}}{u_\infty}\right)^2 \frac{b}{b_0} \int_0^1 \left(\frac{u}{u_\mathrm{m}}\right)^2 \mathrm{d}\left(\frac{y}{b}\right) = 1$$

根据射流理论，得 $\int_0^1 \left(\frac{u}{u_\mathrm{m}}\right)^2 \mathrm{d}\left(\frac{y}{b}\right) = 0.2847$，代入上式，得

$$\frac{u_\mathrm{m}}{u_\infty} = \frac{1.875}{\sqrt{b/b_0}} \tag{7-41}$$

在起始段与主体段的分界面上 $u_\mathrm{m} = u_\infty$，则 $b = 3.51b_0$。

　　对于平面射流，$b = 2.4ax$，经过推导得平面射流中心线的轴向速度为

$$\frac{u_\mathrm{m}}{u_\infty} = \frac{1.21}{\sqrt{\frac{as}{b_0} + 0.417}} = \frac{1.21}{\sqrt{ax/b_0}} \tag{7-42}$$

　　对于扁形截面射流，$a = 0.1 \sim 0.11$，射流扩散角为 $27° \sim 30°$。比较式(7-36)和式(7-41)，可得以下三点结论：

　　(1)射流的射出能力与射流初速度 u_∞ 和喷管出口尺寸 r_0、b_0 有关。射出能力为射流离开喷管出口后，在一定距离内还保持较大的速度 u_m 的一种能力。不论哪一种射流，当 u_∞ 和喷管出口尺寸 r_0、b_0 增加时，都会使射流的射出能力(即 u_m)增加。

　　(2)在射流初速度 u_∞ 和喷管出口尺寸相同的条件下，扁形截面射流与圆形截面射流相比具有较大的射出能力。这是由于在扁形截面射流中，其中心线的轴向速度 u_m 的减小与距离 x(或 s)的平方根成反比，而在圆形截面射流中，u_m 的减小与距离 x(或 s)成反比。

　　(3)在射流初速 u_∞ 和喷管出口尺寸相同的条件下，要达到同样的射出能力(即 u_m 相同)，则扁形截面射流射出的距离 x(或 s)要比圆形截面射流得远。

　　由此可知，扁形截面射流的射出能力大，射出距离远，适用于要求射出距离远的场合；

而圆形截面射流的射出能力小，射出距离近，因而容易被其他气流所卷吸，增加气流的掺混，适用于要求增加掺混的场合。

四、温度差或浓度差射流

在采暖通风空调工程中，常采用冷风降温，热风采暖，这时就要用温差射流。而要把有害气体及粉尘浓度降低就要用浓差射流。所谓温差、浓差射流就是射流本身的温度或浓度与周围气体的温度、浓度有差异。

温差或浓差射流分析，主要是研究射流温差、浓差分布场的规律。同时讨论由温差、浓差引起射流弯曲的轴心轨迹。由于热量扩散比动量扩散要快些，因此温度边界层比速度边界层发展要快些厚些。在实际应用中，为了简化起见，可以认为，温度、浓度内外的边界与速度内外的边界相同。由试验得出，截面上温差分布、浓差分布与速度分布关系为

$$\frac{\Delta T}{\Delta T_{\mathrm{m}}} = \frac{\Delta z}{\Delta z_{\mathrm{m}}} = \sqrt{\frac{u}{u_{\mathrm{m}}}} = 1 - \left(\frac{y}{R}\right)^{1.5} \tag{7-43}$$

式中　ΔT——截面上任意一点温差，$\Delta T = T - T_{\mathrm{n}}$，K；

ΔT_{m}——轴心上温差，$\Delta T_{\mathrm{m}} = T_{\mathrm{m}} - T_{\mathrm{n}}$，K；

Δz——截面上任意一点浓差，$\Delta z = z - z_{\mathrm{n}}$；

Δz_{m}——轴心上浓差，$\Delta z_{\mathrm{m}} = z_{\mathrm{m}} - z_{\mathrm{n}}$；

T_{m}、T_{n}——轴心温度和周围气体温度，K；

z_{n}——周围气体的浓度。

据热力学得知，在等压的情况下，以周围气体的焓值作为起算点，射流各横截面上的相对焓值不变。下面就射流温差、浓差分布场的规律进行分析。

1. 轴心温差 ΔT_{m}

对于圆断面，根据相对焓值相等及式(7-43)，主体段轴心温差 ΔT_{m} 变化规律为

$$\frac{\Delta T_{\mathrm{m}}}{\Delta T_0} = \frac{0.706}{\dfrac{as}{r_0} + 0.294} = \frac{0.35}{\dfrac{as}{d_0} + 0.147} \tag{7-44}$$

式中　ΔT_0——出口断面温差，K，$\Delta T_0 = T_0 - T_{\mathrm{n}}$；

T_0——射流出口温度，K。

对于平面射流有

$$\frac{\Delta T_{\mathrm{m}}}{\Delta T_0} = \frac{1.032}{\sqrt{\dfrac{as}{b_0} + 0.41}} \tag{7-45}$$

2. 质量平均温差 ΔT_2

所谓质量平均温差，就是以该温差乘上 $\rho q_V c$，便得出相对焓值。以符号 ΔT_2 表示。对于圆断面，出口断面与射流任一横截面相对焓值的关系式为

$$\Delta T_2 \rho q_V c = \Delta T_0 \rho q_{V0} c$$

$$\frac{\Delta T_2}{\Delta T_0} = \frac{q_{V0}}{q_V} = \frac{0.4545}{\dfrac{as}{r_0} + 0.294} = \frac{0.23}{\dfrac{as}{d_0} + 0.147} \tag{7-46}$$

对于平面射流有

$$\frac{\Delta T_2}{\Delta T_0} = \frac{0.833}{\sqrt{\frac{as}{b_0} + 0.41}} \tag{7-47}$$

对于浓差射流其规律与温差射流相同，所以上述温差射流公式完全适用于浓差射流。

【例 7-5】 工作地点质量平均风速要求 3 m/s，工作面直径 $D = 2.5$m，送风温度为 15℃，车间空气温度 30℃，要求工作地点的质量平均温度降到 25℃，采用带导叶的通风机，其紊流系数 $a = 0.12$。试求：(1)风口的直径及速度；(2)风口到工作面的距离。

解 （1）$\Delta T_0 = 15 - 30 = -15$(℃)

$\Delta T_2 = 25 - 30 = -5$(℃)

由式(7-46)有

$$\frac{\Delta T_2}{\Delta T_0} = \frac{0.23}{\frac{as}{d_0} + 0.147} = \frac{-5}{-15}$$

$$\frac{as}{d_0} + 0.147 = 0.23 \times \frac{15}{5} = 0.69$$

由式(7-36)有

$$\frac{R}{r_0} = 3.4 \times \left(\frac{as}{r_0} + 0.294\right)$$

$$\frac{D}{d_0} = 6.8 \times \left(\frac{as}{d_0} + 0.147\right)$$

把 $\frac{as}{d_0} + 0.147 = 0.69$ 代入上式得

$$\frac{D}{d_0} = 6.8 \times \left(\frac{as}{d_0} + 0.147\right) = 6.8 \times 0.69$$

$$d_0 = \frac{D}{6.8 \times 0.69} = \frac{2.5}{6.8 \times 0.69} = 0.533(\text{m})$$

工作地点质量平均风速要求 3 m/s。

由式(7-41)有

$$\frac{u_2}{u_\infty} = \frac{0.4545}{\frac{as}{r_0} + 0.294} = \frac{0.23}{\frac{as}{d_0} + 0.147} = \frac{5}{15} = \frac{3}{u_\infty}$$

$u_\infty = 9$ m/s

（2）风口到工作面距离 s 可用下式求出：

$$\frac{as}{d_0} + 0.147 = 0.69$$

$$\frac{0.12s}{0.525} = 0.543$$

$$s \approx 2.4\text{m}$$

五、射流弯曲

温差射流或浓差射流由于密度与周围气体密度不同，所受的重力与浮力不相平衡，使整个射流将向下或向上弯曲。对轴心线而言，整个射流仍可看做是对称轴线，所以研究轴心线的弯曲轨迹，即水平射出（或与水平面成一定角度射出）的射流轴将发生弯曲，其判据为阿基

米德数 Ar :

$$Ar = \frac{gd_0 (T_0 - T_n)}{u_\infty^2 T_n}$$

式中　g——重力加速度，m/s^2。

阿基米德数表示浮力及惯性力的比值，当 $|Ar| < 0.001$ 时，则可忽略射流轴的弯曲。考虑射流轴弯曲的轴心轨迹计算式可用式(7-47)表示，即

$$\frac{y}{d_0} = \frac{x}{d_0}\tan\beta + Ar\left(\frac{x}{d_0\cos\beta}\right)^2 \left(0.51\frac{ax}{d_0\cos\beta} + 0.35\right)$$

$$(7\text{-}48)$$

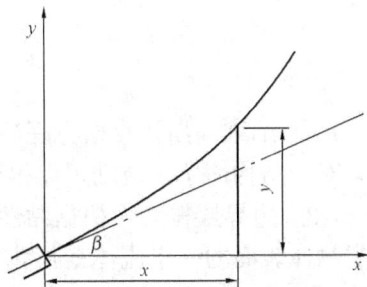

图 7-15　射流轴线的弯曲

式(7-48)中各符号的意义见图7-15。

由式(7-48)可见，Ar 数的正负和大小，决定射流弯曲的方向和程度。

对于平面射流，考虑射流轴弯曲的轴心轨迹计算式为

$$\frac{\bar{y}}{Ar}\sqrt{\frac{T_n}{T_0}} = \frac{0.226}{a^2}(a\bar{x} + 0.205)^{2.5}$$

$$(7\text{-}49)$$

其中

$$\bar{y} = \frac{y}{2b_0}, \quad \bar{x} = \frac{x}{2b_0}$$

【例 7-6】　室外空气的射流由位于热车间外墙上离地板 7.0m 处的孔口送入，孔口的尺寸，高 0.35m，长 12m。室外空气的温度为 $-10\,℃$，室内空气温度为 $+20\,℃$。射流初速度为 $2\,m/s$，求地板上的温度 t。

解　紊流系数 a 取为 0.12，则

$$\bar{y} = \frac{y}{2b_0} = \frac{7.0}{0.35} = 20$$

$$Ar = \frac{g(2b_0)(T_0 - T_n)}{u_\infty^2 T_n} = \frac{9.8 \times 0.35 \times (-10 - 20)}{2^2 \times (273 + 20)} = -\frac{102.9}{1172} = -0.088$$

$$\sqrt{\frac{T_n}{T_0}} = \sqrt{\frac{20 + 273}{-10 + 273}}$$

$$\frac{\bar{y}}{Ar}\sqrt{\frac{T_n}{T_0}} = \frac{20 \times \sqrt{293/263}}{0.088} = 220$$

由式(7-49)有 $\bar{x} = 23$

$$\frac{x}{2b_0} = 23, \quad \frac{x}{b_0} = 46$$

由式(7-45)有

$$\frac{\Delta T_m}{\Delta T_0} = \frac{1.032}{\sqrt{0.12 \times 46 + 0.41}} = \frac{1.032}{\sqrt{5.93}} = \frac{1.032}{2.45} = 0.425$$

$$\frac{T - T_n}{T_0 - T_n} = \frac{t - 20}{-10 - 20} = \frac{t - 20}{-30} = 0.425$$

$$t = +7.3\,℃$$

本 章 小 结

7-1　纳维—斯托克斯方程(N-S方程)是描述不可压缩黏性流体流动的通用运动微分方程，对于结构简单的流动可以得到精确解。

7-2　边界层概念：根据黏性无滑移边界条件，贴近物体壁面处流体质点速度为零，在紧靠物体表面的一个流体薄层内，流体质点速度从壁面处的零值迅速增大到流体来流速度 u_∞，薄层内速度梯度大，黏性作用力大，黏性影响非常重要。薄层外流体质点速度基本上均匀，等于流体来流速度，速度梯度近似为零，黏性力近似为零，因此薄层外流体可以看作是无黏性或理想流体。

7-3　卡门在 1921 年通过对边界层的微元段应用动量方程首先推导出 $\dfrac{\mathrm{d}}{\mathrm{d}x}\displaystyle\int_0^\delta \rho u_x^2 \mathrm{d}y - u\dfrac{\mathrm{d}}{\mathrm{d}x}\displaystyle\int_0^\delta \rho u_x \mathrm{d}y = -\delta\dfrac{\mathrm{d}p}{\mathrm{d}x} - \tau_w$，即边界层动量积分关系式。工程中广泛应用边界层的动量积分关系式进行近似计算。这种方法比较简单，所得的结果也有足够的精确度。

7-4　黏性流体纵掠薄平板流动，当流体在平板两侧形成层流边界层时，边界层厚度 δ 沿 x 方向的变化关系为 $\delta = 5.477\sqrt{\dfrac{\nu x}{u_\infty}}$，绕流摩擦阻力的计算公式为 $F_f = C_f\dfrac{\rho u_\infty^2}{2}A$。

7-5　紊流边界层比层流边界层复杂得多，目前尚无精确解法，只能近似求解。假定整个平板上都是紊流区，利用边界层动量积分方程近似求解。边界层厚度 δ 沿 x 方向的变化关系为 $\delta = 0.37\left(\dfrac{\nu}{u_\infty x}\right)^{\frac{1}{5}}x$，绕流摩擦阻力的计算公式为 $F_f = 0.036\rho u_\infty^2 bL\left(\dfrac{\nu}{u_\infty L}\right)^{\frac{1}{5}}$。

7-6　曲面上边界层在增压减速区内在压差力和黏性力作用下，流体质点从壁面分离并产生回流，边界层分离后，物体右部形成许多无规则的旋涡。边界层分离产生净压差，其作用在物体上的力称为压差阻力或形状阻力。边界层分离主要与曲面形状有关。

7-7　黏性流体绕过圆柱体流动，当雷诺数增加到大约 40 时，边界层对称地在 S 点处分离，形成两个旋转方向相对的对称旋涡，待雷诺数达到 90 左右，旋涡从柱体后部交替释放出来，这种物体后面形成有规则的交错排列的旋涡组合，称为卡门涡街。

7-8　流体作用在物体上的力，通常可分解成两个分量：与来流方向平行的分量 F_D 和与来流方向相垂直的分量 F_L。通常称 F_D 为绕流阻力，F_L 为绕流升力，计算式分别为 $F_D = C_D A\dfrac{\rho u_\infty^2}{2}$，$F_L = C_L A\dfrac{\rho u_\infty^2}{2}$。

7-9　自由射流由直径为 d_0 的喷口以出流速度 u_∞ 射入同温空间介质内扩散，在不受周界表面限制的条件下，形成等温自由射流。由于射流边界与周围介质间的紊流动量交换，周围空气不断被卷入，射流不断扩大，因而射流断面的速度场从射流中心开始逐渐向边界衰减并沿射程不断变化，流量沿程增加，射流直径增大。但在各断面上的总动量保持不变。

7-10　温差射流或浓差射流由于密度与周围气体密度不同，所受的重力与浮力不相平衡，使整个射流将向下或向上弯曲。可以根据阿基米德数 Ar 来判定射流轴弯曲的方向和程度。

思 考 题

7-1　什么是纳维—斯托克斯方程，与前面的欧拉运动微分方程有何不同？

7-2　什么是边界层？边界层有哪些基本特征？

7-3　层流边界层与层流底层是不是一个概念？为什么？

7-4　试述卡门涡街的概念和如何防止卡门涡街的危害？

7-5　绕流阻力如何定义？如何计算？绕流物体的形状对绕流阻力有何影响？

7-6　自由射流有哪些基本特征？其断面的轴心速度如何计算？

7-7　如何根据阿基米德数 Ar 判定射流轴的弯曲方向？

习 题

7-1　流体以速度 $u_\infty = 0.6\mathrm{m/s}$ 绕一块长 $l = 2\mathrm{m}$ 的平板流动，如果流体分别是水（$\nu_1 = 10^{-6}\mathrm{m^2/s}$）和油（$\nu_2 = 8 \times 10^{-5}\mathrm{m^2/s}$），试求平板末端的边界层厚度。

7-2　水的来流速度 $u_\infty = 0.2\ \mathrm{m/s}$，纵向绕过一块平板。已知水的运动黏度 $\nu = 1.145 \times 10^{-6}\mathrm{m^2/s}$，试求距平板前缘 5m 处的边界层厚度，以及在该处与平板面垂直距离为 10mm 的点的水流速度。

7-3　边长为 1m 的正方形平板放在速度 $u_\infty = 1\ \mathrm{m/s}$ 的水流中，求边界层的最大厚度及摩擦阻力，分别按全板都是层流和都是紊流两种情况进行计算，水的运动黏度 $\nu = 10^{-6}\mathrm{m^2/s}$。

7-4　平底船的底面可视为宽 $b = 10\mathrm{m}$，长 $l = 50\mathrm{m}$ 的平板，船速 $u_\infty = 4\ \mathrm{m/s}$，水的运动黏度 $\nu = 10^{-6}\mathrm{m^2/s}$，如果平板边界层转捩临界雷诺数 $Re_{cr} = 5 \times 10^5$，试求克服边界层阻力所需的功率。

7-5　高速列车以 200km/h 速度行驶，空气的运动黏度 $\nu = 15 \times 10^{-6}\mathrm{m^2/s}$。每节车厢可视为长 25m，宽 3.4m，高 4m 的立方体。试计算为了克服 10 节车厢的顶部和两侧面的边界层阻力所需的功率。设转捩临界雷诺数 $Re_{cr} = 5.5 \times 10^5$，$\rho = 1.205\mathrm{kg/m^3}$。

7-6　列车上的无线电天线总长 3m，由 3 节组成，每节长度均为 1m，它们的直径分别为 $d_1 = 1.50\mathrm{cm}$，$d_2 = 1.0\mathrm{cm}$，$d_3 = 0.5\mathrm{cm}$。列车速度为 60km/h，空气密度 $\rho = 1.293\mathrm{kg/m^3}$，圆柱体的阻力系数 $C_D = 1.2$，试计算空气阻力对天线根部产生的力矩。

7-7　有 45kN 的重物从飞机上投下，要求落地速度不超过 10m/s，重物挂在一张阻力系数 $C_D = 2$ 的降落伞下面，不计伞重，设空气密度为 $\rho = 1.2\mathrm{kg/m^3}$，求降落伞应有的直径。

7-8　潜水艇形似 8:1 的椭球体，其阻力系数为 $C_D = 0.14$，航速为 $u_\infty = 10\mathrm{m/s}$，迎流面积 $A = 12\mathrm{m^2}$，试求潜水艇克服阻力所需功率。

7-9　炉膛的烟气以速度 $u_\infty = 0.5\mathrm{m/s}$ 向上腾升，气体的密度为 $\rho = 0.25\mathrm{kg/m^3}$，动力黏度 $\eta = 5 \times 10^{-5}\mathrm{N \cdot s/m^2}$，粉尘的密度 $\rho' = 1200\mathrm{kg/m^3}$，试估算此烟气能带走多大直径的粉尘？

7-10　一次沙尘暴把平均直径 $d = 10^{-4}\mathrm{m}$ 的沙粒吹到 $H = 1000\mathrm{m}$ 的高空，当地的水平风速为 $u_\infty = 10\mathrm{m/s}$，已知沙粒密度 $\rho' = 2000\mathrm{kg/m^3}$，当地空气密度 $\rho = 1.25\mathrm{kg/m^3}$，试求沙尘落地时所飘移的水平距离。设气温为 20℃，空气的动力黏度 $\mu = 15 \times 10^{-5}\mathrm{N \cdot s/m^2}$。（沙粒

视作圆球)

7-11　体育馆圆柱形送风口，直径为 0.6m，风口至比赛区域内距离为 60m，要求比赛区域内质量平均风速不超过 0.3m/s，求送风口的最大送风量。

7-12　工作区域采用向下的送风方式，风口距地面 4m，工作区高于地面 1.5m，要求射流直径为 1.5m，断面处轴心风速不超过 2m/s，求喷嘴直径和出口流量。

第八章　气体动力学基础

通常情况下的液体流动和流速不高、压强变化较小的气体流动，均看作是密度不变的不可压缩流体流动。在前面几章中，除个别问题（如水击）外，都是假定为不可压缩流体的，这样使许多流动问题得到简化。对于气体，当流动速度较高，压差较大时，气体的密度和温度发生了显著变化，且气体的流动状态和流谱也有实质性的变化，这时必须考虑压缩性的影响。在动力工程和动力机械中，会遇到许多关于可压缩流体的问题，如气体沿各类喷管或扩压管的流动，高速气流绕过叶片和叶栅的流动，燃烧室内焰锋的运动等。另外，像空气相对于高速飞行的弹丸、飞行器的运动，也必须按可压缩流体来处理。气体动力学研究的是可压缩流体的运动规律及其应用。

第一节　声速　马赫数

一、声速

研究可压缩流体流动时，声速是判断气体压缩性对流动影响的一个重要标准。

声速是指微弱扰动波在流体介质中的传播速度。下面用一个比较简单的例子来说明微弱扰动波的概念并推导出声速的计算公式。

假设有一根半无限长的直圆管，左端由一个活塞封住，如图 8-1 所示。圆管内充满静止的气体，其压强、密度和温度分别为 p、ρ、T。将活塞轻轻地向右推动，使活塞的速度由零增加到 dv，紧贴活塞右侧的一层气体最先受到压缩，压强、密度和温度略有增加，并以速度 dv 运动，然后传及第二层气体，使其压强、密度和温度略有增加，同样以速度 dv 运动。这样，压缩作用一层一层地以速度 c 向右传播，形成一道微弱扰动压缩波，如图 8-1（a）所示。若管内的活塞突然以微小速度 dv 向左运动，它将首先使紧靠活塞右侧的那一层气体膨胀，而后也是一层一层地依次传下去，在管内形成一道以速度 c 向右传播的微弱扰动膨胀波，如图 8-1（b）所示。

下面以微弱扰动压缩波的传播为例来推导声速的公式。

在图 8-1（a）中，假设微弱扰动压缩波在半无限长的直圆管内以速度 c 向右传播，压缩波经过的气体压强为 $p+dp$、密度为 $\rho+d\rho$、温度为 $T+dT$，并以微小速度 dv 向右运动。波前气体压强为 p、密度为 ρ、温度为 T，且静止不动。显然，对一个静止的观察者来说，这是一个非定常的一维流动问题。

为了便于分析选用与扰动波一

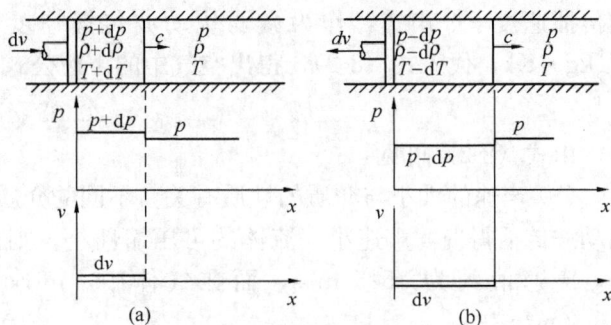

图 8-1　微弱扰动的一维传播

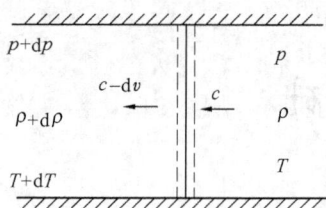

图 8-2　推导传播速度 c 用图

起运动的相对坐标系,对于位于该坐标系的观察者来说,上述流动过程就转化为定常流动了。气体相对于观察者从右向左流动,经过波面,速度就由 c 降为 $c-\mathrm{d}v$,同时压强由 p 升高到 $p+\mathrm{d}p$,密度由 ρ 升高到 $\rho+\mathrm{d}\rho$,如图 8-2 所示。取图 8-2 中包围扰动波的虚线为控制体,根据连续性方程(3-22)有

$$\rho Ac = (\rho + \mathrm{d}\rho)A(c - \mathrm{d}v)$$

式中　A——直圆管的横截面积。

整理并略去二阶无穷小量,得

$$c\,\mathrm{d}\rho = \rho\,\mathrm{d}v \tag{a}$$

由动量方程式 (3-51) 得

$$pA - (p + \mathrm{d}p)A = \rho Ac\left[(c - \mathrm{d}v) - c\right]$$

整理后得

$$\mathrm{d}p = \rho c\,\mathrm{d}v \tag{b}$$

联立式 (a) 和式 (b) 得

$$c^2 = \frac{\mathrm{d}p}{\mathrm{d}\rho}$$

或

$$c = \sqrt{\frac{\mathrm{d}p}{\mathrm{d}\rho}} \tag{8-1}$$

因为在微弱扰动波的传播过程中,气流的压强、密度和温度的变化是一无限小量,整个过程接近于可逆过程。此外,由于此过程进行得相当迅速,来不及和外界交换热量,这就使得此过程接近于绝热过程,所以微弱扰动波的传播可以认为是一个既可逆又绝热的过程,即等熵过程。根据等熵过程关系式 $\dfrac{p}{\rho^\kappa}=C$,以及气体状态方程式 $p=\rho RT$ 可得

$$\mathrm{d}p = C\kappa\rho^{\kappa-1}\,\mathrm{d}\rho$$

$$\frac{\mathrm{d}p}{\mathrm{d}\rho} = C\kappa\rho^{\kappa-1} = \frac{p}{\rho^\kappa}\kappa\rho^{\kappa-1} = \kappa\frac{p}{\rho} = \kappa RT$$

代入式 (8-1),得

$$c = \sqrt{\frac{\mathrm{d}p}{\mathrm{d}\rho}} = \sqrt{\kappa\frac{p}{\rho}} = \sqrt{\kappa RT} \tag{8-2}$$

式 (8-2) 与物理学中计算声音在弹性介质中传播速度的公式完全相同,所以一般都以声波的传播速度——声速,作为微弱扰动波传播速度的统称。对于空气,$\kappa = 1.4$,$R = 287$ J/(kg·K),代入式 (8-2),得出空气中的声速公式

$$c = 20.05\sqrt{T}$$

由式 (8-2) 可见:

(1) 声速的大小与介质的性质有关,不同的介质有不同的声速。流体的可压缩性大,则扰动波传播得慢,声速小;流体的可压缩性小,则扰动波传播得快,声速大。在普通液体中,声速值约为 1525 m/s,而在气体中,声速则小得多,如 20℃ 空气中的声速为 343.2 m/s。

(2) 在同一气体中,声速随着气体温度的升高而增大,与气体热力学温度的平方根成

正比。

（3）流体中的声速是状态参数的函数。在相同介质中，如果各个点及各个瞬时流体的状态参数都不相同，则各个点及各个瞬时的声速也都不相同。所以，一般讲声速指的是某一点在某一瞬时的声速，即所谓的当地声速。

二、马赫数

马赫数是研究可压缩气体的另一个重要参数。马赫数除了表征气流的压缩性程度外，它在研究气体高速运动的规律以及气体流动问题的计算等方面，均有着极其重要的和广泛的用途。

流场中任一点的流速与当地声速之比，称为该点处气流的马赫数，以符号 Ma 表示

$$Ma = \frac{u}{c} \tag{8-3}$$

根据马赫数的大小把流动分为以下几种：

$Ma < 1$ 时，亚声速流动；

$Ma \approx 1$ 时，跨声速流动（可能兼有亚声速与超声速区）；

$Ma > 1$ 时，超声速流动。

气流的可压缩性与马赫数的关系，可由欧拉运动微分方程（3-28）忽略重力得

$$-u\mathrm{d}u = \frac{\mathrm{d}p}{\rho} = \frac{\mathrm{d}\rho}{\rho}\frac{\mathrm{d}p}{\mathrm{d}\rho} = c^2\frac{\mathrm{d}\rho}{\rho}$$

即

$$-\frac{\mathrm{d}u}{u}\frac{u^2}{c^2} = \frac{\mathrm{d}\rho}{\rho}$$

或

$$-Ma^2\frac{\mathrm{d}u}{u} = \frac{\mathrm{d}\rho}{\rho}$$

可见，当 $Ma \leqslant 0.3$ 时，比值 $\dfrac{\mathrm{d}\rho}{\rho} \Big/ \dfrac{\mathrm{d}u}{u}$ 在 9% 以下，一般可以不考虑密度的变化，即认为气流是不可压缩的；当 $Ma > 0.3$ 时，就必须考虑气流的压缩性了。

第二节　完全气体一维绝能定常流动和等熵定常流动

本节研究气体一维绝能定常流动，由于气体的密度很小，质量力也很小，故可忽略不计。下面推导完全气体一维绝能定常流动的方程组。

一、绝能定常流动

1. 连续性方程

由式（3-22）知，气体做一维定常流动时，每个单位时间内流过任意两个截面的质量流量必然相等，即

$$\rho_1 v_1 A_1 = \rho_2 v_2 A_2，或 \quad \rho v A = C$$

在研究气体参数沿管长的变化时，基本方程常采用微分形式，对上式两边取对数，得

$$\ln(\rho v A) = C$$

微分得

$$\frac{\mathrm{d}\rho}{\rho} + \frac{\mathrm{d}A}{A} + \frac{\mathrm{d}v}{v} = 0 \tag{8-4}$$

连续性方程是气体动力学中最基本且最常用的方程式之一。

2. 能量方程

根据热力学第一定律，对于与外界没有机械功和热量交换的绝能流动过程，因为换热量 $q=0(\delta q=0)$，对外机械功 $W_s=0(\delta W_s=0)$，则

$$h+\frac{v^2}{2}=C \tag{8-5}$$

微分形式为

$$\mathrm{d}h+v\mathrm{d}v=0 \tag{8-6}$$

由热力学可知，对于完全气体，则

$$h=c_pT=\frac{c_p}{R}\frac{p}{\rho}=\frac{c_p/c_V}{\underbrace{c_p-c_V}_{c_V}}\frac{p}{\rho}=\frac{\kappa}{\kappa-1}\frac{p}{\rho}$$

故式（8-5）可写为

$$\frac{\kappa}{\kappa-1}\frac{p_1}{\rho_1}+\frac{v_1^2}{2}=\frac{\kappa}{\kappa-1}\frac{p_2}{\rho_2}+\frac{v_2^2}{2}=C$$

或

$$\frac{\kappa}{\kappa-1}\frac{p}{\rho}+\frac{v^2}{2}=C \tag{8-7}$$

现在分析能量方程的物理意义。

将式（8-7）写成

$$\frac{1}{\kappa-1}\frac{p}{\rho}+\frac{p}{\rho}+\frac{v^2}{2}=C$$

由热力学可知，上式第一项表示单位质量气体所具有的热力学能，因为

$$\frac{1}{\kappa-1}\frac{p}{\rho}=\frac{c_V}{c_p-c_V}\frac{p}{\rho}=\frac{c_V}{R}\frac{p}{\rho}=c_VT=u$$

而后两项是单位质量气体的压力能和动能。所以完全气体的一维定常绝能流动能量方程的意义是：在完全气体的一维定常流动中，在气流流管任意截面上单位质量的热力学能、压力能和动能之和保持不变。

3. 状态方程

完全气体状态方程

$$p=\rho RT \tag{8-8}$$

二、等熵定常流动

若流动也是等熵的，则对于完全气体，有

$$\frac{p_2}{p_1}=\left(\frac{T_2}{T_1}\right)^{\kappa/(\kappa-1)}=\left(\frac{\rho_2}{\rho_1}\right)^{\kappa} \tag{8-9}$$

由热力学第一定律及热力学第二定律，计算纯物质的熵变化

$$T\mathrm{d}s=\mathrm{d}h-\frac{\mathrm{d}p}{\rho} \tag{8-10}$$

若为等熵过程，$\mathrm{d}s=0$，则

$$\mathrm{d}h=\frac{\mathrm{d}p}{\rho} \tag{8-11}$$

将式（8-11）代入式（8-6），得

$$\frac{\mathrm{d}p}{\rho}+v\mathrm{d}v=0 \tag{8-12}$$

式（8-12）即为稳定非黏性流体在不计重力时的伯努利方程。由此可以看出，等熵流动的假设相当于不计能量损失的沿流线成立的伯努利方程，该假设是可行的。从式（8-12）可知，在气流压强增大的地方，流速减小，而在压强减小的地方，流速增大。

三、三种特定状态

1. 滞止状态

如果按一定的过程将气流速度滞止到零，此时的参数就称为滞止参数，用下标"0"表示，例如 p_0、ρ_0、T_0 和 c_0，分别表示滞止压强、滞止密度、滞止温度和滞止声速。滞止参数在流场中是实际存在的，例如锅炉的汽包、高速风洞前的储气罐及高压容器中气体的参数均是滞止参数。

在滞止状态下，由式（8-5）可将气体一维定常绝能流动的能量方程写成

$$h + \frac{1}{2}v^2 = h_0 \tag{8-13}$$

对于绝能流动，滞止焓在整个流动过程中不变，因此可作为一种参考状态参数，它与所研究气体的实际流动过程无关。由式（8-13）可见，气流的滞止焓由两项组成，第一项 h 是气体的焓，又称为静焓；第二项 $\frac{1}{2}v^2$ 相当于气流速度滞止到零时，由动能所转变成的焓。因此又将滞止焓称为总焓，它代表气流所具有的总能量的大小。

如果我们研究的是定比热容的气体，$h = c_p T$，则式（8-13）可改写为

$$T_0 = T + \frac{v^2}{2c_p} \tag{8-14}$$

式中 T_0——气流的滞止温度，是把气流速度绝能滞止到零时的温度。

同样，气流的滞止温度也由两项组成：第一项 T 是气体的温度，又称为静温；第二项 $\frac{1}{2}v^2$ 相当于气流速度滞止到零时，由动能转变成的焓而引起的气体温度的升高，一般称为动温。因此又将滞止温度称为总温。对于绝能流动，不论过程等熵与否，以上二式都是适用的，对应于滞止温度 T_0，有

$$c_0 = \sqrt{\kappa R T_0} \tag{8-15}$$

式中 c_0——气流的滞止声速，是一个常用的参考速度。

利用关系式 $c_p T = \frac{\kappa}{\kappa-1} RT = \frac{c^2}{\kappa-1}$，式（8-14）可写为

$$\frac{T_0}{T} = 1 + \frac{(\kappa-1)v^2}{2c^2}$$

或

$$\frac{T_0}{T} = 1 + \frac{\kappa-1}{2} Ma^2 \tag{8-16}$$

由等熵过程关系式 $p_0/p = (\rho_0/\rho)^\kappa = (T_0/T)^{\kappa/\kappa-1}$，得

$$\frac{p_0}{p} = \left(1 + \frac{\kappa-1}{2} Ma^2\right)^{\frac{\kappa}{\kappa-1}} \tag{8-17}$$

$$\frac{\rho_0}{\rho} = \left(1 + \frac{\kappa-1}{2} Ma^2\right)^{\frac{1}{\kappa-1}} \tag{8-18}$$

可见，对于绝能等熵流，随着马赫数的增大，气流的温度、声速、压强和密度都将降低。

2. 极限状态（最大速度状态）

极限状态是指，如果气流的绝对温度降低到零，即气流的焓全部转化为动能，这时气流

的速度将达到极限速度 $v_{\max}$。由式 (8-5)，并且利用 $h=c_p T=\dfrac{\kappa}{\kappa-1}RT$，得

$$\frac{\kappa}{\kappa-1}RT+\frac{v^2}{2}=\frac{\kappa}{\kappa-1}RT_0=C$$

$T=0$ 时，$v=v_{\max}$，则

$$v_{\max}=\sqrt{\frac{2\kappa}{\kappa-1}RT_0} \tag{8-19}$$

极限速度仅仅是一个理论上极限值，实际上并不可能达到。对于一定的气体，$v_{\max}$ 只决定于气流总温，在绝能流动中是一个不变的常数，因此，$v_{\max}$ 常被用作参考速度。

式 (8-7) 可写为另一形式

$$\frac{\kappa}{\kappa-1}\frac{p}{\rho}+\frac{v^2}{2}=\frac{c^2}{\kappa-1}+\frac{v^2}{2}=\frac{c_0^2}{\kappa-1}=\frac{v_{\max}^2}{2}=C \tag{8-20}$$

可见，极限速度只是另一种间接表示气流总能量的数值。

3. 临界状态

由式 (8-20) 可知，流动中的当地声速 c 随气流速度的增加而减小。当气流速度被滞止到零时，当地声速上升到滞止声速 c_0；当气流速度被加速到极限速度 $v_{\max}$ 时，当地声速下降到零。因此，在气流速度由小变大、当地声速由大变小的过程中，必然会出现气流速度恰好等于当地声速的状态，即 $Ma=1$ 的状态，该状态便是临界状态。此时的声速称为临界声速，以 c_{cr} 表示，相应的速度称为临界速度，以 v_{cr} 表示，显然 $c_{cr}=v_{cr}$。相应的压强、密度、温度称为临界压强、临界密度、临界温度，分别以 p_{cr}、ρ_{cr}、T_{cr} 表示。

在式 (8-20) 中，令 $v=c_{cr}=v_{cr}$，并且有 $c_0=\sqrt{\kappa RT_0}$，则

$$c_{cr}=\sqrt{\frac{2}{\kappa+1}}c_0=\sqrt{\frac{\kappa-1}{\kappa+1}}v_{\max}=\sqrt{\frac{2\kappa}{\kappa+1}RT_0} \tag{8-21}$$

由式 (8-21) 可知，对于一定的气体，临界声速 c_{cr} 只取决于总温 T_0，在绝能流中是一个不变的常数。因此，临界声速也是一个参考速度。

由式 (8-16)～式 (8-18) 可求出临界参数与滞止参数之比。令上述各式中 $Ma=1$，得

$$\frac{T_{cr}}{T_0}=\frac{c_{cr}^2}{c_0^2}=\frac{2}{\kappa+1} \tag{8-22}$$

$$\frac{p_{cr}}{p_0}=\left(\frac{2}{\kappa+1}\right)^{\frac{\kappa}{\kappa-1}} \tag{8-23}$$

$$\frac{\rho_{cr}}{\rho_0}=\left(\frac{2}{\kappa+1}\right)^{\frac{1}{\kappa-1}} \tag{8-24}$$

对于 $\kappa=1.4$ 的空气，有 $\dfrac{c_{cr}}{c_0}=0.912\,9$，$\dfrac{T_{cr}}{T_0}=0.833\,3$，$\dfrac{p_{cr}}{p_0}=0.528\,3$，$\dfrac{\rho_{cr}}{\rho_0}=0.633\,9$。

在一维流动的每一截面上都有相应于该截面的参数，若气流在某一截面上的马赫数恰好等于 1，则该截面上气流的状态就是临界状态，截面上气流的静参数就是临界参数，该截面称作临界截面。应该特别注意，声速和临界声速的区别，在气流的每一个截面上都有相应的声速和临界声速，只有在临界截面上 $c=c_{cr}$，其他截面上两者并不相等。

四、速度系数

气流速度与临界声速之比称为速度系数，用 M_* 表示，即

$$M_* = \frac{v}{c_{\mathrm{cr}}} \tag{8-25}$$

M_* 是与马赫数相类似的另一个无量纲速度。和 Ma 相比，应用 M_* 计算要方便得多。在绝能流动中，临界声速 c_{cr} 是一个常数，由 M_* 求流速，只要乘以一个常数 c_{cr} 就可以了。而由 Ma 求 v 时，则要先求当地声速，然后才能求出 v，比用 M_* 去求解的方法更为复杂。另外，当气流速度由零增加到 $v_{\max}$ 时，c 下降为零，Ma 趋向于无限大，这样就不便于绘制图表曲线。而 M_* 是一个有限量，有

$$M_* = \frac{v_{\max}}{c_{\mathrm{cr}}} = \sqrt{\frac{\kappa+1}{\kappa-1}} \tag{8-26}$$

由此可以消除以上所述的不便于计算之处。

M_* 与 Ma 之间有确定的对应关系。将 $c_0 = \sqrt{\dfrac{\kappa+1}{2}} c_{\mathrm{cr}}$ 代入 $\dfrac{1}{\kappa-1}c^2 + \dfrac{v^2}{2} = \dfrac{1}{\kappa-1}c_0^2$，得

$$\frac{1}{\kappa-1}c^2 + \frac{v^2}{2} = \frac{\kappa+1}{2(\kappa-1)}c_{\mathrm{cr}}^2$$

两边除以 v^2，则

$$\frac{1}{\kappa-1}\frac{1}{Ma^2} + \frac{1}{2} = \frac{\kappa+1}{2(\kappa-1)}\frac{1}{M_*^2}$$

$$M_*^2 = \frac{(\kappa+1)Ma^2}{2+(\kappa-1)Ma^2} \tag{8-27a}$$

$$Ma^2 = \frac{2M_*^2}{(\kappa+1)-(\kappa-1)M_*^2} \tag{8-27b}$$

将上述关系绘制成图表曲线如图 8-3 所示。由图 8-3可知：

当 $Ma=0$，$M_*=0$；

当 $Ma<1$ 时，$M_*<1$；

当 $Ma=1$ 时，$M_*=1$；

当 $Ma>1$ 时，$M_*>1$。

将式（8-27b）代入式（8-16）～式（8-18），可得出用速度系数表示的总参数与静参数的关系式：

$$\frac{T}{T_0} = \frac{c^2}{c_0^2} = 1 - \frac{\kappa-1}{\kappa+1}M_*^2 \tag{8-28}$$

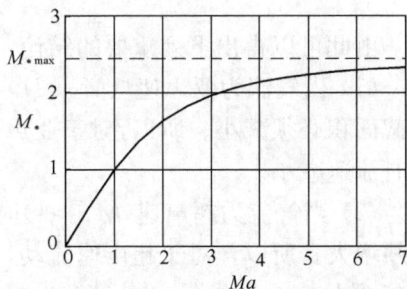

图 8-3　M_* 与 Ma 的关系曲线

$$\frac{p}{p_0} = \left(1 - \frac{\kappa-1}{\kappa+1}M_*^2\right)^{\frac{\kappa}{\kappa-1}} \tag{8-29}$$

$$\frac{\rho}{\rho_0} = \left(1 - \frac{\kappa-1}{\kappa+1}M_*^2\right)^{\frac{1}{\kappa-1}} \tag{8-30}$$

可见，对于绝能等熵流，随着速度系数的增大，气流的温度、声速、压强和密度都将降低。这与随 Ma 的变化关系一致。

五、流量函数

在气动计算中，往往是先给定总参数和 M_*（或 Ma），如果把流量公式 $q_m = \rho v A$ 写成以气流总参数和 M_*（或 Ma）表示的形式，则会使计算大为简化。

通过单位面积的流量为 ρv，引入无量纲比值 $q(M_*) = \dfrac{\rho v}{\rho_{\mathrm{cr}} v_{\mathrm{cr}}}$，则

$$q(M_*) = \frac{\rho v}{\rho_{cr} v_{cr}} = M_* \frac{\dfrac{\rho}{\rho_0}}{\dfrac{\rho_{cr}}{\rho_0}} = \left(\frac{\kappa+1}{2}\right)^{\frac{1}{\kappa-1}} M_* \left(1 - \frac{\kappa-1}{\kappa+1} M_*^2\right)^{\frac{1}{\kappa-1}} \tag{8-31}$$

式中 $q(M_*)$ ——流量函数。

由式（8-31）可知，当 $M_* = 0$ 时，$q(M_*) = 0$；当 $M_* = M_{*\,max}$ 时，$q(M_*) = 0$；当 $M_* = 1$ 时，$q(M_*) = 1$ 为最大值。

应用 $q(M_*)$，可以直接根据总参数和 M_* 来计算流量：

$$q_m = \rho v A = \frac{\rho v}{\rho_{cr} v_{cr}} (\rho_{cr} v_{cr}) A$$

将 $\rho_{cr} = \rho_0 \left(\dfrac{2}{\kappa+1}\right)^{\frac{1}{\kappa-1}} = \dfrac{p_0}{RT_0} \left(\dfrac{2}{\kappa+1}\right)^{\frac{1}{\kappa-1}}$，$v_{cr} = c_{cr} = \sqrt{\dfrac{2\kappa}{\kappa+1} RT_0}$ 代入上式，并整理得

$$q_m = K \frac{p_0}{\sqrt{T_0}} A q(M_*) \tag{8-32}$$

其中

$$K = \sqrt{\frac{\kappa}{R} \left(\frac{2}{\kappa+1}\right)^{\frac{\kappa+1}{\kappa-1}}}$$

根据一维定常流动的连续方程，$q_m = K \dfrac{p_0}{\sqrt{T_0}} A q(M_*) =$ 常数。在定常绝能等熵流动的条件下，由于 p_0、T_0 保持不变，则

$$A q(M_*) = 常数 \tag{8-32a}$$

由此可以得出下列重要的结论：

（1）当气流为亚声速（$M_* < 1$）时，随着 M_* 的增大，$q(M_*)$ 也随之增大，因此，相应的管截面积必须减小。所以，对于亚声速流动，管道截面积减小时流速增大；反之，管道截面积增大时流速减小。

（2）当气流为超声速（$M_* > 1$）时，随着 M_* 的增大，$q(M_*)$ 减小，因此，相应的管截面积必须增大。所以，对于超声速流动，管道截面积增大时流速增大；反之，管道截面积减小时流速减小。

（3）当 $M_* = 1$ 时，$q(M_*)$ 达到最大值，相应的管截面积是管道的最小截面积，即临界截面必是管道的最小截面。

【例 8-1】 视空气为 $\kappa = 1.4$ 的完全气体，在一无摩擦的渐缩管道中流动，在位置 1 处的平均流速为 150m/s，气温为 333.3K，气压为 2×10^5 Pa，在管道的出口 2 处达到临界状态。试计算出口气流的平均流速、气温、气压和密度。

解 位置 1 处的声速、马赫数、总温和总压分别为

$$c_1 = \sqrt{\kappa R T_1} = \sqrt{1.4 \times 287 \times 333.3} = 366.0 (\text{m/s})$$

$$Ma_1 = \frac{v_1}{c_1} = \frac{150}{366} = 0.41$$

$$T_0 = T_1 \left(1 + \frac{\kappa-1}{2} Ma_1^2\right) = 333.3 \times \left(1 + \frac{1.4-1}{2} \times 0.41^2\right) = 344.5 (\text{K})$$

$$p_0 = p_1 \left(\frac{T_0}{T_1}\right)^{\frac{\kappa}{\kappa-1}} = 2 \times 10^5 \times \left(\frac{344.5}{333.3}\right)^{\frac{1.4}{1.4-1}} = 2.245 \times 10^5 (\text{Pa})$$

在出口 2 处，$Ma_2=1$，气温、流速、气压和密度分别为

$$T_2 = T_{cr} = \frac{2}{\kappa+1}T_0 = \frac{2}{1+1.4} \times 344.5 = 287.1(\text{K})$$

$$v_2 = v_{cr} = \sqrt{\kappa R T_{cr}} = \sqrt{1.4 \times 287 \times 287.1} = 339.6(\text{m/s})$$

$$p_2 = p_{cr} = \left(\frac{2}{\kappa+1}\right)^{\frac{\kappa}{\kappa-1}} p_0 = \left(\frac{2}{1.4+1}\right)^{\frac{1.4}{1.4-1}} \times 2.245 \times 10^5 = 1.186 \times 10^5(\text{Pa})$$

$$\rho_2 = \rho_{cr} = \frac{p_{cr}}{R T_{cr}} = \frac{1.186 \times 10^5}{287 \times 287.1} = 1.439(\text{kg/m}^3)$$

第三节　正　激　波

与前面讨论的等熵流动、微弱扰动的传播不同，当超声速气流流过大的障碍物（或超声速飞机、炮弹、火箭等在空中飞行）时，气流在障碍物前将受到急剧的压缩，它的压强、温度和密度都将突跃地升高，而速度则突跃地降低。这种使流动参数发生突跃变化的强压缩波叫激波。

气流通过激波时的压缩过程是在非常小的距离内完成的，即激波的厚度非常小。理论计算和实际测量表明，在标准大气中，当来流 $Ma=2$ 时，激波的厚度约为 2.54×10^{-4} mm，而此条件下，分子的平均自由行程是 7.0×10^{-5} mm，即激波的厚度和气体分子的自由行程是同一数量级。此外，激波的厚度还随着马赫数的增大而迅速减小。在工程上通常把激波视为没有厚度的流动参数的突跃面或间断面。气流在这样小的距离内参数要发生突跃变化，速度梯度和温度梯度一定很大，在此过程中，气体的黏性和导热性占有重要的地位，使得速度和温度连续变化。

按照激波的形状，可以将激波分成以下几种：

(1) 正激波：气流方向与波面垂直，如图 8-4（a）所示。

(2) 斜激波：气流方向与波面不垂直，例如，当超声速气流流过楔形物体时，在物体的前缘往往产生斜激波，如图 8-4（b）所示。

(3) 曲线激波：波形为曲线形，例如，当超声速气流流过钝头物体时，在物体的前缘往往产生脱体激波，这种激波就称为曲线激波，

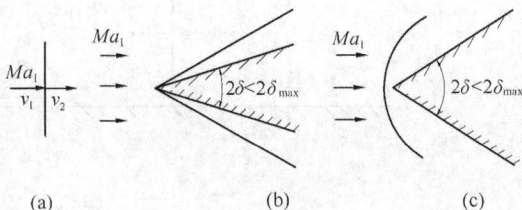

图 8-4　激波的分类

如图 8-4（c）所示。曲线激波的中间部分与来流垂直，是正激波；沿着波面向外延伸的是强度逐渐减小的斜激波系。

本节只讨论正激波。

一、正激波的形成及传播速度

下面举一个简单的例子来说明激波的形成过程。如图 8-5 所示，设有一根很长的等截面直管，管中充满着静止气体，在管子左端有一活塞向右做加速运动，以压缩管内气体。为了分析方便起见，假设活塞从静止状态加速到某一速度 v 的过程分解为很多阶段，每一阶段中活塞只有微小的速度增量 Δv。当活塞速度从零增加到 Δv 时，活塞右侧附近的气体先受到

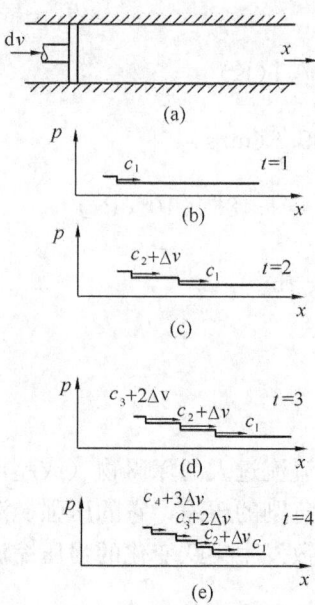

图 8-5 在直圆管道中
激波的形成过程

压缩，压强、温度略有增加，这时在气体中产生一道微弱压缩波向右传播，其传播速度是尚未被压缩的气体中的声速 c_1。弱压缩波左面的气体受到一次微弱的压缩，以活塞的速度 Δv 向右运动。当把活塞移动速度由 Δv 增加到 $2\Delta v$，在第一道微弱波后的气体中便产生第二道压缩波。因经过第一次的压缩，气体温度升高，当地声速 c_2 增大，故第二道压缩波相对于静止管壁的绝对传播速度为 $c_2+\Delta v$，向右传播。显然，第二道波的传播速度必大于第一道波的传播速度。依次类推，活塞每加速一次，便在气体中产生一道弱压缩波，而靠活塞较近的微弱扰动波的传播速度比离活塞较远的微弱扰动波的传播速度大，即 $c_n+v>\cdots>c_2+\Delta v>c_1$。经过一段时间后，后面的波都追赶上前面的波，叠加的波的形状变得越来越陡，直至形成一个垂直面的压缩波，这就是正激波。

下面求解正激波的传播速度。如图 8-6 所示，活塞突然向右以速度 v 急剧移动，管内就产生了激波，并向右推进。用 v_s 代表激波向右传播速度，激波后气体的运动速度则为活塞向右移动的速度 v，如图 8-6（a）所示。当把坐标系建立在激波面上时，激波前的气体以速度 $v_1=v_s$ 向左流向激波，经过激波后气体速度为 $v_2=v_s-v$，如图 8-6（b）所示。对图（b）虚线所示的控制体应用动量方程，可得

$$A(p_1-p_2)=A\rho_1 v_s[(v_s-v)-v_s]$$

则

$$v_s v=\frac{p_2-p_1}{\rho_1} \tag{a}$$

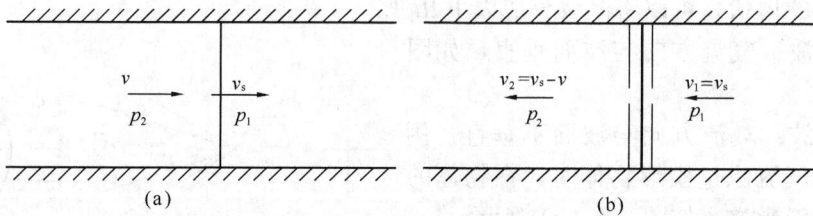

图 8-6 正激波的传播

对所取控制体应用连续性方程得

$$A\rho_1 v_s=A\rho_2(v_s-v)$$

即

$$v=\frac{\rho_2-\rho_1}{\rho_2}v_s \tag{b}$$

在式（a）和式（b）中消去 v，即得正激波的传播速度

$$v_s=\sqrt{\frac{p_2-p_1}{\rho_2-\rho_1}\frac{\rho_2}{\rho_1}}=\sqrt{\frac{p_1}{\rho_1}\frac{\frac{p_2}{p_1}-1}{1-\frac{\rho_1}{\rho_2}}} \tag{8-33}$$

由式（8-33）可知，随着激波强度的增大（p_2/p_1，ρ_2/ρ_1 增大），激波的传播速度也增

大。若激波强度很弱，即 $p_2/p_1 \to 1$，$\rho_2/\rho_1 \to 1$，此时激波已成为微弱压缩波，则式（8-33）可写成

$$v_s = \sqrt{\frac{p_2 - p_1}{\rho_2 - \rho_1}} = \sqrt{\frac{\mathrm{d}p}{\mathrm{d}\rho}} = c$$

即微弱压缩波是以声速传播的。

将式（8-33）代入式（b）得波面后的气流速度为

$$v = \sqrt{\frac{(p_2 - p_1)(\rho_2 - \rho_1)}{\rho_1 \rho_2}} \tag{8-34}$$

由式（8-34）可知，激波的强度越弱，气体的流速越低；如果是微弱的扰动波，波面后的气体是没有运动的，即 $p_2/p_1 \to 1$，$\rho_2/\rho_1 \to 1$ 时，$v = 0$。

二、正激波前后气流参数的关系

（一）兰金—许贡纽（Rankine-Hugoniot）关系式

在形成正激波的空间取如图8-7所示的流管，将参考坐标系建立在激波上来研究气流相对于该坐标系的运动。

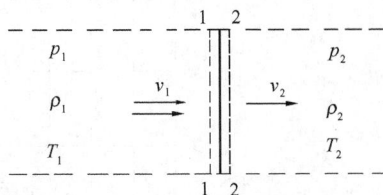

图 8-7 正激波的传播

下标"1"表示上游，下标"2"表示下游，因激波上下游的截面积不变，则有下列基本方程式：

连续方程 $\qquad\qquad \rho_1 v_1 = \rho_2 v_2 \qquad\qquad\qquad (c)$

动量方程 $\qquad\qquad p_1 - p_2 = \rho_2 v_2^2 - \rho_1 v_1^2 \qquad\qquad (d)$

能量方程 $\qquad\qquad h_1 + \frac{1}{2} v_1^2 = h_2 + \frac{1}{2} v_2^2 = h_0 \qquad (e)$

第一次成功地分析正激波关系式的人是兰金（Rankine）和许贡纽（Hugoniot），因此，称上述关系式为兰金—许贡纽关系式。

从式（c）～式（e）中，消去 v_1、v_2，得

$$h_2 - h_1 = \frac{1}{2}(p_2 - p_1)\left(\frac{1}{\rho_2} + \frac{1}{\rho_1}\right) \tag{f}$$

将理想气体关系式 $h = c_p T = \kappa RT/(\kappa-1) = \kappa p/\rho(\kappa-1)$ 代入式（f），得

$$\frac{\rho_2}{\rho_1} = \frac{\dfrac{\kappa+1}{\kappa-1}\dfrac{p_2}{p_1} + 1}{\dfrac{\kappa+1}{\kappa-1} + \dfrac{p_2}{p_1}} \tag{8-35}$$

或

$$\frac{p_2}{p_1} = \frac{\dfrac{\kappa+1}{\kappa-1}\dfrac{\rho_2}{\rho_1} - 1}{\dfrac{\kappa+1}{\kappa-1} - \dfrac{\rho_2}{\rho_1}} \tag{8-36}$$

根据完全气体状态方程式，可得

$$\frac{T_2}{T_1} = \frac{p_2}{p_1}\frac{\rho_1}{\rho_2} = \frac{\dfrac{\kappa+1}{\kappa-1}\dfrac{p_2}{p_1} + \left(\dfrac{p_2}{p_1}\right)^2}{\dfrac{\kappa+1}{\kappa-1}\dfrac{p_2}{p_1} + 1} \tag{8-37}$$

可见，经过激波，气流的密度突跃和温度突跃均与压强突跃有一一对应的关系，且经过

激波的密度突跃和温度突跃都只取决于压强突跃。

为了比较突跃压缩与等熵压缩的区别，将这两种压缩的变化曲线绘于图 8-8。从图中可看出，在同一压强比p_2/p_1下，突跃压缩的温度比大于等熵压缩的，而密度比则小于等熵压缩的。当$p_2/p_1 \to \infty$时，在图 8-8 中突跃压缩曲线具有一渐近线，即密度比有一极限值$(\kappa+1)/(\kappa-1)$。例如，$\kappa=1.4$的气体，无论波后的压强增加到多高，其密度的增加也不可能超过 6 倍。这是因为，气流通过激波时，部分动能将不可逆地转变为热能，气流受到剧烈地加热，致使温度增高，从而限制了由压强突跃引起的密度突跃。

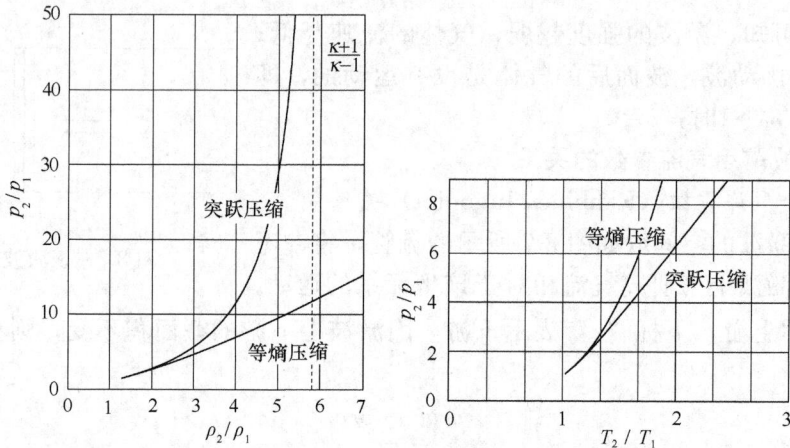

图 8-8　等熵压缩与突跃压缩的比较

（二）普朗特关系式

对于比热容为常数的完全气体，能量方程可以表示为

$$\frac{\kappa}{\kappa-1}\frac{p_1}{\rho_1}+\frac{v_1^2}{2}=\frac{\kappa}{\kappa-1}\frac{p_2}{\rho_2}+\frac{v_2^2}{2}=\frac{\kappa+1}{2(\kappa-1)}c_{\text{cr}}^2 \tag{g}$$

由基本方程式（c）、式（d）和式（g）可得到另一重要的公式。由式（c）和式（d）可得

$$v_1-v_2=\frac{p_2}{\rho_2 v_2}-\frac{p_1}{\rho_1 v_1} \tag{h}$$

由式（g）得

$$\frac{p}{\rho}=\frac{\kappa+1}{2\kappa}c_{\text{cr}}^2-\frac{\kappa-1}{2\kappa}v^2$$

将上式代入式（h），得

$$v_1-v_2=(v_1-v_2)\left(\frac{\kappa+1}{2\kappa}\frac{c_{\text{cr}}^2}{v_1 v_2}+\frac{\kappa-1}{2\kappa}\right)$$

该方程有两个答案，其一为$v_1=v_2$，这时没有激波产生；另一是$\frac{\kappa+1}{2\kappa}\frac{c_{\text{cr}}^2}{v_1 v_2}+\frac{\kappa-1}{2\kappa}=1$，即

$$v_1 v_2=c_{\text{cr}}^2 \tag{8-38}$$

或

$$M_{*1}M_{*2}=1 \tag{8-38a}$$

这就是著名的普朗特激波公式。超声速建立了正激波前后气流速度间的关系，正激波前气流的速度系数$M_{*1}>1$，则$M_{*2}<1$，即气流经过正激波后必定成为亚声速，并且激波前气流

速度系数 M_{*1} 越大，正激波越强，激波后气流的速度系数 M_{*2} 就越低。当 $M_{*1}=M_{*2}=1$ 时，激波就不存在了。

（三）马赫数关系式

对于完全气体，所有激波两侧的属性比都是等熵指数 κ 及上游马赫数 Ma_1 的单值函数。

由连续性方程（c）得，$v_2/v_1=\rho_1/\rho_2$，将式（8-38）除以 v_1^2，再根据式（8-27a）得出

$$\frac{v_2}{v_1}=\frac{1}{M_{*1}^2}=\frac{2+(\kappa-1)Ma_1^2}{(\kappa+1)Ma_1^2} \tag{8-39}$$

则

$$\frac{\rho_2}{\rho_1}=M_{*1}^2=\frac{(\kappa+1)Ma_1^2}{2+(\kappa-1)Ma_1^2} \tag{8-40}$$

由动量方程（d）和连续方程（c）可得

$$\frac{p_2}{p_1}=1+\frac{\rho_1 v_1^2-\rho_2 v_2^2}{p_1}=1+\frac{\rho_1}{p_1}v_1^2\left(1-\frac{v_2}{v_1}\right) \tag{8-41}$$

对于完全气体，$\rho_1 v_1^2/p_1=\kappa v_1^2/\kappa RT_1=\kappa Ma_1^2$，并将式（8-39）代入式（8-41），则式（8-41）可改写为

$$\frac{p_2}{p_1}=\frac{2\kappa Ma_1^2}{\kappa+1}-\frac{\kappa-1}{\kappa+1} \tag{8-42}$$

根据完全气体状态方程式，便可求得温度比

$$\frac{T_2}{T_1}=\frac{p_2}{p_1}\frac{\rho_1}{\rho_2}=\frac{2+(\kappa-1)Ma_1^2}{(\kappa+1)Ma_1^2}\left(\frac{2\kappa Ma_1^2}{\kappa+1}-\frac{\kappa-1}{\kappa+1}\right) \tag{8-43}$$

要求出激波前后的马赫数关系，根据气流通过激波时的总温保持不变，认为气流在极短的距离内用极短的时间迅速完成参数的突跃，是一绝热过程。因此

$$\frac{T_2}{T_1}=\frac{T_2/T_0}{T_1/T_0}=\frac{1+\dfrac{\kappa-1}{2}Ma_1^2}{1+\dfrac{\kappa-1}{2}Ma_2^2}$$

将式（8-43）代入上式并化简，可得

$$Ma_2^2=\frac{2+(\kappa-1)Ma_1^2}{2\kappa Ma_1^2-(\kappa-1)} \tag{8-44}$$

根据滞止参数定义 $p_{01}=p_1\left(\dfrac{\rho_{01}}{\rho_1}\right)^{\kappa}$ 和 $p_{02}=p_2\left(\dfrac{\rho_{02}}{\rho_2}\right)^{\kappa}$，得

$$\frac{\rho_{02}}{\rho_{01}}=\left(\frac{p_{02}}{p_{01}}\right)^{\frac{1}{\kappa}}\left(\frac{p_2}{p_1}\right)^{\frac{1}{\kappa}}\frac{\rho_2}{\rho_1}$$

又因为总温相等，$\dfrac{p_{02}}{p_{01}}=\dfrac{\rho_{02}}{\rho_{01}}$，那么

$$\frac{p_{02}}{p_{01}}=\left(\frac{\rho_2}{\rho_1}\right)^{\frac{\kappa}{\kappa-1}}\left(\frac{p_1}{p_2}\right)^{\frac{1}{\kappa-1}}$$

将式（8-40）和式（8-42）代入上式，得到激波前后的总压关系

$$\frac{p_{02}}{p_{01}}=\left[\frac{(\kappa+1)Ma_1^2}{2+(\kappa-1)Ma_1^2}\right]^{\frac{\kappa}{\kappa-1}}\left(\frac{2\kappa Ma_1^2}{\kappa+1}-\frac{\kappa-1}{\kappa+1}\right)^{-\frac{1}{\kappa-1}} \tag{8-45}$$

随着激波前马赫数的增大，激波后总压与激波前总压之比下降，即激波强度越大，通过激波的总压损失越多。当 $Ma_1=1$ 时，激波变为弱扰动波，此时 $p_{01}=p_{02}$。

【例 8-2】 空气流中正激波前的 $v_1 = 600\text{m/s}$，$T_{01} = 500\text{K}$，$p_{01} = 700\text{kPa}$。试计算激波后 Ma_2、v_2、T_2、p_2、ρ_2、p_{02}。

解 激波前的静温、声速和马赫数为

$$T_1 = T_{01} - \frac{v_1^2}{2c_p} = 500 - \frac{600^2}{2 \times 1005} = 320.9\,(\text{K})$$

$$c_1 = \sqrt{\kappa R T_1} = \sqrt{1.4 \times 287 \times 320.9} = 359.1\,(\text{m/s})$$

$$Ma_1 = \frac{v_1}{c_1} = \frac{600}{359.1} = 1.671$$

(1) $$Ma_2 = \sqrt{\frac{2 + (\kappa - 1)Ma_1^2}{2\kappa Ma_1^2 - (\kappa - 1)}} = \sqrt{\frac{2 + 0.4 \times 1.671^2}{2 \times 1.4 \times 1.671^2 - 0.4}} = 0.648$$

(2) $$\frac{v_2}{v_1} = \frac{1}{M_{*1}^2} = \frac{2 + (\kappa - 1)Ma_1^2}{(\kappa + 1)Ma_1^2} = \frac{2 + 0.4 \times 1.671^2}{2.4 \times 1.671^2}$$

$$= 0.465$$

$$v_2 = 0.465 v_1 = 0.465 \times 600 = 279\,(\text{m/s})$$

(3) $$\frac{T_2}{T_1} = \frac{2 + (\kappa - 1)Ma_1^2}{(\kappa + 1)Ma_1^2}\left(\frac{2\kappa Ma_1^2}{\kappa + 1} - \frac{\kappa - 1}{\kappa + 1}\right)$$

$$= \frac{2 + 0.4 \times 1.671^2}{2.4 \times 1.671^2}\left(\frac{2.8 \times 1.671^2}{1.4 + 1} - \frac{1.4 - 1}{1.4 + 1}\right)$$

$$= 1.438$$

$$T_2 = 1.438 T_1 = 1.438 \times 320.9 = 461.5\,(\text{K})$$

(4) $$\frac{p_2}{p_1} = \frac{2\kappa Ma_1^2}{\kappa + 1} - \frac{\kappa - 1}{\kappa + 1} = \frac{2.8 \times 1.671^2 - 0.4}{2.4} = 3.091$$

$$\frac{p_{01}}{p_1} = \left(1 + \frac{\kappa - 1}{2}Ma_1^2\right)^{\frac{\kappa}{\kappa - 1}} = (1 + 0.2 \times 1.671^2)^{3.5} = 4.725$$

$$p_1 = \frac{p_{01}}{4.725} = \frac{700}{4.725} = 148.15\,(\text{kPa})$$

$$p_2 = 3.091 p_1 = 3.091 \times 148.15 = 458\,(\text{kPa})$$

(5) $$\rho_1 = \frac{p_1}{RT_1} = \frac{148.15 \times 10^3}{287 \times 320.9} = 1.6\,(\text{kg/m}^3)$$

或 $$\frac{\rho_0}{\rho_1} = \left(1 + \frac{\kappa - 1}{2}Ma_1^2\right)^{\frac{1}{\kappa - 1}}$$

$$\rho_1 = \rho_0\left(1 + \frac{\kappa - 1}{2}Ma_1^2\right)^{-\frac{1}{\kappa - 1}}$$

$$= \frac{p_{01}}{RT_{01}}\left(1 + \frac{\kappa - 1}{2}Ma_1^2\right)^{-\frac{1}{\kappa - 1}}$$

$$= \frac{700 \times 10^3}{287 \times 500}(1 + 0.2 \times 1.671^2)^{-2.5} = 1.6\,(\text{kg/m}^3)$$

$$\frac{\rho_2}{\rho_1} = \frac{(\kappa + 1)Ma_1^2}{2 + (\kappa - 1)Ma_1^2} = \frac{2.4 \times 1.671^2}{2 + 0.4 \times 1.671^2} = 2.15$$

$$\rho_2 = 2.15 \rho_1 = 2.15 \times 1.6 = 3.44\,(\text{kg/m}^3)$$

(6) $\dfrac{p_{02}}{p_{01}} = \left[\dfrac{(\kappa+1)Ma_1^2}{2+(\kappa-1)Ma_1^2}\right]^{\frac{\kappa}{\kappa-1}}\left(\dfrac{2kMa_1^2}{\kappa+1}-\dfrac{\kappa-1}{\kappa+1}\right)^{-\frac{1}{\kappa-1}}$

$\qquad = \left(\dfrac{2.4\times1.671^2}{2+0.4\times1.671^2}\right)^{3.5}\left(\dfrac{2.8\times1.671^2-0.4}{2.4}\right)^{-2.5}$

$\qquad = 0.8675$

$\qquad p_{02} = 0.8675p_{01} = 607.3(\text{kPa})$

或　　$\dfrac{p_{02}}{p_2} = \left(1+\dfrac{\kappa-1}{2}Ma_2^2\right)^{\frac{\kappa}{\kappa-1}} = (1+0.2\times0.648^2)^{3.5} = 1.326$

$\qquad p_{02} = 1.326p_2 = 1.326\times458 = 607.3(\text{kPa})$

第四节　微弱扰动在气体中的传播

本节将讨论弱扰动源在气流中的传播规律，如飞机发动时发出的声音在静止的空气中静止不动或作直线等速运动时，弱扰动波在空间的传播。下面分四种情况进行叙述：

(1) 有一静止的弱扰动源位于点 o，如图 8-9（a）所示，它在气体中所造成的弱扰动是以球面波的形式向周围传播的，即受扰动的气体与未受扰动的气体的分界面是一个球面。

(2) 扰动源以小于声速的速度 v 在静止气体中做直线运动，此时，扰动源发出的弱扰动波仍然是一系列球面。假如扰动源从点 o 自右向左做直线等速运动，经过 1s，扰动源的中心移至点 o_1，点 o 与点 o_1 间的距离为 v。经过 2s，扰动源的中心移至点 o_2，点 o 与点 o_2 间的距离为 $2v$，依次类推，如图 8-9（b）所示。因为 $v<c$，球面扰动波始终在扰动源的前面，即在扰动源到达之前气体就被扰动了。此时，扰动波在各方向上传播速度不同，顺流方向为 $v+c$，逆流方向为 $v-c$，其他方向上则介于二者之间。在亚声速气流中，弱扰动波可以传遍整个流场，这是弱扰动在亚声速气流中传播的主要特点。

(3) 扰动源速度 v 恰好等于声速 c 在静止气体中运动，则弱扰动波的传播情况如图 8-9（c）所示。这时扰动波和扰动源同时到达某一位置，无数的球面扰动波相切，在该切点处出现了一个分界面。这就是说，分界面上游的流场不受扰动的影响，只有分界面下游的流场才受扰动的影响。

(4) 扰动源以超声速在静止气体中运动，扰动源总是在扰动波的前面，如图 8-9（d）所示。受扰动和未受扰动的气体的分界面是一个以扰动源为顶点的圆锥面，扰动永远不能传到圆锥之外。这个圆锥称为马赫锥，受扰动和未受扰动气体的分界面是一个圆锥面，称为弱扰动波面。圆锥的母线与来流速度方向之间的夹角为马赫角，用符号 α 表示。马赫角的大小，反映了受扰动区域的大小，并随着马赫数 $Ma=\dfrac{v}{c}$ 的增大而逐渐减小，它们之间的关系为

$$\sin\alpha = \dfrac{c}{v} = \dfrac{1}{Ma} \tag{8-46}$$

当 $Ma=1$ 时，$\alpha=90°$，即图 8-9（c）所示的情况。因为 $\sin\alpha\leqslant1$，故当 $Ma<1$ 时，式 (8-46) 没有意义。

由上述分析可知，马赫锥外面的气体不受扰动的影响，称为寂静区域，而弱扰动波的影

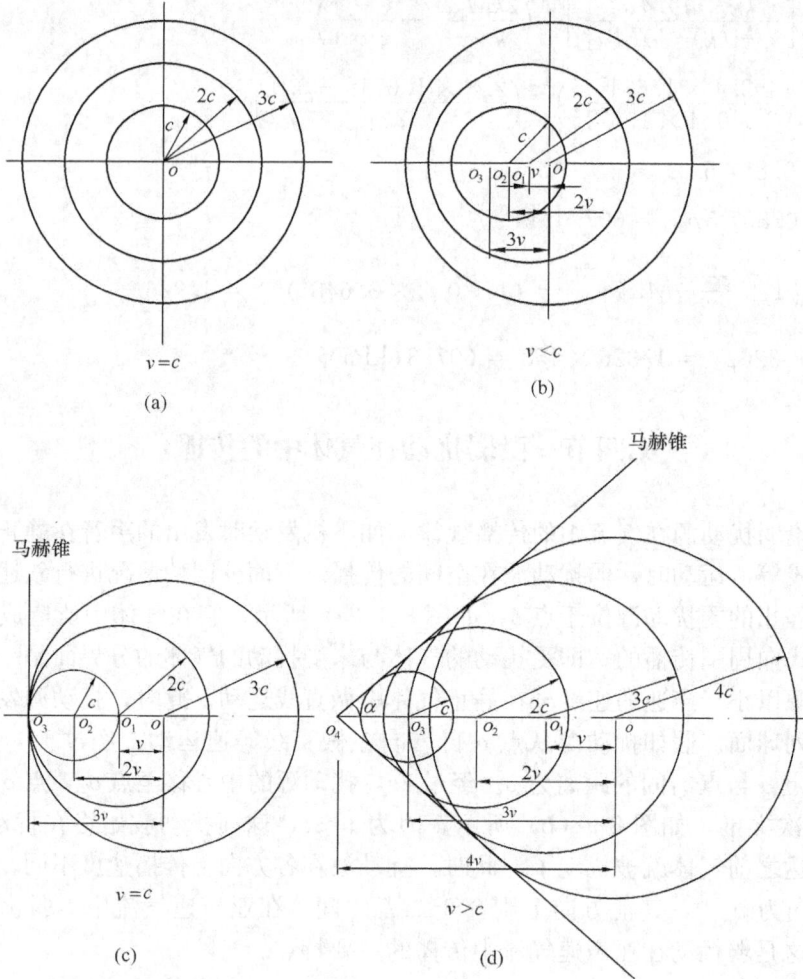

图 8-9　微弱扰动在气体中的传播

响仅在马赫锥内部，即弱扰动波不能向马赫锥以外传播。例如当超声速飞机飞行时，马赫锥以飞机为顶点并随着飞机前进，锥前面的空气是不受影响的。所以，即使看见了超声速飞机向前飞行，但听不见声音，只有当飞机飞过一定时间后才能听见其声音。超声速弱扰动在气流中不能传遍整个流场，这是超声速弱扰动与亚声速弱扰动的一个重要差别。

第五节　膨　胀　波

假设超声速气流沿外凸壁 AOB 流动，壁面在点 O 向外折转一个微小的角度 $d\theta$，如图 8-10 所示。点 O 即为扰动源，于是气流在点 O 产生一个微弱扰动，马赫线与气流方向所成的马赫角 $\alpha = \arcsin\dfrac{1}{Ma}$。由于波后气流向外折转 $d\theta$ 角，平行于壁面 OB，使气流通流面积有微小的增大，超声速气流将加速，而静压强、密度和温度都将有微弱的下降。可见，气流经过马赫波的变化过程是个膨胀过程，所以称之为膨胀波。

如果超声速气流沿多次外折转的壁面 $AO_1\cdots O_nB$ 流动（见图 8-11），在壁面的每一折转处都要产生一道膨胀波 O_1L_1、$O_2L_2\cdots$ 和 O_nL_n，各膨胀波与该波前气流方向之间的夹角分别以 α_1、α_2、$\cdots$、α_n 表示。由于经过膨胀波气流加速降温，马赫数都有所增加，即

$$Ma_1 < Ma_2 < \cdots < Ma_n$$

则
$$\alpha_1 > \alpha_2 > \cdots > \alpha_n$$

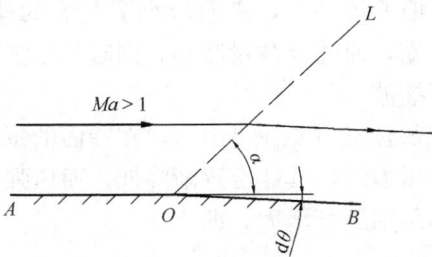

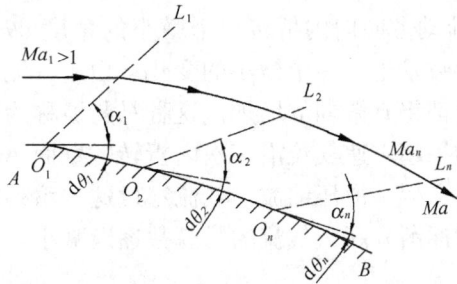

图 8-10　膨胀波　　　　　　　　图 8-11　多个微元外折转壁面上的膨胀波

由图 8-11 可看出，每经过一道膨胀波，气流便向外折转一个角度，且 α 角又逐渐减小，因此，这些膨胀波既不互相平行，也不会彼此相交，而是发散的。

至于超声速气流沿凸曲壁面的流动，可以认为是沿着无数次折转的壁面的流动，这样便形成无数道向外散发的膨胀波。经无数道膨胀波，流动参数将经过连续的变化而达到的一定量的变化，气流也将折转一个有限的角度。假如把图 8-11 中的曲壁段 O_1O_2 逐渐缩短，在极限情况下，O_1 与 O_2 重合，曲壁就变成一个具有一定的折转角的折转壁 AOB，发自曲壁面的那无数道膨胀波也集中于壁面折转处，组成一扇形膨胀波区，如图 8-12 所示。超声速气流穿过膨胀波时，流动方向就逐渐折转，最后沿 OB 壁面流动，这样的平面流动常被称为绕凸钝角的超声速流动或普朗特—迈耶（Prantle-Mayer）流动。

超声速气流产生膨胀波束不只限于沿外凸壁的流动情况，在其他一些情况下，也会产生膨胀波。例如，如图 8-13 所示，从平面超声速喷管射出的超声速气流，若出口截面上气流的压强 p_1 高于外界压强 p_a，气流离开出口必继续膨胀。喷管出口的上下边缘 A、B 相当于两个扰动源，产生两个扇形膨胀波，气流穿过膨胀波后，压强降低至外界压强，气流方向向外折转一个 δ 角度。

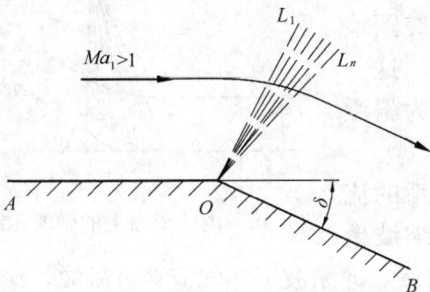

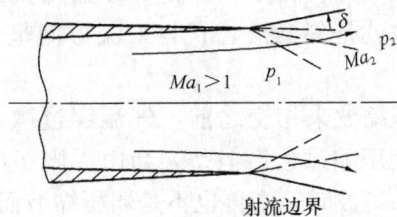

图 8-12　扇形膨胀波　　　　　　图 8-13　超声速喷管出口膨胀波

第六节 斜 激 波

一、斜激波的形成

假设超声速的直匀流沿内凹壁面 AOB 流动，壁面在 O 点向内折转一个微小的角度 $d\theta$，如图 8-14 所示。O 点即为扰动源，超声速气流经过 O 点将产生一道马赫波 OL，气流穿过波 OL，流动方向向内折转一个微小的角度 $d\theta$，与壁面 OB 平行，进而减小了气流的截面积，气流参数发生了一个微小的变化。由于气流受到压缩，流速有微量减小，同时静压强、密度和温度都将有微弱的增加。这种马赫波称为微弱压缩波。

如果超声速气流沿多次内折转的壁面 $AO_1\cdots O_nB$ 流动（见图 8-15），在壁面的每一折转处都要产生一道压缩波。气流穿过这一系列的微弱压缩波，其速度逐渐降低，而压强、密度和温度逐渐升高，气流的马赫数逐渐减小，而马赫角则逐渐增大，即

$$Ma_1 > Ma_2 > \cdots > Ma_n$$

$$\alpha_1 < \alpha_2 < \cdots < \alpha_n$$

由于气流接连内折转了一个角度，所以微弱压缩波系将会相交。

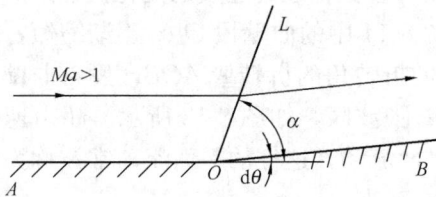

图 8-14　微弱压缩波　　　　图 8-15　多个微元内折转壁面上的微弱压缩波

假如把图 8-15 中的曲壁段 O_1O_2 逐渐缩短，在极限情况下，O_1 与 O_2 重合，曲壁就变成一个具有一定的内折转角 δ 的折转壁 AOB。如图 8-16 所示，在 O 点将形成一道由无限多微弱压缩波叠加而成的强压缩波。气流经过这道波后，流动参数要发生突跃的变化，即速度要突跃地减小，而压强、温度、密度等参数则突跃地增加。这一强压缩波就是斜激波，它与来流方向呈 β 角，称为斜激波角。

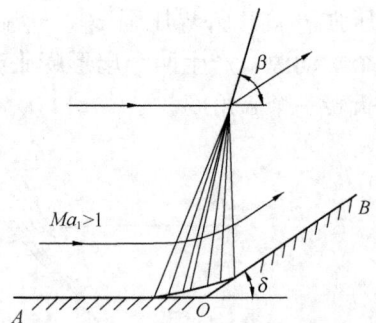

图 8-16　内凹壁面上的微弱压缩波系

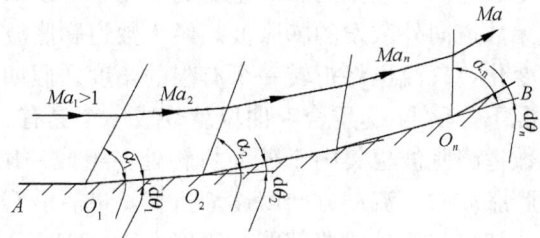

在压缩波未相交之前，气流穿过微弱压缩波系的流动为等熵压缩过程，但是，当由无限多的微弱压缩波聚集而成一道波时，则再也不是弱压缩波而是强压缩波，即激波了。气流穿过激波，熵永远是增大的。

当超声速气流绕过凹壁面流动时，曲壁上的每一点都相当于一个折转点，每一点都将发出一道微弱压缩波，所有的压缩波组成一个连续的等熵压缩波区。气流每经过一道微弱压缩

波都折转了一个微小角度，参数值也发生了一个微小的变化。经过整个压缩波区，气流的折转角和参数值都将发生有限量的变化。

当超声速飞机以较高的马赫数飞行时，有时将其扩压进气道的内壁设计为内凹曲壁的形式。这样，气流的减速增压便接近于等熵压缩过程，其总压损失最小。压气机中超声速级的叶栅剖面，也往往有一段设计为内折曲壁的形式，以减小损失，提高压气机的效率。

从以上分析可见，斜激波形成的原因是超声速气流受到凹钝角或凹曲壁面的压缩，气流经过斜激波将向内折转 δ 角，流动参数也都发生突跃的变化。

二、斜激波前后参数的关系

图 8-17 所示为超声速气流流过楔形物体时产生的斜激波，δ 是楔形物体的半顶角，β 是斜激波角。为了导出斜激波前后气流参数的关系，沿激波取图中虚线所示控制面，将激波前后气流速度分解为平行于波面的分量 $v_{1\tau}$、$v_{2\tau}$ 和垂直于波面的分量 v_{1n}、v_{2n}。

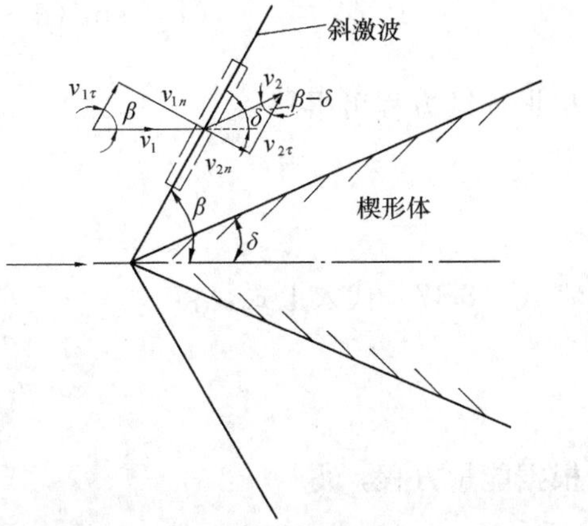

对所取控制体可写出下列基本方程：

连续方程

$$\rho_1 v_{1n} = \rho_2 v_{2n} \qquad\qquad (a)$$

动量方程

平行于波面方向

$$(\rho_1 v_{1n})v_{1\tau} = (\rho_2 v_{2n})v_{2\tau}\ \text{即}\ v_{1\tau} = v_{2\tau} \qquad\qquad (b)$$

图 8-17　斜激波

垂直于波面方向

$$p_1 - p_2 = \rho_1 v_{1n}(v_{2n} - v_{1n}) \qquad\qquad (c)$$

能量方程

$$h_1 + \frac{1}{2}v_1^2 = h_2 + \frac{1}{2}v_2^2 \qquad\qquad (d)$$

这说明气流经过斜激波，切向速度分量不变，而法向速度分量减小，气流向着波面折转。由式（c）可以看出，用法向速度表示的垂直于波面的动量方程与正激波的相同。因此，就速度场而论，完全可以把斜激波看成法向速度的正激波与切向速度的叠加。这样，便可借用正激波的公式来求解斜激波前后气流参数的关系。以法向速度的马赫数

$$Ma_{1n} = \frac{v_{1n}}{c_1} = \frac{v_1 \sin\beta}{c_1} = Ma_1 \sin\beta$$

代替式（8-40）、式（8-42）、式（8-43）和式（8-45）中的 Ma_1，便可得到斜激波前后气流参数比：

$$\frac{\rho_2}{\rho_1} = \frac{(\kappa+1)Ma_1^2 \sin^2\beta}{2 + (\kappa-1)Ma_1^2 \sin^2\beta} \qquad\qquad (8\text{-}47)$$

$$\frac{p_2}{p_1} = \frac{2\kappa Ma_1^2 \sin^2\beta}{\kappa+1} - \frac{\kappa-1}{\kappa+1} = \frac{2\kappa}{\kappa+1}\left(\frac{v_{1n}^2}{c_1^2} - \frac{\kappa-1}{2\kappa}\right) \qquad\qquad (8\text{-}48)$$

$$\frac{T_2}{T_1} = \frac{p_2}{p_1}\frac{\rho_1}{\rho_2} = \frac{2 + (\kappa-1)Ma_1^2 \sin^2\beta}{(\kappa+1)Ma_1^2 \sin^2\beta}\left(\frac{2\kappa Ma_1^2 \sin^2\beta}{\kappa+1} - \frac{\kappa-1}{\kappa+1}\right) \qquad\qquad (8\text{-}49)$$

$$\frac{p_{02}}{p_{01}} = \left[\frac{(\kappa+1)Ma_1^2\sin^2\beta}{2+(\kappa-1)Ma_1^2\sin^2\beta}\right]^{\frac{\kappa}{\kappa-1}}\left(\frac{2\kappa Ma_1^2\sin^2\beta}{\kappa+1} - \frac{\kappa-1}{\kappa+1}\right)^{-\frac{1}{\kappa-1}} \tag{8-50}$$

斜激波后的马赫数可以用

$$\frac{v_{2n}}{c_2} = \frac{v_2\sin(\beta-\delta)}{c_2} = Ma_2\sin(\beta-\delta)$$

代替式（8-44）中的 Ma_2 而得出

$$Ma_2^2\sin^2(\beta-\delta) = \frac{2+(\kappa-1)Ma_1^2\sin^2\beta}{2\kappa Ma_1^2\sin^2\beta - (\kappa-1)} \tag{8-51}$$

根据连续方程可得

$$v_{1n}v_{2n} = \frac{\rho_1}{\rho_2}v_{1n}^2$$

将式（8-47）代入上式，得

$$v_{1n}v_{2n} = \frac{(\kappa-1)v_{1n}^2 + 2c_1^2}{\kappa+1} \tag{e}$$

根据能量方程，得

$$\frac{v_{1n}^2 + v_{1\tau}^2}{2} + \frac{c_1^2}{\kappa-1} = \frac{\kappa+1}{\kappa-1}\frac{c_{cr}^2}{2}$$

或 $$(\kappa-1)v_{1n}^2 + 2c_1^2 = (\kappa-1)\left(\frac{\kappa+1}{\kappa-1}c_{cr}^2 - v_{1\tau}^2\right)$$

代入式（e），得

$$v_{1n}v_{2n} = c_{cr}^2 - \frac{\kappa-1}{\kappa+1}v_{1\tau}^2 \tag{8-52}$$

由于 $p_2/p_1 > 1$，由式（8-48）可得

$$\frac{v_{1n}^2}{c_1^2} - \frac{\kappa-1}{2\kappa} > \frac{\kappa+1}{2\kappa}$$

即 $$v_{1n} > c_1$$

这说明，斜激波前气流的法向分速必定是超声速。再由式（8-52）可知，斜激波后气流的法向分速必是亚声速。至于斜激波后气流的速度，则可能大于声速，也可能小于声速，视其切向分速 v_τ 的大小而定。

三、经过斜激波气流的折转角

经过斜激波，气流的方向必定有折转，由图 8-17 可知

$$\tan(\beta-\delta) = \frac{v_{2n}}{v_{2\tau}}$$

$$\tan\beta = \frac{v_{1n}}{v_{1\tau}}$$

考虑到 $v_{1\tau}=v_{2\tau}$，可得

$$\frac{v_{2n}}{v_{1n}}=\frac{\tan(\beta-\delta)}{\tan\beta}$$

根据式（a）并将式（8-47）代入上式，可得

$$\frac{\tan(\beta-\delta)}{\tan\beta}=\frac{\rho_1}{\rho_2}=\frac{2+(\kappa-1)Ma_1^2\sin^2\beta}{(\kappa+1)Ma_1^2\sin^2\beta}$$

由三角学公式知

$$\tan(\beta-\delta)=\frac{\tan\beta-\tan\delta}{1+\tan\beta\tan\delta}$$

则

$$\tan\delta=\frac{(Ma_1^2\sin^2\beta-1)\cot\beta}{Ma_1^2\left(\frac{\kappa+1}{2}-\sin^2\beta\right)+1} \tag{8-53}$$

式（8-53）表明，气流折转角 δ 与来流马赫数 Ma_1 和激波角 β 有关。为了将这一关系清楚地表示出来，将式（8-53）绘成曲线图，图 8-18 给出了当 $\kappa=1.4$ 时，激波角 β 与波前马赫数 Ma_1、气流折转角 δ 的关系。由图 8-18 可得出关于斜激波的一些特征：

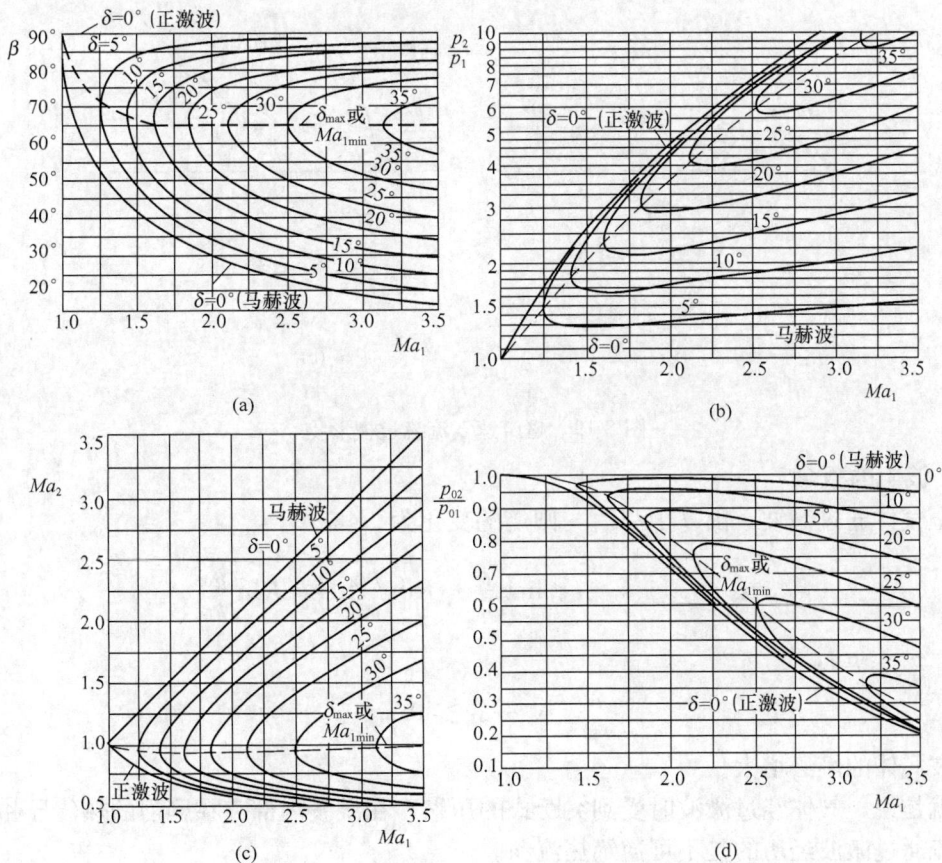

图 8-18 在不同 Ma_1 下 β 与 δ 的关系曲线

(1) 有两种情况，气流的折转角 δ 等于零：当 $Ma_1^2\sin^2\beta-1=0$，即 $\sin\beta=1/Ma_1=\sin\alpha$ 时，激波角等于马赫角，这时激波强度变得无限小，激波退化为马赫波。当 $\cot\beta=0$，即 $\beta=90°$ 时，这就是正激波的情况。可见，马赫波和正激波都是斜激波的特例。

(2) 对于一定的来流马赫数 Ma_1，气流折转角 δ 有一个最大值 δ_{max}，称为该 Ma_1 值下的最大折转角。Ma_1 增大，δ_{max} 增大。连接各 Ma_1 值下的 δ_{max}，或者说，连接各 δ 值下的 Ma_{1min}，得到图中虚线，该虚线将曲线分为上下两支，下半支对应于弱激波，上半支对应于强激波。实际情况是哪种激波出现，要视具体条件而定。当物体在大气中以超声速运动时，在物体前后方流场边界的压强相差极小，经验证明，在这种情况下，如果产生斜激波则一定是弱激波。当超声速气流由低压区流向高压区时，气流会产生激波以提高气流的压强，这时激波有可能是强激波，也有可能是弱激波，视激波前后压强比的大小决定。

(3) 超声速气流流过楔形物体并产生附体的斜激波时，气流经过斜激波的折转角就是半楔物体的半顶角，如图 8-19（a）所示。这个角度必小于该来流马赫数下的最大折转角。若楔形物体的半顶角超过了 δ_{max} 值，这时激波就离开了楔形物体而在它前面形成一曲线形的曲线激波，如图 8-19（b）所示。曲线激波沿波面激波角逐渐变化，正对楔形物体前缘的部分接近于正激波，而沿波面两侧激波角逐渐减小，激波强度减弱，在离物体较远处，激波退化为马赫波。曲线激波后的流场不是单纯的超声速流场，在物体前缘附近有一个亚声速区域，其他区域则是超声速的。

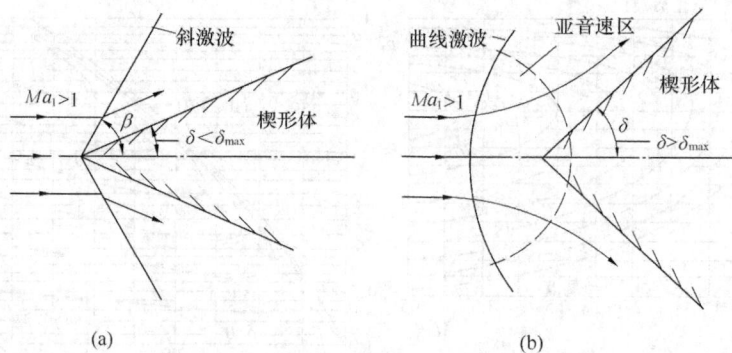

图 8-19　超声速气流流过楔形物

四、波阻的概念

完全气体通过激波，因 $T_{01}=T_{02}$，则熵的变化为

$$\Delta s=s_2-s_1=c_p\ln\frac{T_{02}}{T_{01}}-R\ln\frac{p_{02}}{p_{01}}=-R\ln\frac{p_{02}}{p_{01}} \tag{8-54}$$

又因为，$p_{01}>p_{02}$，故

$$s_2-s_1>0$$

经过激波气体的熵必增大。

这就是说，气体经过激波时受到突跃式的压缩，在激波内部存在剧烈的热传导和黏性作用，气流通过激波经历的是不可逆绝热流动。

将式（8-50）代入式（8-54），并引用 $R=(\kappa-1)c_V$，得

$$\frac{\Delta s}{c_V} = \ln\left\{\left[\frac{2+(\kappa-1)Ma_1^2\sin^2\beta}{(\kappa+1)Ma_1^2\sin^2\beta}\right]^{\kappa}\left(\frac{2\kappa Ma_1^2\sin^2\beta}{\kappa+1}-\frac{\kappa-1}{\kappa+1}\right)\right\} \tag{8-55}$$

由式（8-55）可知，当 $\sin\beta=1/Ma_1=\sin\alpha$，即斜激波退化为马赫波时，$\Delta sc_V\ln 1=0$，为等熵过程。随着 β 角的增大，Δs 也增大，当 $\beta=90°$，即正激波时，Δs 达到最大值

$$\Delta s = c_V\ln\left\{\left[\frac{2+(\kappa-1)Ma_1^2}{(\kappa+1)Ma_1^2}\right]^{\kappa}\left(\frac{2\kappa Ma_1^2}{\kappa+1}-\frac{\kappa-1}{\kappa+1}\right)\right\} \tag{8-56}$$

在热力学中已知，绝热过程中只要有熵增加，必然存在机械能的损失。这是因为：当超声速气流绕过物体流动时，产生激波，熵增加，速度降低，动量减小，因而必有作用在气流上与来流方向相反的力，即阻滞气流的阻力；另一方面，对于激起激波的物体，也必然受到与上述作用力大小相等而与来流方向相同的反作用力，即流体作用在物体上的阻力。这种阻力与摩擦力无关且由激波产生，所以称为波阻。波阻的大小取决于激波的强度，激波越强，则波阻越大。

【例 8-3】　马赫数为 $Ma_1=3.0$ 的空气流过顶角为 $30°$ 的楔形体（激波角 $\beta=32.2°$），气体静压为 $p_1=1.0\times10^4Pa$，静温为 $T_1=216.5K$。求激波后的静压 p_2、静温 T_2、密度 ρ_2、速度 v_2、总压 p_{02} 和马赫数 Ma_2。

解　由式（8-48），有

$$\frac{p_2}{p_1}=\frac{2\kappa Ma_1^2\sin^2\beta}{\kappa+1}-\frac{\kappa-1}{\kappa+1}=\frac{2.8}{2.4}\times3^2\times\sin^2(32.2°)-\frac{0.4}{2.4}=2.815$$

$$p_2=2.815p_1=2.815\times10^4(\text{Pa})$$

由连续方程

$$\frac{\rho_2}{\rho_1}=\frac{v_{1n}}{v_{2n}}=\frac{\tan\beta}{\tan(\beta-\delta)}=\frac{\tan32.2°}{\tan(32.2°-15°)}=2.034$$

由状态方程

$$\rho_1=\frac{p_1}{RT_1}=\frac{10^4}{287\times216.5}=0.161(\text{kg/m}^3)$$

$$\rho_2=2.034\rho_1=2.034\times0.161=0.327(\text{kg/m}^3)$$

$$T_2=\frac{p_2}{R\rho_2}=\frac{2.815\times10^4}{287\times0.327}=300(\text{K})$$

由式（8-51），有

$$Ma_2^2\sin^2(\beta-\delta)=\frac{2+(\kappa-1)Ma_1^2\sin^2\beta}{2\kappa Ma_1^2\sin^2\beta-(\kappa-1)}=\frac{2+0.4\times3^2\times\sin^2(32.2°)}{2.8\times3^2\times\sin^2(32.2°)-0.4}=0.447$$

$$Ma_2=\sqrt{\frac{0.447}{\sin^2(32.2°-15°)}}=2.26$$

$$v_2=Ma_2c_2=Ma_2\sqrt{\kappa RT_2}=2.26\sqrt{1.4\times287\times300}=784.6(\text{m/s})$$

由式（8-17），有

$$\frac{p_{02}}{p_2} = \left(1 + \frac{\kappa-1}{2} Ma_2^2\right)^{\frac{\kappa}{\kappa-1}} = (1 + 0.2 \times 2.26^2)^{3.5} = 11.75$$

$$p_{02} = 11.75 p_2 = 3.3 \times 10^5 \ (\text{Pa})$$

第七节　变 截 面 管 流

一、气流速度与通道截面的关系

首先讨论管道截面积变化对气体流动的影响。假设在流动中气体与外界没有热、功的交换，没有流量的加入或流出，也不计气体与管壁的摩擦作用，所讨论的气体是定比热容的完全气体，流动是一维定常的。

由式（8-12），再利用 $c^2 = \dfrac{dp}{d\rho}$，则

$$v\mathrm{d}v = -\frac{\mathrm{d}p}{\rho} = -\frac{\mathrm{d}p}{\mathrm{d}\rho}\frac{\mathrm{d}\rho}{\rho} = -c^2 \frac{\mathrm{d}\rho}{\rho}$$

两边同除以 v^2，得

$$\frac{\mathrm{d}v}{v} = -\frac{\mathrm{d}p}{v^2 \rho} \tag{8-57}$$

$$\frac{\mathrm{d}v}{v} = -\frac{c^2}{v^2}\frac{\mathrm{d}\rho}{\rho} \tag{8-58}$$

考虑 $Ma = \dfrac{v}{c}$，式（8-58）则可写成

$$\frac{\mathrm{d}\rho}{\rho} = -Ma^2 \frac{\mathrm{d}v}{v} \tag{8-59}$$

代入连续性方程的微分形式 $\dfrac{d\rho}{\rho} + \dfrac{dA}{A} + \dfrac{dv}{v} = 0$ 中，可得

$$-Ma^2 \frac{\mathrm{d}v}{v} + \frac{\mathrm{d}A}{A} + \frac{\mathrm{d}v}{v} = 0$$

$$\frac{\mathrm{d}A}{A} = (Ma^2 - 1)\frac{\mathrm{d}v}{v} \tag{8-60}$$

由于 $v = Ma \cdot c = Ma \sqrt{\kappa \dfrac{p}{\rho}}$，代入式（8-12），得

$$\frac{\mathrm{d}v}{v} = -\frac{1}{\kappa Ma^2}\frac{\mathrm{d}p}{p}$$

代入式（8-60），得

$$\frac{\mathrm{d}A}{A} = \frac{1 - Ma^2}{\kappa Ma^2}\frac{\mathrm{d}p}{p} \tag{8-61}$$

式（8-60）和式（8-61）分别为流速变化率和压强变化率与气流的截面变化的关系式，可根据 Ma 的大小分三种情况来讨论：

（1）对于亚声速流（Ma<1），$Ma^2 - 1 < 0$，由式（8-60）可知，dv 与 dA 异号，由式

(8-61) 可知，dp 与 dA 同号。在收缩形管道内（$dA<0$），亚声速气流速度增大（$dv>0$），压强减小（$dp<0$）；在扩张形管道内（$dA>0$），亚声速气流速度减小（$dv<0$），压强增大（$dp>0$）。因此，亚声速气流在变截面管道中流动时，气流速度与管道截面积之间的关系仍保持不可压缩流体的流动规律。

（2）对于超声速流（$Ma>1$），$Ma^2-1>0$，dv 与 dA 同号，dp 与 dA 异号。因此，超声速气流在变截面管道中流动时，气流速度与截面积之间的关系与亚声速流的情况相反。在收缩形管道内（$dA<0$），超声速气流速度减小（$dv<0$），压强是增大（$dp>0$）；在扩张形管道内（$dA>0$），超声速气流速度增大（$dv>0$），压强减小（$dp<0$）。因为可压缩流体的超声速流动中，流体的 ρ 的降低量大于 v 的增加量，所以管道的截面积必须增加以维持质量 $m=\rho vA=$ 常数。

（3）对于声速流（$Ma=1$），$dA=0$。从以上两种情况知道，当气流降压加速时，亚声速气流截面是减小的，而超声速气流截面则是增大的。由此可知，当加速气流由亚声速连续地变为超声速时，气流截面先收缩再扩大，在最小截面（$dA=0$）处速度达到声速，即 $v=c$，这最小截面为临界截面，也称为喉部。也就是说，气流速度只能在管道的最小截面处达到当地声速。一般，将使气流加速的管道称为喷管，使气流减速的管道称为扩压器。

通过上面讨论可知，亚声速气流在收缩通道内膨胀加速，不可能得到超声速流动。要得到超声速流动，流动初始必须是收缩气流，到气流的最小截面上得到的速度等于当地声速，然后再扩大其截面，以致获得超声速流动。这种渐缩渐扩的喷管是 19 世纪末瑞典工程师拉伐尔（$Laval$）发明的，称为缩放喷管或拉伐尔喷管。若欲使气体在喷管扩大段得到超声速流动，则需要一个相当高的压强梯度，以便在收缩段流动加速，而在喉部达到声速。否则，气流速度仍为亚声速，截面积扩大，而可压缩流体会被减速，压强逐渐升高，不会加速成超声速，就变成了文丘里管。

如果要使得超声速气流等熵地减速为亚声速气流，那么按照前面的论述，应该采用先收缩后扩大的管道。超声速气流首先在收缩段减速，到达最小截面时变为声速，然后在扩大段继续减速，成为亚声速气流。

二、喷管

（一）收缩喷管

假设气体从很大的容器中经过收缩喷管流出来，容器中的气体参数为 p_0、ρ_0、T_0 等，而喷管出口截面处的气流参数为 p_1、ρ_1、T_1 等。由于容器的容量很大，可以近似地认为气体是静止的，且不计流动损失。

1. 喷管出口处的流速及通过喷管的流量

喷管中绝能流的能量方程为

$$h_1+\frac{1}{2}v_1^2=h_0$$

对于比热容为常数的完全气体，上式可写为

$$c_pT_1+\frac{1}{2}v_1^2=c_pT_0$$

于是喷管出口的气流速度为

$$v_1=\sqrt{2(h_0-h_1)}=\sqrt{2c_p(T_0-T_1)}=\sqrt{\frac{2\kappa RT_0}{\kappa-1}\left(1-\frac{T_1}{T_0}\right)} \tag{8-62}$$

引用等熵过程关系式和状态方程，式（8-62）可写为

$$v_1 = \sqrt{\frac{2\kappa R T_0}{\kappa-1}\left[1-\left(\frac{p_1}{p_0}\right)^{\frac{\kappa}{\kappa-1}}\right]} = \sqrt{\frac{2\kappa}{\kappa-1}\frac{p_0}{\rho_0}\left[1-\left(\frac{p_1}{p_0}\right)^{\frac{\kappa-1}{\kappa}}\right]} \tag{8-62a}$$

通过喷管的质量流量为

$$q_m = \rho_1 v_1 A_1 = A_1 \rho_0 \left(\frac{p_1}{p_0}\right)^{\frac{1}{\kappa}} v_1$$

式中　A_1——喷管出口截面积。

将式（8-62a）代入上式，得

$$q_m = A_1 \rho_0 \sqrt{\frac{2\kappa}{\kappa-1}\frac{p_0}{\rho_0}\left[\left(\frac{p_1}{p_0}\right)^{\frac{2}{\kappa}}-\left(\frac{p_1}{p_0}\right)^{\frac{\kappa+1}{\kappa}}\right]} \tag{8-63}$$

按照式（8-63）流量与压强 p_1 的关系曲线如图 8-20（d）所示。可知，当 $p_1=0$ 时，$q_m=0$，$v_1=v_{max}$，这只是理论上的极限值，实际上达不到。而当 $p_1=p_0$ 时，$q_m=0$，$v_1=0$。所以在 $0<p_1<p_0$ 之间，流量从零增加到最大值 q_{mmax} 时的压强可从 $\frac{dq_m}{dp_1}=0$ 求，即

$$\frac{d}{dp_1}\left[\left(\frac{p_1}{p_0}\right)^{\frac{2}{\kappa}}-\left(\frac{p_1}{p_0}\right)^{\frac{\kappa+1}{\kappa}}\right]=0$$

得

$$p_1 = p_0 \left(\frac{2}{\kappa+1}\right)^{\frac{\kappa}{\kappa-1}} = p_{cr}$$

所以当出口截面上的压强等于临界压强 p_{cr} 时，通过喷管的流量达到最大值，这时出口截面上的速度达到临界声速，流量为临界流量，即

$$v_1 = c_{cr} = \sqrt{\frac{2\kappa}{\kappa+1}\frac{p_0}{\rho_0}} \tag{8-64}$$

$$q_{mcr} = A_1 \left(\frac{2}{\kappa+1}\right)^{\frac{\kappa+1}{2(\kappa-1)}}\sqrt{\kappa p_0 \rho_0} \tag{8-65}$$

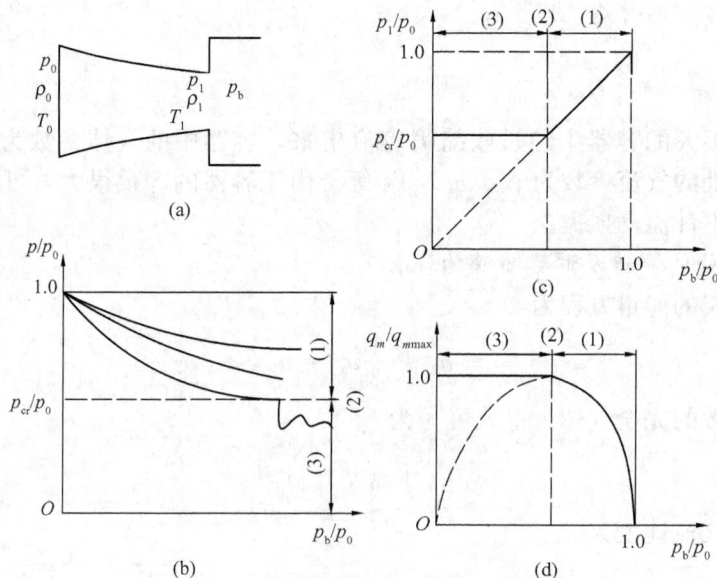

图 8-20　收缩喷管及变工况分析

由此可见，对于给定的气体，收缩喷管出口的临界速度取决于进口气流的滞止参数，经过喷管的最大流量取决于进口气流的滞止参数和出口截面积。

2. 变工况流动分析

当喷管不在设计工况下工作，如常见的喷管出口的环境背压 p_b 发生变化，这时收缩喷管中气体流动将如何变化？根据临界压强比 p_{cr}/p_0 大小，可以将收缩喷管的中流动分为三种状态：

(1) 当 $p_b/p_0 > p_{cr}/p_0$ 时，为亚临界流动。在这种流动状态中，整个喷管内的流动是亚声速的，$Ma(M_*)<1$，出口处的压强和外界压强相同，即 $p_1 = p_b$。随着背压的降低，出口流速和流量都会增大，如图 8-20 中 (b)、(c)、(d) 中的 (1) 所示。气体在喷管内得到完全膨胀。

(2) $p_b/p_0 = p_{cr}/p_0$ 时，为临界流动。这时喷管内的流动是亚声速的，但出口截面的气流达到临界状态，$Ma(M_*)=1$，$p_1 = p_b = p_{cr}$，$q_m = q_{mmax}$，如图 8-20 中 (b)、(c)、(d) 中的 (2) 所示。气体在喷管内仍可得到完全膨胀。

(3) $p_b/p_0 < p_{cr}/p_0$ 时，为超临界流动。这时整个喷管内的流动与临界流动完全一样，$Ma(M_*)=1$，$p_1 = p_{cr} > p_b$，$q_m = q_{mmax}$，如图 8-20 中 (b)、(c)、(d) 中的 (3) 所示。由于喷管出口处的气流压强高于环境背压，气体在喷管内没有完全膨胀，故称为膨胀不足，气体流出出口截面之后，将继续膨胀。

当背压由 p_0 降低时，流量逐渐增加，当 $p_0 = p_{cr}$ 时，达到最大值 q_{mmax}。但背压从 p_{cr} 继续降低时，流量不再减小，而是保持不变，始终等于最大值 q_{mmax}，这就是说，流动已经壅塞了。这是因为，对于给定的滞止参数，当喷管的喉部处在临界状态时，通过的质量流量为最大。

另外，也可以应用微弱扰动波传播的概念来加以解释：因为压力扰动向气流传播是以声速来推进的，当出口速度为声速时，背压降低而产生的压力扰动波就不能逆气流方向向喷管内传播，所以喷管内以及喷管出口截面上的压强不会受到背压的影响，这时气体的流量也就一直保持为最大流量。

(二) 缩放喷管

这里仍假设进口的气流参数为滞止参数，流动为一维等熵流动，并且喷管内的气流也是在设计工况下得到完全膨胀的正常流动。

1. 喷管出口处的流速及通过喷管的流量面积比公式

出口截面的速度仍可通过式 (8-62a) 求得，只需将出口截面上设计压强 p_1 代入，这时通过喷管的流量由最小截面上的参数决定，因为在这里已经达到声速，流量为最大值，所以有

$$q_{mcr} = A_t \left(\frac{2}{\kappa+1}\right)^{\frac{\kappa+1}{2(\kappa-1)}} \sqrt{\kappa p_0 \rho_0} \tag{8-65a}$$

其中，$A_t = A_{cr}$，是喷管的最小截面积，也称为喉部截面积或临界截面积。

那么，要得到某一马赫数的超声速气流，所需的几何形状由面积比来确定。面积比指的是拉伐尔喷管中，管道任何一个截面积 A 与临界截面积 A_{cr} 之比。根据连续性方程

$$\frac{A}{A_{cr}} = \frac{\rho_{cr} c_{cr}}{\rho v} = \frac{\rho_{cr}}{\rho_0} \frac{\rho_0}{\rho} \frac{c_{cr}}{v}$$

将式（8-21）、式（8-24）、式（8-62a）及等熵关系式$\frac{\rho}{\rho_0}=\left(\frac{p}{p_0}\right)^{\frac{1}{\kappa}}$代入上式，得

$$\frac{A}{A_{cr}}=\frac{\left(\frac{2}{\kappa+1}\right)^{\frac{1}{\kappa-1}}}{\left\{\frac{\kappa+1}{\kappa-1}\left[\left(\frac{p}{p_0}\right)^{\frac{2}{\kappa}}-\left(\frac{p}{p_0}\right)^{\frac{\kappa+1}{\kappa}}\right]\right\}^{\frac{1}{2}}} \tag{8-66}$$

将式（8-17）代入上式，得

$$\frac{A}{A_{cr}}=\frac{1}{Ma}\left(\frac{2}{\kappa+1}+\frac{\kappa-1}{\kappa+1}Ma^2\right)^{\frac{\kappa+1}{2(\kappa-1)}}=\frac{1}{M_*}\left(\frac{\kappa+1}{2}-\frac{\kappa-1}{2}M_*^2\right)^{-\frac{1}{\kappa-1}} \tag{8-67}$$

这就是拉伐尔喷管的面积比公式。可见，要得到某一马赫数的超声速气流，所需的面积比是唯一的，而与这个面积比相对应的压强比也是唯一的。这就是说，要利用缩放喷管得到某一超声速气流，不仅要具备必要的几何条件，而且要具备必要的压强条件，二者缺一不可。

当A/A_{cr}为已知时，通过式（8-67）求马赫数是比较复杂的。当$\kappa=1.4$时，采用下面的曲线拟合公式，在所指定的区间内，其误差在$\pm 2\%$之间。

$$Ma\approx\begin{cases}\frac{1+0.27(A/A_{cr})^{-2}}{1.728(A/A_{cr})} & 1.34<\frac{A}{A_{cr}}<\infty \\ 1-0.88\left(\ln\frac{A}{A_{cr}}\right)^{0.45} & 1.0<\frac{A}{A_{cr}}<1.34 \quad\text{亚声速流}\\ 1+1.2\left(\frac{A}{A_{cr}}-1\right)^{0.5} & 1.0<\frac{A}{A_{cr}}<2.9 \\ \left[216\frac{A}{A_{cr}}-254\left(\frac{A}{A_{cr}}\right)^{2/3}\right]^{1/5} & 2.9<\frac{A}{A_{cr}}<\infty \quad\text{超声速流}\end{cases} \tag{8-68}$$

对于同一A/A_{cr}值，有两个可能解，一为亚声速，另一为超声速。

2. 变工况流动分析

缩放喷管具备了面积比的条件后，能否实现超声速流动还要由气流本身的总压和一定的背压条件来决定。现在假设p_0保持不变，设计工况下的出口压强为p_1，下面讨论背压对流动的影响。

第一种情况：背压p_b低于设计工况下的出口压强p_1，气流在喷管内没有得到完全膨胀，在出口截面上气流压强高于环境背压，超声速气流流出喷管后以膨胀波的形式继续膨胀，其压强变化如图8-21（b）中曲线（1）所示。c点对应的压强为p_1，喷管出口产生膨胀波系。因微弱扰动不能在超声速流中逆流向上传播，所以这种扰动传不到喷管内部，不影响喷管内部的流动。这种现象称为膨胀不足。随着背压的逐渐升高，喷管内的流动虽没有变化，但气

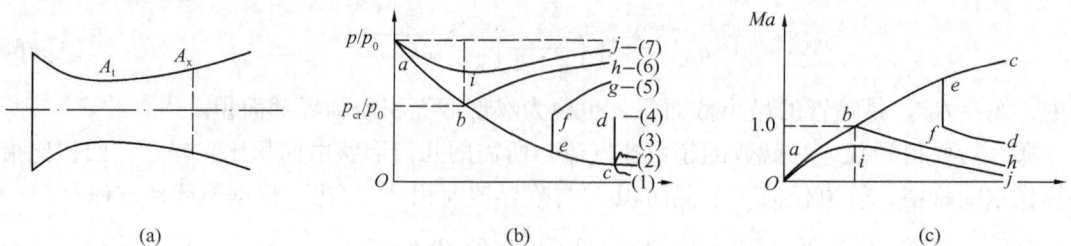

图 8-21　缩放喷管及其变工况流动

流在口外膨胀程度逐渐减小。当 $p_b = p_1$ 时，气流在管内得到完全膨胀，在出口之后不再膨胀，如图 8-21 (b) 中曲线 (2) 所示。

第二种情况：背压 p_b 高于设计工况下的出口压强 p_1，低于出口截面上形成正激波时的背压 p_2。气流在喷管内仍做正常的降压，在出口截面上气流压强小于环境背压，因此，气流在出口处将产生激波，如图 8-21 (b) 中曲线 (3) 所示。这种现象称为膨胀过度。气流经过激波，压强提高到和外界压强相等，激波强度由压强比 p_b/p_1 决定。当环境背压比 p_1 大得不多时，在口外只产生弱的斜激波。随着背压的逐渐升高，激波前后的压强比增大，激波强度也不断增强，激波角 β 逐渐加大。到 $p_b = p_2$ 时，出口截面产生正激波，如图 8-21 (b) 中曲线 (4) 所示。d 点的压强为 p_2，即正激波后的气流压强，所以由波前马赫数 Ma_1，压强 p_1，根据式 (8-42) 有

$$p_2 = p_1 \left(\frac{2\kappa Ma_1^2}{\kappa+1} - \frac{\kappa-1}{\kappa+1} \right) \tag{8-69}$$

可以看出，p_2 的值由 p_1 和 Ma_1 所确定，而 p_1 和 Ma_1 是与面积比 A/A_σ 有关的，则 p_2 也与 A/A_σ 有关。当 $p_1 < p_b \leqslant p_2$，气流在出口压强通过不同强度的激波来达到与背压相平衡，所以在这个背压范围内喷管内的流动不受背压变化的影响。

第三种情况：背压 p_b 高于出口截面上形成正激波时的背压 p_2，低于激波内移到最小截面处的出口压强 p_3。当背压略高于 p_2 时，为了适应正激波后背压的升高，正激波就要向喷管内移动。随着激波的内移，波前马赫数将减小，激波强度将减弱。气流经过正激波变为亚声速，在以后的渐扩段中逐渐减速，压强逐渐升高到出口处的背压，如图 8-21 (b) 中曲线 (5) 所示。即先按曲线 abe 降压加速，经激波由点 e 跃变至点 f，再按曲线 fg 减速增压至出口。当背压提高到某个数值 p_3 时管内激波恰好移到喉部，由于这时波前马赫数为 1，所以激波也就不存在了。若用 Ma_1' 表示这时气流在出口截面亚声速的马赫数，则

$$p_3 = p_0 \left(1 + \frac{\kappa-1}{2} Ma_1'^2 \right)^{-\frac{\kappa}{\kappa-1}}$$

式中，Ma_1' 按照给定的面积比 A/A_σ 来确定。当 $p_b = p_3$ 时，如图 8-21 (b) 中曲线 (6) 所示，h 点对应的压强为 p_3。

第四种情况：背压高于激波内移到最小截面处的出口压强 p_3，而低于滞止压强。这时喉部气流速度也达不到声速，管内全部是亚声速流，超声速喷管已经变成了文丘里管，如图 8-21 (b) 中曲线 (7) 所示。这时的出口截面气流压强必等于环境背压，出口截面气流速度不再取决于面积比，而取决于压强比 p_b/p_0。随着背压的提高，速度将减小，当 $p_b = p_0$ 时，气流将完全停止流动。

【例 8-4】 大容器中空气的参数为 $p_0 = 200kPa$，$T_0 = 500K$，欲使其通过喷管膨胀至出口背压 $p_b = 11.7kPa$，若质量流量为 $q_m = 3kg/s$。试分析应采用何种形式的喷管，并求出喉部截面面积、出口面积、临界流速、出口流速、出口马赫数。假设此流动是等熵流动。

解 由式 (8-23) 得空气的临界压强

$$p_{cr} = p_0 \left(\frac{2}{\kappa+1} \right)^{\frac{\kappa}{\kappa-1}} = 200 \times \left(\frac{2}{1.4+1} \right)^{\frac{1.4}{1.4-1}} = 105.65 (kPa) > p_b$$

故采用缩放喷管。这时喉部流动必定为声速，喉部面积可由式 (8-65a) 求得

$$A_t = \frac{q_{mcr}}{\left(\frac{2}{\kappa+1}\right)^{\frac{\kappa+1}{2(\kappa-1)}}\sqrt{\kappa p_0 \rho_0}} = \frac{q_{mcr}}{\left(\frac{2}{\kappa+1}\right)^{\frac{\kappa+1}{2(\kappa-1)}}\sqrt{\kappa\frac{p_0^2}{RT_0}}} = \frac{3}{\left(\frac{2}{2.4}\right)^{\frac{2.4}{0.8}}\sqrt{1.4\times\frac{200\,000^2}{287\times500}}} = 0.008\,3\,(m^2)$$

或

$$D_t = \sqrt{\frac{4A_t}{\pi}} = \sqrt{\frac{4\times0.008\,3}{3.14}} = 10.3\,(cm)$$

由式 (8-66) 可求得出口面积

$$A_1 = \frac{\left(\frac{2}{\kappa+1}\right)^{\frac{1}{\kappa-1}}A_{cr}}{\left\{\frac{\kappa+1}{\kappa-1}\left[\left(\frac{p_1}{p_0}\right)^{\frac{2}{\kappa}}-\left(\frac{p_1}{p_0}\right)^{\frac{\kappa+1}{\kappa}}\right]\right\}^{\frac{1}{2}}}$$

$$= \frac{\left(\frac{2}{1.4+1}\right)^{\frac{1}{1.4-1}}\times0.008\,3}{\left\{\frac{1.4+1}{1.4-1}\left[\left(\frac{11.7}{200}\right)^{\frac{2}{1.4}}-\left(\frac{11.7}{200}\right)^{\frac{1.4+1}{1.4}}\right]\right\}^{\frac{1}{2}}} = 0.021\,9\,(m^2)$$

或

$$D_1 = \sqrt{\frac{4A_1}{\pi}} = \sqrt{\frac{4\times0.021\,9}{3.14}} = 16.7\,(cm)$$

由式 (8-21)、式 (8-62a) 和式 (8-17),可求得空气流经喷管喉部时的临界速度、出口流速和马赫数为

$$v_{cr} = c_{cr} = \sqrt{\frac{2\kappa}{\kappa+1}RT_0} = \sqrt{\frac{2\times1.4}{1.4+1}\times287\times500} = 109.2\,(m/s)$$

$$v_1 = \sqrt{\frac{2\kappa RT_0}{\kappa-1}\left[1-\left(\frac{p_1}{p_0}\right)^{\frac{\kappa}{\kappa-1}}\right]} = \sqrt{\frac{2\times1.4}{1.4-1}\times287\times500\times\left[1-\left(\frac{11.7}{200}\right)^{\frac{1.4}{1.4-1}}\right]} = 747\,(m/s)$$

$$Ma_1 = \sqrt{\frac{2}{\kappa-1}\left[\left(\frac{p_0}{p_1}\right)^{\frac{\kappa}{\kappa}}-1\right]} = \sqrt{\frac{2}{1.4-1}\left[\left(\frac{200}{11.7}\right)^{\frac{1.4}{1.4}}-1\right]} = 2.5$$

【例 8-5】 一缩放喷管的喉部截面积为 $0.002m^2$,出口面积为 $0.01m^2$,空气的参数为 $p_0 = 1000kPa$,$T_0 = 500K$,试求设计工况下的背压、出口截面产生正激波时的背压和喉部出现声速其余全为亚声速时的背压。如果背压为 $300kPa$,则激波出现在哪个截面?

解 当缩放喷管内气体在设计工况下作正常膨胀加速时,由拟合式 (8-68) 得出马赫数。超声速时 $Ma_1 = 3.2$,亚声速时 $Ma_1' = 0.117$,设计工况下由式 (8-17) 得

$$p_1 = p_0\left(1+\frac{\kappa-1}{2}Ma_1^2\right)^{-\frac{\kappa}{\kappa-1}} = 1000\times\left(1+\frac{1.4-1}{2}\times3.2^2\right)^{-\frac{1.4}{1.4-1}} = 20.2\,(kPa)$$

当气流在喷管出口截面出现正激波时,由式 (8-69) 得

$$p_2 = p_1\left(\frac{2\kappa Ma_1^2}{\kappa+1}-\frac{\kappa-1}{\kappa+1}\right) = 20.2\times\left(\frac{2\times1.4\times3.2^2}{1.4+1}-\frac{1.4-1}{1.4+1}\right) = 238\,(kPa)$$

当气流仅在喷管喉部出现声速、其余全为亚声速时,将 $Ma_1' = 0.117$ 代入式 (8-17),得

$$p_3 = p_0\left(1+\frac{\kappa-1}{2}Ma_1'^2\right)^{-\frac{\kappa}{\kappa-1}} = 1000\times\left(1+\frac{1.4-1}{2}\times0.117^2\right)^{-\frac{1.4}{1.4-1}} = 990.5\,(kPa)$$

当背压为 $300kPa$ 时大于 p_2,而小于 p_3,故必在喷管扩张段出现激波,由式 (8-63) 和

式（8-65a）所计算流量相等，得

$$A_1\rho_0\sqrt{\frac{2\kappa}{\kappa-1}\frac{p_0}{\rho_0}\left[\left(\frac{p_1}{p_0}\right)^{\frac{2}{\kappa}}-\left(\frac{p_1}{p_0}\right)^{\frac{\kappa+1}{\kappa}}\right]}=A_t\left(\frac{2}{\kappa+1}\right)^{\frac{\kappa+1}{2(\kappa-1)}}\sqrt{\kappa p_0\rho_0}$$

$$=0.01\times\sqrt{\frac{2\times1.4}{1.4-1}\times\frac{p_0'^2}{287\times500}\left[\left(\frac{300\times10^3}{p_0'}\right)^{\frac{2}{1.4}}-\left(\frac{300\times10^3}{p_0'}\right)^{\frac{1.4+1}{1.4}}\right]}$$

$$=0.002\left(\frac{2}{1.4+1}\right)^{\frac{1.4+1}{2\times(1.4-1)}}\sqrt{\frac{1.4}{287\times500}}\times1000\times10^3$$

得
$$p_0'=331.492(kPa)$$

于是，激波前后的总压比 $p_0'/p_0=0.3315$，代入式（8-45）

$$0.3315=\left[\frac{(1.4+1)Ma_1^2}{2+(1.4-1)Ma_1^2}\right]^{\frac{1.4}{1.4-1}}\left(\frac{2.8Ma_1^2}{1.4+1}-\frac{1.4-1}{1.4+1}\right)^{-\frac{1}{1.4-1}}$$

得
$$Ma_1=2.99$$

代入式（8-67）得

$$\frac{A}{A_{cr}}=\frac{1}{2.99}\times\left(\frac{2}{1.4+1}+\frac{1.4-1}{1.4+1}\times2.99^2\right)^{\frac{1.4+1}{2\times(1.4-1)}}=4.194$$

$$A=0.0084(m^2)$$

即激波出现在 $A=0.0084m^2$ 的截面上。

第八节　在等截面管中有摩擦的绝热流动

工程实际中有许多气体管道，管道比较短，又有保温措施，流动接近于绝热过程的情况。假设流动为一维定常流，并且与外界没有机械功和热量的交换，管道是等截面的，我们称这种流动为等截面摩擦管流。

一、绝热摩擦管流

如图 8-22 所示，在等截面管流中取无限小控制体，轴向长度为 dx，壁面对气流的摩擦应力为 τ_w。对此控制体运用一维定常流的基本方程式，可得

连续方程　　　　　　$\rho v=C$

或
$$\frac{d\rho}{\rho}+\frac{dv}{v}=0 \qquad (8-70a)$$

x 方向动量方程

$$pA-(p+dp)A-\tau_w\pi Ddx=\rho vA(v+dv-v)$$

或
$$dp+\frac{4\tau_w dx}{D}+\rho vdv=0 \qquad (8-70b)$$

能量方程

$$h+\frac{1}{2}v^2=h_0=c_pT_0=c_pT+\frac{1}{2}v^2$$

或
$$c_p dT+vdv=0 \qquad (8-70c)$$

完全气体状态方程　　　　　　$p=\rho RT$

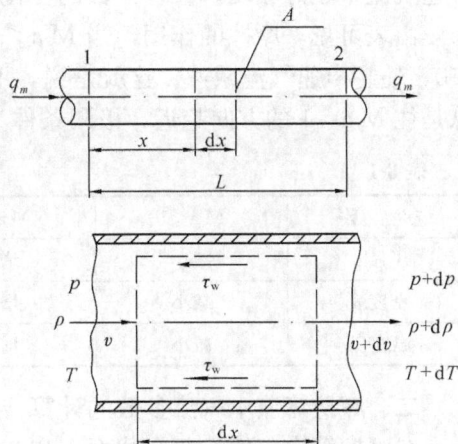

图 8-22　绝热摩擦管流用图

或
$$\frac{d\mathrm{p}}{\mathrm{p}}=\frac{d\rho}{\rho}+\frac{d\mathrm{T}}{\mathrm{T}} \tag{8-70d}$$

将壁面应力 $\tau_w=\frac{1}{8}\lambda\rho v^2$ 代入式（8-70b），通除 ρv^2，并引入 $c^2=\kappa p/\rho$ 和 $\mathrm{Ma}=v/c$，得

$$\frac{\mathrm{d}v}{v}+\frac{1}{\kappa Ma^2}\frac{\mathrm{d}p}{p}+\frac{\lambda\mathrm{d}x}{2D}=0 \tag{a}$$

将式（8-70c）通除 $c_p\mathrm{T}$，并引入 $c^2=\kappa R\mathrm{T}$，$c_p=\frac{\kappa}{\kappa-1}R$ 和 $\mathrm{Ma}=v/c$，得

$$\frac{\mathrm{d}T}{T}+(\kappa-1)Ma^2\frac{\mathrm{d}v}{v}=0 \tag{b}$$

将式（8-70a）、式（8-70d）、式（a）和式（b）联立求解，得

$$\frac{\mathrm{d}v}{v}=\frac{\kappa Ma^2}{1-Ma^2}\frac{\lambda\mathrm{d}x}{2D} \tag{8-71a}$$

$$\frac{\mathrm{d}p}{p}=-\frac{\kappa Ma^2\left[1+(\kappa-1)Ma^2\right]}{1-Ma^2}\frac{\lambda\mathrm{d}x}{2D} \tag{8-71b}$$

$$\frac{\mathrm{d}\rho}{\rho}=-\frac{\mathrm{d}v}{v}=-\frac{\kappa Ma^2}{1-Ma^2}\frac{\lambda\mathrm{d}x}{2D} \tag{8-71c}$$

$$\frac{\mathrm{d}T}{T}=-\frac{\kappa(\kappa-1)Ma^4}{1-Ma^2}\frac{\lambda\mathrm{d}x}{2D} \tag{8-71d}$$

由马赫数的定义 $\mathrm{Ma}^2=v^2/\kappa R\mathrm{T}$，取对数并微分，得

$$\frac{\mathrm{d}Ma^2}{Ma^2}=\frac{\mathrm{d}v^2}{v^2}-\frac{\mathrm{d}T}{T}=\frac{\kappa Ma^2\left[2+(\kappa-1)Ma^2\right]}{1-Ma^2}\frac{\lambda\mathrm{d}x}{2D} \tag{8-71e}$$

　　根据热力学第二定律，在一个绝热过程中，熵不可能减小，不论流动是超声速的还是亚声速的，熵值必沿管道增加。

　　至于气流其他参数的变化关系，由式（8-71a）～式（8-71e）可知，在超声速气流和亚声速气流中刚好相反，各种参数的变化列入表 8-1 中。

　　由表可见，摩擦的作用，当 $\mathrm{Ma}<1$ 时，$dv>0$，使亚声速气流加速；当 $\mathrm{Ma}>1$ 时，$dv<0$，使超声速气流减速。这就是说，不论进口的流动是亚声速还是超声速，管道的马赫数总是往 $\mathrm{Ma}=1$ 的方向趋近，极限条件为 $\mathrm{Ma}=1$。

表 8-1　　　　　　　　　　　　　　　气 流 参 数 变 化

参　　数	Ma<1	Ma>1	参　　数	Ma<1	Ma>1
压强 p	减小	增大	速度 v	增大	减小
密度 ρ	减小	增大	马赫数 Ma	增大	减小
温度 T	减小	增大	熵 s	增大	

二、摩擦管流中气流参数的计算

　　在摩擦管中，任意两个截面 1 和 2，它们之间的距离为 L（见图 8-22），这两个截面上气流参数之间的关系求得如下：

　　整理式（8-71e）并积分得

$$\int_0^L\frac{\lambda\mathrm{d}x}{D}=\int_{Ma_1}^{Ma_2}\frac{1-Ma^2}{\kappa Ma^4\left(1+\dfrac{\kappa-1}{2}Ma^2\right)}\mathrm{d}Ma^2$$

积分后，得

$$\bar{\lambda}\frac{L}{D} = \frac{Ma_2^2 - Ma_1^2}{\kappa Ma_1^2 Ma_2^2} + \frac{\kappa+1}{2\kappa}\ln\left[\frac{Ma_1^2\left(1+\frac{\kappa-1}{2}Ma_2^2\right)}{Ma_2^2\left(1+\frac{\kappa-1}{2}Ma_1^2\right)}\right] \tag{8-72}$$

其中，$\bar{\lambda}$ 为按长度平均的摩擦系数

$$\bar{\lambda} = \frac{1}{L}\int_0^L \lambda\,\mathrm{d}x \tag{8-73}$$

其他流动参数间的关系，可根据相距管长为 L 的截面 1 和 2 上的无量纲速度，利用一些基本关系式求得。根据等截面管流的连续方程，并考虑临界声速不变，得密度比和速度比为

$$\frac{\rho_2}{\rho_1} = \frac{v_1}{v_2} = \frac{M_{*1}}{M_{*2}} = \frac{Ma_1}{Ma_2}\left[\frac{2+(\kappa-1)Ma_2^2}{2+(\kappa-1)Ma_1^2}\right]^{\frac{1}{2}} \tag{8-74}$$

由于绝能流中 $T_{01} = T_{02} = T_0$，故由静总温度比可得温度比

$$\frac{T_2}{T_1} = \frac{2+(\kappa-1)Ma_1^2}{2+(\kappa-1)Ma_2^2} \tag{8-75}$$

根据完全气体状态方程式，并利用式（8-74）、式（8-75）可得压强比为

$$\frac{p_2}{p_1} = \frac{Ma_1}{Ma_2}\left[\frac{2+(\kappa-1)Ma_1^2}{2+(\kappa-1)Ma_2^2}\right]^{\frac{1}{2}} \tag{8-76}$$

利用式（8-17），由静压比可得总压比为

$$\frac{p_{02}}{p_{01}} = \frac{Ma_1}{Ma_2}\left[\frac{2+(\kappa-1)Ma_2^2}{2+(\kappa-1)Ma_1^2}\right]^{\frac{\kappa+1}{2(\kappa-1)}} \tag{8-77}$$

由式（8-54），可得熵增为

$$\frac{s_2-s_1}{R} = \ln\left\{\frac{Ma_2}{Ma_1}\left[\frac{2+(\kappa-1)Ma_1^2}{2+(\kappa-1)Ma_2^2}\right]^{\frac{\kappa+1}{2(\kappa-1)}}\right\} \tag{8-78}$$

利用式（8-74）～式（8-78），就可以进行等截面摩擦管流的计算。计算中应当注意的问题是，截面 1 和 2 之间的实际管长不应超由 Ma_1 发展到极限状态 $Ma_2=1$ 时的极限管长 L_{cr}（又称最大管长）。利用临界截面的概念，由式（8-72）、式（8-74）～式（8-78）可得极限管长与极限状态及进口的流动参数比

$$\bar{\lambda}\frac{L_{cr}}{D} = \frac{1-Ma^2}{\kappa Ma^2} + \frac{\kappa+1}{2\kappa}\ln\left[\frac{Ma^2\left(1+\frac{\kappa-1}{2}\right)}{\left(1+\frac{\kappa-1}{2}Ma^2\right)}\right] \tag{8-79}$$

$$\frac{\rho_{cr}}{\rho} = \frac{v}{v_{cr}} = Ma\left(\frac{\kappa+1}{2+(\kappa-1)Ma^2}\right)^{\frac{1}{2}} \tag{8-80}$$

$$\frac{T_{cr}}{T} = \frac{2+(\kappa-1)Ma^2}{\kappa+1} \tag{8-81}$$

$$\frac{p_{cr}}{p} = Ma\left[\frac{2+(\kappa-1)Ma^2}{\kappa+1}\right]^{\frac{1}{2}} \tag{8-82}$$

$$\frac{p_{0cr}}{p_0} = Ma\left(\frac{\kappa+1}{2+(\kappa-1)Ma^2}\right)^{\frac{\kappa+1}{2(\kappa-1)}} \tag{8-83}$$

$$\frac{s_{cr}-s}{R} = \ln\left\{\frac{1}{Ma}\left[\frac{2+(\kappa-1)Ma^2}{\kappa+1}\right]^{\frac{\kappa+1}{2(\kappa-1)}}\right\} \tag{8-84}$$

可见，这些参数仅是气流 Ma 与等熵指数 κ 的函数。

对于许多短管道，永远达不到声速，自 M a_1 发展到 M a_2 所需的长度为

$$\bar{\lambda}\frac{\Delta L}{D} = \left(\bar{\lambda}\frac{L_{cr}}{D}\right)_1 - \left(\bar{\lambda}\frac{L_{cr}}{D}\right)_2 \tag{8-85}$$

三、摩擦壅塞

从以上分析可知，摩擦的作用是使气流向临界状态靠近。对应于每个给定的进口马赫数都有确定的极限管长 L_{cr}。若实际管长 $L > L_{cr}$，即使出口背压足够低，流动也将出现壅塞现象，这是因为极限管长处的气流速度已达到声速，而在 L_{cr} 之后的管道内由于摩擦作用，气流总压还要下降，临界截面下游允许通过的流量都要减小，有一部分气体堆积在临界截面之前，于是便产生壅塞现象。由于流量的堆积，必使压强增大，对气流造成扰动。若进口是亚声速气流，则此扰动一直传到进口，从而在进口发生溢流，使进口气流速度减小。这样，对应的最大管长加长，临界截面向后移动，直至移到出口为止。这时，出口气流必处于临界状态，进口气流的 M a 由实际管长确定。若进口是超声速气流，则此压强增大的扰动，会在超声速气流中产生激波。当实际管长超过极限管长不多时，激波位于管内，进口 M a 不变，流量也不变。激波之后是亚声速气流，而亚声速气流因摩擦造成的总压损失比超声速气流要小得多，可以通过更长的管段才达到临界状态。这样使进口流量能从出口通过，在出口截面上气流达到临界状态，激波位置可按这个流动条件来确定。由于实际气体的黏性作用，激波结构很复杂，作为一种近似，仍可把它当作一道正激波来处理。若管长超过出口为临界状态时的管长，那么激波会向进口移动，到一定管长时，激波将出现在管道进口之外，则进口气流变成亚声速，管内流动将按亚声速流的特点发生变化。

【例 8-6】 压强为 $3.667 \times 10^5 Pa$、温度为 $360K$ 的空气流的进口 Ma=0.3，流进内径为 $5cm$ 的等截面直管道，其 $\bar{\lambda}=0.02$。试求管道进口的气流速度、极限管长和极限状态下气流的速度、温度和压强。

解 管道进口的气流速度为

$$v = Ma\sqrt{\kappa RT} = 0.3 \times \sqrt{1.4 \times 287 \times 360} = 114.1(\text{m/s})$$

由式（8-79）～式（8-82）可得极限管长、临界速度、临界温度、临界压强

$$\bar{\lambda}\frac{L_{cr}}{D} = \frac{1-0.3^2}{1.4 \times 0.3^2} + \frac{1.4+1}{2 \times 1.4}\ln\left[\frac{0.3^2\left(1+\frac{1.4-1}{2}\right)}{1+\frac{1.4-1}{2} \times 0.3^2}\right] = 5.299$$

$$L_{cr} = 5.299 \times \frac{0.05}{0.02} = 13.25(\text{m})$$

$$\frac{v}{v_{cr}} = 0.3 \times \left[\frac{1.4+1}{2+(1.4-1)0.3^2}\right]^{\frac{1}{2}} = 0.325\,7$$

$$v_{cr} = \frac{v}{0.325\,7} = \frac{114.1}{0.325\,7} = 350.3(\text{m/s})$$

$$\frac{T_{cr}}{T} = \frac{2+(1.4-1)0.3^2}{1.4+1} = 0.848\,3$$

$$T_{cr} = 0.848\,3T = 0.848\,3 \times 360 = 305.4(\text{K})$$

$$\frac{p_{cr}}{p} = 0.3 \times \left[\frac{2+(1.4-1)0.3^2}{1.4+1}\right]^{\frac{1}{2}} = 0.276\,3$$

$$p_{cr} = 0.276\ 3p = 0.276\ 3 \times 3.667 \times 10^5 = 1.013 \times 10^5 \text{(Pa)}$$

【例 8-7】　空气在 $p_0 = 200kPa$，$T_0 = 500K$，$v_1 = 100m/s$ 条件下进入一内径为 $3cm$ 的管道，平均摩擦系数 $\bar{\lambda} = 0.02$，试求：（1）极限管长；（2）若管长为 $15m$ 时的质量流量；（3）若管长为 $30m$ 时的质量流量。

解　（1）首先求出进口静温

$$T_1 = T_0 - \frac{\frac{1}{2}v_1^2}{c_p} = 500 - \frac{0.5 \times 100^2}{1005} = 500 - 4.98 = 495.02 \text{(K)}$$

进口马赫数

$$Ma_1 = \frac{v_1}{\sqrt{\kappa R T_1}} = \frac{100}{\sqrt{1.4 \times 287 \times 495.02}} = 0.224$$

由式（8-79）得极限管长

$$L_{cr} = \frac{0.03}{0.02} \times \left[\frac{1 - 0.224^2}{1.4 \times 0.224^2} + \frac{1.4+1}{2 \times 1.4} \ln \frac{0.224^2 \left(1 + \frac{1.4-1}{2}\right)}{1 + \frac{1.4-1}{2} 0.224^2} \right] = 16.66 \text{(m)}$$

（2）当 $L = 15m < L_{cr}$，管道没有受到壅塞，质量流量可由进口条件求出

$$\rho_0 = \frac{p_0}{RT_0} = \frac{200\ 000}{287 \times 500} = 1.394 \text{(kg/m}^3\text{)}$$

$$\rho_1 = \frac{\rho_0}{\left(1 + \frac{\kappa-1}{2}Ma^2\right)^{\frac{1}{\kappa-1}}} = \frac{1.394}{(1 + 0.2 \times 0.224^2)^{2.5}} = 1.36 \text{(kg/m}^3\text{)}$$

$$q_m = \rho_1 A v_1 = 1.36 \times \frac{\pi}{4} \times 0.03^2 \times 100 = 0.0961 \text{(kg/s)}$$

（3）当 $L = 30m > L_{cr}$，管道必定受到壅塞，直至 $L = L_{cr}$ 为止，这时进口马赫数要减小，由式（8-79）

$$0.02 \times \frac{30}{0.03} = \frac{1 - Ma^2}{1.4 Ma^2} + \frac{1.4+1}{2 \times 1.4} \ln \left[\frac{Ma^2 \left(1 + \frac{1.4-1}{2}\right)}{1 + \frac{1.4-1}{2}Ma^2} \right]$$

试凑得进口 $Ma'_1 = 0.173$，而进口静温为

$$T'_1 = \frac{T_0}{1 + \frac{\kappa-1}{2}Ma^2} = \frac{500}{1 + 0.2 \times 0.173^2} = 497 \text{(K)}$$

进口速度为

$$v'_1 = Ma'_1 \sqrt{\kappa R T'_1} = 0.173 \times \sqrt{1.4 \times 287 \times 497} = 77.3 \text{(m/s)}$$

$$\rho'_1 = \frac{\rho_0}{\left(1 + \frac{\kappa-1}{2}Ma^2\right)^{\frac{1}{\kappa-1}}} = \frac{1.394}{(1 + 0.2 \times 0.173^2)^{2.5}} = 1.373 \text{(kg/m}^3\text{)}$$

$$q'_m = \rho_1 A v_1 = 1.373 \times \frac{\pi}{4} \times 0.03^2 \times 77.3 = 0.075 \text{(kg/s)}$$

$$\frac{q_m - q'_m}{q_m} \times 100\% = 22\%$$

即壅塞使流量减少了 22%。

第九节　在等截面管中有摩擦的等温流动

绝热摩擦流的假设适用于短管内的高速流，对于长管内的流动，如高压蒸汽管道、煤气管道、天然气管道等，其气体状况较接近于等温流。

解析的方式大致与摩擦管流相同，只是将能量方程式（8-70c）用以下关系式取代：

$$T = C, \quad dT = 0 \tag{8-86}$$

将式（8-70a）、式（8-70d）、式（8-86）和 $\dfrac{dv}{v} + \dfrac{1}{\kappa \, Ma^2}\dfrac{dp}{p} + \dfrac{\lambda dx}{2D} = 0$ 联立求解，得

$$\frac{dv}{v} = \frac{\kappa Ma^2}{1 - \kappa Ma^2}\frac{\lambda dx}{2D} \tag{8-87a}$$

$$\frac{dp}{p} = \frac{d\rho}{\rho} = -\frac{dv}{v} = \frac{\kappa Ma^2}{\kappa Ma^2 - 1}\frac{\lambda dx}{2D} \tag{8-87b}$$

由上两式可见：

（1）摩擦的作用，当 $\kappa \, Ma^2 < 1$ 时，使 v 增加，p、ρ 减小；当 $\kappa \, Ma^2 > 1$ 时，使 v 减小，p、ρ 增加，变化率随摩擦阻力的增加而增加。

（2）虽然在 $\kappa \, Ma^2 < 1$ 时，摩擦使速度不断增加，但是由于 $1 - \kappa \, Ma^2$ 不能等于零（否则将使流速无限增大），管道出口截面上的 Ma 也不可能超过 $\sqrt{\dfrac{1}{\kappa}}$，所以绝不能在管道中间出现临界截面。

（3）等温管流的最大管长在 $Ma = \sqrt{\dfrac{1}{\kappa}}$ 处，如实际管长超过最大管长，对于亚声速流，流动将受到壅塞，而产生一较小的进口 Ma 及质量流量，而超声速流将产生激波来调整。

在等温流动中还有一个关系式，即压强降与质量流量的关系。将式（8-70b）的两边同除以 ρv^2，并将 $v^2 = q_m^2/A^2 (p/RT)^2$ 代入，得

$$\frac{pA^2 dp}{q_m^2 RT} + \frac{1}{2}\lambda \frac{dx}{D} + \frac{dv}{v} = 0 \tag{8-88}$$

由式（8-87b）可得，$dv/v = -dp/p = -d\rho/\rho$，故式（8-88）可写成

$$\frac{pA^2 dp}{q_m^2 RT} + \frac{1}{2}\lambda \frac{dx}{D} - \frac{dp}{p} = 0 \tag{8-89}$$

因是等截面管的等温流动，A、$q_m^2 RT$ 为常数，对式（8-89）进行积分

$$\int_{p_1}^{p_2} \left(\frac{pA^2}{q_m^2 RT} - \frac{1}{p}\right)dp + \int_0^L \frac{1}{2}\lambda \frac{dx}{D} = 0$$

整理得

$$q_m = \left(\frac{\pi D^2}{4}\right)\sqrt{\frac{(p_1^2 - p_2^2)}{RT\left[\frac{\lambda L}{D} + 2\ln\left(\frac{p_2}{p_1}\right)\right]}} \tag{8-90}$$

这便是等温流动质量流量与压强降的关系式。

【例 8-8】　已知压缩空气流入 20m 长的管道，其直径为 4cm，气流的绝对压强为 $p_1 =$

$261kPa$，$T_1=473K$，$\bar\lambda=0.018$，出口外界压强为 $101kPa$ 时，求质量流量。

解

$$q_m=\left(\frac{\pi D^2}{4}\right)\sqrt{\frac{(p_1^2-p_2^2)}{RT\left[\dfrac{\lambda L}{D}+2\ln\left(\dfrac{p_2}{p_1}\right)\right]}}$$

$$=\frac{3.14\times0.04^2}{4}\times\sqrt{\frac{261\,000^2-101\,000^2}{287\times473\left[\dfrac{0.018\times20}{0.04}+2\ln\left(\dfrac{261}{101}\right)\right]}}=0.249(\text{kg/s})$$

$$\rho_1=\frac{p_1}{RT_1}=\frac{261\,000}{287\times473}=1.92(\text{kg/m}^3)$$

$$\rho_2=\frac{p_2}{RT_2}=\frac{101\,000}{287\times473}=0.744(\text{kg/m}^3)$$

$$c_1=\sqrt{\kappa RT_1}=\sqrt{1.4\times287\times473}=435.9(\text{m/s})$$

校核进、出口马赫数

$$v_1=\frac{q_m}{A\rho_1}=\frac{0.249}{\dfrac{3.14\times0.04^2}{4}\times1.92}=103.3(\text{m/s})$$

$$v_2=\frac{q_m}{A\rho_2}=\frac{0.249}{\dfrac{3.14\times0.04^2}{4}\times0.744}=266.5(\text{m/s})$$

$$Ma_1=\frac{v_1}{c_1}=\frac{103.3}{435.9}=0.237$$

$$Ma_2=\frac{v_2}{c_1}=\frac{266.5}{435.9}=0.611<\sqrt{1/\kappa}=0.845$$

故计算有效。

本 章 小 结

8-1 声速和马赫数是气体动力学中重要的参数。

声速的计算公式为 $\quad c=\sqrt{\dfrac{dp}{d\rho}}=\sqrt{\kappa\dfrac{p}{\rho}}=\sqrt{\kappa RT}$

马赫数的定义为 $\quad Ma=\dfrac{v}{c}=\dfrac{v}{\sqrt{\kappa RT}}$

根据马赫数的大小把流动分为三种：$Ma<1$ 时，为亚声速流；$Ma=1$ 时，为声速流；$Ma>1$ 时，为超声速流。亚声速流动中弱扰动可以达到空间中任何一点，而在超声速流动中，弱扰动只能传播到马赫锥内部，不能传播到弱扰动的上游中去。

8-2 一元等熵流动的基本方程：

连续性方程 $\qquad\qquad \rho vA=$ 常数

微分形式 $\qquad\qquad \dfrac{d\rho}{\rho}+\dfrac{dA}{A}+\dfrac{dv}{v}=0$

能量方程 $\qquad\qquad h+\dfrac{v^2}{2}=$ 常数

微分形式　　　　　　　　　　　$dh+vdv=0$

状态方程　　　　　　　　　　　$p=\rho RT$

在实际应用可压缩流体的能量方程时，其右边常数可适当选用滞止状态参数、最大速度状态参数和临界状态参数表达的方式，表达形式不同，但都表示总能量守恒，解题时可灵活应用。

8-3　正激波。激波是超声速气流中特有的物理现象，其物理量发生突跃变化。在正激波前后，速度的变化存在下面的关系：

$$M_{*1}M_{*2}=1$$

这就是著名的普朗特激波公式。它表明，超声速气流经过正激波后，一定变成亚声速气流。

8-4　膨胀波与压缩波。超声速气流沿外凸壁流动时，产生膨胀波，超声速气流将加速，而静压强、密度和温度都将下降；超声速气流沿外凹壁流动时，产生压缩波，超声速气流将减速，而静压强、密度和温度都将上升。

8-5　变截面管流。亚声速流（$Ma<1$）在收缩形管道内（$dA<0$），亚声速气流速度增大（$dv>0$），压强减小（$dp<0$）；在扩张形管道内（$dA>0$），亚声速气流速度减小（$dv<0$），压强增大（$dp>0$）。

超声速流（$Ma>1$）在收缩形管道内（$dA<0$），超声速气流速度减小（$dv<0$），压强增大（$dp>0$）；在扩张形管道内（$dA>0$），超声速气流速度增大（$dv>0$），压强减小（$dp<0$）。

声速流（$Ma=1$）时，$dA=0$。在最小截面（$dA=0$）处速度达到声速，即 $v=c=c_\sigma$。使气流加速的管道称为喷管，根据可获得的出口马赫数，将其分为渐缩喷管与缩放喷管。当喷管不在设计工况下工作，如常见的喷管出口的环境背压 p_b 发生变化，这时收缩喷管中气体流动将变化。

8-6　绝热等截面摩擦管流。摩擦的作用使亚声速气流加速，使超声速气流减速。这就是说，不论进口的流动是亚声速还是超声速，管道的马赫数总是往 $Ma=1$ 的方向趋近，极限条件为 $Ma=1$。

思 考 题

8-1　什么是声速？它与流体的压缩性有什么关系？

8-2　什么是马赫数？什么是速度系数？引入速度系数有什么好处？

8-3　说明可压缩流体一元定常等熵流动基本方程式各项的物理意义及其各种表达式。

8-4　何谓滞止状态、最大速度状态及临界状态？它们之间有何关系？

8-5　什么是激波？有哪几类？经过激波后气体参数将如何变化？

8-6　正激波和斜激波是如何形成的？

8-7　简要叙述扰动源在静止气体中以不同速度运动时，微弱扰动波的传播特点。

8-8　气体经过膨胀波时，压强、温度、密度和速度如何变化？

8-9　渐缩喷管所能达到的最大速度是多大？为什么？

8-10　何谓临界压强比？其值和什么因素有关？

8-11　讨论一元定常等熵气流在 $Ma<1$、$Ma=1$ 和 $Ma>1$ 时，其速度与通道截面的关系。

8-12 何谓壅塞现象？何谓膨胀不足？何谓膨胀过度？

8-13 试分析缩放喷管在非设计工况下的工作情况。

8-14 绝热等截面摩擦管流中气流速度如何变化？

习　题

8-1 在250℃及1atm下，试计算下面各气体的声速：（1）空气；（2）氧气；（3）氢气；（4）水蒸气；（5）一氧化碳。

8-2 飞机在t＝20℃海平面的飞行速度与在同温层（大气温度基本不变化的空气层）t＝-55℃的飞行速度相等，试求这两种情况下气流相对于飞机的马赫数之比。

8-3 一微弱扰动波的压强变化 $\Delta p=40Pa$，此波传经20℃，1atm 的空气，试估计波两侧的密度变化、温度变化和速度变化。

8-4 二氧化碳气体做等熵流动，在流场中第一点上的温度为60℃，速度为14.8m/s，压强为101.5kPa，在同一流线上第二点上的温度为30℃，求第二点上的速度和压强各为多少。

8-5 空气通过一导管做等熵膨胀，$p_1=125kPa$，$t_1=100℃$ 变成 $p_2=80kPa$，$v_2=325m/s$，试计算：（1）T_2；（2）Ma_2；（3）T_0；（4）p_0；（5）v_1；（6）Ma_1。

8-6 已知正激波后空气流参数为 $p_2=360kPa$、$v_2=210m/s$、$t_2=50℃$，试求激波前的马赫数。

8-7 空气流通过一正激波，其上游状况为 $v_1=800m/s$，$p_1=100kPa$ 及 $T_1=300K$，则下游的 v_2 及 p_2 各为多少？若速度自 v_1 做等熵变化到 v_2，则 p_2 应为多少？

8-8 空气流在管道中发生正激波，已知正激波前的马赫数为2.5，压强为30kPa，温度为25℃，试求激波后的马赫数、压强、温度和速度。

8-9 问超声速过热蒸气通过正激波时，密度最大能增加多少倍？

8-10 如图8-19所示，已知空气来流的 $Ma_1=3.0$，$p_1=1.013\times10^5 Pa$，$T_1=300K$，壁面的内折转角 $\delta=15°$，试求激波后气流的压强、密度、温度、马赫数和总压比。

8-11 空气以 650m/s 的超声速绕半角 $\delta=18°$ 楔形物体，已知激波角 $\beta=51°$，试求激波后的流速和经过激波的熵增。

8-12 已知容器中空气的温度为25℃，压强为50kPa，空气流从出口截面直径为 10cm 的渐缩喷管中排出，试求在等熵条件下外界压强为30、20kPa 和 10kPa 时，出口截面处的速度和温度各为多少？

8-13 空气经一缩放喷管产生超声速流，已知喉部面积为 $10cm^2$，而喉部压强为 315kPa。试求喉部两侧截面积为 $29cm^2$ 之截面上的压强。

8-14 一缩放喷管的喉部截面积为出口截面积的一半，来流的总压为140kPa，出口外的环境背压为 100kPa。试证明气流在管内必形成激波，并求出口截面的气流总压、激波前后的马赫数和激波所在截面与喉部截面的面积比。

8-15 空气流过一缩放喷管，喷管的喉部截面积为 $6cm^2$，出口截面积为 $24cm^2$。若 $p_0=600kPa$，$T_0=473K$，在截面积为 $12cm^2$ 的截面上，有一正激波。试求质量流量、出口压强及出口马赫数。

8-16　在一等截面直管道中，空气流的进口 $Ma_1 = 0.4$，出口 $Ma_2 = 0.8$，试问在管道的什么截面上 $Ma = 0.6$?

8-17　氮气在内径为 $20cm$、$\bar{\lambda} = 0.025$ 的等截面管道中作绝热流动，在管道的进口处的参数为 $p = 300kPa$，$t = 40℃$，$v = 550m/s$。试求管道的极限长度及出口处的压强、温度和速度。

8-18　空气以 $p_0 = 150kPa$，$T_0 = 400K$，$v_1 = 120m/s$ 进入直径为 $4cm$ 的管道，$\bar{\lambda} = 0.025$，假设流动是绝热的，试求：(1) 管道的极限长度；(2) 若管长为 $5m$，出口质量流量；(3) 若管长为 $20m$，出口质量流量。

8-19　已知煤气管道的直径为 $20cm$，长度为 $3000m$，气流的绝对压强为 $p_1 = 980kPa$，$T_1 = 300K$，$\bar{\lambda} = 0.012$，煤气的 $R = 490J/(kg \cdot K)$，等熵指数 $\kappa = 1.3$，当出口的外界压强为 $490kPa$ 时，求质量流量。(煤气管道不保温)

8-20　空气自 $p_0 = 1960kPa$，$T_0 = 293K$ 的气罐中流出，沿管长为 $20m$，直径为 $2cm$ 的管道流入 $p_2 = 392kPa$ 的介质中，设流动为等温流动，$\bar{\lambda} = 0.015$，求出口质量流量。

参 考 文 献

1. 张也影. 流体力学题解. 北京：北京理工大学出版社，1996.

2. 郑洽余. 流体力学. 北京：机械工业出版社，1980.

3. 朱之樨. 流体力学理论例题与习题. 北京：清华大学出版社，1986.

4. 孔珑. 工程流体力学. 3 版. 北京：水利电力出版社，2006.

5. 潘锦珊. 气体动力学基础. 北京：国防工业出版社，2012.

6. 孔珑. 流体力学 I. 2 版. 北京：高等教育出版社，2011.

7. 罗惕乾. 流体力学. 3 版. 北京：机械工业出版社，2007.

8. 张英. 工程流体力学. 北京：中国水利水电出版社，2002.

9. 夏国泽. 船舶流体力学. 武汉：华中科技大学出版社，2003.

10. 赵孝保，周欣. 工程流体力学. 南京：东南大学出版社，2004.

11. 莫乃榕，槐文信. 流体力学，水力学题解. 武汉：华中科技大学出版社，2002.

12. 周谟仁. 流体力学泵与风机. 北京：中国建筑工业出版社，1985.

13. 潘文全. 流体力学基础. 北京：机械工业出版社，1980.

14. 郭春光. 工程流体力学. 北京：水利电力出版社，1989.

15. [美] W. F. 休斯，J. A. 布赖顿. 流体动力学. 徐燕侯，过明道，徐立功等译. 北京：科学出版社，2002.

16. Alan L. Prasuhn. Fundamentals of Fluid Mechanics. Englewood Cliffs, N. J Prentice-Hall, Inc. , 1980.